KB194368

향토사 연구의 이론과 실제

저자와의
협의하에
인지생략

향토사 연구의 이론과 실제

2009년 3월 25일 초판 1쇄 인쇄
2008년 3월 30일 초판 1쇄 발행

지 음 : 홍 순 석
발 행 : 김 진 수
편 집 : 최 정 미

발행처 : **한국문화사**
등록번호 / 2-1276호(1991.11.9)
주소 / 서울시 성동구 성수1가2동 656-1683번지
전화 / 464-7708(대표) · 팩스 / 499-0846
URL / www.hankookmunhwasa.co.kr
e-mail / hkm77@korea.com

잘못된 책은 교환해 드립니다.
이 책의 내용은 저작권법에 따라 보호받고 있습니다.

책값은 뒤표지에 있습니다.

ISBN 978-89-5726-651-9 93380

향토사 연구의 이론과 실제

홍 순 석

한국문화사

책머리에

『한국고전문학의 이해』를 몇 해 전에 출간하면서 필자의 연구 범주를 되돌아 본 적이 있다. 필자가 그동안 기웃거린 분야는 한문학·국문학·구비문학의 영역에 드는 것이었다. 크게는 한국학의 범주에 든다. 이 책을 간행해 놓고 보니, 어느 하나 제대로 정리한 것이 없는 듯했다. 그런데도 그 책자에 함께 넣을 수 없었던 또 다른 분야의 글들이 남아 있었다. 향토사 범주에 드는 글들이다. 필자 자신도 별다른 의미를 두지 않았던 것들이었다. 그런데 지금에 와서는 더 소중할 것이라는 생각이 들었다.

필자가 향토사에 관심을 기울인 것은 1980년대 초반이다. 25년 이상 이 분야에 작은 글을 써 오면서, 전공 분야가 점차 확대된 셈이다. 이제는 민속학까지 넘나들고 있으니, 그야말로 잡학(雜學)이 되었다. 스스로는 잡가(雜家)가 되어 있고…,

혹자는 필자의 전공 영역을 의심하고 있는데 무리가 아니다. 그럴 때마다 필자의 변명은 한결 같다. 한국문학이 전공이요, 향토사가 부전공이지만, 이 둘이 무관하지 않다고. 남들이 문헌 속에서 새로운 논리를 도출하고자 할 때, 필자는 지역의 현장 자료를 발굴하고, 이를 정리하는데 더 관심을 기울여 왔다. 읍취헌 박은, 봉래 양사언, 십청헌 김세필, 포은 정몽주 등에 관련한 저술은 그 대표적인 성과물이다.

이 책은 그동안 필자가 근근이 발표해 온 향토사 분야의 논문을 한 곳에 묶은 것이다. 향토사 분야에 해당하는 논문 16편을 영역별로 선별하여 실었다. 필자의 활동 범주가 경기도권이고 보니, 성과물도 그 범주에 국한되어 있다. 이 점이 제한적 요소가 될 것임을 알면서도 짐짓 세상에 내놓는 것은 아직은 이 분야의 성과물이 빈약하고, 누군가가 해야 할 일이기 때문이다.

이 책을 엮으면서 먼저 감사드리고 싶은 분이 있다. 향사(鄕史) 박용익(朴鏞益)님이다. 필자와 함께 20여 년간 답사를 했던 분인데, 세상을 달리한 지 벌써 3년이 되었다. 삼가 경의를 표한다. 은사 황패강 선생님, 임형택 선생님의 은덕 또한 어찌 한시라도 잊겠는가. 건강을 기원하며 충심으로 감사드린다.

끝으로, 항상 보잘 것 없는 책자를 마다하지 않고 간행해 주는 한국문화사 김진수 사장에게도 인사를 표한다.

2009년 2월
처인재에서

차례

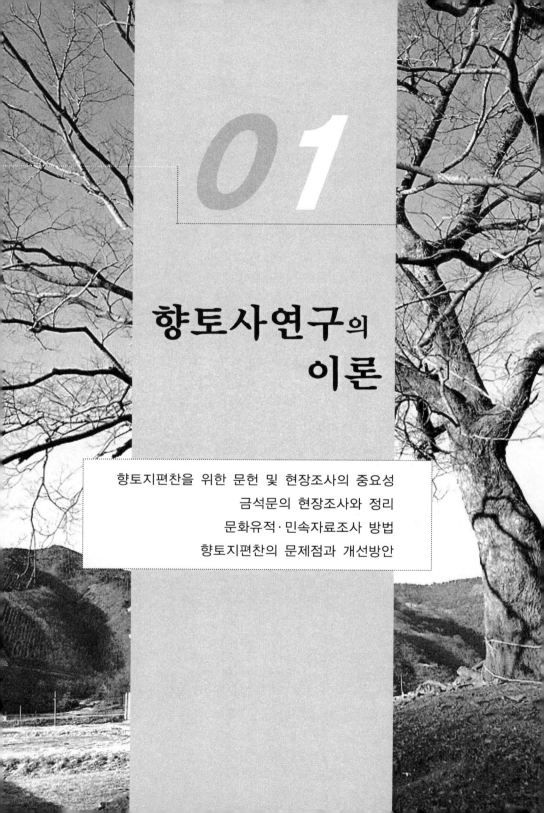

01

향토사연구의
이론

향토지편찬을 위한 문헌 및 현장조사의 중요성
금석문의 현장조사와 정리
문화유적·민속자료조사 방법
향토지편찬의 문제점과 개선방안

향토지 편찬을 위한 문헌 및 현장조사의 중요성

1. 머리말

향토지 편찬에 있어 현장과 문헌조사의 필요성은 재론의 여지가 없다. 그럼에도 실제 편찬 작업에 있어서는 제대로 이루어지고 있지 못하다. 지방의 향토사가는 현장조사에, 전문 연구자는 문헌조사에 치중하고 있음이 항상 문제시된다. 가장 효과적인 방법은 이 두 가지를 아우르는 것이다. 다행히도 지역과 대학 또는 전문연구자들이 팀을 구성하여 조사하고, 이를 바탕으로 향토지를 편찬하는 경우도 없지 않다. 가장 바람직한 사례일 것이다.

본 발표는 이 같은 공동작업의 필요성을 거듭 강조하려고 마련한 것이다. 본 발표가 이론의 실용화에 중점을 두고 있는 만큼 실제 향토지를 편찬하면서 확인한 몇 가지 사례를 중심으로 설명한다.

2. 문헌조사

[사례1] 인물관련 기록

향토지 편찬에 있어 인물 관련 기록의 원전을 잘못 이해해서 오류를 범하는 경우가 허다하다. 고문헌에서는 인물을 기록하면서 휘(諱)·자(字)·본관(本貫)·가계(家系) 등을 적는다. 여기서 '龍仁 李氏'를 '龍仁人' 등으로 표기하는 것이 통례이다. 실제는 용인에서 출생하였거나 거주했던 인물이 아닌 경우가 있다. 그럼에도 향토지에는 이러한 인물이 등장한다. 『국조방목(國朝榜目)』 『국조인물고(國朝人物考)』 등의 자료를 이용하면서 그 같은 실수를 하는 경우가 많다.

[사례2] 서봉사현오국사비(瑞峯寺玄悟國師碑)의 명칭(용인시 소재, 보물 9호)

서봉사현오국사비(瑞峯寺玄悟國師碑)는 문화재 관련 책자나 사전류에 서봉사현오국사탑비(瑞峯寺玄悟國師塔碑)로 소개되어 있다. 보물9호로 지정된 이 자료의 명칭이 고증 없이 결정된 것이 문제이다. 비문을 탁본해 대조해 본 결과 다음 문헌자료의 기록과 차이가 없다.

  ① <篆額> 贈諡玄悟國師碑銘
    高麗國大華嚴浮石寺住持贈諡玄悟國師碑銘幷序 〈해동금석원, 권7:25〉
  ② 瑞峯寺玄悟國師碑 〈조선금석총람, 405면〉〈조선금석고, 468면〉

[사례3] 양사언선생묘갈(楊士彦先生 墓碣) 포천시 소재

포천시 소재 양사언 선생의 묘갈은 훼손이 심하여 전문을 판독할 수가 없다. 특히 가계(家系) 부분이 그러하다. 포천 현장조사시 조경(趙絅) 선생이 지은 묘갈명(墓碣銘) 초고본을 발견하였는데 해당부분은 다음과 같다.

> "先生前配陰城朴氏無子 後配杆城李氏 … 生三男三女 而二男二女 皆夭 男宗正公獨存 名萬古…其家無子 擇叔父孫爲后 曰斗新 女適忠義李訢 生子克俊 庶子曰 萬世萬善萬春萬祥 萬世萬春有子女 庶女三人皆有子女"(趙絅 撰,墓碣銘)

위의 기록으로 보아 양사언의 소생으로는 후배(後配)인 간성이씨(杆城李氏)와의 사이에서 3남 3녀가 있었으나, 2남 2녀가 요절하고 1남 1녀만이 생존하였다. 아들 만고(萬古)가 가계를 이었음을 알 수 있다. 그런데 『청주양씨대동보』에 소재한 <봉래양선생묘비문(蓬萊楊先生墓碑文)>에는 위의 기록을 개작한 부분이 있어 의심이 제기된다. 다음에서 보듯이 서출(庶出)인 만춘(萬春)을 적자(嫡子)로 변조한 흔적이 역력하다.

> "生三男三女 而一男一女 皆夭 長曰宗正公 名萬古…其家無子 擇叔父孫 爲后 曰斗新 次曰萬春 女適忠義李訢 生子克俊 庶子曰 萬世萬善萬祥 庶女三人 皆有子女"

그럼에도 『경기금석문대관』에는 청주양씨세보의 원문 전체를 그대로 전재하고 있다.

[사례4] 포천 금수정의 양사언 글씨 '경도(瓊島)'

초서체로 쓴 이 자료는 지역민들에게 '부도(浮島)'로 알려져 왔다. 다음에서 보듯이 성해응(成海應)의 『동국명산기(東國名山記)』에서는 '경도

(瓊島)'라고 소개하고 있다.[1]

> "前對小姑山 姸妙如畵 川光盒澄 壁匯于山下 復漫流而去 白沙平浦 水中
> 奇巖盤陁 可坐曰 瓊島 沙上白石 其形窪 稱蓮花巖傍 刻蓬萊詩文 又刻尊巖
> 亦竝蓬萊筆也"[2]

성해응이 분명히 '瓊島'로 소개했는데도 포천의 향토사가들은 반신반
의하는 편이다. 필자 역시 이 자료를 처음 접하고 당혹하지 않을 수 없다.
누가 보아도 앞의 부수자가 '玉'자임은 분명한데, 뒤의 몸은 '孚'자와 흡사
하다. 이를 '瓊'자의 몸인 '夐'자의 초서체로 보기엔 무리라는 것이다. 앞
의 부수자를 'ㅣ'의 초서체로 볼 수 있다는 주장이다. 그들의 주장대로라
면 '瓊島'가 아닌 '浮島'가 된다. '물 가운데 떠 있는 섬'이라는 뜻에서 붙
였을 것이라고 추정하기도 하였다. 너무도 완강하게 주장하는 터라 성해
응의 기록만으로는 이 문제가 해결될 수 없었다. 양사언의 글씨가 확실하
다면, 그의 문집에 한 구절이라도 소개되지 않을 수 없다는 전제하에 『봉
래시집(蓬萊詩集)』을 섭렵하였다. 천우신조로 이에 관련한 다음 시구를 발견
할 수 있었다.

> ① "山水情懷老更新 如何長作未歸人 碧桃花下青蓮舍 瓊島瑤臺入夢頻"
> (「鶴城寄友人」, 『蓬萊集』 1:24a)
> ② "軒鶴舞鳴琴 鸞鳳下瓊島 欲去無舟楫 江漢不可造" (「贈別春州奇刺使東岡
> 先生」, 『蓬萊集』 3:8a)

위의 문헌자료를 통해 이 자료는 '瓊島'임이 확실시된 셈이다.

---

1) 성해응(成海應; 1760-1839)은 조선 후기의 문인이다. 포천출생인 그는 북학파 문인
   들과 교유하면서 각종의 서적을 섭렵하였다. 경사(經史)는 물론, 지리·풍속·서적,
   심지어는 금수·곤충에 이르기까지 정통하였다.
2) 成海應, 『東國名山記』, 自然經室藏.

[사례5] '독정이'의 지명유래(이천시 설성면 장천 4리)

독정이의 유래는 자세하지 않다. 일설에는 항아리처럼 생긴 우물이 있어 '독정'이라 부르게 되었다고 한다. 『이천군지』에 의하면, "독쟁이라고도 부르는데 대장쟁이, 침쟁이, 땜쟁이의 경우와 같이 독짓는 사람들을 독쟁이(독장이)라 했으니 독쟁이의 지명은 옹기를 굽는 사람의 마을이란 뜻으로 풀이 된다."고 하였다. 그러나 김영수(76세, 장천4리)씨에 의하면, 이곳의 지형이 항아리처럼 오목하게 파여서 붙여진 명칭이라 한다. 왜정 때는 한천(寒泉:장천3리)과 합쳐지면서 '한정(寒亭)'으로 표기했다고 한다. 독정이를 '獨井' '篤井'으로 표기한 기록도 있는데, 이것은 '독정이'를 그대로 한자식으로 표기한 것이다.

현장조사시 김영수씨댁에서 청풍김씨(淸風金氏) 안경공파(安敬公派) 기승(家乘)을 확인하였는데, 여기에는 '瓮亭'으로 표기되었다.

"金寅植 正月十七日生 戊寅正月 初三日卒 瓮亭里開東山之坐"

한글지명 독정이를 '獨井' '篤井' 등으로 표기한 것과는 차이가 있다. 참고로 장천2리는 '瓦洞'(왜거리, 기와골 – 왜골 – 왜거리)으로 기와를 굽던 곳이라 한다. 지역민 김영수씨의 주장대로 장천4리의 지형을 딴 명칭인지, 독을 굽던 곳인지 판단을 내려야 할 문제이다.

[사례6] 안성 극적루(克敵樓)의 중건 연대

문헌조사에서 1차 원전 자료를 확인하지 않고, 2차 자료를 인용하면서 오류를 범한 사례를 들 수 있다. 안성군의 극적루 관련 기사가 권근(權近)의 『양촌집(陽村集)』에 전하고 있음에도 불구하고 『동국여지승람(東國輿地勝覽)』 안성군(安城郡) 누정(樓亭) 항목의 기록에만 의존해서 각자의 견해를 주장하고 있다.

『동국여지승람』에는 서두에 "극적루는 객관 동쪽에 있다(克敵樓 在客舘東)"로 시작해서 권근의 <극적루기(克敵樓記)> 본문을 전재하였으며, 맨 뒷부분인 기록 연대 "洪武 三十一年 蒼龍 戊寅 後 五月望"은 생략하였다. 그런데 이후의 기록은 모두 『동국여지승람』을 참고하여 기록하고 있다.

권근이 기문을 지은 시기는 "홍무(洪武) 31년 창룡(蒼龍) 무인(戊寅) 후 5월 보름"이다. 구체적으로 조선 태조9년(1398) 5월 보름이다. 정수홍이 극적루를 중수한 시기가 바로 이 때이다. 그런데 『동국여지승람』에는 이같이 구체적인 기록이 없어서 정수홍이 중건한 연대가 적잖은 혼선을 야기하였다. <극적루기> 가운데 "지금 벌써 3기(紀)라는 오랜 세월을 지나서"라 한 구절을 제각기 해석하여 차이를 보이고 있는 것이다.3) 이처럼 각자의 견해가 다른 것은 원전자료인 권근의 <극적루기>를 직접 대상으로 하지 않았기 때문이다.

3. 현장조사

민속, 구비전승자료, 지명 등은 현장조사에서 가능한 작업이다. 따라서 현장조사의 필요성을 일일이 거론할 필요가 없다. 문헌자료에는 전하는데 현장조사가 이루어지지 않아 과제로 남아진 경우가 적지 않다. 훼손된 성지(城址)·건축지(建築址)·금석문(金石文) 자료가 특히 그러하다. 금석문의 사례를 들어본다.

다음 자료는 문헌에는 기록되어 있으나, 현장조사시 발견하지 못한 자료

---

3) 안성문화원에서 펴낸 『克敵樓와 安城』에서는 24년 뒤에 정수홍이 중수한 것으로 설명하였다. 오환일 교수는 「안성의 역사탐구를 위한 제언」이라 글에서 20여년이 지난 후에 개축하였다고 하였다. 『安城紀略』에서는 90년이 지난 뒤에 중수하였다고 하였다.

이다.

① 李德馨刻尊巖詩

"古相公李德馨刻尊巖詩曰 金水銀沙一樣平 峽雲江雨白鷗明 尋眞誤入
桃源路 莫遣漁舟出洞行 古楊蓬萊士彦筆"

〈永平邑誌,樓亭題詠〉

② 朴思菴次廻瀾石韻

"朴思菴次廻瀾石韻曰 細風吹碧瀨 斜照娟蒼屛 仙駕淹淸景 幽棲是素
情 澗芳春尙照 林靄晚來輕 對此應多感 湘潭水己生 *楊蓬萊士彦石刻"

〈永平邑誌,樓亭題詠〉

③ 大王巖 ; 朴奎淳詩

在郡西五里 金水亭之上 有一巖 臺號曰 大王巖 或曰 興巖 其上流有御
史灘 俗傳大王幸于此 古承旨 朴奎淳詩曰「妄飛水中島 休上御史灘 今
有忘機者 來坐第一壇」刻于石壁 *自失大王字 時人豈知名 昔日君王幸
莓苔不復生 *丹楓飛下臺 遊魚戲入石 愛此淸遠心 不知山日夕

〈永平邑誌,古跡〉

④ 韓石峯書「壺中日月 醉裡乾坤」八大字

"白鷺洲在洞陰縣 南十里而遠 其水北流 抱縣治而下轉長林 一牛鳴地
稍西迤水益大 翠屛開張 爲浮雲壁 壁有韓石峯書「壺中日月 醉裡乾坤」
八大字 水匯而爲潭 有亭翼然 其上爲金水亭"

〈李敏求,「金水亭詩序」『東洲集』2;45a〉

4. 맺음말

이상으로 발표자의 체험을 토대로 몇 가지 사례를 소개하였다. 향토지 편찬에 있어 거듭 제기되는 것은 문헌 및 현장조사의 필요성이다. 한 쪽만의 조사로는 만족한 결과를 얻을 수 없다는 것을 실증적으로 보이기 위해 나름대로 정리하였다. 문헌조사와 현장조사의 사례를 편의상 구별하였지만, 모두 함께 조사하여야 한다는 것을 보이기 위한 사례들이다.

끝으로, 발표자의 경험을 바탕으로 향토지 편찬에 있어서 필수적인 사항을 정리해 보인다.

---

1. 문헌조사

① 읍지류 기록의 점검: 각 지방지의 편간 및 색인 작업 필수 작업: 용인군
　읍지, 이천시읍지, 안성지략

② 고문헌자료의 활용: 삼국사기 · 고려사 · 조선왕조실록 등 역사서에서
　관련 자료 검색 ☞ CD자료 활용

③ 문집 · 고문서 자료의 활용: 해당 지역 인물의 문집류나 고문서 자료 활
　용.

④ 금석문 자료의 활용: 금석문자료집 간행, 번역, 색인작업을 통해 사료
　확보.

⑤ 고지도 자료의 활용: 자료의 위치, 현존 여부, 지명 등 자료를 확보할
　수 있음.

2. 현장조사

① 민속 · 구비문학자료 · 지명의 유래는 현장조사에서 가능.

② 문헌기록의 현장성 확보를 위한 필수 작업

③ 지역적 특성(향토성)을 살피기 위한 필수작업

향토지 편찬을 위한
문화유적 및 민속조사방법

1. 머리말

향토지 편찬에 있어 현장조사의 필요성은 재론의 여지가 없다. 그럼에도 실제 편찬 작업에 있어서는 제대로 이루어지고 않는다. 지방의 향토사가는 현장조사에, 전문 연구자는 문헌조사에 치중하고 있음이 항상 문제시된다. 가장 효과적인 방법은 이 두 가지를 아우르는 것이다. 다행히도 최근에는 지역과 대학 또는 전문 연구자들이 팀을 구성하여 현장조사를 실시하고, 문헌자료를 바탕으로 향토지를 편찬하는 경우도 없지 않다. 가장 바람직한 사례일 것이다.

본 발표의 과제가 향토지를 편찬하는 데 필수적인 현장조사 방법의 이해에 있는 만큼, 문헌조사의 필요성 및 방법은 논외로 한다. 그리고 여러 가지 제약상 본고에서는 문화유적 및 민속자료조사의 전반적인 사항을 개괄할 수밖에 없음을 전제해 둔다. 본 발표에서는 발표자의 체험을 바탕으로 1) 고문헌상의 관련기록 검토 및 정리, 2) 문화유적(지정·비지정문화재·기타 유적) 3) 민속자료(구비전승자료-설화·민요, 지명유래, 민간신앙 및 금기, 세시 풍속 및 민속놀이 등) 조사 방법에 대해 설명하기로 한다.

2. 문화유적 조사 방법

(1) 문화유적 조사의 범주

1) 고고·고미술자료

①선사문화유적 ②고분문화유적 ③불교문화유적 ④유교문화유적 ⑤성곽 ⑥금석문 ⑦도자·공예 ⑧기타(유지, 논서, 록권, 제문, 치제문, 시권, 표전, 계, 봉서)

2) 고건축관련자료

① 교지류(고신, 교첩) ② 호적류(호구단자, 준호구) ③ 소지류(상서, 상소, 등장, 원정) ④ 추수기(양안, 타작기) ⑤ 토지문기(전적문권)·노비문기(노비문 권) ⑥ 분재기(화회, 분급, 허여, 별급, 긍부문기) ⑦ 간찰(서장) ⑧ 기타(유지, 논서, 록권, 제문, 치제문, 시권, 표전, 계, 봉서)

(2) 조사방법과 정리

고고학적 자료를 조사·수집하는 방법에는 지표조사와 발굴조사가 있다. 발굴조사에 앞서 행해져야 하는 것이 지표조사이다. 지표조사는 그간 알려 지지 않았던 땅위의 문화유적과 유물을 찾아내어 그 성격을 밝히는 것인 바, 무엇보다도 선행되어야 하며, 지표조사를 통해서 발굴대상의 유적을 선정할 수 있기 때문에 기초조사인 동시에 가장 중요한 조사라고 할 수 있겠다.

1) 지표조사

땅위에 드러난 유물과 유적을 찾아내어 기록·정리하는 작업을 말하는데, 지상조사라고도 한다. 지표는 자연상태에서도 끊임없는 지질작용의 의해 변화하고 있는데, 이와 더불어 땅속에 묻힌 유적과 유물 중 상당량은 시간이 경과함에 따라 지상에 노출되게 된다. 지표조사란 이러한 과정에서 땅위에 노출된 유적과 유물들과 찾아내어 한 지점이나 어느 지역의 문화적 활동상을 체계적으로 조사·수집하고 기록·분석하는 작업이다.

지표조사의 대상은 선사시대부터 역사시대에 이르기까지의 전 기간 동안 인간들이 생활하고 남겨 놓은 유적과 유물들인데, 선사시대의 경우 집터·고인돌·선돌·조개더미·분묘·돌무지무덤·널무덤(덧널무덤·독무덤·유물산포지 등이 있다. 역사시대에 있어서는 산성·고분·건물지를 비롯해서 절터·불상·탑파·부도·석등·당간지주·범종·불화 등의 불교문화재 그리고 비석 등 금석문이 있다

지표조사시에 필요한 지표조사방법(조사단구성·문헌조사·준비물·기초지식 등)·유물채집과 현장조사·지표조사 결과정리 등에 대해서 살펴보면 다음과 같다.

1) 지표조사방법

① 조사단구성

조사단구성은 지표조사에 있어서 맨 먼저 이루어져야 한다. 문헌조사를 비롯해서 준비물 등 조사에 따르는 사전준비부터 분담하여 실행하는 것이 보다 효과적이기 때문이다. 지표조사는 혼자 행할 수도 있지만 조사비품이나 조사장비를 운반·사용하고 안전사고에 대비해서 관심을 가진 3~4인의 수로 구성하는 것이 좋겠다. 이때 지식과 경험이 풍부한 자를 중심으로 유물

의 실측·유적의 분포도 작성·사진촬영·탁본·종합적인 조사기록 등을 분담하여 실시하면 효과적이다.

조사자들은 활동하기에 간편한 복장인 등산복차림이 가장 편리하며 모자·장갑·비옷이나 우산 등을 준비하며 좋다.

② 문헌조사

지금까지 지표 조사된 여러 조사보고서 및 자료서들을 두루 섭렵하여 이미 조사·채집된 유적과 유물을 파악하고 있어야 한다. 보완조사 이외의 중복조사가 되어 시간낭비를 초래할 수도 있고, 가끔 기조사된 유적을 새로 조사한 유적으로 잘못 알려져 실망을 주게 된다. 기존 문헌자료에 의해 대강의 유적에 대한 위치를 파악해 두고 5만분의 1, 또는 2만5천분의 1지도에 계획하는 지역의 유적과 유물의 분포를 세밀하게 작성해 두는 것이 좋다.

③ 장비 및 준비물

㉮ 사진기: 가능하면 천연식 슬라이드·천연색 프린트·흑백프린트용으로 사용할 수 있도록 3대를 갖추는 것이 좋으나, 불가하면 천연색 프린트용을 제외한 2대는 필히 갖추도록 하는 것이 좋겠다. 사진기는 아마추어용으로 사용되는 35밀리 렌즈셔터식이 무난하지만, 호가대인화, 광각렌즈·마이크로렌즈·망원렌즈의 이용 등 전문화가 요구되는 경우가 많기 때문에 35미리 포칼플레인셔터식의 사진기가 적합하다.

㉯ 필름: 칼라슬라이드·칼라프린드·흑백 등 3종류에서 필요에 따라 칼라프린트 필름을 제외한 두 종류면 되겠다.

㉰ 나침판: 유적의 위치·유물채집장소 등을 지도에 표시하고 유적과 유구의 방향등을 이해하는 데 사용된다.

㉱ 지도: 조사된 유적과 유물의 정확한 위치를 지도에 표시하여 유적·유물의 분포지도를 작성한다. 특히 독도법을 익혀 두어야 한다. 지도는 대체로 5만분의 1, 또는 2만 5천분의 1 지도가 주로 사용되고 있으나, 유적의 위치

와 지형을 정확히 파악하기 위해 5천분의 1 지도를 활용하는 경우도 있다.

㉠ 자: 대개 2㎡나 5㎡자가 필요하지만 조사범위가 넓은 경우에 50㎡줄자가 필요하다. 유적의 분포도를 작성하기 위한 평판측량시에는 100미터 줄자까지 준비해야 한다.

㉡ 핸드레벨: 유적의 높낮이를 파악하기 위한 장비이다.

㉢ 꽃삽: 땅위에 드러난 유물과 유적의 분포범위와 그 형태를 좀 더 자세히 파악하기 위해서 유구와 유물을 노출시키는 데 사용되는 도구이다. 또한 경우에 따라 간단한 시굴을 행할 수 있는데, 이때에 꽃삽이 준비되어야 가능하다.

㉣ 비닐봉지 및 시약병(빈병): 지표채집과 간단한 시굴에서 수집된 유물을 담기 위해 비밀봉지가 필요하며, 시굴에서 채집된 시료를 담기 위해서 시약병(빈병)이 필요하다. 이때 유물의 봉투와 시료 채집병에는 출토 및 수집상태·명칭·채집일시·날씨·수집자 등 상세한 기록을 해야 한다.

㉤ 평판측량도구: 유적의 분포도를 작성하기 위한 평판 측량작업이 필요하며, 평판다리·화판·에리데이드·축척자·방안지·나침판·100미터 줄자·중심추·침(바늘)·연필 등이 준비되어야 한다. 일반적으로 간단한 스케치나 약도로서 유적의 분포도를 작성하는 경우가 많은데, 가능하면 정확성과 고고학 자료로서 활용하기 위해서는 평판측량에 의해서 이루어져야 한다. 그리고 노출된 유구나 탑파·불상·당간지주·석등 등 건조물을 실측하는 데 있어서도 이들 도구들이 필요하다.

㉥ 탁본도구: 금석(비석·바위·금속 따위)에 새겨진 글씨나 문양을 그대로 베껴내는 행위인 탁본을 하기 위해 필요한 준비물이다. 화선지·먹·벼루(판매용 먹물도 사용되나 필요시 직접 먹을 갈아 사용하는 것이 좋다)·빈병(먹물용기)·붓(먹물을 솜방망이에 묻힐 때 사용)·솜방망이(면솜을 면가제로 싸서 만듦)·가제 약간(물기제거용)·탄닌산(먹물 번짐을 억제함)·옷솔과 넓은 솔(화선지를 붙이고 밀착시키기 위한 도구)·용기(물담을 그릇)·분무기 등이며, 규모가 큰 탁본 대상물에 대비하여 휴대용

사닥다리를 준비하면 더욱 좋다. 또한 완성한 탁본을 포장하고 탁본시 도구들을 가지런히 하기 위해 수장의 신문지도 준비할 필요가 있다.

㉮ 조사기록도구: 지표조사의 종합적인 조사내용을 기록할 야장과 필기류이다. 야장에는 유적과 유물에 대한 조사내용뿐만 아니라 평판측량·실측·사진촬영·유물 및 시료채집·조사단의 움직임에 이르기까지 종합적이고도 상세한 내용으로 기록되어야 할 것이다.

④ 기초지식

우리나라의 고고학에 있어서 연대편년의 기준은 일반적으로 토기가 주가 되고 있다. 그러므로 선사시대의 빗살무늬토기·민무늬토기, 삼국형성기의 김해식토기·와질토기, 역사시대의 고구려·백제·신라·가야의 토기, 고려의 고려청자를 비롯한 자기편들, 조선시대의 분청사기와 백자에 이르기까지 기형과 편들을 구분할 수 있는 정도의 지식이 있어야 한다.

우리나라 전 지역에 가장 많이 분포하고 있는 유적은 무덤유적이다. 선사시대의 분묘인 고인돌·돌널무덤·널무덤·독무덤 등과 삼국시대의 고총분묘인고분, 고려의 작은돌방무덤, 조선시대의 회격묘 등에 대한 형식·구조·출토유물·벽화내용 등등에 이르기까지 개괄적인 지식을 가져야 한다. 또한 우리나라는 불교문화의 융성에 의해서 불교유적과 유물이 많으므로 가람배치·탑파·부도·불상·당간지주·범종·석등·불화 등에 관한 지식이 있어야 하고, 목조물에 대한 부분적인 명칭에 대해서도 지식을 갖추어야 된다. 아울러 불교유적광 유물, 비석 등 금석문에는 간단한 명문과 함께 제작연대인 연호가 새겨져 있는 경우가 많으므로 연호를 손쉽게 파악할 수 있는 연표가 필요하다. 특히 조선시대에는 중국의 연호를 그대로 사용했기 때문에 중국연호와 연대를 암기해 두면 더욱 좋다. 이들 연호를 쉽게 찾아볼 수 있도록 정리해 둔 <東洋年表>가 있다.

비석·바위·금속·와전 등에 새겨진 글씨나 문양을 그대로 베껴내기 위해 행하는 탁본에 대한 지식과 기술을 익혀 둘 필요가 있다. 특히 실측·사진촬영 등으로 구분하기 어려운 미묘하고 미세한 변화도 흑백의 명암으로 명확하게 나타낼 수 있기 때문에 판독하기 어려운 문자나 문양도 탁본에 의해서 선명하게 밝혀내는 경우가 많다.

2) 유물채집과 현장조사

① 유물채집

파괴된 유적과 유구에서 유물이 노출되어 있는 경우나 지상에 유물들이 흩어져 있는 경우를 적지 않게 접하게 된다. 유적과 유구를 파괴하지 않는 범위 내에서 특징적인 유물(주로 조각들임)을 채집하게 되는데, 유물채집은 무작위추출방법이 좋다. 유물을 채집할 때 자칫하면 유적과 유구를 파손하면서까지 유물을 수집하게 되는 경우가 있는데, 이는 절대 금해야 한다. 유적과 유구는 지금의 상태를 그대로 잘 보존하는 것이 제일 중요한 일이다. 현상이 변경되면 골동품적인 가치는 있을지언정 그 유적과 유구가 지닌 문화와 역사의 내용의 일부 또는 전부가 망실되기 때문이다.

그리고 흔한 유물의 파편들은 제외되지만, 독립된 유물들은 발견·채집한 장소와 연월일, 유물의 종류와 수량 및 규격 등 발견된 사실을 관할 읍·면·동이나 관할경찰서, 문화재관리국에 즉각 신고하도록 되어 있다(문화재보호법 제43조 참조).

유물채집시 석기·골각기·토기 등 단단한 것은 별주의 없이 조각들을 잘 수습하여 비닐봉지나 종이봉투에 담으면 되지만, 목제품이나 금속제품 등은 산화된 상태로서 변형·변질되기 쉽기 때문에 경화처리를 하든지 신속히 대기의 노출을 차단(비닐봉지로 포장)시켜 보존과학처리를 할 수 있는 연구실로 옮겨 전문가의 도움을 받아야 한다. 목제품의 예를 들면, 물속에서 목조물을 건져내면 크기는 그대로이나 공기를 쏘이게 되면 부피가 현저하게 줄어들기 때문에 안전한 곳까지 호송하는 방법으로는 물에 젖은 신문지 또는 젖은 수건으로 잘 싸서 보존과학처리실로 가져가면 된다.

유물 채집시 유물과 함께 발견상황과 상태, 출토위치, 명칭, 수량, 규격,

채집연월일, 채집자명, 사진촬영 등 자세하게 조사·기록하는 것이 좋다. 또 발견지점을 지도에 정확하게 표시하고 때에 따라 평판측량 및 실측도 할 필요가 있다.

② 현장조사

조사원들은 매일 매일 조사일지를 쓰고 유물을 발견할 경우에는 노출상 태와 위치·수량·크기·현 모습·특징 등 자세히 기록한다. 이를 수습하고, 유적과 유구를 접하면 그 현상·주변환경·발견되는 유물 등자세한 기록뿐만 아니라 유적의 분포도작성, 유적과 유구의 실측 등 세밀한 조사를 해야 한다. 이때 미리 작성한 유적조사표를 이용하면 더욱 효과적으로 조사할 수 있겠다. 그리고 자세한 현장기록과 더불어 사진촬영도 필요하며, 발견된 유적과 유물의 위치 및 분포범위는 정확하게 지도에 표시해야 한다. 경우에 따라서는 간단한 도구를 사용하여 유적현장지도를 작성할 필요도 있으니, 지표조사에 임하는 조사자들은 독도법과 간이지도 작성법을 익혀야 할 것이다. 유적의 분포도와 유적현장지도는 대개의 경우 약도로 작성하고 있는데, 가능하면 평판측량을 통한 작성이 바람직하다.

야외조사에서 얻어진 유적과 유물에 대한 현장조사기록·유적분포도·유적과 유물실측도·채집유물·산진·조사유물을 표시한지도·탁본·문화유적 및 고분조사표 등을 정리해야 한다. 우선적으로 유물의 보존과학처리와 연대측정용 시료는 전문연구기관에 의뢰하여 결과를 기다려야 한다. 그리고 유물의 형태복원 및 보존처리를 통한 유물정리, 현장조사기록의 정리·검토, 분포도·실측도 도면정리(제도), 탁본정리(배접 및 표구), 사진인화, 지도정리 등등의 기록·수집된 자료들을 보고서작성을 위해 총정리한다.

3) 지표조사 결과 정리

지표조사의 결과를 종합 정리하여 지표조사보고서를 작성하여야 바람직한 일이 된다. 지표조사보고서는 어느 한 지역의 문화유적에 대한 조사를 통해 그 지역 문화의 성격을 파악하고, 본존대책의 강구 그리고 장차 행할 발굴에 앞서 탐색한 결과보고다.

지표조사보고서는 다음과 같은 내용으로 구성된다.

① 지표조사의 목적

어떤 성과를 기대하며 지표조사를 시작하였는지를 기술한다. 일반적으로 발굴의 사전조사, 유적의 보호, 학술자료 수집 등이 그 목적이라고 할 수 있다.

② 유적의 명칭과 소재

지표조사에는 여러 종류의 유적이 조사되기 때문에 유적의 명칭과 소재지 그리고 유적이 위치한 장소의 소유자(성명·주소)까지 파악해 두어야 한다.

③ 유적의 현상

조사 당시의 유적의 겉모습과 유적의 입지에 대한 기록이다.

④ 유적의 설명

유적에 관한 연혁 및 사적·전설·현황·보수 실적 등 유적이 가지는 가치를 기술하는 것이다.

⑤ 채집유물의 설명

유물은 땅위에 그냥 조출되어 흩어진 상태에서 채집되거나 파손된 유적과 유구에서 채집된다. 유물의 노출상태, 유물과 유적·유구의 관계, 명칭과 형태·규격, 재료·기능(사용목적)·사용 시기 등 자세한 내용의 기술이다.

⑥ 지도·분포도·실측도·사진게재

이들 자료는 보고서의 내용을 구체적으로 보여주고 설명해 줄 뿐만 아니라, 입증해 주는 것이 되기 때문에 반드시 보고서에 실어야 한다.

⑦ 조사자의 견해

이 부분이 가장 신중히 다루어야 할 부분이다. 조사된 유적과 유물들의 성격이 지금까지의 학계의 의견과 비교·검토되어야 한다. 지표조사라고 하여 땅위에 드러난 유적과 유물에 대한 현상설명을 하는 것으로만 끝나는 것이 아니다. 학술적으로 충분한 비교·검토가 이루어져야 한다. 새로운 자료의 발견·조사와 보충조사를 통해 과학적인 비교·검토가 이루어져야 한다. 조사된 유적이 보여주는 문화의 성격이 기존의 것에 합치된다든지, 아니면 지금까지의 통념보다 더 많은 내용을 보여준다든지 하는 것을 분명히 해주어야 할 것이다.

2) 발굴조사

고고학자는 지표조사를 통해 수집된 정보에 의거, 과거의 문화정보를 본격적으로 수집하기 위하여 발굴조사를 한다. 발굴은 과거의 인류문화의 복원을 위해 고고학의 연구 자료를 수집하기 위한 하나의 방법으로 유적의 지표아래를 팜으로써 유물 그 자체 및 유물의 삼차원적 위치에 대한 객관적 관찰을 하는 과학적인 절차(행위)라고 정의할 수 있다.

발굴은 결과적으로 유적 자체를 파괴하는 행위이므로 세심한 주의를 기울여야 한다. 한번 발굴된 유적은 절대로 다시 복원될 수 없다. 그러므로 발굴 적합은 숙련된 고고학자가 충분한 시간과 예산을 갖고 신중하고 세밀하게 행해야 한다. 국가에서 발굴을 엄중히 통제하고 있으며, 반드시 전문지식과 충분히 경험이 있는 학자에 의해 실시되고 있다.

발굴은 선인의 자취를 파헤치는 것이니만큼 발굴자는 시종 경건한 자세를 취해야 하며, 발굴 전에 개토제를 지내는 것이 상례이다.

발굴조사에는 목적과 동기에 따라 학술발굴과 구제발굴이 있다.

학술 발굴

연구발굴이라고도 하는데, 고고학전공자(또는 기관)가 고고학의 문학적 문제를 규명하기 위하여 행하는 발굴을 의미한다. 순수한 학문적인 목적에서 시도되는 것인데, 어떤 특정한 시대의 역사와 문화를 규명하기 위한 계획적인 발굴조사이다.

구제 발굴

유적이 파괴될 사유가 발생하여 그대로 방치할 경우 유적이 말살될 위기에 처한 상황 하에서 이루어지게 되는 발굴이다. 댐·도로 및 공장건설과 같은 대규모 토목공사는 경제건설에는 필요하지만 한편으로는 그 지역에 존재하는 문화유적을 파괴시킨다. 구제발굴이란 불가피한 상황 하에서 최소한 문화정보만이라도 구제하기 위한 목적의 발굴을 의미한다. 구제발굴은 발굴조사 완료시한이 미리 못박혀 있기에 발굴에 임하는 고고학자는 항상 시일을 의식하게 된다. 상황에 따라서는 졸속발굴이란 비난을 면치 못할 염려도 있게 된다.

3. 민속자료조사 방법

(1) 민속자료조사의 범주

민속·구비문학자료·지명의 유래 등 민속자료는 향토지 편찬에 있어 매우 중요한 부분이다. 문헌기록의 현장성 확보를 위한 필수 작업이며, 지역적 특성(향토성)을 살피기 위한 필수작업이기 때문이다.

민속자료의 범주는 광범위하다. 당시의 문화와 사회상, 생활상 전반을 대상으로 하기 때문에 포함되지 않는 것이 거의 없다. 크게 분류하면 1) 자연부락과 동족의 생활, 2) 의식주, 3) 민간신앙, 4) 세시풍속, 5) 민속예술, 6) 구비문학 등으로 구분한다. 이 가운데 주 관심사로 다루어지는 사항을 다시 정리하면 ① 촌락의 구성과 제도 ② 동족관계 ③ 의식주 ④ 세시풍속 ⑤ 통과의례 ⑥ 민속 ⑦ 신앙 ⑧ 인물(위인, 충효열인물 등) ⑨ 민속놀이 ⑩ 방언 ⑪ 지명 ⑫ 구비문학자료(민요·전설·전래동화…) 등을 들 수 있다.

(2) 민속자료 조사 방법

민속자료는 전적으로 현장조사에 의해 가능하다. 이미 조사되어 문헌자료에 기록되어 있다하더라도, 조사 당시의 상황과는 크게 다르므로 조사 시점과 조사 방법에 따라 다른 결과가 나올 수도 있다.

조사용 장비로는 녹음기·카메라·필기도구·조사용 카드·줄자 등이 필요하다. 녹음기의 건전지와 공테이프는 여유 있게 준비해야 한다.

조사과정은 분야별로 다소의 차이가 있으나, ① 문헌조사 ② 조사용 지도의 작성(1/50,000·1/25,000) ③ 조사지역의 현황 파악 ④ 제보자 구연자에 관한 정보 확보 ⑤ 조사카드(설문지) 작성 ⑥ 현지 조사 ⑦ 조사자료 정리 ⑧ 보충조사 순으로 이루어진다. 각 분야별로 구체적인 조사방법을 소개하면 다음과 같다.

(3) 민속자료 조사 항목

1) 구비문학자료(민요·전설·巫歌·전래동화·속담과 수수께끼)

구비문학 자료에는 민간에 구비전승되는 민요·전설·무가·전래동화·속담과 수수께끼 등이 포함된다. 여기서 巫歌는 여러 면에서 구별되므로 각별히 주의를 기울여야 한다.[1] 민요, 전설의 조사대상은 지역이나 제보자에 따라 매우 다양하나, 농촌의 경우 널리 분포된 자료는 다음과 같다.

① 민요
노동요(남요- 모심기노래, 김매기노래, 지경노래, 여요- 베틀노래)
내방요: 탄식요, 시집살이노래, 연정요, 자장가 등
제의요: 상여노래, 회방아노래(달구노래)
타   령: 장타령, 담바귀타령, 방아타령, 지게동발, 화투풀이, 언문풀이 등
유희요: 윷놀이노래, 줄넘기 노래, 다리세기 노래 등

② 전설
지명유래(산·천·바위·고개·나무 등), 인물일화, 동식물담, 충효열담,
지략담 등

① 효행전설 ② 장수힘자랑이야기 ③ 명당터 이야기 ④ 사찰관련전설 ⑤
동물 관련 전설(금망아지·호랑이·구렁이·개·여우 등) ⑥ 자연물 관련
전설(바위·나무·산·고개·개울·늪·샘 등) ⑦ 금반형지이야기 ⑧ 도
깨비이야기 ⑨ 아기장수전설

[민요조사 항목의 설정과 유의사항]

① 조사지 ② 조사일시 ③ 피조사자 ④ 구연의 분위기와 상황 ⑤ 창자가
최초로 연창하는 민요를 배운 시기와 계기 및 전수자의 파악 ⑥ 민요의 음
악적 측면 ⑦ 민요의 민속적 측면 ⑧ 민요의 가사적 측면 ⑨ 동작의 문제
⑩ 조사된 민요의 내력 ⑪ 조사현지의 지리적 역사적 환경과 내력의 간략한
서술 ⑫ 동일 지역 또는 타지역에서 조사된 민요와의 유사 이동 여부 ⑬

---

1) 무가의 현장조사는 전문 연구자에게 의뢰하는 것이 좋다. 채록과정이나 조사된 자
   료의 정리, 해석에 있어서 일반인이 다루기 힘든 분야이다.

조사자의 기록. 조사책임자의 성명과 일자 기타사항 등을 적어둔다 ⑭ 조사된 민요의 일련번호, 분류별, 녹음 또는 기록별, 녹음의 경우는 일련번호로 매겨져 있는 tape와 tape counter No.를 시작서부터 끝까지 적어 둔다.

이상 조사항목의 설정에 따르는 유의사항 등을 두서없이 적어보았으나, 이는 광범한 토의를 거쳐, 그리고 다른 구비문학 분야와 결부하여 재조정되어야 하며 따라서 하나의 문제의 제기에 불과하다.

2) 지명

가) 조사 대상
현재의 시 군을 단위로 해서 그 아래의 행정 단위인 동·면·리·자연부락에까지 미쳐야 한다. 특히 자연부락의 산·하천·고개·관사·정자·사찰·역원·교량·시장·봉수·장승·성황·명승 등도 필수 사항이다. 농촌일 경우 들(坪)·보(洑)·저수지가, 산촌일 경우 골(谷)·고개·바위 등도 중요시된다.

나) 조사방법
① 문헌조사(地誌, 邑誌類) ② 조사용 지도의 작성(1/50,000·1/25,000) ③ 지명의 기입 ④ 지형 목표물의 기입 ⑤ 지명조사카드 작성 ⑥ 현지 조사 ⑦ 조사자료 정리 ⑧ 보충조사

3) 민속신앙 · 민간의료

가) 조사 대상
민속신앙은 무속·가신신앙·동제·불교제례 등으로 구분한다.
① 조령 ② 성주 ③ 조왕 ④ 터주와 업

나) 조사방법

4) 세시풍속 및 민속놀이

〈세시풍속〉

1. 정월

　② 설빔 ③ 차례 ④ 세배 ⑤ 복조리 ⑥ 정초와 십이지신에 대한 풍속
　⑦ 입춘 ⑧ 작은 보름 ⑨ 달불이

2. 대보름날 풍속

　① 달불이 ② 귀밝이술, 부럼깨물기 ③ 더위팔기 ④ 달맞이 ⑤ 목서리
　⑥ 밀보리 털기 ⑦ 활쏘기 ⑧ 대추나무 시집보내기 ⑨ 나이떡

3. 춘절 ① 한식일 ② 장 담그기 ③ 초팔일 ④ 단오

4. 하절 ① 삼복 ② 칠석 ③ 백중절

5. 추절 ① 추석 ② 중구절 ③ 밥서리

6. 동절 ① 가을 고사 ② 김장 ③ 동지 ④ 밤새우기

〈민속놀이〉

1. 개인놀이

　① 널뛰기 ② 연날리기 ③ 윷놀이 ④ 자치기 ⑤ 팽이와 제기차기 ⑥
　그네 ⑦ 화투 ⑧ 엿치기 ⑨ 돈치기 ⑩ 씨름 ⑪ 풀각시 놀이 ⑫ 다리세
　기 ⑬ 줄넘기놀이 ⑭ 막대못치기 ⑮ 장치기 ⑯ 갈퀴치기 ⑰ 춘향각시
　놀이 ⑱ 종지놀이 ⑲ 풍감놀이 ⑳ 수박놀이

2. 집단놀이

　① 줄다리기 ② 거북놀이 ③ 두레싸움 ④ 농기싸움 ⑤ 쥐불싸움 ⑥ 재
　도듬놀이 ⑦ 불꽃놀이

가) 조사 대상

현재의 시 군을 단위로 해서 그 아래의 행정 단위인 동 면 리 자연부락에 까지 미쳐야 한다. 특히 자연부락의 산·하천·고개·관사·정자·사찰·역원·교량·시장·봉수·장승·성황·명승 등도 필수 사항이다. 농촌일 경우 들(坪)·보(洑)·저수지가 산촌일 경우 골(谷)·고개·바위 등도 중요시된다.

나) 조사방법

①문헌조사(地誌,邑誌類) ② 조사용 지도의 작성(1/50,000 · 1/25,000) ③지명의 기입 ④ 지형 목표물의 기입 ⑤ 지명조사카드 작성 ⑥ 현지 조사 ⑦ 조사자료 정리 ⑧ 보충조사

4. 맺음말

이상으로 발표자의 체험을 토대로 몇 가지 사례를 소개하였다. 향토지 편찬에 있어 거듭 제기되는 것은 문헌 및 현장조사의 필요성이다. 한 쪽만의 조사로는 만족한 결과를 얻을 수 없다는 것을 실증적으로 보이기 위해 나름대로 정리하였다. 문헌조사와 현장조사의 사례를 편의상 구별하였지만, 모두 함께 조사하여야 한다는 것을 보이기 위한 사례들이다.

향토지 편찬에 필수적인 문헌자료

1. 지지류(地誌類)

三國史記地理誌, 高麗史地理誌, 世宗實錄地理誌, 新增東國輿地勝覽, 東國輿地志

輿地圖書,大東地誌,增補文獻備考輿地考,舊韓末地方行政區域名稱一覽,朝鮮全道府郡面里洞名稱一覽, 京畿道誌(규12178), 각 시군의 邑誌

2. 지명관련문헌

辛兌鉉,『三國史記地理誌의 硏究』, 宇鍾社, 1963.
李炳善,『韓國古代地名硏究』, 형설출판사, 1982.
한글학회,『한국지명총람』(18, 경기편), 1986
한글학회,『한국땅이름사전』
國立地理院,『韓國地名要覽』, 1983.

3. 문화유적조사 관련 문헌

김원용,『한국선사유적유물지명표』, 서울대 고고인류학과총간(2), 1965.
문화재관리국,『전국유적목록』1971.
문화재관리국,『중요발견매장문화재도록』(1집 ～), 1989 ～.
권상로,『韓國寺刹全書』(상·하), 1976

4. 민속자료 관련문헌

徐大錫,『韓國巫歌의 硏究』, 문학사상사, 1980.
崔吉城,『韓國民俗大觀』3-민간신앙·종교, 고려대민족문화연구소, 1982.
文化財管理局,『韓國民俗綜合調査報告書』, 1974-1983.
張籌根,『韓國의 神堂 形態攷』, 고려대, 민족문화연구 1집, 1964.
李杜鉉 외,『部落祭堂』, 문화재관리국, 1969.

黃纏詩·金壽男, 『경기도당굿』, 열화당, 1985.

村山智順, 『部落祭』, 조선총독부, 1937.

李能雨, 『朝鮮巫俗攷』, 한국학연구소, 1977.

金泰坤, 「서낭당연구」, 『李相玉博士回甲論集』, 1970.

_____, 釋奠·祈雨·安宅(朝鮮總督府, 1938)

金泰坤, 「韓國巫神의 種類」, 『論文集』 7집, 국제대학, 1969.

梁鍾承, 「韓國 巫俗神 考察」, 『몽골학』 4호, 한국몽골학회, 1996.

고려대 민족문화연구소, 『韓國民俗大觀』(재판), 고려대출판부, 1995.

5. 기타

『한국민족대백과사전』, 한국정신문화연구원, 1992.7.

『향토사연구소편람』, 한국향토사연구전국협의회, 1990.

이훈종, 『東洋年表』, 탐구당, 1988.

금석문의 현장조사와 정리

1. 머리말

　금석문은 한국학 연구에 있어서 매우 중요한 자료로 활용되고 있다. 특히 임진왜란 이후 많은 문헌자료가 소실되었기 때문에 이전의 역사적 사실을 검증하기 위해서는 자연 금석문을 많이 활용하게 된다. 이제까지 금석문은 주로 고대사나 불교사·미술사를 연구하는 이에게 중시되어 왔다. 그런데 근래에는 금석문 연구의 필요성이 여러 방면에서 제기되어 더욱 관심을 끌고 있다. 문헌자료가 일천한 우리나라에 있어서 금석문의 필요성을 새롭게 인식하고, 늦게나마 현장조사나 자료정리에 보다 관심을 갖게 된 것은 고무적인 일이다.

　우리나라에서 금석문을 수집하여 정리한 연혁은 오래지 않다. 조선 전기까지는 개별적인 탁본자료만이 법첩의 형태로 전할 뿐이었고, 17세기에 이르러 낭선군(郎善君) 이우(李俁)가 금석문을 수집하여 『대동금석서(大同

金石書)』를 만들었다. 얼마 뒤에 조속(趙涑)의 『금석청완(金石淸玩)』이 나왔다. 19세기에 와서는 청나라의 유희해(劉喜海)가 우리나라의 금석문을 모은 『해동금석원(海東金石苑)』을 냈으며, 1919년에는 조선총독부에서 전국의 금석문을 조사하여 『조선금석총람(朝鮮金石總覽)』 2책을 간행하였다. 이후 별다른 업적이 없다가 1968년에 이난영(李蘭暎)이 『한국금석문보유(韓國金石文補遺)』를, 1976년에 황수영(黃壽永)이 『한국금석유문(韓國金石遺文)』을 간행하면서 『금석총람』 이후에 새로 발견된 자료를 수록하였다. 조동원(趙東元)은 전국의 주요 금석문자료를 직접 탁본하여 축쇄본 형태의 『한국금석문대계(韓國金石文大系)』를 펴냈다. 이들 자료는 금석문자료를 탁본, 정리해 편찬한 자료집이다. 금석문에 관한 논술류로는 추사(秋史) 김정희(金正喜)가 진흥왕의 황초령순수비와 북한산비를 판독하여 고증해 펴낸 『금석과안록(金石過眼錄)』이 대표적이다. 일본지배하에 있을 때 가쓰라기(葛城末治)는 『조선금석문(朝鮮金石文)』을 저술하여 전국의 주요 금석문자료를 판독, 고증하였다.

우리나라에서는 아직도 금석문자료집으로서는 조선총독부에서 간행한 『금석총람』을, 논술류로서는 가라쓰기의 업적을 근간으로 정리, 연구하고 있는 실정이다. 최근에 한문학연구자들이 금석문 자료를 문학적인 시각에서 새롭게 가치를 규명하고 있음은 금석문 연구의 또다른 가능성을 제시했다는 점에서 의미가 깊다.[1]

필자는 근래에 무관심 속에 훼손되어 가는 암각문자료를 조사하여 정리하고 있다.[2] 금석문의 영역이 단지 석비(石碑)에 국한되지 않는 만큼, 지석(誌石)·종명(鐘銘)·현액(懸額) 등의 자료에게까지 관심을 기울여, 한국

---

1) cf., 황의열, 『韓國碑誌類研究』, 성대 박사논문, 1995.
2) 필자는 근래에 각지의 암각문 자료가 무관심 속에 훼손됨을 안타깝게 여기고, 경기도 포천군 일대의 암각문을 조사하여 제7회 향토사전국학술대회 때 그 중요성을 발표한 바 있다.(cf., 「포천군 창옥병의 암각문에 대하여」, 1993.10.30-31) 이후 「금수정지역 암각문에 대하여」(『한국학연구』 3집, 강남대 한국학연구소, 1995) 「백로주지역 암각문」을 조사 정리하여 『포천군지』(1996.12 간행예정) 등에 발표하였다.

학 연구 자료의 일천함을 메워야 할 것이다.

이 글은 그 같은 필요성을 제기하여 금석문 연구의 새로운 계기를 마련하고자 시술(試述)하는 것이다. 따라서 특정 금석문을 대상으로 학술적으로 천착하기보다는 금석문에 관한 여러 상식을 정리하여, 이 방면에 처음 입문하는 이에게 도움을 주고자 하는 쪽에 중점을 두었다.

2. 금석문 개관

(1) 금석문의 범주 및 유형

금석문이란 글자 그대로 금속(金屬)이나 석류(石類)에 새긴 글씨 또는 그림을 말한다. 그냥 '금석(金石)'이라고도 한다. 이 같은 자료를 대상으로 연구하는 학문을 '금석학(金石學)'이라 한다.

금석문의 유래는 일찍이 중국의 은(殷)나라 때부터 시작한다. 은나라에서는 청동기로 된 여러 종류의 제기(祭器)에 그림이나 명문(銘文)을 새겨 넣었다. 처음에는 씨족의 칭호나 이름 등을 새기는데 그쳤으나, 은나라 말기부터 문장을 지어 넣기 시작하였다. 주(周)나라에 와서는 그 제기를 만든 사연·연대 및 관계된 사람의 이름 또는 의식적인 어구까지 새겼다. 어떤 것은 문학적 수준이 뛰어난 운문을 새겨 넣기도 하였다. 이런 것을 통틀어 금문(金文)이라 한다.

석문(石文)에 해당하는 것으로는 전국시대의 것으로 추정되는 석고(石鼓)가 있다. 어로와 수렵의 사실을 아름다운 시가의 형태로 서술한 장편서사시를 이 석고에 새겨 놓았는데, 석문으로서는 가장 오래된 것이다. 진시황제 때 글자체를 소전(小篆)으로 정리하고, 태산(泰山)·낭야(瑯琊) 등 석벽에 자기의 공적을 새긴 암각문(巖刻文)이 있다. 한(漢)나라 이후에는 묘비와 기념비 등이 많이 세워졌다. 이밖에도 금석문에 들 수 있는 것이 많다.

그리고 재질이 꼭 금속과 석류가 아니더라도 금석문에 포함할 수 있는 것이 있다. 은나라의 유물로 출토된 갑골문(甲骨文)도 금석의 재질은 아니나, 넓은 의미에서는 금석문에 포함할 수 있다.

우리나라의 금석문은 그 종류에 있어서 중국과는 다소 다른 특성을 띠고 있다. 중국에서는 금문이 앞서고 석문이 그 다음이 되겠으나, 우리나라에서는 그렇지 않다. 약간의 청동기가 출토된 바 있으나, 명문이 있는 것이 아직 발견되지 않았으며, 금문보다는 석문이 주가 된다. 우리나라의 금석문으로 석벽에 새겨놓은 암각문 몇 점이 있을 뿐이고, 대부분 석비(石碑)가 대종을 이룬다.

우리나라의 석문으로는 신도비(神道碑)·사적비(事蹟碑)·탑비(塔碑)· 묘비(墓碑)·묘지(墓誌) 등이 있고, 금문으로는 종명(鐘銘) 및 여러 종류의 불기(佛器)에 글자를 새기거나 입사(入絲)한 것들이 많다.

목판에 새긴 것은 원칙적으로 금석문에 들 수 없으나, 현액(懸額)과 같은 자료는 함께 다룰 만한 자료이다. 자기류(磁器類)에 새겨진 것도 재질은 다르나, 금석문에 포함할 수 있을 것이다. 주로 묘지(墓誌)는 석재보다는 백자류를 더 많이 이용하였다.

(2) 석비(石碑)의 기원과 유형

1) 석비의 기원

금석문은 본래 고대 각석(刻石)의 일종이다. 각석은 매우 오래 전부터 있어 왔다. 『묵자(墨子)』에는 "옛날의 성왕은 …… 죽백에 쓰고, 금석에 새기며 쟁반이나 사발에 쪼아 넣어 후세 자손들에게 전한다."[3] 했다. 『통지(通志)』에는 "삼대 이전에는 정이(鼎彝)에만 새겼다. 진나라 사람이 비로소 그 제도를 크게 하여 석고(石鼓)를 사용하였으며, 진시황이 글을 자세히 쓰고

---

3) "古之聖王…書于竹帛 鏤右金石 琢右盤盂 傳遺後世子孫"(『墨子』, 尙賢篇)

싶어서 풍비(豊碑)를 쓰게 되었다. 진나라 이후 지금까지는 돌에만 새긴
다."4)고 하였다.

　금석문에서 대종을 이루는 것은 석비이다. 석비의 기원은 여러 설이 있으
나, 장례 풍습과 관련 있는 풍비(豊碑)에서 유래하였다는 설이 유력하다.
고대 중국에서 장례를 치를 때 관(棺)을 달아매어 내리기 위하여 세운 것이
풍비이다. 장례가 끝난 뒤에도 이 풍비가 남아 있게 마련이었는데, 한(漢)나
라 때 여기에다 죽은 이의 공적을 기록하여 후대에 알리게 한 것에서 석비
가 유래하였다는 것이다. 그후 당(唐)나라 때는 묘제(墓制)가 정비되어 신
분에 따라 석비의 형태를 달리하게 하였다. 5품 이상은 비(碑)라 하여 이수
(螭首)와 귀부(龜趺)를 갖추게 하였으며, 6품 이하는 갈(碣)이라 하여 원두
비신(圓頭碑身)에 방형 대좌(方形臺座)만 사용하게 하였다.

　우리나라에서는 통일신라 무렵 당나라의 풍습이 전래되어 그대로 사용하

---

4) "三代而上 惟勒鼎彝 秦人始大其制而用石鼓 始皇欲詳其文而用豊碑 自秦迄今 惟
　用石刻"(＜金石略序＞, 鄭樵, 『通志』)

였으며, 왕의 능묘비(陵墓碑)나 고려 때까지 유행한 승려들의 탑비(塔碑)에만 규정이 적용되었다. 일반 귀족들은 규정이 없었으므로 주로 묘지석(墓誌石)을 사용하였다. 조선시대에 들어와서는 『경국대전(經國大典)』에 정2품 이상은 신도비(神道碑)를, 그 이하는 비갈(碑碣)을 세우도록 규정하였다. 이에 따라 조선조에는 일반적으로 비갈이 두루 유행하였다.

2) 석비의 종류

석비의 종류는 세워진 장소와 용도·명칭·비문의 내용에 따라 다양하게 분류된다. 일반적으로 세워진 장소에 따라 분류하는데, 신도비(神道碑)·묘비(墓碑)·능비(陵碑)·기공비(紀功碑)·순수비(巡守碑) 등이 그것이다.

묘비는 중국의 진한(秦漢)시대부터 기원하였다. 죽은 사람의 이름·가계·행적을 돌에 새겨 오래도록 전하고자 묘역에 세운 것이다. 묘역에 쓰인 석문(石文)은 비(碑)·갈(碣)·표(表)·지(誌) 등 네 종류가 있다. 이외에도 승려의 탑비(塔碑), 제왕의 능비(陵碑)와 같은 명칭으로 불리는 것이 있고, 묘갈·신도비와 같이 묘소 입구에 세운 것이 있다.

신도비는 후한(後漢) 때 묘 앞에 길을 트고 석주(石柱)를 세워 표하였던 것을 신도(神道)라 칭하였으며, 진송이후 비각(碑刻)하게 되었다고 한다. 신도비를 묘의 동남쪽에 세우게 된 것은 풍수설에 의하면 동남쪽을 신도라 하기 때문이다. 우리나라에서는 조선 초에는 왕릉 앞에도 신도비를 세웠으나, 세종 이후에는 국왕의 사적은 국사에서 상세하게 기술되므로 신도비를 세울 필요가 없다고 하여 세우지 않았다.

신도비와 묘갈은 묘비의 일종이다. 조선시대에는 조상의 묘역에 석비를 세우는 것이 효도의 한 예식(禮式)으로 인식되어 크게 성하였다. 신도비와 묘갈은 신분의 차이에 따라 구분해 세웠으며, 그 형태에 있어서도 차이를 두었다. "무릇 4품 이상은 이수·귀부로 높이 9척이니 묘의 동서 쪽으로 약간 떨어진 곳에 세운 것이 신도비요, 5품 이하는 규수방부(圭首方趺)로 높이 4척이니 묘소 좌측에 세운 것을 묘갈이라 한다."하였다.

비갈도 사실상 형태나 입석(立石)의 규정에 차이를 두었다. 『후한서(後漢書)』에 보면 "네모난 것은 비(碑)라 하고, 둥근 것은 갈(碣)이라 한다.(方者謂之碑, 圓者謂之碣)"하였다. 비는 석재를 방각형(方角形)으로 깎아서 만든 것이요, 갈은 석재의 위쪽을 둥글게 만든 것이다. 또한, 입석의 규정에 『당육전(唐六典)』에는 "5품 이하는 비를 세우고, 7품 이하는 갈을 세운다."하였다. 『명회전(明會典)』에는 "5품 이상은 비를 허용하고, 6품 이하는 갈을 허용하되, 광지(壙誌)를 쓸 수 없다."고 하였다.

조선시대에는 신도비는 2품 이상의 관직을 지낸 자에 한하여 세울 수 있게 하였으나, 때로는 공신(功臣)·석유(碩儒) 등에 대하여 왕명으로 신도비를 세우게 한 일도 있다. 다시 말해서, 2품 이상의 현관이나 공신·석유의 묘역에 신도비를 세웠고, 2품 이하 5품의 관리들의 묘역에는 비를 세웠고, 6품 이하의 하급관리와 선비들의 묘역에는 갈을 세웠던 것이 관례적인 의례였다.

사적비(事蹟碑)는 묘비와는 달리 어떤 특별한 사실을 기록한 것이다. 그 중요한 것으로 전적(戰蹟)을 기념하기 위하여 세운 전적비를 들 수 있다. 황산대첩비(荒山大捷碑)·명량대첩비(鳴梁大捷碑)·행주전승비(幸州戰勝碑) 등이 이에 속한다. 사찰에 관련한 사실을 기록한 것을 사적비(寺跡碑)라 한다. 향교·서원을 설립했거나 중수한 사실을 기록한 것을 묘정비(廟庭碑)라 한다. 성을 쌓았거나, 제방을 축조했거나 다리를 놓은 사실들을 기록한 것도 사적비에 든다. 명현이 탄생한 곳이나 거주했던 곳에는 구기비(舊基碑)·유허비(遺墟碑) 등의 명칭으로 표석을 세워 기념한다.

또, 지방의 관장(官長)에 대하여는 그가 떠난 뒤에 지방 백성들이 돈을 모아서 그의 공적을 칭송하는 비를 관아의 입구나 도로변에 세운다. 석비로 세운 것이 보통이나 철비(鐵碑)도 있다. 불망비(不忘碑)·선정비(善政碑)·시혜비(施惠碑)·거사비(去思碑)·추모비(追慕碑)·송덕비(頌德碑)·덕정비(德政碑) 등으로 불린다. 이 비석에는 재직자의 관직과 성명을 쓰고 그 밑에 'ㅇㅇㅇ碑'라는 식으로 간단히 한 줄로 새기고, 양쪽에 그의 업적을 요약하여 4자를 1구로 하여 8구나 16구 정도의 명(銘)을 짓기도 한다. 이러한 비는 관장들의 선정에 관련 없이 형식적이며 관례적으로 세운 경우가 많다. 그 지방민을 못살게 한 자에게도 타의에 의해 세우는 예가 있었다.

충신열사의 특별한 공을 기리기 위하여 세우는 기공비(紀功碑)도 있다. 대개 그 공적이 있는 곳에 세워진다. 충효열 등 국책의 교화정책과 관련하여 효자열부에게 정려를 내리고, 비를 세우게 하였는데, 효자비(孝子碑)·열부비(烈婦碑)·열녀비(烈女碑) 등이 이에 속한다.

석비 중에는 개인의 일대기나 역사적 사건을 기록한 것 외에 법령이나 포고문 등을 새겨 놓은 것도 있다. 고종때 전국 각지에 세운 척화비(斥和碑)가 그 대표작인 예다. 금표(禁標)·하마비(下馬碑) 등도 이에 속한다.

3) 석비의 형태

석비는 대좌(臺座; 비의 받침)·비신(碑身; 비의 몸체)·개석(蓋石; 덮개돌, 屋蓋石·加檐石이라고도 함) 세 부분으로 구성되어 있다. 우리나라에서는 초기에는 귀부(龜趺)의 대좌와 이수(螭首)의 개석으로 된 석비가 중국으로부터 영향을 받아 유행하였다. 조선조에는 묘비와 묘갈의 형태로 된 석비가 널리 유행하였다.

석비의 양식적인 변천을 살피면 다음과 같다. 7세기까지는 귀부와 이수의 형태가 매우 당당하여 위엄이 있고, 사실적이며 규모도 크다. 비신의 너비와 거의 같은 너비에다 높직한 하현형(下弦形) 양식을 하고 있음이 특징이다. 그러나 시대가 내려오면서 전체적으로는 당당함을 잃고 있지 않으나, 9세기부터는 개석의 너비가 비신보다 훨씬 더 넓어지면서 높이는 낮아져 거의 장방형에 가까운 형태로 바뀐다. 거북의 머리도 용의 머리로 바뀌며, 10세기 이후부터는 입가에 아가미가 달린 어룡(魚龍)의 머리로 나타난다.

고려시대부터는 비의 전체 규모가 작아지는 한편, 귀부가 아니라 방형의 대좌로 나타난다. 개석도 이수의 형태가 아니고 기와지붕형으로 바뀌었거

나, 아예 개석이 없어지고 대신 비신의 양쪽 모서리를 잘라낸 귀접이 형식이
생겨나고 있다.

조선시대에는 간략하고 딱딱해진 귀부와 이수의 개석이 보이기는 하나,
방형의 대좌에 옥개석(屋蓋石)을 얹은 석비가 주류를 이룬다. 그리고 대석
은 높거나 낮거나 하면서 그 윗면에 연꽃잎을 돌리거나, 옆면에는 구름무늬
나 꽃줄기들을 새기기도 한다. 또 개석도 우진각 지붕과 팔작지붕 등으로
올려지고 있다. 묘비·묘갈·묘표 등에는 개석이 생략된 예도 많다.

(2) 금석문의 문체적 특성

금석문은 글자 그대로 특정한 사실을 오래도록 전하기 위하여 금석에 새
긴 문장이다. 금석문 가운데 죽은 이의 공적을 기록하고 덕행을 칭송하기
위해 만든 것을 묘비(墓碑)라 한다. 고대에는 그것을 지상에 세우면 묘비
또는 묘표(墓表)라 하였고, 지하에 묻으면 묘지(墓誌)라 하였다. 이 두 가지
를 아울러 비지(碑誌)라 통칭한다.

이러한 비지류의 갈래는 한문체의 갈래만큼이나 복잡하고, 그 명칭도 다
양하다. 중국의 경우 유협은 뇌비(誄碑)라 하여 뇌(誄)와 비를 한 유형으로
보았고, 소통은 비문과 묘지로 나누었다. 육기는 비라 하였다. 이방은 비·
지·묘묘로, 오눌은 비·묘비·묘갈·묘표·묘기·매명(埋銘) 등으로 구
분하였다. 우리나라의 경우를 보면, 이규보는 『동국이상국집』에서 비명과
묘지로 구분하였고, 이색은 『목은집』에서 비명·부도명·신도비명·분묘
기·묘지명·묘표로 구분하였다. 서거정의 『동문선』에서는 뇌·묘지·비
명으로 구분하였다. 최근 이가원 교수는 「한문문체연구」에서 16개의 갈래
로 구분하였다.

한문문장 중 비지전장(碑誌傳狀)의 일부에 속하는 비지류의 문장은 일찍
부터 관심사가 되었다. 중국의 학자 유협과 안지퇴가 밝혔듯이 비지류의 문
장은 『예기(禮記)』에서 비롯하였다. 비지류의 체제에 대해선 유협·오눌·

서사증 등이 밝힌 바 있는데, 약간씩 차이가 있으나, 대체로 다음과 같이 요약할 수 있다.

비지류의 문장은 예기에서 나온 것이기에 청순한 풍격과 근엄함을 갖추어야하며, 덕망(德望)·학행(學行)·대절(大節)을 기록하고, 덕선공렬(德善功烈)을 분명하고 자세하게 기록해야 한다. 사소한 일은 다 기록할 필요가 없으며, 악함을 말하지 않는 것은 자손된 도리로서 불가피한 것이다. 사실이 아닌 것은 말하지 아니하고, 있는 것을 없애고, 없는 것을 만들어 넣으면 안 된다. 그 체재는 크게 서(序)와 명(銘)으로 되었으며, 의론과 잡된 것이 지나쳐도 안 된다.

본래 비지의 문장은 서사(敍事)를 주로 하고, 서(序)와 명(銘)이 있는 것을 정체(正體)로 삼았다. 그리고 의론을 중심으로 서술한 것을 변체(變體)라 하였다. 서사를 위주로 하고 의론을 곁들인 것은 "변체로서 그 정(正)을 잃지 않은 것"이라 하였다. 사물에 기탁해서 우의적으로 표현한 것은 별체(別體)라 하였다. 이 별체의 비지는 본령에서 다소 벗어난 것이기는 하나, 정체의 경우보다 문학성이 우수한 작품이 많다. 그 표현 자체가 우의적인 것이기에 그만큼 더 문학적일 수 있는 요소를 내포하고 있는 셈이다. 무론 정체이기 때문에 문학성이 덜하다는 것은 아니다. 비지의 문장은 목적 자체가 서사를 위주로 한 글이기에 인물이 대상인 경우 전기문학(傳記文學)과 다를 바 없다.

비지류의 문장은 앞서 말했듯이 「서」와 「명」으로 되어 있다. 서는 일반적으로 산문으로 되어 있으나, 4언으로 운을 단 것도 있다. 명은 3언·4언·7언이 일반적인 형식이다. 간혹 잡언으로 된 경우도 있다. 어떤 경우는 산문으로 된 것도 있다. 운자를 사용하는 방법에 있어서는 일정한 격식이 없이 매우 복잡하게 나타난다.

그 내용은 정체의 비지일 경우, 원(元)나라 학자 왕행이 밝혔듯이, 휘(諱)·

자(字)·성씨(姓氏)·향읍(鄕邑)·족출(族出)·행치(行治)·이력(履歷)·졸일(卒日)·수년(壽年)·처(妻)·자(子)·장일(葬日)·장지(葬地) 등 13개 항목의 순서에 따라 서술하는 것이 통례이다. 여기에서 약간의 순서가 바뀔 수 있으나, 크게 이 범위를 벗어나지는 않는다. 그런데 변체나 별체의 비지류는 그 형식이나 내용에 있어서 파격적이라 할 수 있을 만큼 다르다. 조선후기의 고문가(古文家)인 이상수는

> "비지에는 대체로 정격(正格)과 변조(變調)가 있다. 정격의 경우에는 공의 본명은 아무개이고, 자는 아무인데 하는 식의 정통적인 방식에 따라 서술해 나간다. 만약 주인공에게 이렇다 할만한 업적이 없을 경우에는 부득이 변조로 서술할 수밖에 없다."

고 하였다. 변체·별체가 곧 변조에 해당하는 것인데, 이는 비지의 주인공이 뚜렷한 공적이 없는 무명인 경우에 쓰인다는 것이다. 물론 꼭 그런 것만은 아니다.

비지류의 문장은 주인공의 생애 전반에서 인간의 진실을 발굴하는데 중점을 두고 서사된다. 대체로 사마천의 열전(列傳)을 전형으로 삼고 기술됨을 볼 수 있다. 열전은 바로 개인의 역사적 전기를 서사적으로 기술한 것으로, 산문의 기본이기도 하다. 처음 육조(六朝)시대 비지의 문장은 주로 사육변려문체였다. 그런데 이 문체로는 주인공의 인간적인 면모를 서사하기에 매우 제한적이었다. 따라서 의례적인 투로 주인공의 공적에 대한 칭송으로 일관할 수밖에 없었다. 이같은 양상은 당송(唐宋) 시대에 이르러 극복된다. 한유의 비지 문장에 이르러서는 현격한 차이가 나타난다. 한유는 문집 40권 가운데 12권이 비지에 해당하는 정도 많은 비지의 문장을 썼다. 그는 비지를 기술함에 있어서 육조시대의 의례적인 비지와 구별되는 표현기법을 썼다. 그의 특색은 사태의 세부적인 측면은 제거해 버리고 정점만 제시하는 표현기법을 썼다. 다시 말해서, 정체의 비지류에서 쓰이는 13개 항목에 따

라 평면적으로 열거하는 것이 아니라, 주인공의 생애 가운데 가장 특징적인 국면을 잡아 이를 구심화하는 방향으로 유기적·입체적인 구성에 의한 함축적인 제시로 수렴하는 표현기법으로까지 격상하였다. 한유에 의하여 비로소 의례적인 실용문의 범주를 벗어나지 못했던 비지의 문장이 일약 고도의 문학성을 지닌 문장 양식으로 탈바꿈하게 된 것이다. 그 뒤로 명나라 학자 귀유광이 한유와 같이 파격적인 비지의 글을 써서 관심을 끌었다.

(3) 금석문의 가치

금석문 연구의 필요성과 가치는 크게 세 가지 측면에서 설명할 수 있다. 첫째로 금석문은 역사적 사실의 고증에 크게 이용될 수 있는 가치를 지니고 있다. 문헌자료의 경우, 간혹 위작(僞作)이나 기록의 오류가 있어 고증에 신뢰성이 의심되는 경우가 없지 않다. 판본이라 할지라도 중간(重刊)되는 과정에서 주변의 여건에 따라, 또는 저작자의 의도에 따라 개작(改作)되는 사례를 더러 볼 수 있다. 이점에 있어 금석문은 문헌자료보다 신뢰성이 짙다. 일단 각자(刻字)한 뒤엔 개작이 어려운 것이 금석문이다. 그같은 속성 때문에 신뢰성이 인정되는 것이다. 송(宋)나라 때 조명성(趙明誠)은『금석록(金石錄)』의 서문에서 다음과 같이 말하고 있다.

"시경·서경 이후 군신의 사적은 모두 역사에 기록되어 있다. 그러나 역사 기록이라는 것도 일부러 포폄을 자행할 것은 아니겠지만, 사가의 사의가 가미되어 때로는 사실과 다른 기록이 있을 수 있다. …(중략)… 금석문상의 각문을 통하여 고증해 보면, 열 개중 너덧 개는 착오가 있곤 한다. 대개 역사는 후인의 손에 의해서 기록된 것이라서 당시의 사실과 어긋나는 것이 있을 수 있으나, 금석문상의 각문은 당시의 기록을 당시에 세운 것이라서 믿어 의심할 바가 없는 것이다"5)

---

5)"詩書以後 君臣行事之迹 悉載於史 雖是非褒貶 出於秉筆者私意 失其實 以金石刻

이같은 지적은 금석문 자료가 역사적 사실의 고증에 크게 기여할 수 있음을 천명한 사례 중 하나이다.

필자는 석비를 탁본하여 정리하는 과정에서 위의 지적처럼 문헌자료와 금석문의 내용에 착오가 있었던 경우를 더러 경험하였다. 한 예로, 경기도 포천군 일동면에 소재한 양사언의 묘갈에 나타난 그의 가계와『청주양씨족보』의 기록이 착오가 있음을 확인하고, 고증한 바 있다. 다음 묘갈명에서 보듯이 양사언의 소생으로는 후배(後配)인 간성이씨(杆城李氏)와의 사이에서 3남 3녀가 있었으나, 2남 2녀가 요절하고 1남 1녀만 생존하였다. 아들 만고(萬古)가 가계를 이었다.

"先生前配陰城朴氏無子 後配杆城李氏 … 生三男三女 而二男二女 皆夭
男宗正公獨存 名萬古…其家無子 擇叔父孫爲后 曰斗新 女適忠義李訴 生
子克俊 庶子曰 萬世萬善萬春萬祥 萬世萬春有子女 庶女三人皆有子女"
(趙絅 撰,〈墓碣銘〉)

그런데『청주양씨대동보』에 소재한「蓬萊楊先生墓碑文」에는 위의 기록을 개작한 부분이 있어 의심이 제기된다. 다음에서 보듯이 서출인 '萬春'을 적자(嫡子)로 변조한 흔적이 역력하다.

"生三男三女 而一男一女 皆夭 長曰宗正公 名萬古…其家無子 擇叔父孫
爲后 曰斗新 次曰萬春 女適忠義李訴 生子克俊 庶子曰 萬世萬善萬祥 庶女
三人 皆有子女"

이처럼 문헌자료에 착오가 있는 경우, 금석문의 기록이 고증의 자료로 중요한 역할을 한다.

考之 其牴牾十常四五 蓋史牒出於後人之手 不能無失 而刻辭當時所立 可信不
疑"(朱劍心,『金石學』, 臺灣商務印書館 人人文庫, 1970, 臺北, p4에서 재인용)

우리나라의 경우, 고려 이전의 사료로는 『삼국유사』『삼국사기』『고려사』 등의 역사서 외에는 별반 전하는 바가 없다. 자료의 빈곤 때문에 역사 연구가 한계적인 것이 사실이다. 특히 불교사료는 『고려사』『동국통감』 등에서 전혀 다루지 않았으므로, 금석문이 아니면 의지할 사료가 없다. 고려시대의 묘지명(墓誌銘)은 고려사를 이해하는데 매우 중요한 사료로 인정되고 있다. 이처럼 금석문은 자료의 확충이라는 점에서도 가치가 높게 평가된다.

금석문의 두 번째 가치는 고대의 문학을 가늠할 수 있는 중요한 자료가 될 수 있다는 점이다. 고대의 국가적인 행사를 기념하기 위하여 제작된 주조물이나 석물에 새겨진 금석문의 문장은 당시에 구사할 수 있는 최고의 문장력을 동원해 저술되었을 것이다. 따라서 이들 자료를 통해 당시 최고 수준의 문장을 접하면서, 문학유산으로서의 가치를 절감할 수 있을 것이다. 일찍이 황공저(黃公渚)는 『주진금석문선(周秦金石文選)』의 서언에서 "고대 문장 중의 정미하고 엄숙하며, 전아하고 간결함에 있어서 금석문만한 것이 없다."[6]고 하였다.

고구려의 광개토왕비문은 일찍부터 당시의 역사적 사실을 알 수 있게 하는 귀중한 자료로 인정되었으며, 이제는 문학사의 관점에서도 주목을 받고 있다. 이 비문은 지금 남아 있는 문학작품 가운데 연대가 확실한 최초의 것일 뿐만 아니라, 건국서사시 다음 단계의 문학이 어떤 모습을 하고 있었던가를 아는데 소중한 자료이다. 중원비(中原碑)·적성비(赤城碑)·진흥왕의 순수비(巡守碑) 등도 역사적 사실의 고증 자료 외에 문학사에서 주목받는 금석문이다. 특히 진흥왕의 순수비는 신라 당시의 문장을 가늠하는 중요한 잣대이기도 하다. 순수비에서는 신라를 다스리는 제왕이 천하의 중심을 장악하고 평화와 번영을 이룩한다는 세계관을 품격 높은 문장으로 나타나 있다. 이밖에 모두묘지명(牟頭婁墓誌銘)·백제의 사택지적비(砂宅智積碑) 등도 삼국시대 문학의 양상을 시사하는 주요한 자료이다.[7] 삼국시대의 금

---

6) "古文之精嚴雅潔者 莫如金石文字"(上揭書, p.9).
7) cf., 조동일, 『한국문학통사(1)』(지식산업사, 1989), pp.105-109.

석문을 문학작품으로 이해하려는
시각이 확대되고 있으나, 본격적인
연구는 진행되지 못하고 있다.

최근에 이르러서 문학성이 뛰어
난 금석문을 본격적인 문학작품으
로 인정하려는 경향이 더욱 확대되
었다. 금석문 가운데 개인의 전기적
사실을 전하는 비지류(碑誌類) 등
의 자료를 본격적인 전기문학작품
으로 수용하여 다각도로 연구하고
있다. 구체적인 사례로, 배연형이「
최치원의 사산비명의 문학적 연구」
(1982)와 이동환의「연암의 홍덕보
묘지명에 대하여」(1983)가 발표된
이래 여러 편의 논문이 발표되어 관심을 끌고 있다. 앞에서 거론했듯이 황의
열은 이러한 금석문자료를 대상으로 문학적으로 연구해서 박사학위논문을
제출해 주목받고 있다.

금석문의 세 번째 가치는 예술적 측면에서 찾을 수 있다. 금석문의 문장
이 당대 최고 문장가들이 지었듯이, 글씨 또한 거의 다 당대의 명필가가 썼
다. 글씨 쓴 이를 확인할 수 없는 자료도 많지만, 당시의 글씨에 능한 사람이
썼음은 미루어 충분히 짐작할 수 있다. 본래부터 금석문의 글씨는 명망 있는
사람들에게 부탁해 썼고, 글씨를 배우려는 이들은 금석문의 서체를 탁본해
서 표준으로 삼았다. 이같은 전통은 지금도 이루어지고 있다. 금석문이 지니
고 있는 서예사적인 가치는 결코 역사적 사실의 고증이나 문학적 연구의
자료로서의 가치에 뒤지지 않는다.

우리나라의 경우, 조선조 이후부터는 금석문은 서예사의 자료면에서 더
중요성을 지닌다. 고려시대와는 달리 많은 문헌자료가 간행되고, 널리 보급

되어서 고증이나 문학유산으로서의 가치는 자연 감소되고, 서예사의 가치면이 부각되는 경향을 띠었다. 서적에 담을 수 없는 필적(筆蹟)을 금석문의 탁본이 충족시켜줄 수 있었기에 그쪽 방면의 가치가 제고된 것이다. 금석문의 예술적 가치는 금석문의 탁본과 함께 살필 수 있다.

금석문의 가치는 이밖에도 여러 각도에서 찾을 수 있다. 그리고, 위의 세 가지 가치도 독자적인 가치에서 중요성을 인식하기보다는 유기체적이고, 상호 보완적인 관계에서 의미를 부여했을 때 더욱 그 가치가 제고된다. 가령, 금석문의 고증적 가치를 철저히 운용하기 위해서는 금석문에 나타난 사실만 중시할 것이 아니라, 금석문의 문장 형식이나 수사체계, 서체의 미적 가치도 함께 고찰되어야 한다. 그래야만 오류를 최대한 줄일 수 있다. 예술적 가치를 논의함에 있어서도 마찬가지이다. 역사적 배경이나 문학적 가치도 함께 거론되어야만 참다운 평가를 내릴 수 있다.

3. 금석문의 현장조사 방법

(1) 금석문 조사를 위한 준비

금석문에 대한 관심이 확대되면서 실제 현장을 답사해 자료사진을 촬영하거나 채탁(採拓)을 하는 이들을 쉽게 볼 수 있다. 특히 한국학 관련의 학문을 연구하는 대학생들의 활동이 눈에 띄게 많다. 서예에 관심있는 이들이 서체를 익히고자 금석문을 찾는 경우도 적지 않다. 금석문을 채탁하여 학술적 자료로 활용하고자 할 정도면 대부분은 금석문에 관한 기본적인 지식 정도는 충분히 익히고 있다고 본다. 그러나 혹간 상식 이하의 행동으로 귀중한 문화재급 금석문에 손상을 입히는 경우를 목격하게 된다. 그리고, 아무런 예비지식이나 준비가 없이 현장을 답사하다가 낭패하는 경우도 없지 않다.

① 금석문을 현장조사하기 위해서는 우선, 금석문 관련 참고문헌을 통해

대상자료의 정보를 파악해야 한다. 금석문 조사에 일반적으로 이용되는 참고문헌으로는 조선총독부에서 간행한 『조선금석총람』(상·하)을 들 수 있다. 장충식이 펴낸 『한국금석총목』(동국대출판부, 1984)도 중요한 자료집이다. 이 두 책은 전국의 금석문을 지역별로 정리해 놓았기 때문에 쉽게 대상 자료를 파악할 수 있다. 전국의 지방문화재를 유형별로 일괄한 『토향지(土鄕誌)』도 많이 이용된다. 우리나라의 문화재 목록에서 금석문에 관한 자료만 뽑아 정리해 두는 것도 바람직하다. 각 시·군지(市郡誌)에는 비지정의 금석문자료도 소개되어 있어 많은 자료를 접할 수 있다. 최근에는 각 지역별로 금석문자료집을 간행하고 있어 더욱 쉽게 파악할 수 있다. 물론 이들 참고문헌에서 파악할 수 있는 것은 널리 알려진 자료이다. 새로운 자료를 발굴하기 위해서는 각 군 단위의 읍지(邑誌)에서 명현들의 묘소를 찾거나, 문집류에서 비지류의 글을 찾아 소재지를 파악하는 방법이 있다. 참고로, 『국조인물고(國朝人物考)』란 책은 비지전장(碑誌傳狀)의 자료를 집대성한 것으로, 금석문 자료의 정보를 얻는데 큰 도움이 된다. 이러한 문헌자료에서 금석문 자료를 뽑아 지열별로 목록화해 두면 좋은 금석문자료집이 될 것이다.

② 다음으로 준비할 사항은 대상자료의 소재지·교통편·관리자 등을 확인하는 일이다. 금석문자료집에 기록된 소재지가 현행 지역명과 다른 경우가 많아서 사전에 확인하지 않으면 현장조사에 차질이 생긴다. 금석문의 관리자나 관할 책임자의 허락이나 승인을 받지 않으면, 채탁이 불가한 것은 물론, 본의 아니게 문화재보호관련법 등에 저촉되어 곤혹을 당할 수 있다.

③ 기존 자료를 통해서 조사대상의 금석문에 관련한 사항을 미리 파악해 둘 필요가 있다. 석비의 경우, 주인공의 가계나 행적, 금석문 소재지와의 연관 등을 살펴두면 현장에서 많은 정보를 얻을 수 있다.

④ 현장조사시 필요한 제반 여건, 특히 채탁할 경우에는 탁본에 필요한 사항을 미리 파악해 준비하여야 한다.

(2) 금석문의 현장조사

금석문을 조사하는 목적에 따라 현장조사의 방법이 달라지겠으나, 자료 정리를 위해서는 다음 사항이 필수적으로 파악되어야 한다. 대상자료에 관한 정보는 상세하게 파악해 둘수록 좋다. 대상자료가 어떤 유형의 것인지 사진촬영하거나 기록해두지 않으면, 오랜 시일이 경과한 뒤에는 구분할 수 없게 된다. 금석문 조사시 탁본이 위주가 되고 자료로 보관되나, 탁본된 부분은 일부분에 지나지 않는다. 재질·규모·외형적 특징·현존상태 등도 탁본물만 갖고는 파악하기 어려운 사항이다. 따라서 대상물을 정리할 때 필요시 되는 다음 사항을 메모하거나 사진촬영해 둘 필요가 있다.

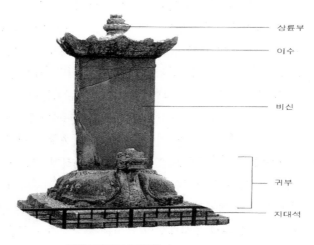

― 상륜부
― 이수

― 비신

― 귀부
― 지대석

〈 법천사 지광국사 현묘탑비 〉

1) 금석문의 종류

금석문의 종류는 매우 다양하다. 금석 또는 토기·자기·목판에 새겨진 글이나 도형까지 범주에 드는 만큼, 대상자료의 유형을 정확히 파악해두어야 한다. 금문의 경우, ○○명(銘) 등으로 부르고 있으며, 석문의 경우는 주로 묘비·묘갈·신도비·사적비·묘정비·기공비·묘정비·선정비·효열비·척화비 등의 명칭으로 구분하며, 여기에 암각문을 포함한다.

2) 재질

금석문의 재질은 금석류가 대부분이나, 갑골·토기·자기·목판 등의 재질까지 포함하고 있다. 석비의 경우는 재질이 화강석·오석·대리석 등이 주로 쓰이고 있으며, 석재의 출산지에 따라 구분하기도 한다. 가령, 경기도 포천의 화강석, 충남 보령의 오석 등으로 불리는 것이 그 예이다. 신라·고려시대에는 석질을 식별하는 안목이 매우 높았던 것 같다. 천년 고비가 현존해 있음을 보면 충분히 가늠할 수 있다. 조선조에는 일부러 남해에서 돌을 채굴하여 운반하는 과정에서 백성들의 원성을 샀다는 기록도 있다.

3) 규모

금석문 자료의 규모는 사진이나 탁본물을 통해서 자세히 알 수 없다. 따라서 정확하게 측량해서 기록해 두어야 한다. 석비의 경우, 대부분 비신만 측량해서 기록하는데 잘못이다. 석비 양식의 변천을 보면, 시대에 따라 대좌·비신·개석의 비례에 달라짐을 알 수 있다. 이러한 사실을 전제할 때 석비의 대좌·비신·개석의 규모를 측량해 둘 필요가 있다.

4) 외형적 특징

금석문의 외형적 특징을 정리하기 위해서는 사진촬영이 필수적이다. 전체적인 모습은 물론, 대상자료의 특징적인 면은 세분해서 정밀하게 촬영해야 한다. 문양의 경우 별도로 탁본해서 보완할 필요가 있다.

5) 현존상태

현장조사 당시의 금석문의 보존 상태를 면밀하게 기록해 둘 필요가 있다. 석비의 경우는 부분적으로 탁본물에 현존 상태를 그대로 담을 수 있으나, 전반적인 상태는 사진이나 기록을 통해 남겨둘 필요가 있다.

(3) 금석문의 탁본

금석문 조사시 탁본은 필수적이다. 대상자료를 그대로 모인(摹印)할 수 있는 최선의 방법이요, 사진이나 기록으로 조사할 수 없는 사항을 가능케 하기 때문이다. 육안이나 사진으로 판독하기 어려운 금석문을 탁본해 보면, 판독이 가능한 경우가 많다. 또한, 탁본은 자료의 신뢰성이나 보관 차원에서도 금석문 연구에서 매우 중시된다. 탁본의 전반적인 사항과 채탁방법을 간단하게 설명하면 다음과 같다.

1) 탁본의 개관

금석이나 기타 물체에 조각된 문자나 문양 등을 종이에 모인(摹印)하는 일, 또는 모인한 것을 말한다. 당대(唐代)에는 타본(打本) 또는 탑본(搨本)이라 하였고, 송대(宋代)에는 탁본이라 하였다.

탁본이 언제부터 시작되었는지 분명하지 않으나, 중국에서 인쇄의 한 방법으로 비롯했던 것 같다. 당대에는 명가의 글씨를 모아 각자(刻字)하고, 다시 탁본한 집첩(集帖)이 있었으며, 송대에는 칙명으로 각첩(閣帖)이 각자되면서 크게 유행하였다. 이 당시의 기법은 원각(原刻)을 기본으로 번각(飜刻)하고, 다시 복각(覆刻)하는 방법이다. 왕희지(王羲之)의 난정서(蘭亭序)를 기본으로 임각(臨刻)하고, 번각된 난정백종(蘭亭百種) 등은 유명하다. 이때의 탁본은 주로 서법을 익히기 위한 것으로, 비명(碑銘)이 대상물이었다.

탁본은 습탁(濕拓)과 건탁(乾拓)으로 구분된다. 습탁은 탁본하고자 하는 대상물체에 물로 종이를 밀착시킨 다음 묵즙(墨汁)을 담보(솜방망이)에 묻혀서 그 위를 가볍게 두드려 패인 부분의 문자나 문양이 드러나게 하는 방법이다. 건탁은 대상물체에 묵즙을 쓰지 않고, 고형묵(固形墨)을 종이 위에 문질러서 파이지 않은 부분에 먹이 묻게 하는 방법이다. 이 중 탁본의 주류는 습탁에 있다.

습탁은 다시 오금탁(烏金拓)·선익탁(蟬翼拓)·격마탁(隔麻拓) 등으로 구별된다. 오금탁은 고급 먹과 종이를 사용하여 섬세하고 아름다운 묵색이 나타나서 마치 까마귀 날개가 반짝이는 모양과 같다고 해서 붙여진 이름이다. 선익탁은 먹색을 엷게 하고 날이 굵은 방망이를 사용해서 매미 날개같이 작고 촘촘한 공백이 생기게 하는 방법이다. 격마탁은 거친 석질로 인하여 마줄기가 얽힌 것 같은 모양으로 나타나게 하는 방법이다.

우리나라에서 탁본이 언제부터 시작되었는지 분명하지 않다. 세종24년(1442)에 각도의 사찰에 소재한 비명을 탁본하여 받치게 하였다는 기록이 있으며, 성종대에는 흥법사진공대사비(興法寺眞空大師碑)를 탁본하여 법첩(法帖)을 만들게 하였다고 한다. 후대에 내려와서는 이우(李俁)가 『대동금석서(大同金石書)』라는 책을 간행하기에 이르렀고, 김정희(金正喜)는 수집한 탁본을 청나라의 학자 유연정(劉燕庭)에게 보내어 『해동금석원(海東金石苑)』을 간행케 하였다.

2) 탁본에 필요한 도구

탁본의 종류 즉 건탁이냐 습탁이냐에 따라 도구가 다소 차이가 있으나, 커다란 차이는 없다. 상황에 따라 어떠한 방법을 쓸 것인가가 결정되니, 모두 준비해 두는 것이 바람직하다. 탁본 도구는 대략 다음과 같은 것이 있다.

㉠무명천이나 거즈천·명주천 ㉡먹과 벼루 ㉢물붓(대·소 2개)
㉣타솔(2-3개) ㉤수건·소창 ㉥물그릇 및 물통 ㉦먹접시
㉧탁본용 화선지, 신문지. ㉨좁쌀·쌀·콩·녹두 ㉩칼·가위
㉪테이프·고무줄·비닐 ㉫줄자(尺)

이상은 습탁에 필요한 준비물이며, 건탁은 이외에도 건탁용 먹 및 먹지, 소재에 따라 필요한 물품 약간이 필요하다. 여기서 먹지는 종이 밑에 대고 쓰면 밑에까지 묻어나는 종이를 말한다. 등사용 잉크와 로울러를 사용하는 경우도 있다.

〈탁본도구 만들기〉

위와 같은 물건들이 준비되면 다음 몇 가지 도구는 직접 만들어 사용하여야 한다. 제작 방법을 간단히 설명한다.

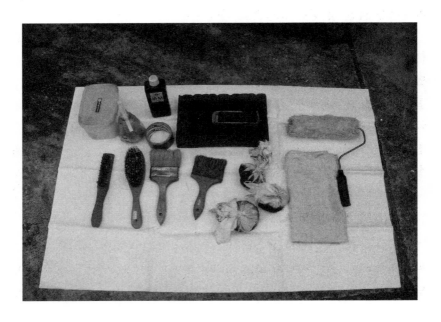

ⓐ 담보(먹방망이); 대·소 각각 4개

담보는 대개 먹방망이(솜방망이·좁쌀방망이·톱밥방망이)라 부르기도 한다. 이는 헝겊에다 솜이나 좁쌀·톱밥 등을 싸서 이에 먹물을 묻혀 사용하므로 먹방망이라고 불리는 것이다. 명주천이나 무명천에 솜이나 좁쌀·톱밥·모래·쌀·녹두·왕겨 등을 알맞게 싸면 찐빵을 헝겊에다 싼 모습과 비슷하게 된다. 이것들은 너무 크거나 작아도 안 되며, 헝겊을 너무 꼭 조이거나 느슨하게 묶어서도 안된다. 손잡이를 만들어 놓으면 편리하다.

　담보는 직경 13-15cm 정도의 큰 것 1개, 직경 6-8cm의 작은 것 1개, 더 작은 것 1개(필요에 따라 현장에서 만들어 사용함), 등 3-4개 정도만 있으면, 웬만한 크기의 금석문은은 거의 채탁할 수 있다. 마애문(磨崖文) 같은 것은 형편에 따라 다르다.

　탁본 대상물에 따라 담보나 겉의 헝겊이 달리 쓰이는 게 좋은데, 석비를 채택할 때의 담보는 사방 30cm 정도 크기의 명주천이나 가제천을 편 다음, 거기에다 좁쌀이나 왕겨를 7:3의 비율로 섞어 싸서 고무줄이나 끈으로 묶는다. 손잡이는 따로 만들어도 좋으나, 묶고 남은 천 부분을 이용하는 것이 편리하다. 본래는 헝겊을 펴고 그 위에 좁쌀을 편 다음 왕겨를 제일 안쪽에다 넣고 싸는 것이 가장 이상적인데, 사용하다 보면 좁쌀과 왕겨가 이내 혼합되어 버리므로 처음부터 혼합해서 만들어도 무방하다. 왕겨를 안에 넣는 것은 두드릴 때 탄력이 있도록 하기 위함이며, 또한 왕겨가 먹물을 머금었다가 천천히 내뿜게 하기 위함이다. 솜·좁쌀·팥·콩·쌀·녹두·녹두·톱밥·모래 등의 성질은 다소 틀린 데 이에 따라 종이 위에 나타나는 먹의 질감도 차이가 난다. 그러므로 채탁의 대상물에 따라 달리 쓰는 것이 바람직하다. 팥·콩·쌀·녹두 등은 성근 갈포나 무명천 등으로 싸서 사용하는 것이 좋고, 석비가 오래 되어 거의 마멸되어 거칠어진 것은 쌀이나 왕겨를 명주천에 싸서 사용하며, 비면(碑面)이 곱거나 세밀한 것은 좁쌀을 명주천에 싸서 사용하며, 주련(柱聯), 현판(懸板) 등 바탕이 나무일 경우에는 좁쌀이나 솜을 넣은 담보를 모두 사용하며, 아주 세밀한 옛 거울의 문양이나 그릇·기와의 문양 또는 종(鐘)의 문양은 스폰지를 명주천에 싸서 이용하는 것도 좋다.

담보는 이것 저것 혼용하는 것은 좋지 않다. 혼용할 경우 작용하는 성질이 다르기 때문에 먹의 색이 고르지 않다. 담보는 한 가지만 사용해야 한다는 것을 잊어서는 안된다.

필자의 경우에는 솜이나 기타 다른 것보다 좁쌀을 넣어 사용하는데, 다른 것보다 쓰기에 편리하고, 일의 능률도 효과적이며, 보관에도 편리하기 때문이다.

다시 한 번 강조하자면, 대상의 문자가 클 경우엔 담보도 크게 만들어서 사용하는 것이 좋으며, 사방 1㎝ 정도의 문자나 오금탁(烏金拓)일 때에는 좁쌀을 넣은 담보로, 아주 작은 문자나 선시탁(蟬翅拓)일 경우에는 솜이나 좁쌀을 넣은 담보가 좋다.

ⓑ 탁묵액(拓墨液)

먹물은 좋은 것을 사용해야 한다. 먹이 나쁘면 탁본한 먹의 색깔이 나쁠 뿐만 아니라 보존하는 데도 지장이 있다. 옛날에는 송진이나 기름 종류를 태워 그을음을 긁어모은 다음, 이를 아교물에 개어 썼는데, 지금은 좋은 먹이 많이 생산되므로 그럴 필요는 없다. 현장에서 직접 먹을 벼루나 바닥이 고운 기왓장, 고운 돌 같은 곳에다 진하게 갈아서 쓰는 것이 제일 좋다.

먹물을 직접 만들거나, 좋은 먹을 갈아서 쓰는 것을 예로부터 탁본하는 데 가장 좋은 방법이라 생각하였다. 화학약품으로 제조된 먹물로 채탁하는 것을 가끔 볼 수 있는데 이것은 절대로 안된다. 이런 경우 작품 제작에도 문제가 있으려니와 더욱 큰 문제는 탁본 대상물을 상하게 하기 때문이다.

탁묵액을 만들어 쓸 경우, 채탁하기 하루 전쯤 먹물을 진하게 갈아 용기에 담아서 사용한다. 여름철에는 3-4일이 지날 경우 먹물이 상하기 쉬우므로 먹물에다 소주를 몇 방울 섞어 놓으면 20일 정도는 무방하다. 요즘 필방에서 취급하는 서도용 먹물은 그런 대로 사용해도 무방한 것 같다.

ⓒ 물붓

물붓은 필방이나 화방에서 구입하면 되는데 될 수 있으면 고운 것이 좋다. 탁본 대상물의 크고 작음에 따라 이에 맞는 붓을 준비하는 것이 좋다.

ⓓ 타솔
타솔은 양복의 먼지털이용 솔이면 되는데, 될 수 있으면 털이 곱고 고른 것으로 하되 작은 솔과 큰 솔을 갖추는 것이 좋다. 규모가 석비나 마애문의 경우에는 타솔도 여러 개가 한꺼번에 필요하므로 넉넉하게 준비해 두어야 한다.

ⓔ 수건
수건은 대상물을 청소하거나, 탁본시 용지 위에 물을 적시고 빨아들이는 데 사용한다. 3-4장의 수건이 필요하며, 소창이나 명주천보다는 면수건이면 무난하다. 너무 큰 것은 사용하기에 불편하다.

ⓕ 물그릇
작은 물그릇은 갖고 다니면 좋으나, 큰 것은 탁본하는 현지에서 빌어 쓰는 것이 좋다. 등산용 물주머니를 휴대하면 편리한 점이 있다.

ⓖ 먹접시
먹접시는 납작하고 잘 깨어지지 않는 그릇이면 되는데, 꼭 있어야 하는 것은 아니다.

ⓗ 탁본용 화선지
탁본용 화선지의 선택은 채탁에 있어 제일 중요하다. 지질이 너무 얇은 것은 먹물이 새어나가 대상물을 상하게 할 우려가 있으므로 적당한 두께와 어느 정도 종이의 발이 고운 것이면 된다.[8] 탁본용지는 금석문의 재질에 따라 다르겠으나, 금문을 채탁할 때는 얇고 수분을 잘 흡수하는 것이 좋다.

금속은 수분을 흡수하지 않기 때문에 채탁시 번지는 경우가 많다. 석문이나 목판의 경우는, 자체(字體)가 작은 것은 지질이 얇은 것을 사용하며, 암각문처럼 규모가 큰 경우는 수축이 잘되는 질긴 것일수록 좋다. 마애문이나 문양이 깊은 곳은 창호지가 웬만한 물을 가하여도 종이가 잘 찢어지지 않는 창호지가 좋다.9) 섬세한 문양, 글씨 등은 옥판선지(화선지의 일종)를 사용하는 것이 좋다. 신문지나 노루지, 파지10) 등도 휴대함을 잊어서는 안된다.

ⓘ 좁쌀 · 쌀 · 콩 · 녹두 · 솜 등

담보 안에 넣는 좁쌀 · 쌀 · 콩 · 녹두 · 팥 · 톱밥 · 모래 등은 각자의 취향에 따라 다르겠으나, 일반적으로 좁쌀 · 솜을 사용한다. 좁쌀은 차조보다 메조를 사용하고 있다.

ⓙ 칼 · 가위

칼은 종이를 자르거나 연모를 만드는 데에 사용할 수 있을 정도이면 된다. 옛날에는 종이를 자를 때는 대나무를 칼처럼 만들어서 대나무 칼만 사용했다.

ⓚ 테이프 · 고무줄 · 비닐

테이프는 용지를 대상에 부착시킬 때 사용하기 위한 것으로, 스카치테이프가 좋다. 고무줄은 담보를 묶는데 사용한다. 비닐은 채탁하다가 갑자기 비가 올 경우 탁본물을 싸기 위한 것이다. 아예 용지통을 들고 다니는 것도

---

8) 우리나라에서는 전주에서 만드는 종이가 비교적 좋다. 이 지방에서 생산되는 종이는 순닥나무를 사용한다. 특히 순천 송광리의 물은 종이 만드는 데 매우 좋아 이곳에서 생산되는 종이는 세계적으로도 유명하다.
9) 순 닥나무를 사용해서 만들고 너무 두껍지 않은 것이면 된다. 일반적으로 문을 바를 때 사용하는 창호지가 아니라, 화선지보다 크게 만들어진 순닥나무로 제조된 창호지를 사용해야 한다.
10) 여기서 말하는 파지는 화선지를 만드는 과정에서 잘못된 종이로 일명 배접지라고 도 한다.

바람직하다. 채탁하기 전의 화선지를 운반하는데도 용지통이 여러모로 편리하다.

건탁의 경우에는 여기에다 건탁용 고형묵이나 먹지가 있으면 된다. 방법에 따라 등사잉크, 으로울러 등이 필요할 수도 있다. 현재 우리나라에서는 고형묵이 만들어지지 않고 있어 중국이나 일본의 것을 도입해서 쓰고 있다. 고형묵은 납과 같은 광택이 있는 검고 부드러운 연광물질인 먹용을 단련해서 굳힌 것이다.

고형묵이 없을 경우에는 먹지를 대신 사용하면 되는데, 작은 글씨 같은 것은 불편하지만 크게 각하여진 나무 현판이나 주련 등 물을 사용하기가 곤란한 것을 채탁할 때는 아주 좋다.

이상의 도구 외에 다른 것이 있겠으나, 특별한 경우에만 쓰일 뿐이다. 메모에 필요한 도구나 비의 크기를 잴 수 있는 줄자, 카메라 등을 준비하는 것도 필수적이다.

채탁을 위해 현장으로 출발하기에 앞서 언제나 탁본도구가 제대로 준비되었나를 확인해야 한다. 현지에 도착해서 연모가 빠진 것이 있으면, 일을 그르치게 되는 경우가 있기 때문이다.

3) 탁본 방법

금석문을 채탁하려면 우선 대상물을 상하지 않도록 조치하고, 깨끗하게 청소해야 한다. 각자(刻字)된 부부까지 세심히 청소하여야 탁본용지가 밀착될 수 있고, 기포가 없어져 깨끗하게 탁본된다. 각자된 부분에 오물이 끼어 있으면 먹물이 퍼져 망치게 되는 경우가 허다하다. 처음 청소할 때 가급적이면 물을 사용하지 않는 것이 좋다. 처음부터 물을 뿌려 청소하면 오물과 뒤섞여져 채탁이 어렵게 되는 사례도 있다.

오래된 석비나 암각문은 이끼가 끼어 있어서 탁본하기에 곤란한 경우가 많다. 일단 이끼를 조심스럽게 벗겨내야 하는데, 그렇게 쉽지는 않다. 쇠붙이나 쇠솔로 문질러 벗긴다면 원본이 훼손되기 일쑤이다. 부득이 쇠붙이를 써야만 할 경우, 뾰족한 끝으로 이끼만 제거하려는 각별한 신경을 써야 한다. 이렇게 해서 탁본할 경우, 한약재로 쓰이는 백반이나 청궁을 물에 달여서 채탁할 때 쓰는 물에 엷게 타서 사용하면 비석에 이끼가 잘 끼지 않을뿐더러, 탁본한 자료의 먹색도 아름답게 나온다. 오래도록 보관하는데도 도움이 된다.

청소가 충분히 되었다고 생각되면, 대상물 옆에 탁본도구를 늘어놓는다. 채탁 순서대로 도구를 배열해 놓는 것도 요령이다.

다음으로 탁본용지를 대상물에 적당하도록 재단한다. 용지가 작을 경우 몇 장을 붙여서 사용하는데, 이음매가 약간 씩 겹쳐져야 한다. 두세 자 정도 겹치게 하는 것이 바람직하다. 여름철에 채탁할 경우, 용지를 여러 장 붙여 작업하다 보면 물기가 완전히 말라 탁본을 망치는 사례가 허다하다. 이런 때는 한 장씩 탁본한 다음, 나중에 배접할 때 이어서 쓸 수 있다. 이 경우에도 겹쳐지는 부분을 고려하여 채탁하여야 한다.

탁본용지가 마련되면 물솔로 용지를 대상물에 밀착시킨다. 이때 한 손으로는 용지의 면을 눌러서 고정시키고, 다른 한 손으로는 요령 있게 물을 칠하면서 밀착시킨다. 때로는 테이프를 사용해 미리 고정시킨 다음 물칠을 할 수 있다. 용지 위에 물을 칠할 때는 쌀미자[米]를 쓰는 것처럼 바르는 것이 좋다. 먼저 열 십자[十]를 그린다음 각 대각선 방향으로 안쪽에서 바깥쪽으로 물을 칠하면 용지가 구겨지지 않고, 기포도 형성되지 않는다.

탁본용지를 대상물에 붙인 다음, 기포가 생긴 부분은 물을 칠하거나 타올수건으로 적당히 눌러 바깥쪽으로 빼낸다. 이때 용지가 찢어지기 쉬우니 조심하여야 한다.

탁본용지를 새겨진 문자 문양이 나타날 정도로 수건으로 눌러 밀착되면 용지 위를 타솔로 두드려 완전히 밀착시킨다. 파지나 수건을 용지 위에 겹쳐 놓고 두들기면 탁봉용지가 잘 찢어지지 않는다. 수분이 많아 곧바로 채탁할 수 없는 경우에도 이같이 하면 쉽게 수분을 조절할 수 있다. 양각된 자료는 타솔보다는 수건으로 눌러 밀착시키는 것이 좋다. 타솔질을 잘해두어야 탁본물의 문자나 문양이 선명하게 나타난다. 타솔은 대상물과 직각 되도록 유지하면서 두들겨야 한다. 그렇지 않은 용지가 밀려서 찢어지거나 구겨져 버린다.

타솔질까지 마치면 용지의 수분이 적당히 마를 때까지 기다리며 덜 밀착된 곳을 살피며 두들긴다. 용지가 처음 하얗게 마르기 시작한 때가 수분이 가장 적절한 때이다. 이 때쯤 담보(먹방망이)에 먹을 묻혀서 용지 위를 두들긴다. 담보질이 탁본작업에서 가장 중요한 일이다. 보통 두 개의 담보를 양손에 따로 잡고서 채탁하는 데, 한 손에는 조금 큰 것을, 다른 손에는 작은 것은 든다. 큰 것을 직접 먹즙에 담가 묻히며, 작은 담보는 여기에 묻힌 먹물을 적당히 농도를 조정하며 발라서 두들기는데 사용한다. 가급적 빨리 두들겨야 탁본물의 먹색을 고르게 채탁할 수 있으니, 평소 무단히 연습해 두어야 한다. 맨 처음 담보를 두드릴 때는 반드시 용지의 여분에다 두들겨 농도를 확인한 다음 채탁하여야 한다. 먹즙을 묻일 때마다 이같이 하는 것이 바람직하다. 탁본물에 반점이 생긴 경우는 처음 먹즙을 묻혀서 그대로 찍었기 때문이다. 이 점을 각별히 주의해야 한다. 수분이 마르면 먹물이 용지 위에 묻지 않는다. 수분이 지나치게 마르면 용지가 대상물에서 떨어져 망치는 예도 빈번하다. 이때는 물수건을 짜서 살짝 눌러주거나, 물솔에 약간 물칠하여 바르거나, 스프레이를 이용해 적당히 뿌리면서 담보를 두들긴다. 담보의 각도도 타솔질처럼 수직이 되어야 한다. 용지가 밀리거나, 문자나 문양 자체가 뭉겨지는 경우가 있다. 그리고 담보에 낀 이물질을 수시로 제거해야 한다. 뜻밖의 자국이 탁본물에 남기 때문이다. 석비의 경우, 담보는 위쪽 좌측에서 우측으로 시작하여 밑쪽으로 내려오면서 두들기는 것이 여러모로 좋다. 왜냐하면 수분이 밑으로 흘러내리기 때문이다. 일단 전체적으로 담보를 두들겨 채탁하였으면, 대상물에서 좀 떨어져 서서 먹색을 살핀다. 먹의 농도가 차이가 나는 곳은 다시 담보를 두들겨 조화를 맞추어야 훌륭한 작품이 나온다.

담보질까지 마치면, 떼어내기 전에 사진을 촬영해두는 것이 좋다. 대상물에 밀착된 상태라서 문자나 문양을 가장 선명하게 촬영할 수 있기 때문이다. 이 사진자료만으로도 충분히 연구자료나 금석문자료집을 펴내는데 이용할 수 있다. 탁본물을 걸어놓고 내용을 원고지에 다시 전사하는 번거로움도 덜 수 있다.

탁본물은 수분이 마르면 떼어낸다. 파지나 신문지 따위를 길게 말아서 용지 위에 대고 떼어내면 용이하다. 기후 때문에 부득이 수분이 마르기 전에 떼어낼 경우는 먼저 신문지·창호지 등을 탁본물 위에 겹쳐 놓고 천천히 말아가면서 떼어낸다. 이렇게 떼어낸 자료는 가급적 눌려지거나 구겨지지 않게 주의하여야 한다.

마지막으로 떼어낸 탁본물은 적당한 크기로 접어서 대봉투에 넣어 보관한다. 여러 장으로 나누어 채탁하였을 경우는 반드시 부분의 위치를 용지 여백에 일련번호로 표시해두어야 한다. 가령 전면의 맨 윗것은「前上」「앞쪽1」 등으로 표기해두면 나중에 배접하거나, 정리할 때 편리하다. 대봉투 겉면에 탁본자료명·소재지·일시·탁본자·기타 사항을 메모해 두는 것도 잊어서는 안된다.

이상의 탁본 방법은 습탁할 경우이다. 건탁할 경우는 약간 차이가 있다. 건탁은 말 그대로 수분이 없이 채탁하는 것이다. 그렇다고 해서 물을 전혀 사용하지 않는 것은 아니다. 용지를 대상물에 밀착시키는 과정은 습탁과 같다. 먹즙을 담보에 묻혀 두들기는 대신, 고형묵(固型墨)을 용지 위에 문질러서 찍어낸다는 차이점이 있을 뿐이다. 등사용 잉크를 사용해서 로울러로 밀어내는 경우도 있으나, 금석물을 상하게 할 우려가 있다.

금석문의 탁본은 외견상 쉬워 보인다. 그저 용지를 대상물에 붙이고, 여기에다 먹을 묻혀내는 것으로 쉽게 생각할 수 있다. 그러나 그렇게 쉬운 일이 아니다. 좋은 작품을 채탁하려면 탁본도구를 만드는 방법부터 익히고, 먹의 농도를 조정해 먹즙을 마련하는 법, 탁본용지에 물을 바르는 법, 타솔로 두드리는 법, 담보(먹방망이)로 두드리는 법 등을 잘 익혀야 한다. 수년간의 노하우가 필요한 것이 탁본이다. 초보자의 경우는 쉽게 접할 수 있는 묘갈이나 표석 등을 대상물로 채탁기술을 익히는 것이 상례이다. 규모가 작고 보존상태가 좋은 대상물을 택해 부단히 채탁 연습을 한 다음, 점차 큰 석비나 암각문에 접하는 것이 바람직하다.

① 금석문을 청소한다. 처음 청소할 때 가급적이면 물을 사용하지 않는 것이 좋다. 이끼는 뾰족한 대나무칼 끝으로 제거하는 것이 좋다.

② 대상물의 외형적 특징이나 규모 등을 살펴 기록한다.

③ 탁본용지가 마련되면 물솔로 용지를 대상물에 밀착시킨다. 용지 위에 물을 칠할 때는 쌀미자[米]를 쓰는 것처럼 바르는 것이 좋다.

④ 탁본용지를 대상물에 붙인 다음, 기포가 생긴 부분은 물을 칠하거나 타올수건으로 적당히 눌러 바깥쪽으로 빼낸다. 이때 용지가 찢어지기 쉬우니 조심하여야 한다.

⑤ 타솔로 두르려 완전히 밀착시킨다. 이때 타솔은 대상물에 수직인 상태로 두들겨야 용지가 밀려서 훼손되는 일이 없다.

⑥ 용지가 처음 하얗게 마르기 시작한 때 담보에 먹을 묻혀서 용지 위를 두들긴다. 용지 겉면의 수분상태를 잘 파악하여 물수건을 짜서 눌러주거나, 물솔에 약간 물칠하여 바르거나, 스프레이를 이용해 적당히 뿌리면서 담보를 두들긴다. 담보의 각도도 타솔질처럼 수직이 되어야 한다.

⑦ 탁본물은 수분이 마르면 떼어낸다. 파지나 신문지 따위를 길게 말아서 용지 위에 대고 떼어내면 용이하다.

⑨ 떼어낸 탁본물은 평지 위에 펼쳐 완전히 말렸다가 적당한 크기로 접어서 대봉투에 넣어 보관한다. 여러 장으로 나누어 채탁하였을 경우는 반드시 부분의 위치를 용지 여백에 일련번호로 표시해두어야 한다.

4) 탁본도구와 자료의 보관

탁본도구 사용하지 않을 때 아무렇게나 방치하는 경향이 있다. 그러나 그 것은 바람직하지 못하다. 보관하는데 가장 문제가 되는 것은 담보와 쓰고 남은 먹물이다. 채탁을 하고 난 뒤 방치해 두면 다음에 사용할 때 담보에 먹칠하였던 부분이 꾸들꾸들해져서 채택하는 종이에 먹점이 많이 생기게 된다. 좁쌀이나 쌀·콩·녹두로 만든 담보는 쓰기 전에 헝겊만 조금 문질러 서너 번 정도 다시 사용해도 되지만, 솜이나 톱밥으로 만든 담보는 쓰고 난 뒤에 꼭 손질을 해야 된다. 그렇지 않으면 다음 채탁할 때 먹의 농도가 좋지 않다.

솜을 넣어 만든 담보는 채탁을 하고 난 뒤 보관하기 전에 먹을 묻혔던 부분을 따뜻한 물에 2-3분 가량 담가 두었다가 꺼내서 헝겊이나 종이 등에 두드려 먹물기를 완전히 짜낸 다음 말려서 신문지나 헝겊에 싸서 두든지, 아니면 헝겊을 풀어서 빨아 말린 다음 솜과 함께 보관하였다가 다시 묶어 쓰면 된다.

좁쌀·콩 등으로 만든 담보는 3-4회 정도 다시 사용할 수 있는데, 쓰고 난 뒤 그냥 두었다가 사용하기 전에 먹물을 많이 묻혀 신문지 등에 두드리 면 그대로 사용할 수가 있다. 오랜 기간 동안 보관할 경우, 고무줄을 풀어서 헝겊을 빨아 말리고, 좁쌀이나 콩 등은 따로 그늘에다 말린 다음 종이봉지에 보관하였다가 채탁하기 전에 다시 묶어 쓰면 된다.

톱밥으로 만든 담보는 그대로 두면 담보에 묻은 먹물이 말라서 굳어져 단단하게 되는 수가 많다. 쓰고 난 뒤 반드시 풀어서 헝겊은 빨고, 톱밥은 말려서 헝겊과 톱밥을 따로따로 보관하여야 한다. 될 수 있으면 톱밥은 사용 했던 것을 다시 사용하지 않는 것이 좋다.

도구를 보관할 때 담보만큼 신경을 써야 하는 것이 남은 먹물이 있다. 20 일 정도 내에 다시 탁본할 경우에는 소주 몇 방울을 섞으면 된다. 먹물은 그냥 두면 부패가 되므로 다른 곳에 사용하던가 버려야 한다. 먹물은 언제나 잘 계량해서 쓸 만큼 갈아서 쓰는 것이 좋다.

물붓은 물기를 완전히 말린 다음 포장지나 헝겊에 싸두면 된다. 나머지

연모들은 그렇게 신경을 쓰지 않아도 된다. 이상의 탁본도구들은 탁본도구함이나, 여행용 배낭·대형 카메라가방 등에 함께 싸서 두는 것이 좋다. 다음 채탁할 때 도구를 빠뜨리는 일이 없게 하기 위해서도 바람직하다.

탁본물의 보관 방법

탁본 자료물이 늘어나면 보관에 신경을 쓰지 않을 수 없다. 그냥 두면 접힌 종이에 주름이 생겨 상하거나 종이의 결이 일어나는 수가 있다. 따라서, 잘 접어서 따로따로 접어 두어야 한다. 잘 접힌 자료는 대형 종이 봉투에 넣어 보관한 것이 좋다. 그리고, 겉에 관련기록을 기입해 두면 이용시 많은 참고가 될 것이다. 보관용 종이봉투 겉에 ㉠ 자료명 ㉡소재지 ㉢제작연대 ㉣유형 ㉤탁본용지 매수 ㉥ 채탁일시 ㉦ 채탁자 ㉧ 사진자료번호 ㉨참고사항·기타 등을 기록해 두면 매우 편리하다.

만일 걸어 놓고 보고자 할 때에는 표구사에 부탁하여 표구하면 되고, 여의치 않을 때에는 배접만 해서 벽면에 부착해도 잘 어울린다. 표구방법을 익혀두었다가 조그마한 작품이나 배접은 직접해도 좋을 것이다. 배접한 작품은 구겨지거나 주름이 잡혀지지 않도록 보관하여야 한다. 작품이 작은 것은 그대로 액자에 끼워 두거나 벽에 붙여 놓으면 간단하나 큰 작품일 경우에는 작품의 앞뒤에 깨끗한 종이로 싸서 말아 두면 되고, 아울러 좀약 같은 것을 구석에 넣어 벌레가 생기지 않도록 하는 것도 좋은 방법이다.

4. 금석문 자료의 정리

금석문 자료는 일반적으로 사진이나 기록, 그리고 탁본 등으로 정리해 보존하고 있다. 흔하지 않지만, 광개토왕비·중원의 적성비 등과 같이 모형을 만들어 일반인들도 직접 접할 수 있게 한 경우도 있다. 금석문을 사진에 담을 수 없었던 예전에는 탁본이 아니고서는 금석문을 연구하거나 정리할 수 없었다.

탁본의 개관에서 말했듯이 금석문의 탁본은 중국에서 인쇄의 한 방법으로 비롯했다. 중국 북경의 공묘(孔廟)에 소장된 석경(石經)은 묘비나 기념비가 아니다. 13경(十三經)을 인쇄하기 위한 방편으로 각석했던 것이다. 당 송대에는 주로 서법을 익히기 위하여 금석문 특히 비명(碑銘)을 탁본하였다. 탁본된 자료는 서책으로 편차되거나, 법첩(法帖)으로 제본되어 보관되었다. 작은 규모의 금석문은 족자의 형태로 제본하여 보관하였다. 단지 문양이나 서체를 감상하기 위한 대상으로 정리되었을 뿐이다.

금석문이 본격적으로 연구대상에 올랐을 때, 체계적으로 정리하려는 경향이 있었고, 이에 힘입어 금석학이라는 영역이 설정되었다. 주지하다시피 청나라의 고증학은 금석학과 밀접한 관련을 갖는다. 탁본물을 수집해서『금석록(金石錄)』을 만들고, 이들 자료를 토대로 경서(經書)의 오류를 바로 잡았던 것이다. 우리나라의 경우, 김정희가『금석과안록』을 저술해서 진흥왕의 순수비를 고증해낸 것도 같은 양상이다.

금석문이 단지 서법을 익히기 위한 자료에서 확대되어 학문연구의 자료로 이용되기 위해서는 보다 체계적인 정리가 필요하다. 최근 각 분야에 널리 이용되는 전산작업이 금석문 자료의 정리에 이용된다면 이제껏 생각해낼 수 없었던 정도로 각 분야에 크게 기여하리라 본다.

우선, 금석문조사를 위해 필요성을 역설했듯이 여러 문헌자료를 망라해 금석문자료의 목록화가 이루어져야 한다. 장충식 교수가 펴낸『한국금석총목』이 그같은 노력의 결과이나, 누락된 자료도 적지 않고, 현재의 소재지를 확인할 수 없는 것이 다수이다.

금석문은 유형이나 외형적 특징이 매우 중요하다. 관련기록이 전혀 없거나, 명문이 크게 훼손되어 연대를 고증할 수 없는 경우에는 외형적 특징으로 추정할 수밖에 없다. 일일이 사진으로 촬영하여 스크랩에 정리할 필요가 있다. 관련기록을 면밀히 첨부하는 것도 중요하다. 탁본을 병행할 경우, 사진·필름·탁본물의 일련번호를 연관시켜 목록화해 두면 이용에 편리하다.

금석문의 원형을 그대로 보관할 수 있는 것은 탁본이 최선의 방법이다. 탁본의 중요성을 인식하고 글자 한 획, 문양의 한 부분이 정성스럽게 담아질 수 있도록 해야 한다. 탁본된 자료는 훼손되지 않게 배접해두는 것이 좋다. 여건이 되지 않으면, 잘 펴서 접은 다음 대봉투에 넣어 보관하는 수밖에 없다. 여러 부분으로 나누어 탁본한 경우, 탁본물에 반드시 부분의 번호를 기입해야 한다. 그렇지 않으면 이용할 때 매우 불편하다. 보관용 대봉투 겉면에 탁본물 명칭·소재지·일시·탁본자·사진번호 등을 기록해두는 것도 꼭 필요한 일이다. 나중에 탁본일지를 정리하는데도 필요한 사항이다.

채탁을 마치고 대상물에 부착된 상태에서 촬영해 둘 필요가 있다. 전체적인 면을 촬영한 다음, 부분적으로 나누어 촬영해두면 사진자료를 그대로 연구자료로 또는 금석문자료집으로 활용할 수 있다. 기존의 금석문자료집은 탁본물을 전재하는 과정이나 인쇄과정에서 오류가 있어서 원전자료로서의 구실을 제대로 못하는 경우가 허다하다. 조동원 교수가 펴낸 『한국금석문대계』는 탁본물 축쇄한 것으로, 원전자료를 그대로 접할 수 있게 했다는 점에서 높이 평가되고 있다. 단점은 축쇄의 한계 때문에 책자가 커질 수밖에 없었고, 이용이 불편하다는 점이다. 채탁 당시에 사진으로 촬영해둔다면 탁본물을 축쇄하는 번거로움도 덜고, 이같은 문제점도 극복될 것이다. 탁본물의 훼손도 자연 덜해질 것이다.

이상에서 제시한 금석문의 정리작업은 사실 지금의 상황으로 볼 때 진부하다. 지금의 전산 처리기술로도 충분히 정리할 수 있고, 정리된 자료는 이용에 최대한의 효과를 기대할 수 있다. 금석문자료목록의 전산화는 당장이라도 가능한 일이다. 사진자료·탁본물의 경우도 물론이다. 탁본물을 전산화하면 원전자료로서의 이용가치는 물론, 서체 연구에 보다 효과적일 것이다. 아직도 논쟁의 여지가 남아 있는 광개토왕비문을 전산화해서 서체까지 확인한다면 만족할 만한 결과를 얻을 수 있으리라 본다.11)

5. 맺음말

한국학연구에 있어서 금석문의 연구는 매우 중요하다. 문헌자료가 부족한 고대사나 고대문화의 편린을 접할 수 있는 것은 금석문이 전부라 할 수 있을 만큼 비중이 크다. 이러한 금석문의 원형을 그대로 보관할 수 있는 것은 탁본이 최선의 방법이다. 금석문과 탁본이 밀접한 관련이 있는 것은 이 때문이다. 고려시대 이전의 자료는 탁본을 바탕으로 정리된 금석문자료집이 있어 그래도 쉽게 접할 수 있다. 그러나 조선조의 무수한 비갈은 문집에 내용만 전할 뿐, 원형을 살피기 어렵다. 아직도 방치된 금석문이 허다하다. 각 분야의 연구자들이 필요에 따라 탁본해서 개별적으로 이용하는데 그치지 말고, 체계적으로 정리해 자료를 공유화하는 방안을 모색하여야 할 것이다. 그래자면 현장조사 못지않게 자료의 정리작업에 더 많은 관심을 기울여야 할 것이다. 필자가 이 글에서 제시한, 금석문자료목록의 전산화는 당장이라도 가능한 일이다. 채탁한 자료의 영상처리도 큰 문제가 없다. 채탁 당시 대상물에 부착된 상태에서 탁본물을 사진촬영하여 이것을 전산처리하는 방법도 시도해볼 만하다. 기존의 탁본물은 스캐너롤 읽어 축소해서 입력할 수도 있다. 석비의 경우 외형·내용·탁본자료 모두를 한 정보자료에 입력해서 다각도로 활용할 수 있다. 단지 서법을 익히기 위해서, 특정한 사실을 고증하기 위한 자료로 활용하기 위해서 채탁하는 단계에 만족하지 말고, 자료의 전산화에 더 많은 관심과 개발이 이루어져야 할 것이다.

끝으로, 이 글은 지면의 제약상 금석문의 개관과 석비의 현장조사·정리에 필요한 몇 가지 사항만 정리한 것이다. 금석문을 조사·정리하기 위해서는 이밖에도 필요한 사항이 더 많다. 가령, 금석문에서 살필 수 있는 연대표

---

11) 김병기 교수는 「金石文 書體 硏究의 중요성에 대한 一考」(제7회 향토사연구 전국 학술대회 기조발표, 1993.10.30)에서 금석문 연구에 있어서 서체연구의 중요성을 역설한 바 있다. 광개토왕비문의 신묘년 기사 위작설도 여러 탁본물의 서체를 대비해 분석함으로써 확인할 수 있다고 하였다.

기의 유형(年號·古甲子·月名)·한중일 주요연대 대조표, 각시대별 주요 관직표·행수법(行守法), 방위표 등은 필수적으로 익혀 두어야 할 상식이다. 고비(古碑)에만 쓰였던 한자의 표기체도 함께 익혀두어야 한다. 이같은 사항은 훗날을 기약할 수밖에 없다.

참고문헌

1. 자료

金正喜,『金石過眼錄』

劉喜海,『海東金石苑』

劉承幹,『海東金石苑補』

朝鮮總督府,『朝鮮金石總覽』, 1919.

李蘭暎,『韓國金石文補遺』, 중앙대출판부, 1968.

黃壽永,『韓國金石遺文』일지사, 1976.

趙東元,『韓國金石文大系』(1-4), 원광대출판부, 1979-1985.

2. 논저

葛城末治,『朝鮮金石文』, 조선총독부 중추원, (국서간행회, 1974)

任昌淳,「金石文」,『한국민족대백과사전』(4), 한국정신문화원, 1992.

炳震,『拓本의 世界』, 일지사, 1983.

황패강,「拓本備要」,『교양학보』1집, 단국대 교양학부, 19

황의열,『韓國碑誌類研究』, 성대 박사논문, 1995.

홍순석,「碑誌類의 一般과 文學性」,「강남학보」92호(1992.9.28일자.)

김병기,「금석문 서체연구의 중요성에 대한 일고찰」(제7회 향토사연구 전국학
　　　술대회 발표요지), 1993. 한국향토사연구 전국협의회.

조동일,『한국문학통사(1)』, 지식산업사, 1989.

향토지 편찬의 문제점과 개선 방안

1. 머리말

향토지의 종류는 다양하다. 지역 단위로 편찬된 마을지, 읍·면·동지, 시·군지(사) 등이 있는가 하면, 민속지, 지명유래집, 전설집, 민요집 등이 있으며, 문화재를 조사·수록한 문화유적총람 등이 있다. 이 가운데 가장 대표적인 향토지는 시·군지일 것이다. 시·군지는 자기 고장의 역사, 문화, 생활상 등을 망라한 향토문화백과사전이라 할 수 있다. 최근에는 학계의 연구 성과를 집대성하여 충실히 편찬되고 있기에, 각종 향토지 편찬시 저본으로 활용된다. 또한 교과과정에 향토사 관련 학과가 편성되어 있어, 교재의 기본적인 자료가 되고 있다. 지역개발 계획을 수립하고 추진하는 경우에도 기초 자료로 활용되고 있다. 그런데 시·군지의 이 같은 중요성에도 불구하고 성과물을 분석해보면 적지 않은 문제점이 드러난다. 금년도에 간행한『용인시사』도 예외는 아니다.

본 발표회는『디지탈 용인향토대전』편찬에 앞서 기획된 중간 지역보고 회인 만큼, 기존의 용인지역 향토지를 개관하고,『용인시사』를 분석한 다음, 개선방안을 제시하고자 한다.

2. 용인 향토사료집 편찬의 개관

용인지역의 향토사료집 편찬은 국중일이 프린트본으로 펴낸『용인사』 (1958)에서 비롯한다. 그리고, 박용익·홍순석이 펴낸『용인군읍지』(1982) 에서부터 본격적인 연구가 시작되었다. 이어 홍순석·이인영이『내고장 민 요』(1983)을 용인문화원의 향토사료집 간행사업으로 출간한 이래, 홍순 석·이인영이 주축이 되어 매년『내고장 용인 ~』이라는 표제하에 향토사 료를 정리해 간행하였다.『내고장의 얼(인물편)』(1984)『내고장의 얼(유물 유적편)』(1984)『내고장의 옛이야기』(1985)가 그 성과물이다. 1986년 용인 향토문화연구회가 조직되고 별도로『용인금석문자료집』(1990)을 간행하면 서, 문화원에서는 이인영이『내고장 용인 의병항쟁 및 독립운동사』(1989) 『내고장 용인 지지총람』(1991)『내고장 용인 인물총람』(1995)『내고장 용 인 문화유산총람』(1997)을 간행하였다.『용인군지』(1990)는 이같은 상황에 서 편찬된 것이다. 1996년부터 문화관광과에서 직접 편찬사업을 주도하여 『용인시의 문화유적』(1997)『용인시 문화재총람』(1997)『용인향토사료관 유물도록』(1997) 등을 간행하였다.『용인시사』를 편찬하기 위한 '용인시사 편찬위원회'가 구성된 이후부터는 외부의 연구단체에 의뢰하여『용인시사 학술총서』를 간행하였다.『고려시대의 용인』(1998)『용인의 도요지』(1999) 『용인의 옛성터』(1999)『용인의 옛절터』(1999)『용인의 역사지리』(2000) 『용인의 분묘문화』(2002)『용인의 불교유적』(2002)『용인 서리 고려백자 요지의 재조명』(2002)『용인 처인성』(2002)을 간행하였다. 한편, 문화원에 서는『구비전승자료집』을 5년간(1996-2000) 매년 간행하였으며, 부설 향토문화연구소 사업으로 읍면지 편찬사업을 시작하여 지금까지 추진하고 있다. 『구성면지』(1998)『기흥읍지』(2000)『양지면지』(2001)『수지읍지』(2002) 『모현면지』(2003)『포곡면지』(2004)『원삼면지』(2005)가 그 성과물이다.

　용인시의 향토사료집 간행사업은 1980년대의『내고장 용인 ～』 연간물 과 1990년대 후반의『용인시사총서』연간물로 집약된다. 그 성과물로 정리 된 것이『용인군지』『용인시사』이다. 현재 진행되고 있는 사업은 읍면지 편 찬사업이다.『용인시사』편찬 기간 중에 간행한『구성면지』『기흥읍지』『양 지면지』『수지읍지』의 경우는, 기존의 간행물에서 해당 읍면의 자료를 발췌 하여 편집한 것이라는 지적을 면치 못하고 있다. 이 때문에 읍면지 편찬 경 비가 삭감되는 결과를 초래하였다. 편찬사업 자체가가 재론될 정도였다. 이 같은 한계 속에서 간행한『모현면지』『포곡면지』『원삼면지』는 현장 조사 에 초점을 두고 추진해온 성과물이다. 민속지적 측면에서 생활사에 중심을 두고 편찬한 것이기에 정치, 경제면에서의 자료는 비중을 두지 않고 있다. 민속자료와 분묘, 인물, 세거성씨 등의 추가사항은 의미를 충분히 지닌다. 구체적인 사례로,『원삼면지』편찬시 현장조사 결과 기존의 향토지에서 허 계·허담·허방·허시·허온·허위·허적·허창 등의 묘역이 누락된 채 15년간 이전의 기록을 그대로 답습해 오고 있음을 확인하였다.『용인군지』 『용인문화유산총람』『용인의 분묘』『용인시의 역사와 문화유적』『용인시사 』에서 똑같이 원삼면 맹리의 분묘를 서술하면서 이들의 묘역은 한결같이 누락하였다. 허계·허적은 영정이 용인향토문화재 24호로 지정된 인물이다. 　『용인시사』편찬 이후 간행될『디지털 용인향토대전』은 2000년대의 사 업으로, 지속되는 읍면지의 총결산으로 재정리될 것으로 본다.

3. 『용인시사』 편찬체제 및 내용의 분석

『용인시사』는 총 8권 7,300면이나 되는 거질의 사료집이다. 제작에 참여한 인원, 경비, 기간 또한 타 시군에 비해 손색이 없다. 금년도에 출간한 결과물로는 타 시군에 견줄 수 없는 관심의 대상이었다. 그러나 실제 출간 이후의 반응은 긍정적이지 못하다. 제작형태, 발행부수, 배포범위 등에서 여론의 불만이 컸던 것도 사실이다. 나름대로 이유가 있겠지만, 출판기념회나 평가회조차 마련되지 못하였다. 이 때문에 결과물의 평가 자체가 보류된 셈이다. 다양한 전공자의 시각에 따라 평가결과가 다를 수 있겠으나, 여기서는 일반적인 사항만 살피기로 한다.

우선, 시군지의 편찬시 범하기 쉬운 다음 몇 가지의 문제점을 『용인시사』에서도 극복하지 못하고 있다.

① 해당 지역에 대한 자료를 확보하지 못해, 중앙의 역사를 서술하고 말미에 해당 지역에 대한 내용을 간략히 덧붙이는 경우이다. 특히 역사편의 서술에서 그 같은 문제점이 나타난다. 물론 고대와 고려시대의 경우 사료 자체의 부족으로 그와 같은 서술이 불가피한 경우도 있지만 이 역시 사료조사를 충분히 선행하고 집필하면 해결될 수 있는 문제이다.

② 고증의 불철저로 오류를 범한 사례가 있다. 특히 문화재 부분의 경우 현장답사 없이 기존의 보고서를 참고하여 집필하는 경우에 범하는 과실이다. 그리고 주를 달지 않아 근거가 확실하지 않은 경우도 많이 있다.

③ 자료와 서술이 분리되지 않고 있다. 대체로 정치, 행정, 경제, 사회 부분 서술에서 흔히 나타나는 현상이다. 자료를 나열한 것인지, 자료를 바탕으로 분석한 글인지 구분이 되지 않는 경우이다. 예를 들어, 교육 부분에서 최근의 학교 시설과 학생 수 만을 기재하고, 분석이 없는 것이 그 한 예이다.

④ 내용의 중복 서술이다. 이는 인물의 경우 심하게 나타나는데, 동일한 인물에 대한 비슷한 내용이 인물편, 관련 문화재에 대한 설명 부분, 역사편에서 중복 서술되는 경우이다.

다음으로, 『용인시사』에서 구체적인 긍정적인 평가는 지면상 생략하고, 문제점만 추출하여 향후 용인향토지 편찬사업에 참고하고자 한다.

『용인시사』 편찬체제의 문제점

1. 『용인시사』 편찬 취지 및 성과물의 불일치
   지역의 향토사료를 정리하여 편찬하는 방법은 크게 사(史)와 지(誌)로 구분할 수 있다. 『용인시사』는 책명에서 제시하듯이 '사적 전개(史的 展開)'의 서술 체제를 표방하고 있다. 그러나 실제 성과물은 지(誌)의 서술 체제를 따랐다.
   ○ 7권 8권의 <용인현대시사연표>가 용인시사의 성격을 부각할 수 있을지 모른다. 그러나 그것도 '시지(市誌)'의 자료편으로 치부할 수 있다.
   ○ <권3-2편 용인의 마을>은 도농복합형 도시인 용인의 생활상을 가늠하는 마을생활지이다. 전형적인 향토지의 특성을 말해주는 사례이다.

2. 항목의 중복
   『용인시사』는 편찬 체제에서 중복된 항목 설정이 적지 않다. 물론 향토사료의 성격상 일반적인 분류나 서술과정에서 중복되는 사례는 많다. 그러나 항목의 중복 설정은 기획단계에서 미숙했음을 증빙한다.

권수	편:장:절	항목명	권수	편:장:절	항목명
1권	2:3:3	고려시대 용인 도자기 생산	2권	2:5:1	도요지
1권	2:1	선사시대의 전개와 지역문화	2권	2:6:1	선돌문화
2권	2:6:2	서낭당	3권	1:5:2	용인의 마을신앙
2권	2:11:2	보호수의 고사, 전설 및 마을의례	3권	1:5:2	용인의 마을신앙
3권	1:4:5	제례	3권	1:7:1	가가례
3권	1:5:3	용인의 무속신앙	6권	3:3:1	무교(巫敎)

3. 항목 설정의 객관성 결여
 ○ 이전의 향토지에서 서술되지 않았던 용인의 도자기 관련 내용을 항목으로 설정한 것은 그동안 지표조사한 성과물에 근거한 것으로 바람직한 의도라고 생각한다. 그렇다면, <권1 2:3:3 고려시대 용인의 도자기 생산> <권1 2:4:3 조선시대 용인의 도자기 생산>은 역사 항목의 서술보다는 <용인의 도자기 생산>으로 통합하여 별도의 장 단위 항목으로 서술하는 편이 낫다고 본다.
 ○ 용인지역의 처인성 대몽항쟁 사건을 <권1 2:3:4 고려시대 용인의 대외항쟁>에서 일반적으로 서술하기 보다는 지역문화의 특성상 별도의 항목 설정이 요구된다.
 ○ <권2 2:5 생산유적> <권2 2:6 제의유적>의 항목 설정은 부적절하다. 절 단위 항목인 >는 <1권 2:1 선사시대의 전개와 지역문화>로, <서낭당>은 <3권 1:5:2 용인의 마을신앙>에서 서술하는 것이 바람직하다.
 ○ <권2 2:11:1 보호수의 개념> 항목 설정은 불필요하며, <권2 2:11:1 보호수의 고사 전설 및 마을의례>는 <3권 1:5:2 용인의 마을신앙>에서 서술하는 것이 바람직하다.
 ○ <6권 3:3:1 무교(巫敎)>는 항목 설정 자체에 무리가 따른다. '무교'라는 용어자체가 객관적이지 못하다. <3권 1:5:3 용인의 무속신앙>에서 다룰 성격의 내용이다.
   * 한국중앙연구원에서 제시한 <향토대전의 분류체계>에도 민간 신앙을 종교편에 소속시켰으나, 일반적으로 신앙과 종교의 차이점을 전제한다면, 재고의 여지가 있다.
 ○ 다음 항목은 일반적으로 향토지 편찬시 간략하게 서술하거나, 주석으로 처리하는 정도로 서술하고 있다. 그럼에도 『용인시사』에서는 절 단위의 항목으로 설정하여 서술하고 있다.

권2 1:1:1	문화재의 지정과 정비
권2 2:4:1	용인지역 분묘에 나타난 석물의 특징
권2 2:11:1	보호수의 개념
권3 1:3:1	세시풍속과 용인에 대한 이해
권3 1:3:2	용인의 세시풍속 자료 검토 및 조사 개요
권4 1:1:1	성씨개관
권5 1:1	지방자치의 의미(1절~5절)
권5 3:12:1	정보통신의 의미
권6 2:5:1	(체육) 개관

4. 원고마감 시기와 출판제작 기간의 장기화로 인한 내용 서술의 오류

   ○ 『용인시사』는 집필원고 마감과 간행시기의 간격이 무려 5년이나 된
   다. 간행일자가 2006년도인데, 서술 시기는 2001년도이다. 이에 따
   른 편찬체제와 서술 내용의 신뢰도가 떨어진다. 구체적인 사례로,
   <권5 2:4 용인시 2001년 시정 개요 및 시정 장기발전계획>은 이미
   추진하였거나, 개정된 사안이다.

   ○ 원고 마감 후 출판기간의 장기화로 <권4의 2편 지명유래>는 서술
   상 많은 오류를 범할 수밖에 없다. 3개구의 행정체제로 개편 된 이후
   용인시의 지명 변화를 감안하지 않은 채 제작을 단행한 것은 오히려
   『용인시사』의 자료적 가치를 손상시켰다.

5. 누락된 항목 및 서술 자료

   ○ 『용인시사』는 근대이전의 사료(권1~4)와 현대의 사료(권5~8)로 구
   분할 수 있다. 현대의 사료는 2001년도를 기준 시점으로 정치·행
   정·경제·사회·교육·문화를 편목으로 설정하고 서술하고 있다.
   따라서, 근대 이전의 역사적 사실은 언급되지 못하고 있다. 이 때문
   에 용인시의 역사적 사실이 단절된 느낌을 실감하게 된다.

   ○ 『용인시사』에는 조선시대 이후의 인물이 서술되고 있지 않다. <권4

1:2 용인의 인물>편에서 고려시대, 조선시대의 인물과 용인지역 과 거합격자 명단, 역대 용인현령·양지현감명단이 서술되고 있을 뿐 그 이후의 항일의병, 독립지사, 지역 유지 등 많은 인물이 서술되지 않았다.

6. <용인현대시사연표>(7권, 8권)의 사료적 한계

7권 8권의 <용인현대시사연표>는 자료로서는 일정한 의미를 부여할 수 있으나, 언론을 통해 본 기사를 중심으로 작성했다는 점에서 여러 가지 문제점을 갖는다. 언론의 기사가 객관적 타당성을 확보한다는 전제에서 시사연표를 작성했다면 더욱 문제이다. 물론, 이전의 성과물에 <용인시사연표>가 있었으며, 7권 8권의 자료는 그 뒤를 잇는 정리 작업임을 인정한다. 그러나 이전의 성과물은 여러 사료에서 발췌한 것이라는 점에서 보다 객관적 타당성을 갖는다. 7권(1181면) 8권(939면) 총2,120면을 할당해서 정리해야 할 만큼, 중요한 사료였는지 의문이 간다. <언론을 통해본 현대사연표>라 하였는데, 어느 언론지 몇 면의 기사인지 사료의 근거가 전혀 밝혀져 있지 않다. 이로 인해 사료로서의 가치도 인정받을 수 없다.

[사례] 용인시사 권7, 6면.
　　　(1990.) 1.3 용인군, 의료법 약사법 등을 위반한 의료기관, 약국 등 모두 33개 업소 적발 행정 처분

그리고, 용인에 관련한 보도내용을 모두 역사적 사실로 취급한다는 발상에서 별도의 책을 만들었다면, 사관(史觀)을 의심하지 않을 수 없다.

7. 구비전승자료 선정의 문제점

구비전승자료는 지역의 향토적 특성을 표출하는 대표적인 자료이다. 그럼에도 『용인시사』에는 용인의 대표적인 전설 <생거진천 사거용인>과

민요 <찍었네(타령)> 등이 누락되었다. 참고로, <생거진천 사거용인>은 용인군지, 경기민속지, 내고장 옛이야기, 중부지역 구비전승 등에 수록되어 있고, <찍었네타령>은 용인군지, 내고장 민요, 경기도 논맴소리, 모현면지, 원삼면지 등에 여러 작품이 수록되어 있다. 시지 편찬 시 지면의 한계로, 한정된 작품만 수록하는 것은 일반적인 사례이다. 따라서 가급적 지역의 특성을 잘 나타내는 자료를 우선적으로 선별해서 수록하고 있다. 제한된 지면이기에 구비전승자료의 선별은 집필보다도 중요한 사안이라 생각한다.

4. 『디지탈 용인향토대전』 편찬을 위한 개선 방안

(1) 기존 향토사료의 DB 구축과 철저한 자료 분석

용인시의 향토사료는 단행본만 80여 종이 된다. 물론 중복 간행된 단행본과 자료들도 적지 않다. 이들 자료 가운데 필수자료를 선정해서 영영별로 DB 구축하고, 해당 분야의 전공자로 하여금 분석하여 용인지역의 향토사가와 논의하여 집필항목을 선정하여야 한다.

(2) 체계적인 편찬계획서 작성과 사업추진 계획 수립

편찬계획서는 건축물의 설계도와 같다. 치밀한 편찬계획을 수립하고, 체계적 사업추진이 이뤄져야 한다. 그리고 이 계획은 공개하여 주무자, 집필자, 제작자 모두 공유하여 의견을 교환할 수 있어야 한다.

(3) 항목선정 시 객관성 및 지역의 특징 반영

집필 항목 선정 시 용인지역의 특성을 부각할 수 있는 체제로 구성되어야 한다. 『디지털향토문화대전』의 편찬체제에 짜맞추기식의 체제 구성은 지역의 특수성을 훼손할 수 있다. 『파주군지』의 경우 파주가 휴전선을 끼고, 통일촌과 대성리, 판문점이 있는 점을 감안하여 '통일의 길목 파주'라는 항목을 설정한 바 있고, 『양주군지』의 양주에 양주별산대놀이가 있어 이를 큰 목차로 설정하여 부각시킨 바 있다. 『이천시사』에서는 '도자기'와 '쌀'을 비중 있는 별도의 항목으로 설정하고 있다. 특히, 구비전승 자료(전설, 민담) 항목 선정 시 지역적 특성 고려하여 선정하여야 한다. 『용인시사』에서 처인성에서의 대몽항쟁을 일반적인 역사서술로 구성한 것은 문제가 아닐 수 없다.

(4) 인물선정 기준의 타당성

향토사에서 가장 비중 있는 만큼, 문제시 되는 항목이 인물편이다. 객관성을 우선으로 기획하여 추진하면서도 결과물은 중복되거나 누락되어 비난의 대상이 된다. 자료의 확보 여부에 따라 서술의 분량이나 내용이 일관되지 못하고 있음도 문제이다. 한 예로 『한국인물대사전』 수록 인물의 경우는 지역의 관련성을 고려하지 않고, 집필되는 사례가 많다.

(5) 집필자의 전문성

집필자의 원고가 결과물로 나타나는 만큼, 집필자의 선정은 항목선정과 함께 성패를 죄우한다. 지역 인사 가운데 해당 전공자를 선정하는 것이 최선이나, 지역 내의 대학, 연구기관에 의뢰하여 관련 전공자를 선정해야 한다. 최근에는 개선되었지만, 80년대 시군지 편찬 당시는 '새마을운동'은 행정기관 새마을 과장이, 사회편은 사회관장이 예우 차원에서 집필자로 선정된 경우가 있었다.

(6) 내용의 객관성 및 서술문체의 통일성

원고 집필시 주관적인 서술로 해당 사료의 객관이 훼손된 사례가 적지 않다. 서술문체의 통일성도 고려하여 전문적인 인원에게 의뢰하여 교정, 교감, 교열하여야 한다. 대부분 원고 마감 후 제작 시기와 경비에 제한되어 소홀시 되는 과정인데, 좀 더 관심을 기울여야 한다.

(7) 사진, 도표, 도면 자료의 활용

시군지에서의 사진, 도표, 도면 등의 적절한 활용은 성과물의 비중을 격상시킨다. 중복되거나 불필요한 서술을 도표로 축약하고, 내용과 관련된 사진을 함께 배치함으로써 이해를 증진시킨다. 그럼에도 원고료의 산출이나 면수의 배정에서 별반 고려되지 못하고 실정이다. 집필원고보다 이들 자료가 더 비중 있게 다루어져 한다.

(8) 내용 서술과 자료를 구분해서 정리

시·군지는 자료집인 동시에 연구서여야 한다. 따라서 내용 서술에 있어서 본편과 자료편을 구분해야 한다. 예를 들어 정치편 선거의 경우 대부분 시·군지가 득표결과를 제시하고 간략한 설명만을 덧붙였는데, 득표현황은 자료편에 수록하고, 본편 선거 부분에서는 득표 자체를 분석해야 할 것이다. 선거의 경우 지역에 따라서는 전국의 득표 상황과 판이하게 다른 경우가 많아 이를 분석하면, 지역 사정의 이해만이 아니라 한국정치사 이해에도 큰 도움을 줄 것이다.

인물편에서도 과거급제자, 충렬서원선생안, 용인현감, 양지현령 등은 별도의 자료편에 도표로 수록하는 것이 바람직하다.

(9) 검색 시스템 구축

시·군지는 방대한 양의 원고와 사진, 도면, 도표자료로 구성된다. 최근 간행된『용인시사』는 8권 7,300면 정도의 거질이다. 그럼에도 항목색인, 사진, 도면, 도표목차가 없다. 따라서 해당 자료를 찾는 일이 쉽지 않다.『용인군지』가 1권 1,700면임에도 찾아보기를 40면 이상 할당한 것과는 대조적이다. 방대한 성과물인 만큼 검색시스템이 더 필요하다는 사실을 인지해야 한다.

(10) 보급판의 제작 및 배포

시·군지는 한정 부수로 발간되며, 내용이 방대하여 일반인이 쉽게 접하기 어렵다. 사실, 여러 여건상행정부서, 사회단체, 교유기관에도 배포되지 못하는 실정이다. 최근에는 인쇄성과물과 함께 CD를 제작하여 배포하는 추세여서 물량에 관한 문제점은 극복되고 있다. 문제는 배포처의 파악과 관리이다. 제작물량을 예산에 맞춰 제작하던 시대의 구태에서 탈피하여, 배포처의 수요물량을 편찬 계획단계에서 미리 파악하여 제작하는 것이 바람직하다.

5. 맺음말

이상에서 개인적인 실무경험을 바탕으로 용인향토지 편찬과정의 문제점과 개선방안을 제시하였다. 개선방안을 모색하는 것이 목적인만큼, 기존 성과물의 문제점을 파악하는 일이 핵심이 될 수밖에 없었다. 성과물의 평가에서 항상 느끼는 아쉬운 점은 기존의 문제점이 극복되지 못한 채 반복적으로 답습되고 있다는 사실이다. 처음 기획의도와는 달리 외부 여건에 따라 수정할 수밖에 없는 실정에서 사업을 추진하다가 결국은 편찬실무자가 교체되고, 급기야는 기한된 일정에 쫓겨 성과물을 제작해야 하는 여건은 아직도 개선되지 않고 있다. 『용인시사』가 그 대표적인 사례이다. 본 발표회가 향후 추진될 『디지탈 용인향토대전』 사업을 위한 중간 보고회인 만큼 행정당국이나 편찬실무자, 사업자 등에게 간절한 마음으로 촉구한다. 새로운 방향의 모색도 중요하지만, 기존의 이 같은 문제점에서 우선 탈피하여야 한다. 부디 『디지탈 용인향토대전』만큼은 75만 용인시민의 문화적 자긍심을 담아내어 전국 향토지의 새로운 지표를 열어줄 것을 기대한다.

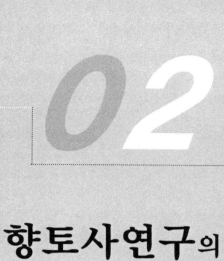

02

향토사연구의 실제

경기도 훼철 서원조사 보고

(조사기간; 1993. 4. 1-8. 30)

1. 경기도내 서원의 전개 양상

조선시대에 건립된 서원의 숫자를 정확히 파악하기는 어렵다. 그것은 뒤에 와서 인물위주로 서원이 남설되어 사우와의 구별이 모호해지기 때문이다. 처음에는 사우로 이름하였다가 첩설을 금지하는 금령이 완화되면서 서원으로 승격된 것이 있는가하면, 반대로 서원으로 설립되었다가 사우로 되었거나, 아예 폐지된 것이 적지 않다. 조사자마다 그 통계치가 다른 것은 이 때문이다. 우선, 정조 때 편찬된 『조두록(俎豆錄)』과 고종 때 증보된 『문헌비고(文獻備考)』 및 『열읍원우사적(列邑院宇事蹟)』 『서원등록(書院謄錄)』 등에 기재된 서원 명단을 토대로 경기도내 서원 사우의 분포를 연대별로 정리해보면 다음과 같다.

〈경기도내 연대별 서원·사우의 건립·사액 현황〉[1]

구분\연대		중종	명종	선조	광해	인조	효종	현종	숙종	경종	영조	정조	순조	헌종	미상	소계
건립	서원		1	6	2	2	4	5	19		1		1			41
	사우	2				2		2	8		7	3		1	3	28
소　계		2	1	6	2	4	4	7	27		8	3	1	1	3	69
사액	서원			2	2	1	3	4	24		1		1	1		38
	사우						1	1	3	1		3		1		10
소　계				2	2	1	4	5	27	1	1	3	1	2		48

위의 표에서 보면 경기도내에 건립된 서원은 41, 사우 28개소이다. 이 가운데 사액을 받은 서원은 38, 사우는 10개소이다. 전국 8도의 서원 수가 417개소이며, 사우가 492개소라는 사실을 감안해 볼 때 경기도내에 설치된 서원의 수는 10%에 해당한다. 경기도내에서 서원 사우가 집중적으로 설치된 시대는 역시 숙종조이다. 거의 절반에 이르는 숫자이다. 숙종조 이후 서원의 설치가 침체된 것은 이때부터 서원에 대한 통제가 적극성을 띠기 시작하였기 때문이다. 숙종 29년 금령(禁令) 이후 창건된 서원에 대한 조사가 실시되었고, 일일이 왕이 존폐를 결정했다. 영조 때는 탕평책과 함께 서원철폐가 단행되었다. 1714년 이후 설치된 서원은 물론 사우, 영당까지 훼철되었다. 이때 전국 173개소의 서원이 훼철되었다. 그 이후 본격적으로 서원의 훼철이 단행된 것은 흥선대원군에 의해서이다. 흥선대원군은 고종1년(1864)에 이미 민폐문제를 구실로 사원에 대한 조사와 그 존폐여부의 처리를 묘당에 맡겼으며, 1868년과 1870년에 미사액서원과 사액서원으로서 제향자의 후손에 의하여 주도되면서 민폐를 끼치는 서원에 대하여 훼철을 명령하였다. 이어 1871년에 학문과 충절이 뛰어난 인물에 대하여 1인 1원 이외의 모든 첩설 서원을 일시에 훼철케 하였다. 이때 전국에 존치된 서원이 27개소, 사우가 20개소이다. 경기도내에서 존치된 서원 사우는 다음과 같다.

---

1) 이 도표는 정만조가 조사한 「연대별 지역별 서원의 건립 사액수」 가운데 경기도 부분을 전재한 것임을 밝혀둔다.

〈경기도내 대원군의 서원철폐령 이후 남은 서원 사우〉

서 원 명	주 향 인	건립	사액	소재지	비 고
숭양서원	정몽주	1573	1575	개성	고려말 학자
영연서원	이덕형	1691	1692	포천	조선 선조 정치가
강 한 사	송시열	1785	1785	여주	조선 숙종 학자
노강서원	박태보	1695	1697	과천	조선 숙종 충신
우저서원	조헌	1648	1675	김포	조선 선조 의사
파산서원	성혼	1568	1650	파주	조선 선조 학자
덕봉서원	오두인	1695	1700	양성	조선 숙종 충신
현 절 사	김상헌	1688	1693	광주	조선 인조 충신
심곡서원	조광조	1650	1650	용인	조선 중종 정치가
사충서원	김창집	1725	1726	과천	조선 숙종 정치가
충 렬 사	김상용	1642	1658	강화	조선 인조 충신
기 공 사	권율	1841	1841	고양	조선 선조 장군

　위의 표에서 보듯이 대원군의 서원 훼철시 경기도내 존치된 서원 사우는 12개소이다. 전국의 존치된 서원에 비하면 비교적 많은 수에 해당한다.

　흥선대원군이 정계에서 물러난 뒤에는 일부 지역에서 훼철된 서원이 상당수 복원되었다. 일제가 지주층의 환심을 사고 통치에 협조를 얻기 위하여 조상숭배를 조장하였던 배경 하에서도 중건되기도 하였다. 그러나 토지개혁과 6·25 전쟁의 피해로 상당수가 퇴락하거나 소실되었다. 그런데 1970년대에 이르러서는 주로 문중이 중심이 되어 개축 혹은 신축하는 사례가 증가하였다. 그러나 이러한 서원은 대개 후손이 주동하여 건립과 운영을 주도하고 있으므로, 본래의 서원 기능은 거의 없다. 단지 후손들에 의하여 춘추의 제향이 이루어질 뿐이며, 조상의 유적지로 인식될 뿐이다. 대부분 훼철된 서원의 복원은 대외적인 가문의 위세를 과시하기 위한 의식에서 이루어지고 있는 실정이다. 경기도내에서도 이러한 상황은 다름이 없다.

2. 경기도내 서원의 현황

필자의 과문한 탓인지 몰라도 아직까지 경기도내에 현존하는 서원을 조사하여 정리한 자료는 접하지 못하였다. 『경기도지(京畿道誌)』(1956) 『경기도사(京畿道史)』(1979)에 게재된 서원 사우의 목록이 전부라 할 수 있는데,[2] 이들 자료는 현장조사에 의한 것이 아니고 『증보문헌비고』에서 경기도 부분을 번역 전재한 것이다. 『경기도사』의 자료는 앞서 간행한 『경기도지』를 그대로 전재한 것이다. 더욱 유감스러운 일은 『증보문헌비고』를 전재하는 과정에서 인천의 학산서원, 용인의 심곡서원·충렬서원·영당 등이 누락되었으며, 적지 않은 오탈자가 있음에도 아직까지 그대로 전재되고 있다는 사실이다. 이러한 시점에서 다음의 「경기도내 서원 일람표」 「경기도내 사우 일람표」는 중요한 자료가 되리라 본다.[3]

〈경기도내 서원 일람표〉

소재지	서원명	건립	사액	主祠	從祠		追配		비고
개성	*崧陽書院	선조	선조	정몽주 서경덕	우현보 김상헌 김 육 조 익		정조 현종 숙종 숙종		在北
	花谷書院	광해	광해	서경덕	박 순 허 엽 민 순		광해 광해 광해		在北
	崇節書院	현종	숙종	송상현 김연광 유극량					在北, ←崇節祠
	五冠書院	숙종	숙종	박상충	박세채		숙종		
광주	明皇書院	현종	현종	조익	조복양 조지겸		숙종 숙종		
	龜巖書院	현종	숙종	이집					서울시 암사동

---

2) cf., 『경기도지』(中卷)(경기도지편찬위원회, 1956), pp.85-89.
3) 이 도표는 기존의 서원관계 고문헌과 각군의 군읍지를 토대로 작성한 것임.

소재지	서원명	건립	사액	主祠	從祠	追配	비고
	秀谷書院	숙종	숙종	이양중 정성근 정 엽 오윤겸 임숙영 이의건 조 속 이후원			서울시 일원동
양주	道峯書院 石室書院	선조 효종	선조 현종	조광조 김상용 김상헌	송시열 김수항 민정중 이단상 김창협	숙종 숙종 숙종 숙종 숙종	복원, 서울시 도봉동
여주	沂川書院 孤山書院	선조 숙종	인조 숙종	김안국 이언적 홍명하 이존오	홍인우 정 엽 이원익 이 식 홍명구 조한영	광해 현종 현종 숙종 현종 순조	복원
파주	*坡山書院	선조	효종	성수침	성수종 성 혼 백인걸	정조 인조 숙종	
파주 (교하)	紫雲書院 新谷書院	광해 숙종	효종 숙종	이이 윤선거	김장생 박세채	숙종 숙종	복원
장단	臨江書院	효종	숙종	안 유 이 색 김안국 김정국			在北
개풍	龜巖書院	숙종	숙종	이 이			在北
수원	梅谷書院	숙종	숙종	송시열			
인천	鶴山書院	숙종	숙종	이단상	이희조	영조	
이천	雪峯書院 玄巖書院	명종 순조	 순조	서 희 이관의 김안국 김조순	최숙정	선조	

소재지	서원명	건립	사액	主祠	從祠	追配	비고
김포	*牛渚書院	인조	숙종	조 헌			
안성	道基書院	현종	현종	김장생			
	南坡書院	숙종		홍우원			→鳳陽壇
(양성)	*德峯書院	숙종	숙종	오두인			
고양	文峯書院	숙종	숙종	민 순	정지운 숙종		
				남효온	홍이상 숙종		
				김정국	이진의 숙종		
				기 준	이유겸 숙종		
연천	臨漳書院	숙종	숙종	주 희	송시열 순조		
(마전)	湄江書院	숙종	숙종	허 목			
가평	潛谷書院	숙종	숙종	김 육			
양평	迷源書院	현종	순조	조광조	김 육 현종		→景賢壇
(가평)				김 식	남언경 현종		
					이제신 영조		
	雲谿書院	선조	선조	조 성			복원, ←龍門書院
				조 욱			
용인	忠烈書院	선조	광해	정몽주			복원
	*深谷書院	효종	효종	조광조	양팽손 효종		
	寒泉書院	정조		이 재			→影堂
포천	花山書院	인조	현종	이항복			복원
	*龍淵書院	숙종	숙종	이덕형			
				조 경			
	玉屏書院	효종	숙종	박 순	이의건 숙종		복원
					김수항 숙종		
시흥	忠賢書院	효종	숙종	강감찬			→三賢祠, 忠賢祠
				서 견			
				이원익			
(과천)	*鷺江書院	숙종	숙종	박태보			의정부시로 移建
	虎溪書院	숙종		조종경			→滄江書院
				조 속			
	愍節書院	숙종	숙종	박팽년			서울시 노량진동
				성삼문			
				이 개			
				유성원			
				하위지			
				유응부			

소재지	서원명	건립	사액	主祠	從祠	追配	비고
(과천)	*四忠書院	영조	영조	김창집 이희명 조태채 이건명			광주군으로 移建

* 표는 대원군의 서원철폐령 때 존치된 서원을 나타냄.

〈경기도내 사우 일람표〉

소재지	사우명	건립	사액	주사	종사	추배	비고
개성	表節祠	정조	정조	임광미 조의신 맹성인			
강화	忠烈祠	인조	효종	김상용	이상길 홍명형 이시직 윤 계 황선신 권순장 심 현 홍익한 윤 전 이순오 송시영 구원일 강홍업	영조 영조 정조 정조 효종 효종 정조 정조 효종 정조 효종 효종 효종	
	李撼兵祠	영조		이성조 이여회			
광주	顯節祠	숙종	숙종	김상헌 정 온 홍익한 윤 집 오달제			*현존
양주	淸節祠 旌節祠	숙종 숙종	숙종 정조	김시습 남을진 조 건			
파주	豊溪祠	숙종	숙종	오두인			

소재지	사우명	건립	사액	주사	종사	추배	비고
	彤村影堂	세조		이세화 박태보 황 희			
수원	關里祠	정조	정조	공 자			
화성	龍栢祠	현종	현종	제갈량 호안국	윤 계		
	安谷祠	현종		박세열 박세희 홍 섬			
여주	大老祠	정조	정조	송시열			*현존, 江漢祠
김포	鄕祠宇	미상		장 면			영조때 중수
고양	紀功祠	헌종	헌종	권 율			*현존
양평	鄕祠宇	숙종		신 변			
시흥	影堂	숙종		이원익			
평택	襃義祠	현종	숙종	홍익한 윤 집 오달제			
	鄕祠宇	숙종		우남양			

〈경기도내 서원 건립/ 사액 연대별 일람표〉

서원명	명종	선조	광해	인조	효종	현종	숙종	영조	정조	순조
가평잠곡서원							건/사			
개성숭양서원		건/사								
개성숭절서원							건/사			
개성오관서원							건/사			
개성화곡서원			건/사							
개풍구암서원							건/사			
고양문봉서원							건/사			
광주구암서원						건/	/사			
광주명고서원						건/사				
광주수곡서원							건/사			
김포우저서원				건/			/사			
수원매곡서원							건/사			
시흥노강서원							건/사			

서원명	명종	선조	광해	인조	효종	현종	숙종	영조	정조	순조
시흥민절서원							건/사			
시흥사충서원								건/사		
시흥충현서원					건/		/사			
시흥호계서원							건/			
안성남파서원							건/			
안성덕봉서원							건/사			
안성도기서원						건/사				
양주도봉서원		건/사								
양주석실서원					건/	/사				
양평미원서원						건/				
양평운계서원		건/사								
용인충렬서원		건/	/사							
용인심곡서원					건/사					
용인한천서원									건/사	
여주고산서원							건/사			
여주기천서원		건/		/사						
연천미강서원							건/사			
연천임장서원							건/사			
이천설봉서원	건/									
이천현암서원										건/사
인천학산서원							건/사			
장단임강서원					건/		/사			
파주신곡서원							건/사			
파주자운서원			건/		/사					
파주파산서원		건/				/사				
포천옥병서원					건/		/사			
포천용연서원							건/사			
포천화산서원				건/		/사				
소계										

3. 경기도내 훼철된 서원의 개관

필자의 조사에 의하면 경기도내 건립된 서원으로 대원군 때 훼철된 서원은 모두 33개소이다. 이 가운데 현재 이북 지역에 해당하는 화곡서원·숭절서원·오관서원·구암서원의 현황은 확인할 길 없다. 그리고 도봉서원 등은 행정구역의 개편에 따라 서울시에 편입되어 있다. 여기서는 조사 가능한 지역 내의 현황을 중점으로 정리하되, 이북 지역의 서원은 문헌에 의거할 수밖에 없음을 밝혀둔다.4)

4. 맺는말

현존하는 서원에 대한 실태는 아직까지 거의 파악되어 있지 않는 실정이다. 다만 일제하에서 조선총독부 주관으로 1920년 당시의 전국의 취락에 대한 실태를 파악하던 중 저명한 동족 부락 안에 그때까지 존속하고 있던 서원의 현황을 조사한 보고서 『조선의 취락』(후편)이 있을 뿐이다. 그나마 여기에 조사된 자료는 몇몇에 불과하고, 자료로서도 불충분하다. 그 이후 6·25 전란과 향촌사회의 변화에 따라 크게 달라졌음을 전제할 때 현존하는 서원의 실태 조사는 전무한 셈이다. 따라서 서원의 실태조사는 시급한 과제가 아닐 수 없다. 이번의 경기도내 훼철된 서원조사는 이러한 점에서 큰 의미를 지닌다. 물론 여러 가지 제약상 대원군에 의해 훼철된 서원만을 대상으로 하였다는 점에서는 제한적이다. 앞으로는 해당 행정당국과 각 문중의 적극적인 배려 하에 현존하는 서원·사우에 관한 구체적인 실태가 조사가 이루어져야 할 것이다.

---

4) 경기도 내 서원의 현황은 필자의 조사 이후 상당한 변모가 있었으므로 여기서는 생략한다. 서원은 각 지역의 향토유적으로 지정되어 있어 인터넷 자료에서도 쉽게 살필 수 있다.

참고문헌

『서원등록』(8권 6책), 규장각(No12905).

『서원가고』, 규장각(규136).

『동국원우록』.

『열읍원우사적』.

『증보문헌비고』.

『朝鮮의 聚落』(후편), 조선총독부, 1935.

정순목, 『한국서원교육제도연구』, 영남대 민족문화연구소, 1971.

민병하, 「조선시대 서원정책고」, 성대 논문집 15, 1970.

정만조, 「17−18세기의 서원사우에 대한 시론」, 『한국사론』 2, 1975.

최완기, 「조선서원일고」, 『역사교육』 18, 1975.

이태진, 「사림과 서원」, 『한국사』 12, 1975.

『경기도지』, 경기도지편찬위원회, 1956.

『경기도사』, 경기도사편찬위원회, 1979.

우암(尤庵)의 필적『취석(醉石)』비 고증

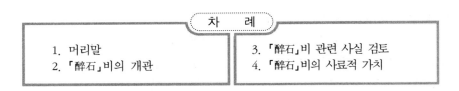
1. 머리말

우암 선생의 필적인 「취석(醉石)」비[1]는 경기도 남양주군 덕소5리 석실 부락 안동김씨 분산에 전하고 있다. 이 비석에 대해서는 아직까지도 잘 알려져 있지 않다. 안동김씨 문중의 몇 분 정도가 알고 있을 분 거의 알려지지 않은 자료이다. 필자가 이 비석을 처음 접한 것은 지난 6월 14일이다. 필자는 경기도내 훼철서원을 조사하던 중 남양주군문화원 사무국장 정소열(62세)와 함께 석실서원을 조사하게 되었다. 이제까지 덕소5리의 현지가 서원터로 알고 있었으나, 현지에 16대째 거주하고 있는 안동김씨 문중의 김성동(金星東)씨로부터 지금의 미금시 수석1통 세운내에서 이전해 재건립한 사실을 확인하였다. 그리고 수석리 세운내에서는 이재혁(李在赫), 조일준(趙一俊)으로부터 서원터와 안동김씨 문중의 유적에 대해 제보를 받았다. 조일

---

1) 「취석비」라는 명칭은 필자가 편의상 붙인 것임을 밝혀둔다.

준씨는 바로 1940년대 초 안동김씨의 분묘를 덕소5리로 이전하면서 관련된 석물을 함께 이건해준 장본인이었다. 이 같은 사실을 확인한 뒤, 6월 18일 강남대학술조사단을 이끌고 덕소5리의 현장을 재조사하였다. 이때 전면에 「醉石」이라고 각자(刻字)한 비석이 우암선생의 필적임을 확인하였다. 좀 더 구체적인 증빙을 위해 뒷면의 기문을 탁본해본 결과, 전반부는 우암선생이 지은 「도산정사기(陶山精舍記)」를 새긴 것이라는 사실과 좌측 하단에 확인 미상의 낙관이 새겨져 있음을 발견하였다. 후반부는 이 비석을 세우게 된 유래를 기록한 것으로 추정되나 판독이 불가하였다. 이후 이 비석과 관련한 고문헌자료를 바탕으로 검토한 결과 중요한 사료로 인정되어 남양주군의 유관기관에 문화재로 지정해 줄 것을 건의하였다. 본고에서는 그간의 과정과 취석비의 내용, 사료적 가치 등을 정리해 소개하고자 한다.

2. 「취석(醉石)」비의 개관

강남대 학술조사단의 세 차례에 걸친 현장조사와 필자의 문헌조사에 의거하여 정리된, 취석비의 개관을 우선 보이면 다음과 같다.

---

1) 비석의 크기:가로 90cm 세로 98cm 두께 14cm
2) 내용: <앞면>「醉石」(글씨크기: 각각 가로·세로 40cm 정도)
        <뒷면> 상단부: 篆額 -「陶山精舍之記」
            전반부: 陶山精舍記(1668년 10월 宋時烈 지음)
                글씨크기: 가로·세로 2cm, 14行, 1行 30字.
후반부:「附書陶山精舍記後」(1672년 5월 金壽增 짓고 글씨 씀)
낙관 - 미상(「谷雲」「金壽增印」으로 추정됨)
낙관크기: 가로·세로 3.8Cm

---

3. 「醉石」碑와 관련된 사실 검토

앞에서 소개한 바처럼 취석비 후면에는 우암선생의 「도산정사기(陶山精舍記)」와 김수증의 「부서도산정사기후(附書陶山精舍記後)」가 새겨져 있다. 그리고 이 기문 가운데는 취석비의 유래가 기록되어 있어 관심을 끌고 있다. 우암선생의 기문을 통하여 취석비와 관련된 사실을 검토해 본다.

陶山精舍記[2)]

參議金公旣祔葬於文正先生之兆下 其孤延之昆仲 無以寓其哀慕之懷 則遂就其阡隧之外 立小屋數架 因地名 名以陶山精舍 蓋倣晦翁寒泉遺制也 旣而遣其昌國諸胤 就愚而問曰 陶山是退溪李先生之自號 今亦取而名之者無亦相嫌者耶 愚曰 禮不敢與世子同名 然臣名在先 則不改焉 今陶山之名其來甚久 則豈可以偶同於李先生之自號而爲嫌哉 此魯中闕里之名 猶以稱於晦翁之居 則今日之爲 未知其爲不可也 且延之昆仲 非特因其地名而已文正先生留瀋時 中朝人孟英光慕先生義 來獻淵明採菊圖 而就丹花心以寓深意 今者 垂在中堂 又適相符 則陶山之名 雖自我作古 可也 大抵 無心冥會 卽是眞境 此地之名 不知創於何代 而今日乃有淵明眞像 來在此堂 雖曰無心冥會 而造物者實有心也 旣曰造物者有心 則延之昆仲 雖亦有心於嫌避安得以自已也 又嘗記晦翁詩 余生千載後 獨歎淵明賢 結廬倚蒼峭 擧觴酹潺湲 今欲竝置先生像 每值九月之日 使村翁野老 得以酌清泉泛寒英 薦之堂中 而又刻醉石二字於巖面 以備山中之一故事 未知如何 幸僉賢財處之崇禎 戊申 十月 日 恩津 宋時烈 謹記

위의 기문을 통해 볼 때 도산정사와 취석비는 밀접한 관련을 갖는다. 우선 도산정사에 대해서 사려보기로 한다.

---

2) 위의 원문은 宋時烈의 문집인 『宋子大全』(권141;36)에 수록된 「陶山精舍記」와 대조해서 마멸되어 판독이 어려운 부분을 완전히 보충한 것이다.

(1) 도산정사(陶山精舍)

도산정사는 지금의 경기도 남양주군 와부읍 덕소5리 안동김씨분산(安東金氏墳山)에 소재한 청음(淸陰) 김상헌(金尙憲)의 묘소 아래에 있었던 정사(精舍)이다. 이 정사는 현종 9년(1668)에 김수증(金壽增)·김수흥(金壽興)·김수항(金壽恒) 등이 부친 김광찬(金光燦:1597-1668)의 향사를 위해 세운 것이다. 이 정사가 언제 훼철되었는지 알 수 없다. 우암선생의 「도산정사기」에 의하면 '도산(陶山)'이라는 이름은 이곳의 지명을 본떠 지은 것이며, 여기에 도연명(陶淵明)의 <채국도(採菊圖)>와 영정, 주자(朱子)의 오언절구시, 김상헌의 영정 등이 모셔졌다고 한다. 현재 도산정사는 물론, 나머지 유적도 소실되어 전하지 않는다.

우암선생이 「도산정사기」를 지어준 연유는 바로 안동김씨 문중과 각별한 관계에 있다. 널리 알다시피 우암선생은 청음 김상헌(1561-1637), 선원(仙源) 김상용(金尙容:1570-1652) 두 분을 흠모하였으며, 그의 자손인 김수증·수흥·수항 등과는 매우 절친한 관계에 있었다. 김상용은 조선 인조 때의 상신이다. 일찍이 외조부인 정유길(鄭惟吉)에게서 고문과 시를 배웠고, 성혼(成渾)과 이이(李珥)의 문인으로서 이정구(李廷龜)·오윤겸(吳允謙)·신흠(申欽)등과 친밀하였다. 당색이 다른 정경세(鄭經世)와도 도학으로써 교유하였다. 정치적으로 서인에 속하면서 인조 초에 서인이 노소로 갈리자 노론의 영수가 되었다.

김상헌은 우의정 김상용의 동생이다. 윤근수(尹根壽)의 문하에서 경사를 수학하고, 성혼의 도학에 연원을 두었으며, 이정구·신익성(申翊聖)·김집(金集) 등과 교유하였다. 인조반정 이후 공신세력의 보합위주 정치에 반대하고 시비와 선악의 구별을 엄격히 주장함으로써 서인 청서파(淸西派)의 영수가 되었다. 병자호란 때는 주전론을 펴다가 인조가 항복하자 안동으로 은퇴하였다. 1639년 청나라가 명나라를 공격하기 위하여 요구한 출병에 반대하는 상소를 올렸다가 청나라에 압송되어 6년 후 풀려 귀국하였다. 효종이 즉위하여 북벌을 추진할 때 그 이념적 상징으로 대로(大老)라고 존경을 받았다.

김수증·수홍·수항 등은 김상헌의 손자이다. 이들 모두 가학(家學)을 계승한데다가 우암선생, 송준길(宋浚吉) 등과 종유하였다. 특히 우암선생이 가장 아끼던 후배들로 한때 사림의 종주로 추대되었다. 그러나 서인이 노론과 소론으로 분열할 때 우암선생을 옹호하고 외척과 가까운 노론의 영수가 되었던 관계로, 소론의 학자들로부터 배척을 받기도 하였다.

이들은 모두 양주의 석실서원에 배향되었다. 이 서원에서 배출된 인물들은 대체로 서인의 노론계열에 해당한다. 특히 우암선생과 정치적 노선을 같이했거나 그의 문하에서 배출된 인물이 중추를 이루고 있다. 「석실서원묘정기(石室書院廟庭記)」를 지은 이도 바로 우암선생이다.

(2) 「취석(醉石)」비의 유래

우암선생의 「도산정사기」와 김수증의 「부서도산정사기후」에 의하면 '醉石' 두 글자는 본래 도산정사를 건립할 당시(1668년) 우암선생이 써서 김수증 등에게 준 것이다. 김수증은 이것을 4년 뒤인 현종13(1672)에 지금의 비석 앞면에 각자하고, 뒷면에 자신의 글씨로 「도산정사기」「부서도산정사기후」를 기록하고 낙관까지 새겨두었던 듯하다.

우암선생은 '醉石' 두 글자를 바위 앞면에 새겨 도연명의 고사를 본떠 남긴다고 하였는데3), 이는 도연명의 고

취석비

사에서 본떠 온 것이다. 중국의 「여산기(廬山記)」에 "도연명이 거처하던 율리에 큰 돌이 있는데, 연명은 술에 취하면 항상 그 돌에 올라가 잠을 잤다. 이로 인해 '취석'이라 이름 붙였다(陶淵明所居栗里有大石 淵明常醉眠其上 名曰 醉石)"는 고사가 있다.

　우암선생이 '醉石'이라는 글씨를 써준 데는 이유가 있다. 문정공 김상용 선생이 심양에 볼모로 붙잡혀 있을 때 중국인 맹영광(孟英光)이 그의 의로운 행동을 흠모해 도연명의 <채국도(採菊圖)>를 보냈으며, 이를 도연명의 진영과 함께 도산정사에 안치해 두었다. 여기에 도산정사가 위치한 곳의 지명은 '석실(石室)'이다. 바위로 둘러싸인 형상임을 짐작할 수 있다. 이 같은 곳에 도연명의 고사가 담긴 '醉石' 두 글자를 새겨두는 것도 격에 맞는 일임에 틀림없다. 문정공의 후손인 김수증은 우암선생의 그 같은 뜻을 헤아려 비석 앞면에 이 글씨를 각자하고, 아울러 뒷면에는 그 유래를 써서 각자한 것이다.

(3) 「취석(醉石)」비의 사료적 가치

　이 취석비는 안동김씨 문정공파 후손 일부에서만 대강 알고 있을 뿐이며, 아직 구체적으로 소개된 바 없다. 도산정사가 일찍이 훼손되었기 때문에 양주군 읍지류에도 소개되어 있지 않다. 전면의 글씨가 아직 공개되지 않은 우암 우암선생의 필적이라는 점에서 관심을 가질 만하며, 뒷면에 글씨의 유래를 적고 기록자의 낙관까지 함께 각인하고 있어 더욱 희귀한 자료로 생각된다. 대개의 경우 큰 글씨는 암각 되어 있는 데 비해, 이 취석비는 비석의 형태를 갖추고 있으며, 뒷면에 음기까지 각자했다는 점이 특이하다. 또한, 현판이 아닌 비문의 경우 낙관까지 각인한 사례는 거의 없다. 이미 소실되어 상고할 수 없었던 도산정사의 역사적 사실과 위치를 고증해주는 사료로서도 가치가 있다. 건립 이후 325년이 지난 지금까지 이 비석이 존재해 있음은

---

3) "又刻醉石二字於巖面 以備山中之一故事 未知如何 幸僉賢財處之"

여간 다행히 아니다. 그러나 뒷면의 글씨는 거의 마멸되어 있는 상태이다. 빠른 시일 내에 보존대책이 마련되어야 할 것이다.

극적루의 건립 배경과 복원의 의미

1. 극적루(克敵樓)는 안성인의 정신적 표상

극적루는 고려말 홍건적의 침입에 대해서 의연히 싸워 나간 안성시민들의 드높은 기개와 절개를 표상하는 기념비적인 누각이었다. 그러나 극적루는 이미 소실된 지 오래이고, 지금은 흔적조차 남아 있지 않다. 더욱 안타까운 것은 세월이 흐르면서 극적루에 얽힌 정신적 가치까지 무관심 속에 잊혀져 간다는 사실이다.

안성시민의 드높은 절개는 우리 역사상 국난이 있을 때 마다 남달리 뛰어났다. 고려말 몽고족과 왜구의 침입 때는 박서(朴犀) 장군과 송문주(宋文胄) 장군이 분연히 일어서서 커다란 공적을 세웠다. 홍건적의 난입 때는 군민 전체가 항거하여 물리쳤다. 임진왜란 때도 여러 사람들이 나서서 혁혁한 공을 세웠다. 이인좌의 난을 토평한 오명항(吳命恒)의 공적도 기념비적인 일이다. 한말에 이르러서는 기울어가는 국세를 안타까워하며 의병들이 분연히 일어나 국난 극복의 의지를 보여 주었다. 3·1운동 당시에도 여러 지사(志士)가 나타나 만세운동을 주도하였다.

이처럼 면면히 이어 온 안성인의 호국정신은 극적루의 건립 배경에서부터 비롯한다. 「극적루」는 이름 그대로 적을 물리치고 우리의 것을 올바로 찾았다는 의미에서 명명된 누각이다. 그러므로 하루빨리 복원되어 그 참된 의미를 되새겨야 할 것이다. 그리고 극적루의 복원과 함께 안성인의 애국 애족의 정신이 새로운 의미로써 부각되어져야 할 것이다.

2. 극적루의 건립 배경

고려 중·후기에 나타난 여러 국난 가운데서 극적루와 직접 연관된 것은 홍건적의 침입이다. 홍건적의 침입으로 국토가 피폐해지고, 여러 군현(郡縣)이 자진해서 홍건적에게 항복하는 결과까지 발생하였다. 그 같은 상황 속에서 안성현은 굴복하지 않고 항거하여 홍건적을 물리치는 데 결정적인 공헌을 하였다. 이에 안성현은 충의(忠義)의 공로를 인정받아 안성군으로 승격되었다. 이에 대해서 『고려사절요(高麗史節要)』에서는 다음과 같이 기록하고 있다.

"복주목(福州牧)을 안동대도호부(安東大都護府)로 승격시키고, 안성현(安城縣)을 군(郡)으로 높이고 수원부(水原府)는 군(郡)으로 낮추었다. 왕이 복주에 머물렀을 때 복주 사람들이 성심껏 공궤하고, 마침내 여러 도(道)의 군사를 불러 경성을 수복하였으나 홍두적이 양광도(楊廣道)를 꾀어 항복을 받을 적에, 수원이 가장 먼저 항복하니 남은 고을들이 감히 적의 예봉을 꺾지 못하였는데, 안성은 홀로 조그마한 읍(邑)으로서도 계교를 내어 적을 섬멸하니 적이 감히 남쪽으로 내려가지 못하였다. 이 때문에 수원의 4부(部)를 잘라내어 안성에 붙였다."[1]

위의 사료에서 보듯이 안성은 당시에 현(縣)이었으나 군(郡)으로 승격되었다. 이것은 바로 당시 안성민들의 기개가 널리 칭송되었으며 국가에서도 높은 포상을 내렸음을 시사한다. 『세종실록지리지(世宗實錄地理誌)』에서도 다음과 같이 그 공로를 기리고 있다.

> "본래 고구려의 내혜홀(奈兮忽)인데, 신라가 백성군(白城郡)으로 고쳤고, 고려가 안성현(安城縣)으로 고쳐, 현종 무오(戊午)에 수주(水州) 임내에 붙이었다가, 뒤에 천안부(天安府)로 옮겨 붙였으며, 명종 2년 임진(壬辰)에 비로소 감무(監務)를 두었다. 공민왕 10년 신축에 홍건적이 송도(松都)에 침입하여, 임금이 남쪽으로 순행하니, 적이 선봉을 보내어 항복하기를 권하매, 양광도의 주군이 감히 그 선봉을 꺾지 못하였는데, 오직 안성 사람들이 거짓 항복하여 음식을 차려놓고 적군을 먹이다가, 그 취한 틈을 타서 괴수 6인을 베니, 적군이 이로 말미암아 감히 남하하지 못하였다. 그러므로 임인에 그 공으로써 지군사로 승격시켜, 수원 임내인 양량(陽良)·감미탄(甘弥呑)·마전(馬田)·신곡(薪谷)의 4부곡(部曲)을 떼어 주고, 공정왕(恭靖王) 원년(元年) 기묘(己卯)에 양량(陽良)을 떼어 양지현(陽智縣)을 설치하고, 나머지 3부곡은 지금 없애고 직촌(直村)을 삼았다.[2]

위의 『세종실록지리지』의 기록에서는 안성시민의 투철한 저항의식이 시발점이 되어 홍건적이 더 이상 남진하지 못하게 되었다는 사실을 확인할 수 있다. 그리고 이 사건 자체가 당시 널리 알려진 일이며, 많은 사람들이 칭송하고 있었음을 시사한다.

『동국여지승람(東國輿地勝覽)』의 안성군 관련 기록에서도 앞의 기록과 일치하는 사실을 서술하고 있다. 「누정(樓亭)」조에는 극적루의 건립 배경과 성격 등이 자세히 기록되어 있다. 사실 이 기록은 "극적루는 객관 동쪽에

---

1) 高麗史節要, 卷27, 恭愍王 11年 4月條.
2) 『世宗實錄』 第148卷, 「地理志」, 京畿 安城郡條

있다(克敵樓 在客舘東)"라는 구절 외엔 모두 권근(權近)의 <극적루기(克敵樓記)>를 전재한 것이다.3) 이 기록을 보면『고려사절요』나『세종실록』 지리지에서 기록한 바와 같이 이 지역의 의기와 공렬을 표창하여 군(郡)으로 승격시켰던 것을 서술하고 있다. 그리고 안성군수였던 신인도(愼仁道)4) 가 홍건적을 대항한 공과 지관(知官)으로 승격된 영광을 표하기 위하여 극적루를 지었음을 밝히고 있다.5)

이제까지 극적루가 처음부터 홍건적을 물리치고 전승을 기념하기 위하여 별도로 건립되었던 것으로 이해해 왔으나 실은 그렇지 않다. 별도로 건립한 것이 아니라, 안성군으로 승격하면서 관사(官舍)와 객사(客舍), 그리고 여러 부속 건축물을 건립하면서 함께 건립된 것이다. 처음 건립 당시는 안성 객사의 부속 건물인 동루(東樓)였다.

안성군수 신인도는 이 누를 짓기는 하였지만, 이름도 짓지 않았으며, 그 같은 사실조차 제대로 기록해 놓지 않았다. 그래서 조선 초기에 새로 안성 군수로 부임해 온 정수홍(鄭守弘)이 관사와 누각을 보수하고서 후세에 그 뜻을 전하고자 누(樓)의 이름을 '극적루(克敵樓)'라고 명명하고 당시 중신이었던 권근(權近)에게 기문을 부탁하였던 것이다.6) '극적루'라는 이름은 이때 정식으로 명명된 것이다. 권근이 기문을 지은 연대와 시기는 "홍무(洪武) 31년 창룡(蒼龍) 무인(戊寅) 후 5월 보름"이다. 구체적으로 조선 태조9년(1398) 5월 보름이다. 정수홍이 극적루를 중수한 시기가 바로 이 때이다. 그런데『동국여지승람』에는 이같이 구체적인 기록이 없어서 정수홍이 중건

---

3) 그동안 극적루에 대한 관심은 주로『동국여지승람』의 기록에 의지해 왔다. 권근의 <극적루기>와 직접 대조해 본 결과 커다란 차이는 없었으나, 1차적인 원본자료가 권근의 기문이며, 이것이 현존하는 이상 이를 바탕으로 연구하는 것이 바람직하다고 본다.
4) 신인도(愼仁道)는 본관이 거창(居昌), 호는 도은(道隱)이다. 다른 문헌에는 신식(愼寔)이라는 이름으로 기록되어 있는데, 이에 대해선 자세하지 않다. 관직은 검교, 한성부윤을 지냈고, 정헌대부 호조판서로 추증되었다.
5)『東國輿地勝覽』, 安城, 樓亭條.
6)『東國輿地勝覽』, 安城, 樓亭條.

한 연대가 적잖은 혼선을 야기하였다. <극적루기> 가운데 "지금 벌써 3기 (紀)라는 오랜 세월을 지나서"라 한 구절을 제각기 해석하여 차이를 보이고 있는 것이다. 안성문화원에서 펴낸 『克敵樓와 安城』에서는 24년 뒤에 정수 홍이 중수한 것으로 설명하였다.[7] 오환일 교수는 「안성의 역사탐구를 위한 제언」이라 글에서 20여 년이 지난 후에 개축하였다고 하였다.[8] 『安城紀略』 에서는 90년이 지난 뒤에 중수하였다고 하였다.[9]

이처럼 각자의 견해가 다른 것은 원전자료인 권근의 <극적루기>를 직접 대상으로 하지 않았기 때문이다.

객사의 동루를 보수하여 '극적루'라 명명하는 등 지대한 공헌을 한 사람 은 정수홍이다.[10] 이와 같은 극적루 건립의 배경이 되었던 역사적 사실은 안성군의 역사에 있어서 대단한 것이다. 따라서 여러 역사서에도 빠짐없이 기록되어 있다. 『동국통감(東國通鑑)』에는 다음과 같이 기록되어 있다.

---

7) "그러나 루의 명칭을 짓지 못하고 단지 건물만을 세워 당시의 처절하고도 외로운 안성인의 저항성에 관한 기록을 남기지 못하였다. 이에 24년이 경과한 뒤 정수홍이 루를 개축하고 그 공적을 권근에게 부탁하여 기록하였다."고 하였다.

8) "당시 홍건적의 격퇴와 관련 깊은 극적루는 공민왕12년(1363)에 당시 군수였던 愼 仁道가 세웠다. 그러나 樓만 지었을 뿐 이름도 짓지 못하였다. 그로부터 20여 년이 지난 후 鄭守弘이 樓를 개축하고 그 공적의 내용을 권근에게 부탁하여 기록하였 다."(安城文化 제12호, 안성문화원, 1994. p.20).

9) "此功績에依하야翌年에安城縣을郡으로陞格하얏는대當時郡守愼仁道가邑內附近 에紀功樓一名克敵樓를建하고其後九十年을經하야郡守鄭守弘이樓를修理하고其 由來를記하얏스나수에廢墟만殘存하고樓記만古誌에傳하니라"(金泰永, 『安城紀略』, 朝鮮總督府, 1923).

10) 정수홍은 고려말―조선초기의 문신으로 자는 의백(毅伯), 호는 풍천(楓川), 본관은 동래(東萊), 예의판서(禮儀判書) 가종(可宗)의 아들이다. 공민왕 때 문과에 급제 하여 안성군, 청풍군 등 여러 군읍(郡邑)의 수령을 역임하였고, 조선조에 들어와서 는 태종 때에 집의(執義), 대사간(大司諫), 세종 때에 대사헌(大司憲), 이조판서 (吏曹判書)에 이르렀다. 덕행·문장으로 이름이 높았고 권근(權近), 하륜(河崙), 성석린(成石璘) 등과 친교가 있었다. 전주의 학천사(鶴川祠)에 제향(祭享)되어 있다(韓國人名大事典編輯室編, 1967, 『韓國人名大事典』, 新丘文化社, p.832).

"홍두적이 양광도(楊廣道)를 꾀어 항복을 받을 적에, 수원이 가장 먼저 항복하니 남은 고을들이 감히 적의 예봉을 꺾지 못하였는데, 안성은 홀로 조그마한 읍(邑)으로서도 계교를 내어 적을 섬멸하니 적이 감히 남쪽으로 내려가지 못하였다. 이 때문에 수원의 4부곡을 분할하여 안성에 예속시켰다."[11]

『대동지지(大東地志)』안성군 비각조(碑閣條)를 보면 극적루의 누각에 관한 기록은 보이지 않고 비각에 대해서만 기록되어 있는데 그 비각을 건립하게 된 여러 가지 전거(典據)를 밝혀놓고 있다. 이 비각은 『대동지지』의 지도에 보면 옛 극적루가 있었던 위치에서 그다지 멀리 떨어지지 않은 곳에 있었는데 이것은 오명항(吳命恒) 승첩비(勝捷碑)의 기공누각(紀功樓閣)이다. [12]

『대동지지』에 보이는 이 비각의 기록은 별문제가 없다. 그런데 이후의 기록 중에서 극적루 건립에 대한 배경을 기록해 놓은 『경기읍지(京畿邑誌)』에는 영조 때 오명항(吳命恒)이 이인좌의 반란을 평정한 공을 기리기 위하여 세운 기공비각을 안성시민들이 극적루라 한다고 기록하고 있다. 그리고 읍지에 보이는 안성군의 지도에도 기공비각(紀功碑閣)의 위치 표시를 해 놓고 있다.

"극적루(克敵樓)는 옛날에는 객사(客舍)의 동쪽에 있었는데 지정(至正) 신축(辛丑;공민왕 10년; 1361)에 홍건적(紅巾賊)의 괴수를 섬멸한 공으로 군(郡)으로 승격되었다가 그 다음해 계묘(1363) 신식(愼寔)이란 사람이 군수로 봉임하여 이 누(樓)를 지었는데, 양촌(陽村) 권근(權近)이 누기(樓記)를 썼다. 세월이 흐르고 시간이 바뀌어 허물어진 지가 오래 되었다.
조선조 영조 무신(戊申; 1728)에 오상국(吳相國) 명항(命恒)이 명을 받들어 청주(淸州)의 적괴(賊魁) 이인좌(李麟佐)를 토평할 때에 그 괴수 이인좌

11) 『東國通鑑』卷 47, 恭愍王 11年 4月條.
12) 『大東地志』卷4, 安城條.

(李麟佐)를 안성군의 남교(南郊)에서 잡아 죽였다. 그 후 나머지 적도가 모두 평정되어 이 연유로 하여 기공비각(紀功碑閣)을 세웠는데, 안성군 사람들은 극적루라 불렀다."13)

그리고 『안성군읍지』 누정(樓亭)조에는 다음과 같이 기록하였다.

"극적루는 읍 앞의 객관 동쪽에 있었다. 지금은 폐해졌다. 지정 신축년에 홍건적이 송도를 함락하자 왕은 파천하였다. 적군이 30여 고을을 약탈하는데도 바람만 바라보고 달아나 버렸다. 홀로 이 고을만 거짓 잔치를 벌여 실컷 먹인 다음, 취한 틈을 타서 적의 우두머리를 섬멸하여 더 이상 남하하지 못하게 하였다. 이에 다시 나라를 일으킨 공을 세웠으므로 포상하고 군으로 승격하였다. 다음해 계묘년에 신식이 고을 원이 되고, 누를 설립하였다. 양촌 권근이 기문을 썼다. 지금 임금(영조) 무신년에 본군에서의 전승을 기념하기 위하여 기공비를 세웠다."14)

이와 같은 결과로 보면 극적루는 2개가 되는 셈이다. 즉 고려시대에 홍건적의 침입을 막아낸 공로로 세워진 것과 이인좌의 난을 평정한 공로로 세워진 오명항 승첩비가 바로 그것이다. 후자의 것을 보면 기공비가 원래의 극적루가 가지는 의미와 똑같기 때문에 극적루라고 하는 동일한 이름이 지어진 것인지, 극적루와 기공비의 위치가 비슷한 장소이기 때문에 그와 같이 된 것인지, 아니면 기록할 당시 두 사건을 혼동하여 표기된 것인지에 대해서는 잘 알 수가 없다. 하지만 누각을 세우게 된 동기가 같고, 위치가 서로 비슷한 곳에 있었던 것으로 보아 안성시민들이 혼동되었을 가능성이 충분히 있다.

그리고, 극적루를 건립한 사람에 대해서 권근의 <극적루기>나 『동국여지승람』에는 신인도(愼仁道)로 되어 있는데, 『경기읍지』에는 신식(愼寔)으

---

13) 『京畿邑誌』 中, 「安城郡邑誌」 樓亭條, 同治10年12月(1872).
14) 『安城郡邑誌』 樓亭條.

로 기록되어 있다. 이것은 같은 사람을 달리 호칭한 것일 가능성이 많다.

이와 같이 극적루에 대한 기록은『동국여지승람』이후에도 각 사서의 기록에도 지속적으로 나타나고 있음을 알 수가 있다. 바로 이것은 단편적인 기록이지만 극적루가 안성시민의 뛰어난 충의정신의 발로로써 인식되었음을 증빙한다. 누각은 이미 소실된 지 오래지만 이에 대한 자긍심이 전 국가적으로 면면이 이어져 내려오고 있음을 보여주고 있다. 이러한 자긍심은 20세기 초엽에 들어와서도 끊이지 않고 극적루 관련 기록을 통해서 지속적으로 나타나고 있다. 일본육군참모본부에서 만든『朝鮮地誌略』1편에는 다음과 같이 간단하게 기록되어 있다.

"극적루는 객관 동쪽에 있다.("克敵樓 客館ノ東ニ在リ")"15)

이 기록은 1888년의 것이다. 이전의 내용을 참고로 하여 좀 더 많은 자료가 기록되어 있었으면 하는 아쉬움이 있지만, 그래도 극적루의 위치만이라도 기술해 놓아 극적루를 고증하는 데 도움이 된다.

『안성기략(安城紀略)』은 20세기에 들어와서 국한문 혼용으로 기록된 자료인데, 극적루에 대해서 비중을 두어 비교적 소상하게 기록하였다.

"克敵樓 距今五百六十餘年前高麗末恭愍王十年(西紀一千三百六十一年)에 元(中國)의 紅賊이松都에 入함에 王이南巡하시고賊이先鋒을 遣하야揚廣道(今京畿道)를 侵掠함에三十餘郡이望風降伏하고其鋒을敢히挫折하지못하얏스나오즉安城人은降附함을佯作하고宴을設하야賊을犒하고賊의醉함을乘하야魁首六人을斬함에賊이是로由하야敢히南下하지못하얏슴으로此功績에依하야翌年에安城縣을郡으로陞格하얏는대當時郡守愼仁道가邑內附近에紀功樓一名克敵樓를建하고其後九十年을經하야郡守鄭守弘이樓를修理하고其由來를記하얏스나今에廢墟만殘存하고樓記만古誌에傳하니라"16)

---

15) 日本陸軍參謀本部, 明治 21年(1888),『朝鮮地誌略』1.

16) 金泰永,『安城記略』, 朝鮮總督府, 1923.

위의 자료는 이전의 자료를 바탕으로 간단하게 역사적 사실을 정리한 것이다. 안성시민들이 근래에 까지 극적루에 대해서 적잖은 관심을 가졌음을 시사한다. 그리고 극적루가 가지는 의미를 되새길 수 있는 역할을 충분히 하고 있다.

이처럼 조선시대 사서뿐만 아니라 근대에 들어서 까지도 극적루에 대한 내용이 빠짐없이 등장하고 있는 것은 바로 극적루가 가지는 의미가 상당히 크다는 것을 방증하는 자료이기도 하다. 근래에 간행된 『경기도지』를 보면 다음과 같이 기록되어 있다.

"距今 五九〇年前 高麗 恭愍王 十年 홍건난에 유서를 가진 극적루는 邑內九筽洞 現국민학교 동편에 위치해 있었던 모양이다. 불행히도 지금은 그 遺址를 찾아볼 수 없이 되고 말았으나, 이 극적루는 공민왕 8년 11월 이래로 거의 3년동안 고려의 北中部에 노략질을 자행한 홍두적 一名 홍건적 또 홍적이라고 일컫던 匪賊들에게 一大鐵椎를 나린 안성군의 자랑인 전승기념누각인 것이다."[17]

최근에 발간된 자료『안성군지』[18]『안성의 얼과 맥』[19]『극적루와 안성』[20] 『극적루』[21]를 보면 모두 극적루의 정신적 측면에 보다 관심을 기울이고 있다.

이상에서 살펴본 기록에 의하면 극적루는 처음부터 충의·호국정신의 높은 뜻을 살리기 위하여 건립된 것이었다. 극적루는 세월이 흐르면서 일찍이 흔적조차 없이 망실되었지만, 정신만은 면면히 이어져 내려 왔다. 극적루는 안성시민의 자랑스러운 충의·호국정신의 표상으로 항상 마음 속에 존재해

---

17) 『京畿道誌』克敵樓條 (京畿道誌編纂委員會, 1957), p.886.
18) 安城郡誌編纂委員會, 『安城郡誌』, 安城郡, 1990.
19) 오환일, 『안성의 얼과 맥』, 안성군, 1993.
20) 『克敵樓와 安城』, 安城文化院, 1993,
21) 윤범하, 『克敵樓』, 개미출판사, 1995.

왔던 셈이다. 이러한 극적루의 정신은 후세에 물려주어야 할 정신적 지주이며, 극적루 자체는 안성인의 자랑인 전승기념누각이다.

이러한 점이 바로 극적루 복원의 참된 의미를 시사하며, 선조들이 계속 이 정신을 계승하여 내려 왔듯이 극적루의 참의미를 오늘날 되살릴 필요성을 가지게 한다. 정신을 계승하여 내려 왔듯이 극적루의 참의미를 오늘날 되살릴 필요성을 가지게 한다.

3. 극적루 복원의 의의

극적루 복원의 의의는 바로 태조9년(1398)에 권근이 지은 <극적루기>에서 찾아질 수 있다. 정수홍이 누각을 중수하여 그 의미를 되새긴 바 있으며, 권근 또한 다음과 같이 감개를 피력하였다.

> "나는 생각하기를 왕씨(王氏)가 고려를 건국한 지 5백년 동안에 도둑의 침해를 매우 받은 것이 충렬왕(忠烈王) 경인년에 있은 합단(哈丹)의 침입과, 공민왕 신축년에 있은 홍건적의 변(變)이었다. 철령(鐵嶺)을 지켜내지 못하니, 합단이 마구 들어와서 빈 고을에 나아가듯 하였다. 원주(原州)에 들어오자, 충갑(沖甲)이 필부(匹夫)로서 팔을 뽐내며 호통 쳐서 도둑을 죽이니 지금까지 아름답게 여긴다. 송도가 함락되니 홍건적이 더욱 성해져서, 군사를 갈라 남쪽으로 향할 적에 가는 곳마다 바람에 쏠리듯 하였고, 강물을 터놓은 듯한 도도한 기세를 막지 못하였다. 그런데 이 고을 사람이 충의를 다해 적군을 섬멸하였다. 우뚝한 제방이 되어, 옆으로 뻗치는 적군의 기세를 막았으니, 그들의 거룩한 공은 충갑과 견주어서 손색이 없다. 그 사실을 특별히 적어서 만세에 충의를 권장하는 표본으로 하는 것이 마땅하다."

정수홍이 동루를 극적루라고 명명한 것은 안성시민들이 충의를 다해 적군을 섬멸한 것을 영원히 기념하기 위한 것이었다. 그 같은 사실을 특별히 적어서 만세의 충의를 권장하는 표본으로 삼아야한다는 것이 권근의 생각이었다. 오늘날 극적루를 다시 복원하자는 뜻도 권근의 생각과 다름이 없다.

거듭 말하지만, 극적루는 안성시민의 자랑스러운 호국정신의 발로이자 안성인의 자랑인 전승기념누각이며, 길이 후세에 물려주어야 할 정신적 지주이다. 그러므로 극적루의 건립 취지에 나타난 선조들의 충의정신을 우리가 앞장서서 널리 기리고 칭송해야 하며, 오늘에 알맞은 애국·애족의 정신으로 승화하여 계승하여야 할 것이다. 그것은 단지 안성인만의 정신으로 그칠 것이 아니요, 우리 민족 전체의 호국정신으로 가일층 확대되어야 할 것이다.

하루 속히 극적루를 복원하고 안성인의 정신을 되찾아 계승해야 한다. 극적루 복원이야말로 현시점에서 가장 바람직한 문화사업이며, 타 시군의 모범이 될 것은 자명하다. 극적루는 안성인뿐만 아니라, 후세에게 영원히 물려주어야 할 빛나는 문화유산임을 거듭 강조한다.

연천의 임장서원(臨漳書院) 연혁고

1. 머리말

경기도 연천군 연천읍 동막리에 있었던 임장서원에 대해서는 이미 『연천군지』나 『연천의 맥박』과 같은 향토지에 별도로 소개된 바 있다. 특히 연천군의 공보실장으로 재직한 바 있는 임재한씨는 각별한 관심을 갖고 연구하고 있다. 필자가 경기도내 대원군의 서원 철폐령시 훼철된 서원을 조사하는 과정에서 여러 문헌자료와 서원터의 고증을 도와준 이도 바로 임선생이다. 임선생의 글과 곡성임씨 사성공파 후손들이 제보해준 사실은 임장서원의 변천을 이해하는 데 중요한 몫을 해주었다. 이 글은 그러한 도움을 바탕으로 필자의 견해를 정리한 것에 지나지 않는다. 여기서는 기존의 문헌 및 보고 자료와 현장에서의 견해가 일치하지 않는 몇 가지 문제를 중점적으로 다룬다.

2. 무이촌(武夷村)의 정사(精舍)와 주자서원(朱子書院)

기존의 연천군지나 향토지에 실린 글을 보면, 만절당 임계중이 연천의 무이촌에 낙향해 살면서 임장서원을 건립한 것으로 기술되어 있다. 그리고 임장서원에서 김안국·김정국을 비롯한 관내의 유림들과 주자학을 탐구하였다고 부연하고 있다. 그러나 이 같은 견해에는 무리가 따른다. 우선『서원등록』『문헌비고』등 고문헌을 보면 임장서원의 건립은 숙종 때 이루어진다. 그리고 전국적으로 중종조에 건립된 서원 4개소밖에 되지 않는다. 중종조에 임계중이 낙향해서 서원을 세웠다는 사실은 시대적인 차이 때문에 설득력이 없다. 그 같은 오해는 아마도 임계중이 1519년(중종14) 기묘사화 이후 연천의 무이촌(武夷村)에 정사를 짓고 주자학을 탐구하였다는 사실을 잘못 이해한 듯하다. 임계중의 행장과 묘갈명을 보면 다음과 같은 사실이 기록되어 있다.

임계중(1481-1544)은 조선 중종조의 학자로, 자는 자술(子述), 호는 만절당(晚節堂)이다. 본관은 곡성(谷城)이다. 1507년(중종2)에 김정국과 함께 사마시에 급제하였으며, 김안국과도 교유하며 학문과 도의를 연마하였다. 1519년(중종14) 기묘사화 때 조광조,김식 등 여러 명현들이 화를 당하자 더 이상 벼슬에 뜻을 두지 않고 고향인 연천의 무이촌에 은거하였다. 이때 무이촌에 정사를 지어 살면서, 주자의 학문을 탐구하는 한편으로, 농사일하며 노부모를 봉양하였다.

<典據 1> 「自經己卯諸賢罹禍之後 不欲就進 韜跡湖山 營立精舍 奉兩老」
〈「司成公遺狀」谷城任氏世稿〉
<典據 2> 「晦跡湖山 營立精舍 明農以養二老」〈「墓碣銘」, 申錫愚 撰〉

위의 사실을 보면, 임계중은 기묘사화 이후 연천의 무이촌에 정사를 지어 주자학을 탐구하였을 뿐이지 서원건립과는 아무런 관련이 없다. 그런데 이

무이촌의 정사(「武夷精舍」로 불려졌을 개연성이 있으나, 고증할 바 없다)가 서원의 모체가 되었을 개연성은 충분하다. 그것이 바로 「주자서원」이 아닌가 한다. 주자서원의 건립에 관한 기록은 아직 확인하지 못하였으나, 임장서원으로 사액되기 이전에는 주자서원이었음을 『숙종실록』의 다음 기록에서 확인할 수 있다.

<典據 3> 「漣川縣 號朱子書院 賜號臨漳 遣禮官致祭」
〈숙종실록 권53:26,39년 계사 4월 임자일〉

고문헌에 의하면, 1700년(숙종26)에 연천지방 유림의 공의로 주자의 학문과 덕행을 추모하기 위하여 주자서원을 창건하여 위패를 모셨다. 연천지방의 유림들이 주자를 제향한 이유는 그가 중국에서 공자, 맹자의 뒤를 이은 대학자라는 점도 있지만, 임계중이 특히 주자학에 정통하였다는 사실과도 관련을 갖는다. 그리고 무엇보다도 지리적 여건이 주자의 고사와 일치하는 점이 많다는 사실에 기인했을 개연성도 짙다. 서원터가 바로 무이촌이며, 앞의 애미내(蛾嵋川)와 뒤의 양금령이 모두 구곡(九曲)을 이루고 있다. 이러한 사실은 주자가 살던 중국의 무이구곡(武夷九曲)과 부합한다. 이러한 연유로 주자의 영정을 구해다가 봉안하고 치제(致祭)하였을 것이다.

<典據 3> 「漣川之臨漳書院 卽朱夫子右享之所也 川號漳州 水名九曲 又
有所謂後武夷者 故漣之士 購得朱夫子眞像 設院而奉安之」
〈정조실록 권6:2,2 년 무술 7월 기해일〉

3. 임장서원의 사액과 개칭

임장서원이 주자서원에서 개칭된 사실은 앞에서 제기하였다. 그런데 임장서원으로 사액된 연대가 문헌에 따라 다르다. 『증보문헌비고』『조선의 취락』등에는 1716년(숙종 42)으로, 『연천군지』에는 1710년(숙종 36)으로 기록되었다. 반면, 『연천의 맥박』에는 1713년(숙종 39)으로 기록되었다. 물론 각 문헌에는 전거가 제시되어 있지 않다. 따라서 단순한 오류로 볼 수밖에 없다. 사액연도는 다행히 다음과 같이 숙종실록의 기록이 있어서 더 이상 논란의 여지가 없다.

> <典據 4> 「漣川縣 號朱子書院 賜號臨漳 遣禮官致祭 祝文頭辭 書以國王追臣 某云云 禮官旣發行 禮曹參判閔鎭遠 筵白請依啓成廟宣武祠之例 稱以朝鮮國王謹遣臣云云 以此定式 上許之 改寫以送」〈숙종실록 권53:26,39년 계사 4월 임자일〉

위의 전거로 보아, 사액연도는 1713년(숙종 39)이 분명하다. 사액을 「임장(臨漳)」이라 한 것은 이곳의 지명에 연유한 것이다. <典據 3>의 「川號漳州」가 바로 그 개연성을 시사한다. 서원 앞에 흐르는 물 이름이 「漳州」였기 때문에 붙여진 명칭임에는 분명하나, 이 하천이 애미내의 또 다른 이름인지는 자세하지 않다. 이 점에 있어선 좀 더 고증이 필요하다.

4. 송시열의 추배 경위

우암 송시열이 임장서원에 주자와 함께 배향된 것은 1801년(순조1)이다. 김성락(金聖樂) 등 연천 유림들의 상소가 받아들여져 비로소 주자와 송시열의 영정을 함께 봉안하고 추가 배향하게 되었다. 다음 전거에서 이 같은 사실이 분명해진다.

<典據 5>「備局啓言 漣川幼學金聖樂等 上疏言 臨漳書院 卽朱子俎豆之
所 仍兼奉先朝所編兩賢傳心錄 仍請以先正臣宋時烈竝享矣 大
抵我東儒士之設院享朱子者 郡邑多有之 先正臣配享者 亦數處
矣 然獨於臨漳 有先大王手編兩賢傳心錄 建閣以奉之 此與他書
院 義例較重 諸生輩 請以正臣配享於朱子者 實出於士林公共之
論 而奠春秋明義理之意 寓於其中 請特許先正臣宋時烈之配享
於本院 從之」〈순조실록 권3:40, 원년 신유 9월 기축일〉

그러나 임장서원에 송시열을 추가 배향하고자 한 것이 순조 때만은 아니
었다. 이미 1778년(정조 2)에 경기도의 유생 정선술(鄭善述) 등이 상소를
올린 바 있다. 연천의 무이촌에 주자를 제향하는 서원이 있음이 중국 고사와
부합하듯이, 우암 송시열을 주자와 함께 배향하는 것이 마땅하다는 것이다.
중국의 무이산에 화양계곡이 있고, 또한 구룡(九龍)이 있듯이 송시열이 거
처하던 곳도 화양계곡이었으며, 그곳에도 구룡이 있음을 들어 임장서원에
종배(從配)코자 함을 허락해달라는 내용이다. 이러한 간청에도 불구하고 정
조의 허락은 떨어지지 않았다. 그러자 3년 뒤인 순조 1년에 다시 상소를 올
렸던 것이다.

<典據 6>「京畿儒生鄭善述等上疏曰 漣川之臨漳書院 卽朱夫子右享之所
也 川號漳州 水名九曲 又有所謂後武夷者 故漣之士 購得朱夫
子眞像 設院而奉安之 武夷之傍 又有所謂華陽谷 其左又有所
謂九龍墟者 先正臣文正公宋時烈道德文章 卽朱夫子後一人 此
後武夷華陽 旣與西原之華陽洞 洞名不差 華陽谷之九龍 又與
沃川之九龍村 村號相似 謹以從配之意 仰籲 特賜允許 以光聖
惠 不許」〈정조실록 권6:2, 2년 무술 7월 기해일〉

5. 정조의 『兩賢傳心錄』 간행과 임장서원

『양현전심록』은 임장서원과 밀접한 관련을 갖는다. 임장서원에 송시열을 추가 배향하게 된 것도 결국은 이 책의 판본이 서원의 장판각(藏板閣)에 보관되어 있기 때문이었다.

<典據 7> 「然獨於臨漳 有先大王手編兩賢傳心錄 建閣以奉之 此與他書
　　　　院 義例較重 諸生輩 請以正臣配享於朱子者」〈순조실록 권3:40, 원
　　　　년 신유 9월 기축일〉

위의 기록을 보면, 정조가 친히 저술한『양현전심록』을 이 서원에서 전각을 세워 봉안하고 있으며, 이는 다른 서원에 비하면 매우 비중 있는 있는 사실이라는 것이다. 정조가 이처럼 주자와 송시열을 함께 존숭하였음을 순조도 익히 알고 있었기 때문에 송시열의 추배를 허락한 것이다.

『양현전심록』은 정조가 명하여 주자와 송시열의 문집 속에서 심법(心法)에 관한 내용을 뽑아 엮은 책이다. 8권 4책으로 되어 있으며, 목판본이다. 1774년(영조50) 정조가 동궁에 있을 때 이시원(李始源) 등에게 명하여 편찬하도록 하였으며, 1795년에 간행되었다. 1856년(철종7)에는 중간본이 간행되었다. 이것이 현재 규장각 국립도서관 등에 전해지고 있다.

이 책의 판각이 바로 임장서원에 보관되어 왔다. 임재훈(任在勳)씨에 의하면 그의 선친인 혁준(赫準)씨가 6·25 당시 이 책판을 보존하기 위하여 별도의 장소로 옮겼다고 한다. 주변 어딘가에 땅을 파고 묻었다고 하는데, 아직도 발굴하지 못했다.

참고로『양현전심록』의 내용을 간략히 소개한다. 주자는 중국에서 공자와 맹자 이래로 단절된 도통(道統)을 계승하여 유학사상을 집대성하였을 뿐만 아니라, 신유학(新儒學)의 송학(宋學)을 일으킨 대학자이다. 송시열은 이이(李珥)의 학통을 이은 김장생(金長生)의 문인으로 학문이 정대하고 예

학에 밝았으며, 특히 존심명리(存心明理)를 강조하였다. 정조대왕은 송시열을 지극히 존숭하여 「송나라의 주자」라고 일컬었다. 중국에서도 그를 「송자(宋子)」라 불렀다 한다. 두 사람은 주어진 시대와 상황과 위치가 다르나, 성현의 마음은 본질적으로 같은 심법이 있는 바, 고금을 통하여 일관하는 지동(至同)의 심법을 밝히기 위하여 정조가 손수 모은 것이다. 권두에 정조의 어제서문이 있고, 이시원의 「봉교서(奉敎書)」가 있다. 권1-4까지는 주자의 문집에서 뽑은 글이고, 권5-8까지는 송시열의 문집에서 뽑은 글로 되어 있다. 정조는 이 양현(兩賢)의 글을 읽어보면 심법이 서로 같음을 알 수 있다고 하였고, 정도를 지키고 사설(邪說)을 막는 데 이 책이 매우 중요하다고 서문에 기술하였다.

6. 임장서원의 규모

임장서원의 규모에 대해서 구체적으로 기록된 자료는 전하지 않는다. 단지 송시열을 추가 배향하던 당시의 경내 건물로는 사우(祠宇)·강당(講堂)·동재(東齋)·서재(西齋)·전사청(典祠廳) 등이 있었으며, 원내에는 『양현전심록』의 책판을 소장하고 있었다는 사실이 전부이다. 이밖에 <典據 7>에서도 새로운 사실을 추론할 수 있다. 다름아닌 「전각을 세워 그 책판을 보관하였다(建閣以奉之)」는 기록에서 이 서원내에 책판을 보관하는 전각이 별도로 건립되었다는 사실이다. 임석준씨의 고증에 의하면, 6·25때 소실되기 전까지도 사우 터 우측 곁에 작은 집이 있었으며, 여기에 주자·송시열의 영정과 책판이 보관되어 있었다고 하였다. 바로 이 건물이 정조때 건립한 장판각이었음이 분명하다. 1868년(고종5) 대원군의 서원 철폐령으로 훼철되던 당시에도 이 건물만은 존치되었음이 분명하다. 일반적인 사례로 보아, 선왕이 편간한 책판을 보관해온 건물을 훼철했을 리 없다. 이 마을에 거주하던 곡성임씨 사성공과 후손들에 의하면, 이 건물도 6·25때 불탔다. 서원 철폐 이후 왜정때 복원된 당시의 규모는 살필 길 없다. 현지의 상황이나 경기도내 다른 서원의 사례를 비춰보면, 곡장(曲墻)을 두르고 그 안쪽 사우터에 설단(設壇)하여 향사만 모셨을 개연성이 짙다. 외각의 건물로는 고직사(庫直舍)가 6·25 때까지 있었다. 고직사는 ㄷ 자형태의 기와집에 마루 3칸, 부엌 3칸, 방 2칸, 영당 3.5칸 정도의 규모였다고 한다. 왜정 때는 정인주가, 그 이후에는 김돌쇠라는 이가 관리해왔다. 현재 서원 입구에 세워져 있었다는 홍살문터에서 사우까지의 거리는 100여 미터이며, 주변은 모두 논으로 변하였다. 임장서원의 재산으로 보고된 논 2,000여 평과 임야 1정보 등에서 위토의 규모는 대략 가늠할 수 있다. 6·25 전까지는 서원 주변으로 80여 가구가 살았으며, 이 중 절반이 곡성임씨 사성공파 후손들이었다고 한다. 이는 임장서원이 곡성임씨와 밀접한 연관이 있음을 시사한다.

7. 마무리

이상에서 연천의 임장서원에 대한 몇 가지 의문점을 나름대로 풀어보았다. 이를 토대로 임장서원의 연혁을 정리하면 다음과 같다.

임장서원은 경기도 연천군 연천읍 동막리 무이촌(武夷村)에 있었던 서원이다. 본래 1519년(중종14) 기묘사화 이후 임계중이 이곳에 정사(精舍)를 지어 주자학을 연마하던 것이 서원건립의 빌미가 되었다. 1700년(숙종 26)에 지방유림의 공의로 주자(朱子)의 학문과 덕행을 추모하기 위하여 주자서원(朱子書院)을 창건하여 위패를 모셨다. 1713년(숙종39)에 다시 「임장(臨漳)」이라는 사액을 받아 임장서원으로 개칭하였다. 1778년(정조2) 경기도의 유생 정선술(鄭善述) 등이 송시열(宋時烈)을 종배(從配)하고자 상소하였으나, 뜻을 이루지 못하였다가, 1801년(순조 1)에 연천현의 유생 김성락(金聖樂) 등의 상소가 받아들여져 송시열을 추가 배향하였다. 당시의 경내 건물로는 사우(祠宇)·강당·동재(東齋)·서재(西齋)·전사청(典祠

廳) 등이 있었으며, 원내에는 정조가 편찬한 『양현전심록(兩賢傳心錄)』의 판각을 소장하고 있었다. 선현배향과 지방교육의 일익을 담당해 오던 중 1868년(고종 5)에 대원군의 서원철폐령으로 훼철되었다가 뒤에 복원하였다. 그러나 6·25동란으로 다시 소실되었다. 6·25때 소실되기 직전에는 곡장을 두른 사우터에 제단이 있었고, 주자와 송시열의 영정을 모신 건물과 ㄷ자 형태의 고직사(庫直舍) 10여 칸이 있었으며, 도로변 서원 입구에는 홍살문이 있었다고 한다. 그 뒤에도 건축물은 복원하지 못하고, 서원터에 단(壇)을 마련하여 이 지방의 유림들이 매년 9월 보름에 향사를 지내고 있다. 제품(祭品)은 2변(籩) 2두(豆)이다. 재산으로는 논 2,000여 평과 임야 1정보 등이 있다.

끝으로, 임장서원은 다음 몇 가지 이유에서 복원할 만한 가치가 크다. 우선, 연천의 유일한 사액서원이다. 그 시원이 중종조까지 소급되며, 정조가 편찬한 『양현전심록』의 책판을 보존하던 곳이다. 전래로 연천지역의 유림들은 이 같은 사실에 대단한 자긍심을 가졌다. 다른 지역 서원의 경우, 흔히 특정한 문중에서 그 문중 선현의 향사만을 모시고 있는 상황에 비춰볼 때 이 서원은 모든 유림의 존숭을 받고 있다는 점에서 의미가 깊다. 현지 조사시 제보해준 분들의 고증을 바탕으로 연천읍 동막리 어딘가에 매장되었을 『양현전심록』 책판 발굴과 함께 서원터의 지표조사라도 우선적으로 해둘 필요가 있다. 서원터가 연천 유림의 관리 하에 있어서 복원 가능성도 없지 않다.

조사 및 정리: 홍순석(강남대 교수, 문학박사)

조 사 일 시: 1993.7.15.

조사협조자: 宋大鎭(연천문화원 사무국장), 任在漢(연천군청 새마을과장)

제   보   자: 任爽準(73세, 임계중의 13대손, 연천읍 동막리 554-1), 任丙準(59세, 연천읍 차탄2리), 任在勳(56세, 연천읍 동막리)

　　　　* 임재훈씨는 6·25전쟁 때도 서원마을에서 거주하였으며, 임장서원이 소실되기 이전의 상태를 생생하게 들려줌.

용인지역의 세거성씨와 고문헌

1. 머리말

수도권 지역이 다 그렇듯이, 현존하는 경기지역의 고문헌자료는 영·호남지역에 비해 양적으로 비교할 수 없을 정도로 적다. 그리고 단편적이다. 영·호남지역처럼 다량의 고문헌을 소장한 가문이나 개인을 만나기 쉽지 않다. 그나마 남아 있는 고문헌조차도 낙질본(落帙本)이나 영본(零本)이 많다. 소장자들은 한결 같이 일제식민지 시기까지도 소장하던 고문헌들을 6.25전쟁으로 많이 소실하였다고 한다. 그래도, 경기도의 다른 지역에 비하면 용인·이천·안성과 같은 동부지역은 상대적으로 많은 고문헌들이 발견되고 있어, 특별한 관심을 갖게 한다. 1)

용인지역은 포은(圃隱) 정몽주(鄭夢周)의 묘역과 충렬서원이 현존하며, 조선후기 기호사림의 맹주라 할 수 있는 도암(陶菴) 이재(李縡)의 학문 활

---

1) 강남대 경기문화연구소에서는 이 점에 착안하여 학술진흥재단 연구과제로 경기 동부지역의 고문헌 조사, 정리 작업을 추진하였다.

동의 근거지였기 때문에 더 많은 관심을 끈다. 일시적이나마 조선조의 많은 사류(士類)들이 우거(寓居)하였다는 사실도 여타 지역보다는 많은 고문헌 자료의 실존 개연성을 짙게 한다. 고려 말엽, 용인의 토성(土姓)인 용인이씨 문중에서 이중인(李仲仁) 이사위(李士渭) 이백지(李伯持) 등이 배출된 것이나, 조선 개국공신인 남은(南誾)의 묘역을 용인시 남사면에 조성하면서부터 의령남씨 가문의 명사인 남재(南在), 남이(南怡), 남일성(南一聖), 남구만(南九萬), 남식(南烒) 등이 용인에서 배출되어 명문가로서의 위세를 떨쳤다. 조선 중기에 이르러서 조광조(趙光祖), 김세필(金世弼), 이자(李耔) 등과 같은 기묘명현(己卯名賢)의 거점이 용인지역이었고, 그들의 후손이 지금까지도 집성촌을 형성하고 있다는 점을 주목할 수 있다. 연안이씨 이석형(李石亨)의 후손인 이정구(李廷龜), 이명한(李明漢) 등이 조선조 중·후기에 걸쳐 용인에 우거하면서 학문을 펼쳤던 것도 같은 사례이다. 17세기 이르러서는 해주오씨(海州吳氏), 우봉이씨(牛峰李氏)의 가문에서도 많은 인재가 배출되어 성황을 이루었다.

이러한 문화적 여건은 인접지역인 이천, 안성지역과 다소 차별화된다. 필자가 용인지역의 세거성씨와 고문헌 자료에 각별한 관심을 갖는 것은 이때문이다.[2]

본 논문에서는 용인지역의 세거가문과 고문헌 소장 현황을 정리, 분석하여 용인지역의 학문적 경향을 가늠하는 자료로 삼고자 한다.

---

2) 용인지역의 고문헌자료에 대한 조사와 연구는 몇 차례 시도된 바 있다. 용인향토문화연구회에서 향토자료를 발굴하기 위하여 1986년 이후 지속적으로 현장조사하고 있다. 대표적인 발굴 성과로, <충렬서원선생안> <충렬서원중수기> 등을 처음으로 소개하였는가 하면, 모현면 오산리의 해주오씨 추탄공파 문중에서 많은 고문서와 서화, 전적 등을 단편적으로 소개한 바 있다. <곡부실기> <관란재일기>도 그 성과물 중 하나이다. 미발표 자료인 문화유씨 문중의 언간(諺簡)은 학계에서 주목하고 있다. 본격적인 조사연구는 경기도박물관, 한국중앙연구원(정신문화연구원)에 의해서 시도 되었으며, 자료집으로 간행한 바 있다. 이후 1999년에 이성무·정만조 등에 의하여 본격적으로 조사되었다. 2001년도에는 서병패에 의해 이동면, 모현면, 원삼면지역 세거성씨 문중의 고문헌을 조사, 정리한 바 있다. 2005년도에는 강남대 경기문화연구소에서 용인시 전 지역을 대상으로 조사하여 새로운 자료를 발굴하였다.

2. 용인지역의 세거 성씨

용인지역의 세거성씨를 살필 수 있는 최초의 기록은 『세종실록지리지』의 토성(土姓)편이다.[3] 이 기록에 의하면, 용인지역의 토성은 용구현에 진(秦)·이(李)·송(宋)·용(龍)·엄(嚴) 씨가 있으며, 처인현에 이 서(徐)·지(池)·섭(葉)·김(金)·강(康)씨가 있다. 이들 성씨는 『동국여지승람』에도 그대로 기록되어 있다. 이 책 편찬 당시인 16세기 초까지 용인지역의 토성으로 존속했다는 사실을 시사한다. 그러나 이들 토성 가운데 대부분은 조선 초기의 중앙집권화 과정에서 이족(吏族)으로 전락하였으며, 용인지역의 토성사족(土姓士族)으로 계승해온 가문은 용인이씨(龍仁李氏) 뿐이다.[4]

용인이씨의 가세가 일어난 시기는 고려후기이다. 12세손 석(奭)이 『고려사』의 기록에 처음 나타나며[5], 13세손 광시(光時)에 이르러 비로소 가문의 성쇠를 열게 된다. 광시는 죽산박씨(竹山朴氏)와 행주기씨(幸州奇氏)의 딸을 아내로 취하였는데, 처가의 세력을 배경으로 한층 더 부상할 수 있었다. 이후 용인이씨는 조선시대에 문과 급제자를 계속적으로 배출하면서 중앙으로 진출하였고, 이를 토대로 용인지역에서 명문거족으로 자리매김하였다. 구체적인 사례로, 15세손 사영(士穎)과 사위(士渭)가 과거급제를 통해 중앙에 진출함으로써 용인이씨 가문의 기반을 확립하였다. 『동국여지승람』 용인현 인물조에 이사위·이백지(李伯持)·이길보(李吉甫) 3명이 등재되어 있는데, 용인지역의 대표적인 세거성씨임을 말해준다.[6] 죽산(竹山)[7]의

---

3) cf., 『세종실록』 권148, 용인현조.
4) 용인이씨족보에 의하면, 이인택(李仁澤)의 처가 용구진씨(龍駒秦氏)로 기록되어 있다. 진씨가 용구현의 토성임을 증빙하는 기록이다. 아울러 이들 성씨가 통혼함으로써 가문의 성세를 유지하였다는 사실도 가늠할 수 있다. 용구진씨는 현재 용인지역의 세거성씨에서 제외되는 정도로 쇠락하였다.
5) cf., 『고려사』 권27, 세가 27, 원종 14년 3월 기묘조.
6) 이태진교수에 의하면 『동국여지승람』 인물조에 기록된 가문의 겨우, 당대 명문거족의 일원이며, 훈구계열에 해당한다고 하였다.(cf., 이태진, 「15세기 후반기의 거족과 명족의식」, 『한국사론』 3집, 1985)

세거성씨인 죽산박씨(竹山朴氏)도 용인이씨와 함께 용인지역의 세거성씨를 형성하는 데 모체가 되었다.

용인이씨를 제외하고 용인출신의 과거급제자를 많이 배출한 성씨로는 연안이씨(延安李氏), 해주오씨(海州吳氏), 경주김씨(慶州金氏) 등의 순서인데, 이는 이들 가문의 성장과 관련을 갖는다.[8] 이밖에 의령남씨(宜寧南氏), 전주이씨(全州李氏), 진주유씨(晉州柳氏), 한양조씨(漢陽趙氏) 등도 용인지역의 대표적 가문으로 꼽힌다.

〈용인지역 주요 성씨의 시기별 성쇠와 세거지〉[9]

성씨/구분	시기별 성쇠				동족촌
	15세기	16세기	17세기	18세기	
龍仁李氏	李光時	▲	李世白(老論)		수지읍 풍덕천리 기흥읍 영덕리
迎日鄭氏	鄭夢周	▼	▲		모현면 능원리
延安李氏	李石亨	▼	李廷龜 ▲	가평 이주	모현면 갈담리, 동림리, 초부리
漢陽趙氏		趙光祖 ▲			기흥읍 보라리, 지곡리, 용인시 역북동
韓山李氏		李耔 ▲			기흥읍 지곡리
海州吳氏			吳允謙 ▲(西人)	吳斗寅 ▲(老論)	모현면 오산리 본동 기흥읍 서천리 원삼면 학일리, 죽릉리, 목신리
牛峰李氏			李縡 ▲(西人)		이동면 천리
	훈구계열	사림계열			

용인이씨 외의 성씨들은 모두 다른 지역에서 이거해 온 가문들이다. 15세기에 용인시 모현면으로 이거한 영일정씨(迎日鄭氏)의 경우, 포은 정몽주의 묘역을 용인시 모현면에 천장하면서 연관을 갖게 된다. 천묘와 관련된

---

7) 현재는 용인시 백암면의 행정구역에 포함되어 있으며, 옥산리・근창리・근삼리・장평리・용천리・석천리 지역에 해당한다.
8) cf., 정만조(1996), 76쪽
9) cf., 고려대 민족문화연구원(2000), 『용인의 역사지리』, 용인시, 207쪽.

설화자료를 영일정씨가 모현면에 정착하는 근거로 삼고 있는데, 이전에 정몽주의 장자인 종성(宗誠)의 처가가 죽산박씨 박중용(朴仲容)의 가문이라는 점을 염두에 둘 필요가 있다. 죽산박씨는 여말선초에 유력한 사족 가문이었으며, 죽산은 용인과 인접한 지역이었다. 조선 초기에 영일정씨가 용인에 정착하여 성장할 수 있었던 경제적 기반은 종성의 처가인 죽산박씨의 경제적 도움이 있었을 것으로 본다.10) 이후 연안이씨, 한양조씨, 해주오씨 등 주요 가문과 상호간의 혼인을 통해 인척관계 또는 정치적 연대 관계를 맺고 가문의 성세를 도모하고 하였다.11)

15세기에 용인시 모현면으로 이거한 연안이씨 가문 역시 용인에 정착하는 기반이 된 것은 영일정씨와의 통혼이었던 것 같다. 연안이씨는 고려말엽 안변 일대에 세거하였다. 7세손 이종무(李宗茂)가 이성계의 휘하에서 활동한 것이 계기가 되어 조선개국공신으로 책봉되고, 공조전서를 역임하면서 가세가 확대되었다. 용인으로 세거지를 옮기고 가문의 성세를 연 사람은 종무의 손자인 이석형(李石亨)이다. 이석형은 영일정씨인 정보(鄭保)의 사위이다. 처가의 세거지인 모현면으로 이거한 이유가 여기에 있다. 정보의 누이가 당대 훈구세력의 대표적 존재인 한명회(韓明澮)에게 출가하였다는 것도 주목할 만하다. 이 같은 배경은 이석형이 중앙에서 활동하는데 크게 도움이 되었을 것이다. 사후에도 포은선생의 묘소 옆에 나란히 영면해 있다. 그의 아들 혼(渾)도 과거 급제하여 현달하였으며, 당시 용인지역의 대표적인 사족인 용인이씨와 혼인관계를 맺어 가문의 위세를 확고히 하였다. 연안이씨는 이후 다소 침체되었다가 17세기 이후 이귀(李貴)·이시백(李時伯)·이정구(李廷龜)가 현달하고, 그의 후손이 줄이 현달하여 명망을 얻었으며, 서

---

10) 이점에 대해선 정만조 교수가 제기한 바 있으며, 필자도 전적으로 동감한다. (cf.,정만조, 「조선시대 용인사족의 동향」, 『한국학논총』 19집, 1996, 78쪽)
11) 모현지역의 영일정씨는 연안이씨와 해주오씨 등 용인지역의 유력한 가문들과 통혼하면서 세력을 지켜왔다고 할 수 있다. 그 중에도 연안이씨와의 관계가 돈독했던 것으로 전해진다. (cf., 홍순석, 「포은 정몽주선생이 용인에 끼친 영향」, 『인문학과 학논집』(13), 강남대 인문과학연구소, 126쪽)

인내지 노론으로 집권 세력의 핵심으로 부상하였다.

16세기에 용인으로 이거한 성씨로는 한양조씨와 한산이씨가 있다. 조선 건국 초기에 성세를 보인 한양조씨는 양주일대에서 세거하였는데, 그 일부가 15세기 중반에 용인으로 이거하였다. 조광조(趙光祖)가 한때 용인에 우거하였으며, 사후 그의 묘역이 조성되면서 본격적으로 후손들이 세거하게 된 것이다. 한산이씨 역시 조선전기의 대표적인 가문인데, 교하·마전 등지에서 세거하다가 용인으로 이거한 것이다. 특히 이자(李耔)는 기흥 지역에 세거하던 한양조씨와 학맥과 통혼관계를 맺으며, 조광조 중심의 사림 세력을 형성하였다. 한산이씨들은 지금까지도 기흥구 지곡동 일대에 세거하고 있다. 그러나 이들 가문은 거듭되는 사화(士禍)로 인해 크게 융성하지 못하였다. 용인의 대표적인 성씨에 들면서도 조선 후기까지 가문의 세력이 크지 못하였다.

용인지역의 사족들이 가장 성쇠를 누린 시기는 17세기였다. 용인이씨와 연안이씨가 이 시기에 이르러 정치적으로 크게 부상되고, 해주오씨(海州吳氏)와 우봉이씨(又峰李氏) 등이 이거하여 정착하게 되었다.

해주오씨가 모현면 오산리에 터를 잡게 된 것은 오윤겸의 부친 오희문(吳希文)이 이석형의 현손인 이정수(李廷秀)의 사위가 되고, 처가와 가까운 오산리로 들어온 이후부터이다. 오희문의 아들은 오윤겸(吳允謙)12)으로 영의정에 올랐고 그의 후손들이 줄줄이 현달하여 명문거족을 이루게 되었다. 13) 특히 명문가인 영일정씨와 연안이씨, 그리고 의령남씨14)등과 지속적으로 통혼하면서 중앙정계에서도 유력한 가문으로 인정받았다. '오산리'라는 지명도 오씨의 종중산이 있기 때문에 붙여진 명칭이다.15)

---

12) 오윤겸을 파조로 하는 추탄공파(楸灘公派)를 이루게 되는데 추탄공파는 해주오씨 가문의 주요한 문파 중 하나이다.
13) 모현면 오산리 일대에 거주하는 해주오씨들은 오윤겸의 후손인 추탄공파와 오윤해(吳允諧)의 후손인 만운공파(晩雲公派)의 후손들이 대부분이다. 오윤겸과 그의 조카인 오달제(吳達濟), 손자인 오도일(吳道一), 현손인 오명항(吳命恒) 모두 오산리에 뿌리를 둔 해주오씨의 후예들이다.
14) 吳達濟는 남구만(南九萬)의 고모부가 된다.

우봉이씨는 이동면 천리 일대에 정착한 이후 노론의 핵심가문으로 중앙의 벌족과 중첩된 혼맥을 형성하였으며, 이재(李縡)에 이르러서는 경기지역 사림을 주도하는 위치에 서기도 하였다.16)

18세기에 이르러서, 용인지역의 명문벌족인 용인이씨와 연안이씨 가문의 경우, 현달한 집안은 서울이나 양주, 파주, 광주 등 다른 지역으로 이거하는 사례가 많았다. 이에 따라 선영을 돌보며 가문의 기반을 지키는 역할은 사회적 진출이 활발하지 못했던 후손의 집안에서 맡을 수밖에 없었다.17) 반면, 16세기에 왕성했던 한양조씨, 한산이씨는 기묘사화로 인해 가문의 성세가 위축되었으며, 소론계열에 속했던 해주오씨 가문은 노소론 붕당으로 인해 중앙정권으로부터 소외되어 위축되었다. 이러한 정치 사회적 영향으로 대부분의 용인지역 명문거족은 다른 지역으로 이거하거나, 용인 관내에서도 분산되어 중·소규모의 동족촌으로 전락하였다.

3. 용인지역의 고문헌 자료 현황

용인지역은 15세기 이후 18세기 말까지만 해도 대표적인 사림(士林)의 고장이라 할 정도였다. 15세기의 훈구계열의 정몽주·이석형, 16세기 신진 사림계열의 조광조·이자·김세필 등 기묘명현이 있어 가문의 성세와 학맥을 이었고, 17세기에 들어와서는 이세백·이정구·오윤겸·남구만·이

---

15) 실제로 능원리 오산리 일대에서는 들이 오씨네 종중산을 '오산(吳山)', 영일정씨네 종중산을 '정산(鄭山)'으로 부르기도 한다.

16) 우봉이씨는 이재가 고양의 화전으로 이거하면서 이후 용인지역의 세거가문으로써의 명망이 쇠퇴하였지만, 근대시기에 이르러서는 용인지역의 핵심 인물이 많이 배출된 가문이기도 하다.

17) 용인이씨의 경우, 지금은 선영지로서의 의미도 퇴색하였다. 현재 영덕집단주택단지에 포함되어 입향조 이중인의 묘 외에 모두 천장하였다. 고문헌 자료도 산일되어 확인된 것이 없으며, 단지, 포곡면에 거주하는 이광섭 씨댁에 <용인이씨세보>가 확인되었을 뿐이다.

재·오두인 등 우리 역사에서 주목되는 인물이 세거하였다. 특히, 동방성리학의 조종으로 추숭되는 정몽주의 유적과 충렬서원이 있어 전국 유림의 관심을 끌던 지역이었고, 이재는 기호사림을 이끌었던 대표적인 학자였다는 점에서 용인지역 세거가문은 정치적, 학문적으로 위세를 떨쳤다고 할 수 있다.

이 같은 여건으로 미루어 보건대, 용인지역의 세거가문 집안에는 고문헌 자료도 적지 않았을 것으로 짐작된다. 그런데 실상은 기대치 이하이다. 이유인 즉, 18세기 이후 용인이씨, 연안이씨, 우봉이씨 등 명망 있던 세거가문들이 다른 지역으로 이거한 때문이다. "용인이씨만 하더라도 의현(宜顯:영조대 영의정) 재협(在協: 정조대 영의정)과 숭고(崇枯)·재학(在學)·규현(奎鉉)·보혁(普赫)·보온(普溫) 등이 용인을 떠났고, 연안이씨의 경우는 그 정도가 심하였다"[18] 연안이씨의 경우, 이정보가 가평으로 이거한 이후 용인지역에서는 모현면 갈담리, 동림리에 분산해서 동족촌을 형성하였다. 세거지였던 모현면 능원리는 선영지로 남아 있을 뿐이다. 우봉이씨 역시 이재가 고양으로 이거하면서 세거지였던 용인시 이동면 천리는 선영의 의미만 남아 있을 뿐이다. 한양조씨, 한산이씨, 경주김씨 등은 기묘사화로 인해 주변 지역으로 분산해 이거할 수밖에 없었다. 이 같은 경향은 세거지를 떠나지 않고, 선조의 사당과 유물을 지키면서 종손을 중심으로 결속을 강화한 영남지방의 사족 세력과 대조적이다.[19] 용인에서 세거지를 온전히 지켜오고 있는 가문은 해주오씨뿐이다. 이들 가문은 노소론 당쟁으로 가문의 위세가 위축되긴 하였으나, 용인 관내에서 분산하여 지속적으로 거주해 왔다. 세거지인 원삼면 학일리, 죽릉리, 목신리 일대, 모현면 오산리에 지금도 후손들이 동족촌을 형성해 거주하고 있으며, 기흥구 천서동, 마북동에도 동족촌을 형성하였다.[20] 해주오씨 가문의 고문헌이 지금까지 많이 전하는 이유

18) 이성무 외(1999), 「조선시대 근기지방의 문적·유물·유적 조사연구」, 『조선시대 사학보』 10집, 168쪽
19) 정만조(1966), 97-98쪽.
20) 지금의 기흥구에서 동족촌을 이뤘던 해주오씨 후손들은 개발사업과 他姓의 유입으로 인해 거의 모두 다른 곳으로 이거하였다.

는 그 때문이다.

○ 원삼면 해주오씨 가문 고문헌

원삼면에 해주오씨가 세거지를 형성한 시기는 조선전기이다. 8세손인 희보(希保; 1360-1426)가 원삼면에 정착한 이래 용인지역의 대표적인 성씨로 성장하였다. 호군공파(護軍公派) 후손인 이들은 죽릉리, 목신리, 학일리 일대에 세거하면서 조선시대에 들어와서 끊임없이 과거급제자를 배출하였다. 『경기도지』의 기록에 의하면, 해주오씨들이 원삼지역에 세거하게 된 시기는 550여 년 전이며, 160여 세대의 후손들이 거주하는 것으로 기록되어 있다.[21] 현재에도 200여 호에 600여 명이 거주하고 있어 그 세를 짐작할 수 있다.[22]

원삼면 해주오씨 가문의 고문헌자료는 주로 오형근 씨가 소장하고 있다. 이 가문에 전하는 고문헌은 주로 삼락공(三樂公)과 관련된 자료이다. 간찰과 수첩(壽帖) 외에 전적류 24건이 확인되었다.[23]

분류	수량	자료명
지도류	1	輿地圖
간찰	5	簡牘 1, 簡牘 2, 簡牘 3, 抵巳志牘, 三樂公親筆書簡文綴 외 간찰 낱장
전적	24	家□手牘, 三樂齋謾稿(권1,2,3), 兒戲原覽, 左傳(27,28,29,30) 三樂齋濤瓴, 升庠式增, 忠烈公文集(上,下), 首陽吳氏派譜 歷代總紀, 石峰眞蹟, 翰閣錦囊靈棋經, 經史文編抄, 祈父之什, 大淸光緒七年歲次辛巳時憲書, 濂洛風雅, 太上感應篇圖說, 紀年兒覽, 覃摰齋詩藁, 東國文獻目錄, 宋名臣言行錄, 御定奎章全韻, 醉翁亭記, 禮說類抄, 皇明大家茅鹿門抄
수첩	3	三樂壽帖 1, 三樂壽帖 2, 壽帖

---

21) 경기도지(하)(1957), 1211쪽.
22) 김용은, 「동족촌과 세거성씨」(『원삼면지』 2005), 283쪽.
23) 이 자료는 강남대 고문헌조사팀의 현장조사에서 처음으로 확인되었다.

○ 모현면 해주오씨 추탄공파 가문 고문헌

　모현면 해주오씨 가문은 원삼면 세거지에서 일부 이거한 가문이다. 13세손인 희문(希文)이 모현면 오산리의 처가 쪽으로 이거한 이래 동족촌을 형성하였다. 고문헌자료는 주로 추탄공파(오윤겸)의 후손가에 전하는 것으로 종손 오문환이 보관해오다가 최근에 한국중앙연구원에서 본격적으로 조사하여 MF로 제작한 바 있으며, 장서각에서 보관하고 있다.[24] <쇄미록>, <서파집> 등 전적류도 12건이나 되며, 모현면 오산리 종가에 대대로 전하던 것이다.

<모현면 해주오씨가 고문서>[25]

	教帖	教旨	帖	諭書	祿牌	所志	準戶口	傳令	分財記	土地賣買明文	試券	致祭文	祭文	婚書
吳允謙	12	55		1	9									
吳達天		13												
吳道一		81	1									1	1	
吳遂顯		17	2											
吳遂燁											1			
吳命有		1												
吳命久		2					2						2	
吳貞秀			1											1
吳彥思						1								
吳商默											1			
吳愚善											1			
鄭基榮								1						
門中									2	4				
소계	12	169	4	1	9	1	2	1	2	4	3	1	3	1

---

24) 해주오씨가 고문헌 자료의 설명은 한국중앙연구원의 자료집 해제로 대신한다.
25) 이 도표는 서병패가 집필한 「용인의 고문서 자료소개」(『용인시사』(2), 882-902쪽)를 바탕으로 작성한 것이다. 구체적인 자료 소개는 그쪽으로 미룬다.

〈모현면 해주오씨가 전적〉[26]

저자	서명	수량	분류	시 대	비고
吳希文	鎖尾錄	7책	일기	선조24년(1591)11월-선조34년(1601)2월	보물1096호
吳道一	詠畵	2첩	시문	숙종12년(1686), 숙종 20년(1694)	
	名宰手簡	1첩	간찰첩	인조18년(1640) - 효종10년(1659)	
	古簡	1첩	시첩	숙종6년(1680)	
	別章帖	2첩	시첩	숙종24년(1698)	
	燕行別語	1첩	시첩	경종3년(1723)	
	太倉詩帖	1첩	시첩	미상	
吳命久	松禾誌	1책	읍지	영조37년(1761)	
吳道一	西坡集	2책	문집	영조5년(1729)	
吳命新	東湖錄	1책	산록		
	金吾禊帖	1첩	계회첩	순조 17년(1817)	
	首陽宗禊帖	1첩	계회첩	영조42년(1766)	

○ 모현면 진주유씨가 고문헌

모현면에 진주유씨가 세거한 것은 중종대에 영의정을 지낸 유순정(柳順汀)의 8세손인 진운(振雲)의 묘소를 일산리에 조성하면서 부터이다. 그의 아들 수(綏)는 좌승지를, 정(綎)은 형조참판을 지낸 정도로 가문의 성세를 이뤘다. 그러나 이후의 후손들 가운데서는 과거급제자가 거의 배출되지 못하였다. 그리고, 근대시기에 후손 대부분이 서울 등지로 이거하여, 세거지보다는 선영지로 남아 있다. 승지공파의 후손 몇 가구가 남아 있는데, 종손 유태홍(柳泰泓)씨가 진주유씨 승지공파에 전하는 고문헌을 보관하고 있다.[27] 소장 자료 중 언간 간찰은 본래 포천에 있던 유시정(柳時定)의 묘역을 용인시 모현면으로 이장하면서 관 속에서 발견된 자료이다.[28]

---

26) 이 도표는 서병패가 집필한 「전적」(『용인시사』(2), 911-917쪽)을 바탕으로 작성한 것이다. 구체적인 자료 소개는 그쪽으로 미룬다.

27) 진주유씨가의 고문헌은 (사)용인향토문화연구회에서 1998년도 이후 몇 차례 조사하여 정리한 바 있다.

28) 이 자료 역시 (사)용인향토문화연구회에서 2003년도에 처음으로 확인한 것이다.

분류	수량	자료명
언문간찰	64장	柳時定諺簡
전적	13	家乘, 小學(卷2), 世系帖, 乙丑增廣蓮榜, 壬午司馬榜目 晉州柳氏直派譜, 柳振運墓碑拓本帖, 詩選集, 科體詩集 喪祭禮抄, 性理大典會通(22), 通鑑(1), 通鑑節要(권13)
기타	3	書函, 柳振運墓碣銘, 청화백자묘지석,

○ 원삼면 경주정씨 가문 고문헌

원삼면의 경주정씨 집은 본래는 조선 선조 때 호종공신은 이주국(李
柱國) 장군의 고택이었다. 전주이씨가 후손들이 거주하다가 조선 말기에
경주정씨가에서 이주해 온 것으로 알려져 있다. 경주정씨가의 고문헌자
료는 정인균(鄭仁均)이 보관하고 있다. <관란재일기>는 (사)용인향토
문화연구회에서 처음 발굴하여 학계에 소개하였으며, 국사편찬위원회에
서 영인하여 간행한 바 있다. 전적류는 주로 경주정씨 집안에서 가학(家
學)의 교재로 사용하였던 것이다.

분류	수량	자료명
일기	1	觀瀾齋日記
전적	48	擊蒙要訣, 近思錄, 論鮮(1,2,3,4),論語集註(1,7), 唐詩品彙(3) 大學, 東萊博議, 東醫寶鑑(1-19,22,25), 濂洛風雅, 孟鮮(1,2) 孟子(初,2,6), 孟子集註, 名臣錄(1,7,8), 史記英選(天,人) 史記評林(31), 書傳(序,6), 詩傳, 詩傳正文小註(4), 御定奎章全韻, 易鮮(1,4), 庸鮮, 栗谷集, 律彙, 周易(1,4,5,7) 中庸, 尺牘大方, 春秋左傳(1-5,7-9), 通鑑(2,3,12,13), 通鑑(3,4), 寒暄箚錄, 詩抄, 古唐詩(1-5,8), 校正全圖東周列國志, 盧溪集, 唐類函(6,37,40), 童蒙須知, 東坡文集(15) 晩遯遺稿, 史類聚選(1,2), 喪禮備要, 雪心賦, 雪齋集, 性堂集 水滸誌(3,5,9), 遺芳百世, 柳州人字彙(序,終), 東周列國志(14,16, 18-23)

○ 기흥구 상하동 곡부공씨 가문 고문헌

기흥구 상하동 지석마을은 곡부공씨(曲阜孔氏)의 동족촌이었다. 공서린(孔瑞麟)의 묘역 등이 있어 이들 가문의 세거지였는데, 지금은 집단주택지 개발사업으로 선영지조차 전무한 상태이다. 공병헌(공병헌)씨 집에서 확인된 고문헌은 거의가 곡부공씨 가문의 자료이다. 29)

분류	수량	자료명
전적	4	新刊聖蹟圖記(목판본. 1책 56장). 入曲阜拜謁先祖墓事實錄(孔在周著. 筆寫本. 1책29장). 곡부실기(1책 32장) 闕里誌(3책)

○ 남사면 의령남씨 가문 고문헌

의령남씨(宜寧南氏)가 남사면 창리에 세거하게 된 것은 조선 개국공신인 남은(南誾)의 묘역을 조성하면서 부터이다. 의령남씨 가문에서 남재(南在), 남타(南柁), 남이(南怡), 남일성(南一聖), 남구만(南九萬) 남식(南烒) 등이 배출되어 명문가로서의 위세를 떨쳤다. 이후 조선 숙종때 소론의 영수인 약천(藥泉) 남구만(南九萬)이 모현면 갈담리에서 한때 우거하였으며, 그의 사당과 묘소를 있기 때문에 모현면 갈담리, 초부리 등지에 자연스럽게 동족촌을 형성하였다.

의령남씨 가문의 고문헌 자료는 서병패에 의해서 1994년도에 확인되었다. 당시엔 남일성의 남구만의 시권(試券)과 죽서당경람첩(竹栖堂敬覽帖) 2첩 등이 소장되어 있었다.30)

---

29) 이 자료는 (사)용인향토문화연구회에서 1996년도에 확인하여 『용인향토문화연구』
　　(3집)에 일부를 영인하여 소개한 바 있다.
30) 서병패, 「용인의 고문서」, 『용인시사』(2), 902쪽.

분류	분류	수량	자료명	비고
고문서	分財記	1	南闇遺書(分財記)	
	教旨	6	南在王旨, 南柁教旨(3건), 南一聖 教旨, 南炊教旨	
	教帖	1	南處寬 教帖	
	準戶口	2	南九萬 準戶口, 南鶴鳴 準戶口	

○ 양지면 해평윤씨 가문 고문헌

해평윤씨(海平尹氏)가 양지면 제일리에 세거한 것은 17세기 이후이다. 본래 지금의 성남시 복정동에 세거하고 있던 해평윤씨 가문에서 윤진(尹津)이 양지면으로 이거해 온 것이다. 다른 세거 가문에 비해 위세는 덜하지만, 지금까지도 세거지의 명맥을 이어오는 가문이다. 양지면 청년유도회장 윤문로(尹文老)가 가승(家乘)과 준호구(準戶口) 11건을 보관하고 있다.

분류	분류	수량	자료명	비고
전적	家乘	1	海平尹氏家乘	
고문서	準戶口	11	尹衡東 準戶口(11건)	

○ 원삼면 양천허씨 가문 고문헌

양천허씨(陽川許氏)가 원삼면 맹리에 세거한 것은 허창(許菖: 典籍公)이 입향한 이후부터이다. 경기도지』 기록에 따르면 약 380여 년 전의 일이며[31], 또한 지금은 백암면으로 편입된 가좌리에도 양천허씨들이 세거하고 있는 것으로 보아 당시 이 일대에 허씨들이 상당한 세를 형성하고 있었다는 것을 알 수 있다. 맹리에는 양천허씨의 종계(宗契)가 있어 전적공 후손 중 각파가 매년 1회씩 모여 친목을 다고 있다. 이 가문에도 많은 고문헌 자료가 있었을 것으로 생각되나, 현재 전하는 것은 <양천허씨 노비분재기(陽川許氏 奴婢分財記)>[32]외에 몇 건의 문서와 영정 2건뿐이다.

---

31) 『경기도지』(하), 1211쪽.

지역	소 장 자	고문헌자료				관련근거
		고문서	전적	간찰	기타	
남사면	안동권씨가	7	4			용인시사(2),880쪽,907쪽
남사면	의령남씨가	10				용인시사(2),902쪽,
남사면	청송심씨가	1				용인시사(2),906쪽,
모현면	해주오씨가(오문환)	217	10	2		용인시사(2),882쪽,911쪽
양지면	해평윤씨가(윤문로)	12	1			양지면지,967쪽
원삼면	양천허씨가(허정)	1	1			용인시사(2),882쪽,
이동면	순흥안씨가	3	5			용인시사(2),881쪽,
기흥구	경주김씨가(김선기)					기흥읍지,935쪽
기흥구	해주오씨가	1				구성면지,508쪽
처인구	용인향토사료관	1				기흥읍지,953쪽
기흥구	경기도립박물관		1			기흥읍지,933쪽
모현면	충렬서원		2			용인시사(2),916쪽,
모현면	진주유씨가(유태홍)		13	1(64장)	3	강남대조사팀 확인
기흥구	곡부공씨가(공병헌)		4			
원삼면	해주오씨가(오형근)		24	간찰모음집 5권 외 다수	1(지도류) 3(수첩류)	
원삼면	경주정씨가(정인균)		48		1(관란재일기)	
포곡면	용인이씨가(이광섭)		1			
	소계	253	114	8	8	

---

32) 〈양천허씨노비분재기〉는 1681년(숙종7년)부터 1784년(정조8년)까지 103년간을 내려오면서 양천허씨 문중의 3남 5녀에게 노비를 분배하면서 작성한 일종의 노비분배문건이다. 당시의 신분제도의 실상을 살필 수 있는 귀중한 자료이다. 용인시향토자료 37호로 지정되었다.

33) 이 도표는 『용인시사』(2006)와 용인시 각 읍면지에 정리된 자료와 강남대 고문헌 조사팀이 정리한 자료를 바탕으로 작성한 것이다.

4. 용인지역의 중요 고문헌

용인지역에 현존하는 고문헌 가운데는 이미 학계에서 귀중한 사료로 검증되어 국가지정문화재나 경기도지정, 또는 용인시 지정 문화재로 등록된 것이 적지 않다. 우선, 보물로 지정된 자료만도 6점이 된다.

서병태에 의해서 조사된 <남은분재기(南誾分財記)> <남재왕지(南在王旨)>는 보물 제1173호로 지정되었다.[34] <남은분재기>는 남은이 조선 태조 7년(1398) 왕자의 난 때 급박한 상황에서 작성하여 자손들에게 부탁한 유서 성격의 문서이다. 선조의 봉제사에 관한 문제와 재산분배가 주내용이므로 분재기라 해도 무방하다. 총 35항에 초서체로 쓰였으며, 조선초기의 최초 사가분재기문(私家分財記文)이라는 점에서 자료적 가치가 매우 높다. 조선 초기의 정치 사회사 연구에도 귀중한 자료이다. <남재왕지>는 조선 태종15년(1415)에 남재에게 관직을 제수하는 사령왕지이다. 23× 85.7cm 크기의 기름먹인 종이에 총 11항, 매항 4~5자의 초서체로 쓰여 있다. 조선 초기의 관제를 살필 수 있는 중요한 자료이다.[35]

<청원군호성공신교서(靑原君扈聖功臣敎書)>는 보물 제1175호이다. 조선 선조37년(1604)에 임진왜란 때 선조를 의주로 호성한 공으로 청원군(靑原君) 심대(沈岱)에게 호성공신 2등을 내린 상훈교서이다. 저지(楮紙) 바탕에 비단으로 배접된 두루마리로 교서(敎書) 끝에는 나무로 축을 만들어 붙여 말아서 보관하기에 편리하게 하였다. 길이 26cm 폭 48.5cm이다. 사주(四周) 안에는 상하로 쌍선(雙線), 좌우로는 단선(單線)의 주선(朱線)이 그어져 있다. 상하 주선에는 3.4cm의 일정한 간격으로 62항에 걸쳐 내용이 기록되어 있다. 내용은 수급자인 심대의 이름, 공적내용, 특전과 포상,

---

34) 이 자료는 서병패에 의해 1994년 용인시 남사면 창리에서 조사되었으며, 이 외에도 남구만, 남일성의 시권, <죽서당경람첩 竹栖堂敬覽帖> 등이 확인되었다. (*cf.*, 서병패, 「용인의 고문서자료」, 『용인시사』(2권), 902쪽.)
35) 서병패, 「용인의 고문서자료」, 『용인시사』(2권), 903쪽.

등위별 공신명단, 발급일자가 기록되어 있다.36)

<양무공신교서(揚武功臣敎書)>는 <오명항의 영정>과 함께 보물 제 1177호로 지정되었다. 오명항(吳命恒)의 후손인 오세민(吳世民: 기흥구 마북동)이 소장하고 있다. <양무공신교서>는 조선 영조 4년(1728)에 있었던 이인좌(李仁佐)의 난을 평정한 도순무사(都巡撫事) 오명항(吳命恒)에게 내린 1등 공신교서(功臣敎書)이다. 규모는 폭 38cm, 길이 210cm 크기이다. 비단바탕에 저지(楮紙)를 배접한 위에 1행(行) 24~25자, 행간(行間) 59행으로 공적(功績)을 기록하였다.37)

오희문(吳希文)의 <쇄미록(瑣尾錄)>은 보물 제1096호이다. 후손인 오문환(吳文煥: 모현면 오산리)이 소장하고 있다. <쇄미록>은 오희문이 조선 선조 24년(1591)년 11월부터 선조 34년(1601) 2월까지 10년간의 사실을 기록한 일기이다. 총 7책으로 제1책 임진남행일기, 임진일록, 제2책 계사일록, 제3책 갑오일록, 제4책 을미·병신 정유일록, 제5책 정유일록, 제6책 정유·무술일록, 제7책 기해·경자·신축일록으로 되어 있다. 각책 권말에는 국왕과 세자의 교시, 의병의 격문, 명장(名將)의 성명문, 각종 공문서, 과거방목, 기타 잡문을 수록하였다.

<쇄미록>은 개인의 일기로서 사생활에 관한 기록이 대부분이긴 하나, 임진·정유 양란을 전후한 10년간 주인공의 피난 경험과 견문한 전쟁 상황 등 임진왜란에 관련한 많은 기록이 포함되어 있다. 전국적으로 봉기한 의병의 활동과 왜군들의 잔인한 약탈상, 황폐한 한양의 모습 등 다른 자료에서 살필 수 없는 사실들이 상세히 기록되어 있다. 양반의 특권가노비제도, 각지의 산물과 풍속에 관한 기사 등 당시 사회생활상과 제도를 연구하는 데 귀중한 사료이다.38)

『현수제승법수(賢首諸乘法數)』는 경기도 유형문화재 제169호이다. 이

---

36) 서병패, 906쪽.

37) 용인시, 『용인시문화재총람』, 16쪽.

38) 이민수, 「국역 쇄미록 해제」(상하), 해주오씨추탄공파종중, 1990: 서병패, 911쪽.

책은 여러 불교의 법문에서 부처의 깨달음을 명수(名數)로 정형화하여 설명한 것을 수집하고, 수(數)를 차례로 벌려 쉽게 검색할 수 있도록 엮은 일종의 사전이다. 이 법수는 본래 당(唐)나라 스님 현수(賢首)가 엮은 것인데 전하지 않자, 명(明)나라 스님 행심(行深)이 다시 엮었다. 이 책을 조선 연산군 6년(1500)에 합천의 봉서사(鳳栖寺)에서 개판(開板)한 것이다. 목판본으로 규격은 26×16cm이다. 불교사에서 매우 귀중한 사료로 인정받고 있다. 이후에 간행된 것은 대부분 이 판본의 번각본(飜刻本)이다.39)

『충렬서원중수록(忠烈書院重修錄)』은 용인시 향토유적 제26호이다. 이 책은 책명에서 시사하듯이, 모현면 능원리에 소재한 충렬서원을 중수하던 당시의 제반 상황을 기록한 것이다. 조선 선조 38년(1605)에 이정구(李廷龜)가 경기도관찰사로 재임시 충렬서원을 중수하였는데, 3년간의 공사 끝에 중수를 마쳤다.

이 책의 내용을 살피면 중수기 표지·중수기년기(重修記年記)·원장(院長)·품계별 유사록(品階別有事錄)·경유사유·전곡유사·헌납기(1)·헌납기(2)·물종기·목단잡화질·산림목청구질·보군질·총계·강당기(講堂記)·사우기(祠宇記)·중건기(重建記)·화상기(畵像記) 등이 수록되어 있다. 조선 중기 서원의 구성과 서원 건축물의 공사 관련 사실을 살필 수 있는 자료라는 점에서 학계의 주목을 끌고 있다.40)

『충렬서원선생안(忠烈書院先生案)』은 용인시 향토유적 제27호이다. 책이름에서 시사하듯이, 충렬서원의 역대 선생(원장) 명단을 정리한 것으로, 수필본(手筆本)이다. 24.5cm×34cm 크기의 저지(楮紙)를 5첩(帖)하였으며, 각 면마다 5행(行)의 적선(赤線)을 넣어 행간을 구별하고, 역대 선생의 호(號)와 직함·성명·보임기간 등을 기록해 두었다. 표지에는 「忠烈書院」만 적혀있다.

이 자료는 총 5첩(帖)으로 구성되어 있는데, 1첩에는 충렬서원이 초창되

---

39) 용인시, 『용인시문화재총람』, 28쪽.
40) 홍순석, <충렬서원중수록 해제>, 『용인향토문화연구』 4집, 145쪽.

었을 때인 선조 9년(1576)부터 새로 중건하기 시작한 병오년(丙午年; 1666) 다음해인 숭정(崇禎) 기원후 40년 정미(丁未; 1667) 이전까지의 역대 선생에 관련한 인적사항이 기록되어 있다. 2첩에는 근천(近川) 홍명하(洪命夏)에 이르기까지 상신(相臣) 9명에 대한 명단이 기록되어 있다. 우암(尤菴) 송시열(宋時烈)부터는 재직기간 년기(年記)까지 기록되어 있다. 3첩과 4첩에도 역대 선생들의 이름자와 직함이 기록되어 있다. 5첩에는 이경재가 임자년(壬子年; 1852)까지 원장직을 맡았다는 것이 기록되어 있다. 이로부터 12년 후인 1864년의 대원군 섭정이후 일시 훼철을 겪으면서 선생안의 기록도 끝마쳐져 있다.

충렬서원은 조선시대에 용인지역의 학문 창달을 주도하였던 강학소(講學所)였다. 이 서원의 선생을 맡았던 이들의 면모를 통해 학문적 경향을 가늠할 수 있다는 점에서 향토사료로서 가치가 높다.41)

<양천허씨 노비분재기(陽川許氏奴婢分財記)>는 용인시 향토유적 제36호이다. 이 분재기(分財記)는 용인시 원삼면 맹리 양천허씨(陽川許氏) 종중(宗中)에 전하는 고문서이다. 내용을 살펴면, 조선 숙종 7년(1681)부터 정조 8년(1784)까지 103년간 내려오면서 양천허씨 문중의 3남 5녀에게 노비(奴婢)를 나누어 주면서 문서화한 일종의 노비문건(奴婢文件)이다. 1녀서(女壻)로부터 삼남(三男) 허환(許煥)에 이르기까지 8남매에게 출생서열대로 노비를 분급했던 사실을 기록하였다. 또한 이의 공증을 위해서 관부의 제사(題辭)를 받아 보관해 온 것이다. 이 분재기는 출가외인이라 하여 출가한 딸에게 재산을 분급하지 않았던 것으로 알려온 조선시대의 통념적 관행을 깨는 자료의 일례로서, 당시 신분제도의 실상을 살필 수 있는 귀중한 사

---

41) 충렬서원의 원장을 역임하였던 인물은 대부분 당대 명망이 있는 학자였으며, 조선 후기 실학과 연관을 갖는 강화학파(江華學派) 계열의 학자가 많다. 충렬서원은 기호학파(畿湖學派)의 대표적인 학자 이재(李縡)가 주도하여 이끌어갔다는 사실에서 용인지역의 학문적 경향도 가늠할 수 있다. 이러한 사실에 대해선 필자가 「포은 정몽주선생이 용인지역에 끼친 영향」(『용인향토문화연구』 6집, 2005)에서 다룬 바 있다.

료이다.[42]

아직 문화재로 지정되지는 않았지만, 학계에서 주목하고 있는 고문헌들이 적지 않다. <관란재일기(觀瀾齋日記)>는 근현대 사료의 가치가 인정되어 국사편찬위원회에서 영인 간행하였다.[43] 이 자료는 용인지역의 평범한 농촌 지식인이었던 정관해(鄭觀海:1873~1949)가 쓴 총 24권 분량의 한문체 일기이다. 1912년에서 1947년까지 약 35년간에 걸쳐 기록한 방대한 양의 일기이다. 생업인 농사에서부터 가족사, 향리의 동향, 물가 변동, 정치변화 등 제반 사회 현상을 꼼꼼히 기록하고 있어 당대의 사실을 확인할 수 있는 중요한 사료이다.

이밖에도 강남대 경기문화연구소팀이 정리 중인 <유시정언간(柳時定諺簡)>[44] <삼락재만고(三樂齋漫稿)> <곡부실긔(曲阜實記)> 등도 학술발표에서 인정된 자료이다.

5. 맺음말

이상에서 살핀 바처럼, 용인지역은 수도권에 인접한 지역이면서도 타지역에 비해 비교적 많은 고문헌 자료를 보존하고 있다. 영·호남지역에서처럼 방대한 양의 전적이나 고문서가 확인된 것은 아니나, 국가지정 문화재로

---

42) 용인시, 『용인시문화재총람』, 140쪽.
43) 이 자료는 일찍이 박용익이 원삼면의 정영대 씨 집에서 발견하여 국사편찬위원회의 고증을 거친 적이 있으며, 『한국사료총서』 44집으로 간행되었다. 이후 강남대 인문과학연구소 제36차 국내학술대회 <경기동부지역 고문헌을 통해본 언어와 문화>에서 소인호교수가 <관란재일기 연구>를 발표였다.
44) 이 자료는 유시정(柳時定:1596~1658)이 부인 안동김씨에게 보낸 58점의 한글편지이다. 포천시에 있던 진주유씨 묘역을 용인시 모현면으로 이장하는 과정에서 안동김씨의 관 속에서 출토된 것이다. 필자가 2002년도에 소장자 유태홍 씨로부터 제보를 받고 원전자료를 확인하고, 2005년도에 본격적인 조사를 마치고, 현재 정리작업중이다.

지정될 만큼 귀중한 자료가 현존한다는 점에서 주목할 만하다.

용인지역에 고려말엽에서부터 조선 후기에 이르기까지 명망 있는 학자들의 묘역과 유적지가 전국에서 손꼽을 만큼 산재한다는 사실과 지금까지도 그들의 후손들이 집성촌을 형성하고 있다는 사실에서 적지 않은 고문헌이 용인지역에 존재했을 가능성이 충분하다. 용인지역의 고문헌을 살피기 위해 세거성씨를 우선 살핀 것도 이 때문이다.

용인지역의 대표적인 세거성씨로는 용인이씨, 영일정씨, 연안이씨, 한양조씨, 한산이씨, 해주오씨, 의령남씨, 양천허씨, 우봉이씨 등을 들 수 있다. 용인이씨는 용인을 관향으로 하고 있는 토성이라는 점에서 용인지역 세거성씨의 모체가 된다. 인근 지역이었던 죽산에 근거를 두고 있는 죽산박씨도 그 모체가 되었다고 할 수 있다. 용인지역 세거성씨의 모체라 할 수 있는 이 두 가문을 거점으로 고려말 조선 초기에 영일정씨와 죽산박씨, 연안이씨와의 혼척관계를 형성함으로써 용인지역의 사족(士族)으로 대두된 것이다. 조선 중기에 이르러서 용인에 입향하여 기반을 잡은 한양조씨, 한산이씨, 경주김씨는 지금의 용인시 기흥구와 수지구 지역에 집성촌을 형성하였다. 그러나 이들 가문은 거듭되는 사화(士禍)로 인해 크게 융성하지 못하였다. 용인의 대표적인 성씨에 들면서도 조선 후기까지 가문의 세력이 크지 못하였거나, 고문헌이 전래되지 못한 것은 사화의 여파라 할 수 있다. 실제 조광조·이자·김세필의 종가에서는 고문헌을 확인할 수 없었다.

용인지역의 세거성씨는 17세기에 이르러 전성기를 이뤘다고 할 수 있다. 한참 동안 침체하였던 연안이씨 가문에서 이귀(李貴)와 이정구(李廷龜)가 현달하고, 그의 후손이 명망을 얻어 서인내지 노론으로 집권 세력의 핵심으로 부상하였다. 해주오씨 추탄공파(楸灘公派)가 모현면 오산리에 거점을 마련한 것도 이 때이다. 모현면 기존의 세거성씨인 영일정씨와 연안이씨, 의령남씨와 통혼하면서 명문거족으로 지위를 확립하였다. 우봉이씨가 이동면 천리에 정착한 시기도 이때이다. 해주오씨 못지않게 노론의 핵심가문으로서 중앙의 집권세력과 통혼하며 용인의 대표적인 사족(士族)으로서 부상하였다. 이재(李縡)에 이르러서는 기호사림(畿湖土林)을 주도하는 정도로 성세를 펼쳤다.

도암(陶菴) 이재의 지적대로 포은선생의 묘역과 충렬서원이 용인에 있다는 사실도 용인지역의 사족들이 자긍심을 갖는 데 기여했던 것 같다. 용인지역의 사족들은 포은선생의 학통(學統)을 계승하고자 분발하였음이 분명하다. 이정구(李廷龜), 민정중(閔鼎重), 정제두(鄭濟斗), 이재(李縡), 이행상(李行祥) 등이 그 대표적인 학자들이다. <충렬서원선생안>에 보듯이 원장을 맡았던 인물들이 거의 다 명망을 떨쳤던 경대부(京大夫)요, 거유(巨儒)였다는 사실은 주목할 만하다. 그리고, 노론계(老論系)를 중심으로 기호학파(畿湖學派)가 형성되는 과정에서 충렬서원이 거점이 되었다는 점도 관심을 기울일 필요가 있다.[45]

여러 가지 문화적 환경으로 보아 근대 시기까지도 용인지역에 많은 고문헌이 산재했을 가능성이 짙다. 용인지역 유림들의 증언에 의하면, 불행히도 많은 양의 자료가 6·25전란으로 소실되거나 관리 부주의로 망실되었다고 한다. 수도권에 인접한 때문이 전란의 피해가 컸던 것은 널리 알려진 사실이다.

조선시대의 세거성씨 가문은 국가로부터 사회적 특권을 부여받고, 그것을 지속적으로 유지해나가며, 지방사회에서 자기 가문의 세력을 공고화하려 하였던 사회적 집단이었다. 각 가문에 소장한 고문헌자료는 바로 이러한 경향을 그대로 반영하고 있다.

용인지역에서 확인된 고문헌은 다른 지역에서도 마찬가지 경향이겠지만, 전적류는 빈약한 편이다. 『도암집(陶菴集)』『포은집(圃隱集)』『약천집(藥泉集)』『십청헌집(十淸軒集)』『음애집(陰崖集)』 등과 같은 개인 문집의 영인본이 후손가에 소장되었을 뿐이다. 원전이 전하는 사례는 해주오씨 추탄공파의 『추탄집』 정도였다. 용인지역에 현전하는 고문헌은 대부분 고문서에 속한다. 용인지역 가문 소장의 고문서 자료는 다음 3가지 유형이다.[46]

---

45) 홍순석, 「포은 정몽주선생이 용인에 끼친 영향」, 『인문학과학논집』(13), 강남대 인문과학연구소, 122쪽.

① 국가와의 관계: 고신(告身)과 국가로부터 각종 특권을 입증 받을 수 있는 문서류
② 타 가문 및 집단과의 관계: 소송관계 문서, 매매문서, 간찰류
③ 세습관계: 분재기류, 족보, 입안(立案) 서류

전적류의 경우에는 가학(家學)의 교재로 사용된 천자문이나 사서삼경류의 서적이 대부분이며, 일기와 시문집이 다소 확인된다. 모현면 오산리에 세거지를 둔 해주오씨 추탄공파 가문의 고문헌은 이 같은 실상을 분명하게 보여준다.[47]

용인지역 세거 가문에서에서 확인된 고문헌 자료 가운데, 『쇄미록』<남은분재기> <남재왕지> <청원군호성공신록> <양무공신록> <양천허씨노비분재기> 『충렬서원중수기』 『충렬서원선생안』 등은 이미 문화재로 지정된 귀중한 자료이다. 최근에 확인된 <유시정언간> 『관란재일기』 『삼락재유고』 『곡부실긔』 등도 학계의 주목을 받는 자료이다.

이처럼 중요한 고문헌이 한갓 특정 가문의 성세를 증빙하는 자료이거나 골동품으로만 여겨져서는 안 된다. 모현면 해주오씨 가문의 사례처럼, 한국중앙연구원와 같은 전문 기관에 기탁되거나, 마이크로필름으로 제작하여 공유화할 수 있는 작업이 이뤄져야 한다. 『쇄미록』 『추탄집』 등을 국역하여 연구자에게 배포한 사례도 귀감이 될 만하다.

---

46) 김혁은 이천시의 고문헌을 정리하면서 이같이 세가지 유형으로 구분하였는데, 용인지역에서도 크게 다르지 않다. (cf., 김혁, 『이천시지』 7권, pp.158−159).
47) 모현면 오산리 해주오씨 추탄공파의 고문헌은 종손이 대대로 특별한 관심을 기울여 보존해왔기 때문에 보존상태가 양호할 뿐만 아니라 거의 완질이다. 가문 소장 고문헌의 특징을 살필 수 있는 대표적인 사례라 할 수 있다. 최근에 종손 오문환이 모든 자료를 한국중앙연구원에 기탁하여 공유할 수 있게 한 것도 귀감이 되는 처사이다.

참고문헌

용인시사찬위원회, 『용인시사』(2권), 용인시사편찬위원회, 2006.

용인문화원, 『기흥읍지』(2000), 『구성면지』(1998), 『양지면지』(2001), 『모현면지』(2003).

고려대 민족문화연구원, 『용인의 역사지리』, 용인시, 2000.

정만조, 「조선시대 용인지역 사족세력의 동향」, 『한국학논총』19집, 국민대 한국학연구소, 1996.

이성무 외 3인, 「조선시대 근기지방의 문적, 유물, 유적조사연구－용인·광주·시흥을 중심으로」, 『조선시대사학보』10집, 조선시대사학회.

이태진, 「15세기 후반기의 거족과 명족의식」, 『한국사론』3집, 1985

홍순석, 「포은 정몽주선생이 용인지역에 끼친 영향」, 『인문과학논집』(13집), 강남대 인문과학연구소, 2004.

강남대 경기문화연구소, 『경기동부지역 고문헌을 통해본 언와 문화』(학술대회발표자료집) 2006.8.

포은 정몽주선생이 용인지역에 끼친 영향

1. 머리말

한 지역의 마을 형성은 주로 명현(名賢)들의 연고지를 중심으로 이루어
진다. 가령, 한 마을에 명현의 묘역이 이루어지면, 자손들의 시묘(侍墓)와
함께 생활터전이 자연스럽게 근접 지역에 형성되어진다. 아니면, 명현들이
치사(致仕)하여 전원생활을 즐기거나 은둔(隱遁)하기 위하여 한 지역에
처음으로 정착하면서 마을이 형성되기도 한다. 후학을 양성하기 위한 목적
으로 한 지역에 정착하면서 마을이 형성되는 사례도 적지 않다.1)

용인지역의 마을 형성도 예외는 아니다. 용인지역에서는 선현의 묘역에
관련한 경우와 일시적으로 관직에서 물러나 우거(寓居)하면서 정착하게 된
경우가 많다.2) 묘역과 관련하여 마을을 형성하게 된 대표적인 사례가 모현

---

1) 이처럼 여러 사유로 인해 명현들이 한 마을에 정착면서 동족 집성촌을 이루게 되는
   데, 이들을 흔히 입향조(入鄕祖)라 부르고 있다.
2) 용인지역의 동족촌 형성에 대해선, 이용석이 『용인의 역사지리』(용인시사총서6),

145

면 능원리의 영일정씨(迎日鄭氏) 포은공파(圃隱公派) 후손들의 동족촌이다. 마을 이름인 '능원리(陵院里)'도 여기에 연유한다. 영일정씨가 이곳에 정착한 것은 포은선생의 묘소를 천장(遷葬)한 이후인 15세기이다.[3]

포은선생의 묘역이 용인지역에 조성된 것은 단순히, 영일정씨 동족촌의 형성이라는 차원에서 논의되고 말 문제가 아니다. 포은선생이 용인지역에 영면한 이후 전국 유림들이 이곳에 와서 숭배하였고, 충렬서원(忠烈書院)이 건립된 이후로는 본격적으로 포은선생의 학풍을 진작하려는 노력이 기울여졌다. 「충렬서원선생안(忠烈書院先生案)」에 등재된 선생의 명단은 실로 조선조의 학문을 이끌어나간 명현들로 꽉 차 있다. 기호학파(畿湖學派)의 맹주인 도암(陶菴) 이재(李縡)선생이 그 가운데 들어 있다. 도암선생은 충렬서원을 근거지로 하여 용인지역은 물론 기호(畿湖) 지역에 도학(道學)을 전수한 대유(大儒)이다. 이러한 사실로 미루어, 조선시대의 용인은 유학(儒學)의 성지(聖地)라 해도 과언이 아니다. 그것은 바로 동방이학(東方理學)의 종조(宗祖)인 포은선생의 문화적 역량이라고 할 수 있다.

본고에서는 바로 이점을 중시해서 논지를 전개하고자 한다. 이제까지 포은선생에 관련한 연구는 그의 사상과 학문 등에 국한된 범주에서 다루어져 왔음이 사실이다. 본고에서의 논의는 비록 지엽적인 문제라는 점에서 제한성이 있지만, 새로운 시각에서의 규명이라는 점에서 포은학 연구의 범주를 확대하는 데 시금석이 될 것이다.

2. 포은선생의 천장(遷葬)과 세거성씨의 형성

(1) 포은 선생의 천장과 지역의 변화

202-226면에서 구체적으로 다루고 있다. 정만조의 「조선시대 용인지역 사족의 동향」(『한국학논총』,19집,1996)에서도 구체적인 증빙 사례를 살필 수 있다.
3) 포은선생의 시신을 천장한 것은 조선 태종6년(1406)이다.

포은 선생의 묘역은 모현면 능원리 문수산 기슭에 위치한다. 모현면은 용인의 가장 북쪽에 위치하며 크게 능원리·오산리·동림리 권역과 매산리·일산리·왕산리·갈담리와 초부리의 5개리를 포함하는 권역으로 나뉘어진다.4)

모현의 행정구역은 조선 태종 때부터 지금까지 변함없이 존속하였다. 태종 13년(1413) 행정구역 개편시 '용구(龍駒)'와 '처인(處仁)'을 합친 '용인(龍仁)'이라는 명칭이 생겼을 때부터 '모현(慕賢)'이란 행정명칭이 쓰였으며, 지금까지 거의 600여 년간 존속하는 셈이다. '모현(慕賢)'이란 행정명칭은 바로 포은선생의 유해를 이곳에 천장한 것과 직접 연관된다.

포은선생의 묘소는 본래 개성의 풍덕(豊德)에 있었으나, 조선 태종 6년(1406) 3월 현재의 위치인 모현면 능원리 문수산 기슭으로 천장하여 부인 경주이씨(慶州李氏)와 합장하였다.5) 그리고, 태종은 권근(權近)의 요청에 따라 포은선생을 영의정으로 추증하는 동시에 문충공(文忠公)이라는 시호를 내려 그의 충절을 기렸다. 태종 10년(1410)에 함부림(咸傅霖)이 지은 「포은선생행장(圃隱先生行狀)」에 그 같은 사실이 기록되어 있다.

"우리 성조가 천명을 받으려 할 때 공이 절의(節義)를 위하여 운명하니 곧 임신년(공양왕4, 1392) 4월 4일이었으며, 수는 56이었다. 처음에 해풍군(海豊郡)에 장사하였다가, 영락 병술년(조선 태종6, 1406) 3월에 용인현의 치소 북쪽에 있는 쇄포촌(灑布村)의 언덕에 이장하였다. 을유년(乙酉年:태종5년, 1405)에 선정 문충공 권근이 상서하여 봉증(封贈)을 더하고, 자손을 녹용하여 후인을 권려하기를 청하니, 전하가 아름답게 여겨 받아들여

---

4) 일반적으로 앞의 3개 리를 '水上'이라고 하고, 아래의 5개리를 '水下'라고 지칭한다. 드물게는 경안천 건너의 매산리와 일산리를 '水中'이라고 부르기도 한다.
5) 용인지역에는 포은선생의 묘소에 얽힌 이야기가 많이 분포되어 있다. 전하는 바에 의하면, 풍덕에 묘를 썼다가 후에 고향인 경상도 영천으로 천묘할 때 지금의 풍덕촌 동에 이르자 앞에 세웠던 銘旌이 바람에 날려 현재의 묘소 위치에 떨어져 안장했다고 한다. (*cf.*, 『모현면지』제9편 2장 전설)

서 대광보국숭록대부 영의정부사 수문관대제학 감예문춘추관사 익양부원군
을 추증하고 문충(文忠)이라 증시(贈諡)하였다."

위의 행장에서 보듯이 모현면이란 행정지명이 생기기 전에는 '쇄포촌(灑
布村)'으로 불려졌던 것이다. 모현면 연혁지에도 "본래는 쇄포면(灑布面)
이라 하였던 것을 조선 태종 때 고려 충신 포은 정몽주 선생의 유해를 능원
리에 천장한 이후부터는 '충신을 사모한다'는 뜻에서 '모현(慕賢)'으로 개칭
하였다."고 기록하고 있다.6) 적어도 용인시 관내의 많은 읍, 면들이 1914년
일제초기에 행정구역을 개편할 때 두 개의 면이나 네 개의 면을 합쳐서 하
나의 면을 이룬 반면, 모현은 행정구역이 변하지 않고 그대로 이어져왔다는
특징을 갖고 있다.7) 바로 포은선생의 학덕(學德)을 기리기 위한 배려에서
가능했음이 분명하다.

(2) 세거성씨의 형성

포은선생의 묘소를 모현면 능원리로 옮기면서 모현면 일대에 영일정씨가
자리하게 되는 계기를 맞게 되었다. 정만조(鄭萬祚)교수는 포은 선생의 천
장보다는 당시의 사회적 관례를 통해 볼 때 혼인관계에 의한 연고를 가졌던
것으로 생각하고 있다. 구체적으로, 포은 선생의 장남인 종성(宗誠)의 처가
는 죽산박씨(竹山朴氏) 박중용(朴仲容)의 집안으로 여말선초의 유력한 사
족 가문의 하나로 죽산에 세거하던 집안이었다. 당시의 죽산과 용인의 지리
적 근접성과 자녀균분상속 등의 사회적 배경으로 추정해 볼 때 영일정씨가
모현면에서 자리를 잡고 세거할 수 있게 된 경제적 기반이 죽산박씨와 무관

---

6) 『동국여지승람』에는 '墓賢'으로 기록되어 있으며, 『용인읍지』류에는 대개 慕賢村面
으로 기록되어 있다.
7) 器興面은 器谷面과 駒興面을 합친 명칭이고, 南四面은 남쪽의 네 개 면을 합쳐서
만든 면이란 뜻이다. 外四面은 白岩面으로, 內四面은 陽智面으로 바뀌었으나 역시
네 개 면을 합쳤다는 의미가 포함되어 있다.

하지 않을 것으로 보고 있다.[8] 조선총독부에서 펴낸『조선의 취락』에 의하면, 유명한 동족촌의 하나로 백암면 옥산리를 들고 있으며, 조사 당시 죽산박씨가 41호(254명)이며, 타성이 7호(36명)을 차지하는 것으로 기록하였다. 죽산박씨가 용인지역에서 세거성씨로 정착하기 시작한 것은 대략 400-600여 년 전으로 추정하고 있다.[9]

또한, 15세기 무렵 영일정씨와 함께 모현면으로 이거해 온 연안이씨(延安李氏)와의 관계도 세거성씨의 형성에 적지 않은 영향을 미쳤을 것으로 생각된다. 입향조인 이석형(李石亨:1415-1473)은 포은 선생의 손자인 鄭保의 사위이다. 이석형의 아들 혼(渾:1439-1483)은 용인이씨(龍仁李氏)와 혼인관계를 맺으면서 용인일대에서 지배세력의 일원으로써의 위치를 확고하게 다질 수 있었다. 15세가 무렵 용인지역의 영일정씨, 연안이씨, 용인이씨 등은 대개가 중앙의 훈구계열로써 활동하였으며, 상호 통혼관계(通婚關係)가 중요한 연결고리로 작용했던 것이다.

통혼(通婚)은 여말선초의 집권 세력층이나 조선조의 벌렬(閥閱)은 당대 최상위 계층으로 지속적으로 관인을 배출하여 정치적, 사회적 특권을 세습하기 위한 수단으로 이용되었다. 영일정씨, 연안이씨, 용인이씨가 모현면 지역에서 세거 성씨를 형성할 수 있었던 것도 이러한 통혼관계에서 비롯했다고 볼 수 있다. 이러한 여건 외에 포은선생의 묘소와 저헌(樗軒) 이석형(李石亨)선생의 묘소가 같은 지역에 나란히 위치하고 있다는 사실은 더욱 더 양쪽 가문의 유대를 공고히 하는 연결고리였음이 분명하다. 해주오씨가 오산리에 터를 잡게 된 것도 추탄(楸灘) 오윤겸(吳允謙)선생의 부친인 오희문(吳希文)이 저헌 선생의 현손(玄孫)인 이정수(李廷秀)의 사위가 되고, 처가와 가까운 오산리로 들어온 이후부터이다.

결국, 포은선생의 천장으로 인해 영일정씨가 모현면 능원리에 정착하여

---

8) 鄭萬祚(1996), 「조선시대 용인지역 사족의 동향」(『한국학논총』19집, 국민대 한국학연구소) 76-78쪽.

9) cf., 조선총독부(1935), 『朝鮮の聚落』, 222-223쪽.

세거성씨를 형성하고 통혼으로 연안이씨가 세거성씨를 형성하게 되었으며, 이어 연안이씨와 해주오씨가 통혼함으로써 해주오씨가 세거성씨를 형성하게 된 것이다. 10) 이 세 성씨의 동족촌 형성 양상을 정리해 보이면 다음과 같다.

1) 영일정씨(迎日鄭氏)

영일정씨의 시조는 종은(宗殷)이다. 정씨의 시조는 지백호(智伯虎)라고 하는데 신라의 전신인 사로육촌(斯盧 六村)의 촌장 중 한 사람이었다고 한다. 종은은 그의 후손이 되는데 계보를 파악할 수 없고, 종은의 후손 또한 계보가 실전되었다. 『영일정씨대동보(迎日鄭氏大同譜)』에 의하면, 고려 인종 때 추밀원 지주사(樞密院 知奏事)를 지낸 정습명(鄭襲明)을 시조로 받드는 지주사공파(知奏事公派)와 감무(監務)를 지낸 정극유(鄭克儒)를 시조로 하는 감무공파(監務公派)로 크게 나뉘며, 자피(子皮)를 시조로 하는 양숙공파(襄叔公派)가 있다. 영일정씨의 가장 뛰어난 인물로는 포은선생을 들 수 있다. 포은선생의 9대손 유성(維城)은 조선 현종 때 우의정에 올랐고 청빈하기로 이름이 높았으며, 하곡(霞谷) 정제두(鄭濟斗)는 강화학파(江華學派)의 태두(泰斗)로 주자학 일색이던 당시 사회에 지행합일(知行合一)의 양명학(陽明學)을 일으켰다. 또 감무공파의 후손으로는 송강(松江) 정철(鄭澈)이 유명하며 특히 가사문학의 발전에 큰 자취를 남겼다.

모현지역에 세거한 영일정씨는 지주사공파의 후손이며 포은선생의 묘소가 자리잡은 이후 연안이씨와 더불어 모현지역의 유력한 세력을 형성하게 된다. 15세기 무렵 권근의 주청에 의해 포은선생이 영의정으로 추증되고, 문충공의 시호를 받은 이후 포은의 종손은 여러 차례 복호(復戶)와 녹용(祿用)의 시혜(施惠)를 누린다. 구체적인 사례로, 조선 태종4년 5월에 정

---

10) 모현면 능원리, 오산리는 영일정씨,연안이씨, 해조오씨의 묘역이 분포되어 있어 있으며, 문수산을 경계로 각 문중 입향조의 묘역과 종가가 위치하고 있다.

언(正言)이 되었으나, 오랫동안 이문훈도(吏文訓導) 등의 한직에 머물던 맏아들 종성(宗誠)이 세종 22년 4월에 이조참의(吏曹參議)에 제수되었다.[11] 그리고, 부친의 후광으로 인해 정종(定宗)의 4남인 선성군(宣城君)과 양녕대군(讓寧大君)의 장남인 순성군(順城君)을 사위로 맞아 왕실과 혼인관계를 맺었으며, 서녀(庶女)가 세조 때 훈구계열의 대표적 인물인 한명회(韓明澮)의 첩으로 들어갔다. 이 당시야말로 영일정씨 가문의 성세라고 할 수 있다.

그러나 종성의 아들인 보(保)가 세조 집권 이후 사육신을 옹호하는 발언을 한 것이 말미가 되어 가산이 적몰(籍沒)되는 등 곤경에 처하게 되었다.[12] 정보(鄭保)의 정치적 성향과 피죄(被罪)는 영일정씨 후손의 성쇠에 큰 영향을 미쳤다. 동생인 수(修)의 후손이 강화도에 이거(移居)하였으며, 16세기 이후 용인지역에 거주하는 영일정씨 집안의 관료 진출자나 과거급제가 매우 희소하였다. 이 같은 사실은 정보의 피죄와 관련된 것으로 생각된다. 17세기 후반 서인들이 정국을 주도하면서 군신간의 의리가 크게 강조되고, 마침내 숙종 25년(1699)에 단종(端宗)이란 묘호(廟號)를 올리고, 사육신을 포상하게 되었는데, 정보에게도 이조참의가 추증되었다. 이때에 이르러 다시 포은선생과 설곡(雪谷)선생의 충절이 크게 부각되고 칭송되었다.

모현지역에 영일정씨가 세거성씨를 형성하게 된 시기를 조선 숙종 무렵으로 추정하고 있는데, 그 논지는 다음과 같다.

"포은선생의 유택이 자리잡은 직후에 입향한 것 같지는 않다. 포은선생의 순절이 조선 개국초의 조정에서는 그다지 탐탁하게 여기지 않았던 듯 하며, 손자인 설곡 정보가 사육신 사건에 연루되어 귀양을 갔었기 때문에 실제로 종가의 정착은 그 뒤의 일이라고 생각된다. 이는 조선왕조 내에서의 포은선생에 대한 평가와도 관계가 있다고 생각되는데 성리학이 정치의 지도이념이

---

11) cf., 『世宗實錄』, 권89, 22년 4월조
12) cf., 『世祖實錄』, 권5, 2년 12월 乙卯條

었던 조선왕조에서는 충과 효가 강조될 수밖에 없었고, 국가가 안정되고 성리학이 뿌리를 내릴수록 포은선생에 대한 평가와 예우가 높아 졌다고 생각된다. 실제로 후손들이 완전하게 제약에서 벗어난 것은 숙종 때 사패지를 받고 난 이후라는 주장이 설득력이 있다고 생각된다."13)

　　포은선생의 천장 이후, 영일정씨가 모현면 지역에 이거하였으나, 세거성씨로서의 정착은 숙종 이후라는 견해이다.

　　포은 선생의 6대손 진(震:?－1587)은 세 아들을 두었는데 장자 응선(膺善)은 별좌공파(別坐公派)를, 둘째인 명선(明善:1549-1575)은 판서공파(判書公派)를, 셋째인 종선(從善:1551-1617)은 포천현감(抱川縣監)을 지내 포천공파(抱川公派)를 이루게 된다. 그중 포은선생의 종손인 응선의 후손들은 주로 능원 일대를 중심으로 세거하였다. 둘째 명선의 후손들은 능원리 우명동 너머 구성면 청덕리 일대로 이거하게 되고 능원리 일대에는 일부만 남아 있다. 셋째 종선의 후손들은 왕산리 왕곡으로 이주하여 동족촌을 이루었다. 그의 손자인 지한(之翰)이 왕곡으로 이주한 결과로 능원리와 쌍벽을 이루는 세거지가 되었다.

　　모현지역의 영일정씨 역시 연안이씨와 해주오씨, 그리고 의령남씨(宜寧南氏), 전주이씨(全州李氏), 진주유씨(晉州柳氏) 등 모현지역의 유력한 씨족들과 통혼하면서 세력을 지켜왔다고 할 수 있다. 그 중에도 연안이씨와의 관계가 돈독했던 것으로 전해진다.

　　모현지역의 현대인물 가운데도 영일정씨가 핵심을 이루고 있는데, 정대용·정낙영·정칠영 등이 면장을 지냈고 우국지사 정일영·의병 정철화·효자 정한영, 그리고 포은선생의 종손인 정철수가 항일투쟁에 참가 활약하였다. 정덕화는 용인지역 유림의 대표적 인물 중 하나였으며 정운영은 모현 농협발전의 초석을 놓았다.

---

13) 정양화, <모현의 세거성씨> (용인문화원부설 향토문화연구소, 모현면지』2003, 577쪽)

2) 연안이씨(延安李氏)

연안이씨의 시조는 이무(李茂)이다. 그는 본래 당(唐)나라 사람으로 고종 (高宗) 때 중랑장(中郞將)의 벼슬을 지내다가 당이 신라와 연합하여 백제를 침공할 때 나당연합군(羅唐聯合軍)의 대총관(大總官) 소정방(蘇正方)의 부장으로 신라에 들어와 백제를 평정하는 데 공을 세웠다. 이후 당이 신라까지 정복하려는 야심을 드러내자 불가함을 주장하고 고구려가 망한 뒤에 지금의 황해도 연안(延安)을 지키다가 측천무후의 전횡으로 당나라가 어지러워지자 신라에 귀순하였다. 김유신장군의 주청으로 나당(羅唐) 양국의 화합과 삼국통일에 기여한 공으로 지금의 황해도 일대의 천호를 식읍(食邑)으로 주고, 연안후(延安候)에 봉했다. 이로써 연안이씨의 문호를 열게 되었다.

시조이후 약 500년간은 계보가 실전되어 각파간에 세대구분이 불분명하게 되었으므로 각기 중시조(中始祖(를 1세로 하여 독자적인 계보를 갖게 되었다. 연안이씨는 중시조를 1세로 하여 크게 4대문파로 나뉜다. 모현지역에 세거성씨를 형성한 연안이씨는 판소부감공파(判小府監公派)에 속하며, 중시조인 현여(賢呂)를 1세로 하여 세계를 헤아리고 있다.

연안이씨가 명문거족으로 거듭나는데 기여한 인물은 저헌 이석형선생이다. 이후 가문이 크게 번창하여 이귀(李貴)·이시백(李時伯)·이정귀(李廷龜)와 그의 자손들이 줄줄이 현달하여 조선시대를 통하여 최고의 명문거족의 하나로 성장하였다.

연안이씨가 용인지역에 자리잡게 된 것은 저헌 이석형[14]선생이 모현에 이거하면서부터이다. 저헌선생은 포은선생의 손자인 정보의 사위로 들어가면서 한 때 이곳에 우거하였으며, 사후에는 포은선생의 묘소 옆에 나란히

---

14) 저헌 이석형선생은 세조때의 명신으로 포은선생의 손자인 설곡 정보의 사위이다. 설곡은 그의 딸이 친정에 와서 난산으로 일찍 죽자 본래 자기의 묘자리로 잡아 놓았던 곳에 묻어주어 오늘날 이석형 선생의 묘가 자리잡게 되었다고 한다.

묘역이 조성되었다.

저헌선생은 세종 때 삼장원(三壯元)으로 명성을 떨친 인재로 지제교, 한 성부윤 겸 성균관사 등을 역임하였다. 학문에 조예가 깊은 그는 집현전 부 교리 재임시 『치평요람(治平要覽)』의 찬술에 관여하였고, 『대학연의집략 (大學衍義輯略)』 21권을 지었다. 성종 2년에는 좌리공신(佐理功臣)에 책 봉되는 등 훈구세력의 일원으로 영향력이 매우 컸다. 그의 아들 혼(渾) 역 시 과거에 급제하여 당시 용인지역의 대표적인 사족인 용인이씨와 혼인관 계를 맺어 위치를 확고히 하였다.

저헌선생의 묘역을 조성한 이후 모현면에 세거성씨를 이룬 연안이씨의 후손들은 능원리 안골과 동림리, 그리고 갈담리 갈월과 초부리 상부곡과 하 부곡 일대에 동족촌을 형성하였다. 그리고 영일정씨와 더불어 모현의 최대 가문으로 자리잡게 되었다[15]. 현재 능원리와 동림리 일대에는 이석형선생 의 종손이 살고 있으며, 갈담리 갈월에는 이석형선생의 현손인 이정수(李廷 秀)의 둘째아들 지(贄)의 후손들이 세거하고 있다. 갈월마을은 전통적인 마 을의 경관이 잘 보존되어 있으며 씨족중심의 마을의 질서도 다른 곳에 비해 잘 남아있다. 노고봉과 정광산을 지붕삼아 깊은 골짜기가 발달하였고 마을 의 아래편에는 넓은 들이 펼쳐져 배산임수의 풍수적인 공간배치를 잘 갖추 고 있다. 현재 연안이씨의 대표적인 세거지역이라 할 수 있다.

지금까지도 연안이씨는 모현지역의 중심가문으로 이병원·이병찬·이병 룡·이병화 등이 모현면장을 지냈고, 초부리 출신의 이철배는 실업인으로 대웅제약 사장을 지냈다. 저헌선생의 종손인 이정희는 교육계에서 큰 족적 을 남겼다. 그밖에 이영희가 용인향교 전교를 지냈고 이병익이 도봉서원원 장을 지내는 등 유림들의 맥을 잇고 있다.

---

15) 모현출신 근대인물로 고종때 協辦軍國事務겸 器械局總管을 지낸 李祖淵이 유명 하다. 이조연은 능원에서 출생하였다고 하며 초부리 상부곡에서 修學하였다고 한 다. 갑신정변으로 개화파에게 화를 당했는데 후에 이조참판에 추증되었고 忠烈公 의 시호를 받았다.

3) 해주오씨(海州吳氏)

해주오씨의 시조는 오인유(吳仁裕)이다. 그는 지절(志節)과 학식과 덕망을 갖춘 대학자로서 송(宋)나라의 학사(學士)였다. 고려 성종 때 우리나라에 와서 국자감(國子監)의 창건을 주창하였다. 검교(檢校), 군기감(軍器監)의 벼슬을 지내고 해주오씨의 문호를 열게 되었다.

해주오씨는 시조의 7세손을 전후하여 20여 분파를 이룬다. 모현면 오산리 일대에 거주하는 해주오씨들은 오윤겸(吳允謙)을 파조로 하는 추탄공파(楸灘公派)와 오윤해(吳允諧)를 파조로 하는 만운공파(晚雲公派)의 후손들이 대부분이다.

해주오씨를 빛낸 인물로는 인조반정이후 영의정까지 오른 오윤겸과 그의 조카인 오달제(吳達濟) 그리고 손자인 오도일(吳道一), 현손인 오명항(吳命恒)이 유명하다. 모두 오산리에 뿌리를 둔 해주오씨의 후예들이다. 근대에는 원삼면 출신의 의병장 오인수(吳寅秀)와 오광선(吳光鮮) 장군 등의 독립운동가를 배출하였고 3.1운동당시 33인의 한 사람인 오세창(吳世昌) 등을 배출하였다.

해주오씨가 오산리에 터를 잡게 된 것은 오윤겸의 부친 오희문(吳希文)이 저헌 이석형선생의 현손인 이정수(李廷秀)의 사위가 되고 처가와 가까운 오산리로 들어온 이후부터이다. 오희문의 아들은 오윤겸16)으로 영의정에 올랐고 그의 후손들이 줄줄이 현달하여 명문거족을 이루게 된다. 특히 모현의 지배적인 가문이었던 영일정씨와 연안이씨, 그리고 의령남씨17) 등과 지속적으로 통혼하면서 중앙정계는 물론 모현지역에서 유력한 가문을 형성해 온 것으로 보인다. 그러나 조선시대후기에 당쟁이 격화되면서 오산리의 해주오

---

16) 오윤겸을 파조로 하는 추탄공파를 이루게 되는데 추탄공파는 해주오씨가문의 주요한 문파중 하나이다.
17) 삼학사의 한분인 추담(秋潭) 오달제(吳達濟)는 약천(藥泉) 남구만(南九萬)의 고모부가 된다.

씨들은 주로 소론계열에 속하게 되어 더 이상 세력을 확대하지 못하고 오산리를 중심으로 세거하게 되었다. 오산리라는 지명도 오씨의 종중산이 있기 때문에 붙여진 명칭이다.[18] 현재 오산리 본동일대에는 해주오씨 종가, 재실, 사당 등이 세워져 있고 해주오씨 시조단이 설치되어 있는데 이는 해주가 현재 북한지역에 있기 때문에 설치한 듯하며 남한에서의 해주오씨의 본산은 오산리라고도 할 수 있다.

포은선생의 천장과 통혼으로 형성된 영일정씨, 연안이씨, 해주오씨 가문들은 조선시대의 지배계층의 한 축을 차지했었고, 또 그 후에 들어서도 시대의 변화에 따라 다소 부침은 있었다고 해도 유교가 중심이었던 조선시대에는 정신적인 우월감과 자부심, 그리고 실질적인 권세가 있었다고 생각된다. 그리고 지금까지도 그 여세가 남아있다고 생각된다. 적어도 조선시대에는 모현의 중심이 포은, 저헌 선생의 묘역과 충렬서원이 있는 능원리 일대가 당연히 정신적 중심의 위치에 있었을 것이다.

3. 충렬서원과 용인지역 유림의 활동

용인지역은 예로부터 유학과 관련이 깊다고 할 수 있다. 일찍이 고려말에 이석지(李釋之)가 남곡(南谷)에 은거하면서 학문과 산수풍경을 즐기며 여생을 보냈다는 기록이 『동국여지승람』 용인현 우거조에 있다. 그의 손자 이종검(李宗儉)·이종겸(李宗謙) 두 사람 역시 일찍부터 벼슬에서 물러나 남곡에 살면서 효우당(孝友堂)을 짓고 산수 풍경을 즐겼다는 기록이 있다. 이색이 고려 우왕 3년(1377) 12월 8일에 지은 <남곡기(南谷記)>[19]에, "용구 동쪽에 남곡이 있는데 나와 같은 과방(科榜)에 오른 이선생이 산다." 그

---

18) 실제로 능원리 오산리 일대에서는 들이 오씨네 종중산을 '吳山', 영일정씨네 종중산을 '鄭山'으로 부르기도 한다
19) 『牧隱文藁』卷1, 記

는 "가정 이곡의 문생으로 급제하여 정언을 거쳐 3품에 올랐다", 그가 "끼친 사랑은 백성의 마음에 남았다고," 한 것 등으로 보아 이석지가 용인지역에 적잖은 영향을 끼쳤음을 알 수 있다.

조선조에 들어와서 전국 군현 단위로 향교를 설립할 당시 용인현에도 향교가 설립된 것으로 생각된다. 조선조의 수도인 한양과 근접한 용인은 다른 지역보다도 빨리 유학의 기틀이 마련되었으며, 더욱 급속히 파급되었을 것이라 여겨진다. 구체적인 사례로, 세종 1년(1419)에 문과에 급제한 후 보령현감을 지낸 강여중(康汝中)과 세종 26년(1444)에 장원급제하여 우참찬에 오른 황효원(黃孝源: 1414-1481)을 비롯해 강여중의 아들 강효문(康孝文)은 세종 29년(1447)에 생원 1등에 합격하고, 세종 32년(1450)에 문과 급제 후 예조참판에 오르게 되었다. 또한 외사면 옥산리 출신으로 세종 14년(1432)에 사마시에 합격하고, 2년 후에 알성문과에 급제한 뒤 예빈시 직장을 시작으로 지제교를 거쳐 영의정까지 오른 박원형(朴元亨:1411-1469)을 비롯해 어모장군(禦侮將軍) 이질(李佚)의 아들 이말손(李末孫)은 성종 11년(1480)에 진사에, 양지에 사는 유문창(柳文昌)과 성균관 사성 허추의 아들 허신(許信)은 생원에 합격하는 등 한 해에 3명이 급제한 사례가 있다. 성종 14년(1483)에 이사온(李思溫)이 생원에 합격한 것으로 보아 용인지역에는 고려말 조선 초에 이미 신유학이 전래되었음을 쉽게 짐작할 수 있다.

이후 정암(靜庵) 조광조(趙光祖:1482-1519) 선생은 19세 되던 해에 부친상을 당하고 수지면 심곡리에 유택을 마련하여 3년간 시묘하는 동안 어머니를 봉양하면서 유학에 몰두하였는데, 이로 인하여 용인지역의 선비들에게 성리학에 대한 관심을 증대시키는 계기가 되었을 것으로 생각된다.

한편, 조선 태종6년(1406) 포은선생의 천장으로 인해 묘소를 중심으로 그의 후손 일부가 이거 하여 살게 되고, 포은선생이 동방이학의 조종으로 추숭됨에 따라 전국 각처의 유림들이 묘소를 찾는 발걸음이 이어지게 되면서 용인지역에 유학이 더욱 급속도로 확산되었으리라 본다.

포은선생 묘소 아래에 있는 영모재(永慕齋)는 이미 17세기에 건립되어 전해오는 재실(齋室)로 묘제사를 위한 주 기능과 강학 기능을 함께 수행해왔다. 재실은 전통적으로 묘제사를 지내기 위하여 마련된 건물로서 제사에 참여하는 후손들의 숙식 제공, 제수, 제기의 관리, 음복, 망제(望祭)를 위한 주 기능과 함께 후학 양성을 위한 강학(講學) 장소로서의 기능을 갖기도 한다.

『포은선생집』을 보면 "영모재는 포은 선생의 묘 아래에 있는데 우암 송시열이 편액(扁額)을 썼으며 후손이 세웠다. 재(齋)에는 종약사조(宗約四條)가 있다. 첫째는 삼가 추원(追遠)한다. 둘째는 종법(宗法)을 밝힌다. 셋째는 은애(恩愛)를 돈독히 한다. 넷째는 훈적(訓迪)을 엄하게 한다."는 기록이 있다.[20] 그리고, 재실 동쪽 종주실문 위쪽에 '강당(講堂)'이란 편액이 걸려 있는데, 이로 보아 영모재가 한때 후학들을 가르치는 강당으로 사용되기도 했던 곳임을 알 수 있다.

포은선생 종택(宗宅)의 가묘(家廟)인 포은영당(圃隱影堂)도 전국의 유림과 관료가 찾아와 경배(敬拜)하는 공간이다. 숙종 기미년(1679)에 건립한 이 영당 안에는 감실(龕室)이 있다. 감실에 한시각(韓時覺)이 모사(模寫)한 포은선생 영정이 위패와 함께 모셔져 있으며, 철향(撤享)된 구본(舊本) 영정이 궤장(櫃藏)되어 있다. 또 선생의 친필이 담겨진 고간(古簡), 숙종어제어필(肅宗御製御筆), 포은시첩(圃隱詩帖), 우암선생친필현액(尤菴先生 親筆懸額), 숙종어제어필시판(肅宗御製御筆詩板) 등 현액 3점이 보관되어 있다. 포은선생과 관련된 이들 자료는 경배자의 심금을 울리기에 족하였다. 이곳에 와서 경배하고 지은 문인들의 시작품이 헤아릴 수 없이 많다.『포은선생집』에 수록한 것만도 적지 않다. 한 예로, 포은선생의 유상(遺像)을 영당에 봉안하면서 지은 이정귀(李廷龜)의 시를 보인다.

遺像儼然 新廟奐如　　유상이 엄연하여 새 사당이 밝으매

---

20) "永慕齋 在先生墓下 尤菴書額 後孫等所建 齋有宗約四條 一曰謹追遠 二曰明宗法, 三曰篤恩愛, 四曰嚴訓迪"(포은선생집, 권4, 齋祠書院)>

今湏吉長 載安神居　이제 길일을 택하여 신거에 모십니다
陟降瞻仰 洋洋如在　오르내리면서 유상을 뵈오면 양양하여 계신 듯 하매
明禋告由 鎭保永世　정결하고 공경하게 연유를 고하니 영세토록 진보하소서

　한편, 이석형선생의 묘를 중심으로 하여 연안이씨가 세거성씨를 형성하게 되고, 16세기에 들어서면서 기흥읍 지곡리에 음애(陰崖) 이자(李耔:1480~1533)선생이, 보라리에 정암선생의 사종(四從)인 방은(方隱) 조광보(趙光輔)·회곡(晦谷) 조광좌(趙光佐) 등의 유학자들이 일시 은거하게 되면서 용인지역의 유학 풍토는 전국 유림의 귀추가 되기에 이르렀다. 용인지역에서 관학(官學) 중심의 학문풍토가 사학(私學) 우선으로 변화하는 계기도 이때부터 형성되었다.

　충렬서원의 건립은 그 같은 여건 속에서 이루어진 성과물이다. 용인지역에서는 일찍부터 포은, 정암 두 선생의 묘소가 있기 때문에 서원을 세우기 위한 논의가 제기되었다. 그러나 재력이 부족하여 이루지 못하다가 선조 9년(1576)에 이계(李啓)와 이지(李贄)를 비롯한 유림의 공의(公議)로 포은·정암선생의 학덕과 충절을 추모하기 위해서 두 선생의 묘도(墓道) 중간지점인 죽전(竹田)에 죽전서원(竹田書院)을 창건하였다. 이때 공의에 참여한 이계는 바로 이정귀의 부친이다.

　이후 임진왜란 당시 병화로 인해 죽전서원이 소실되어 한때 향화(香火)가 끊긴 적도 있으나, 유림의 노력으로 포은의 묘소 아래에 충렬서원을, 정암의 묘소 아래에는 심곡서원(深谷書院)을 건립하였다.

　충렬서원의 경우, 선조 38년(1605)에 경기도관찰사로 있던 이정귀가 현감 정종선(鄭從善), 진사 이시윤(李時尹)·정충전(鄭忠傳) 등과 함께 논의하여 포은선생의 묘소 아래에 충렬사(忠烈祠)를 세우고 위패를 봉안하여 춘추로 제향을 올리면서 3년여 공사 끝에 동서재 3칸, 문루 3칸을 지었다. 위층은 강당이며, 주방과 고사 등을 갖추었다. 그리고 다음 해인 광해군 1년(1609)[21]에 '忠烈'이라 사액을 받았다. 그리고 얼마 후에 죽창(竹窓) 이시직

(李時稷)·설곡(雪谷) 정보(鄭保)를 추가 배향하였다. 이후 숙종 32년
(1706)에 다시 후손 정제두(鄭齊斗)·정찬조(鄭纘祖)를 비롯한 여러 유림
의 공의로 옛터 서쪽 가까운 곳에 이건(移建)하였다.

용인지역에 충렬·심곡서원 두 곳의 사액서원이 생기면서 더욱 큰 변화
가 일어나게 된다. 그동안 여러 차례 사화와 전란을 겪고 난 조선사회는 성
리학의 한 축을 꿰고 있는 의리사상(義理思想)이 더욱 강조되고 전란으로
피폐해진 사회는 왕도정치의 염원이 더 강해지면서 포은선생은 동방이학의
조종으로, 정암선생은 도학의 종장(宗匠)으로 더욱 추숭되었다. 따라서 충
렬·심곡서원에는 자연히 당대 최고의 학덕을 갖춘 인물들이 원장에 추대
되기에 이른다.

충렬서원의 원장은 당대 최고 명망가들이었다.[22] 충렬서원은 연산의 돈
암서원(遯巖書院)과 짝하여 기호학파 중에서도 노론계의 정통성을 이어가
는 수선지지(首善之地)로 사론(士論)을 형성하고 공론(公論)을 주도한 대
표적인 서원 중의 하나였다.

충렬서원의 역대 원장을 기록한 책인 『충렬서원선생안(忠烈書院先生
案)』에서 구체적인 사실을 확인할 수 있다. 이 책은 현재 충렬서원에 소장
된 자료로 1992년 10월 12일에 용인시 향토유적 제27호로 지정되었다. 수
필본(手筆本)으로 24.5cm×34cm 크기의 저지(楮紙)를 5첩하였으며, 각
면마다 5행의 붉은선을 넣어 행간을 구별하였다. 역대 선생의 호(號)와 직
함(職銜)·성명(姓名)·보임기간(補任期間) 등을 기록하였다.

이 자료는 모두 5첩으로 구성되어 있는데, 1첩에는 충렬서원이 초창(初
創)되었을 때인 선조 9년(1576)부터 중건하기 시작한 현종7년(1666) 다음
해인 현종8년(1667) 이전까지의 역대 선생에 관련한 인적사항이 기록되어

---

21) 『學校謄錄』上
22) 근래에 재임한 원장 또한 서상린, 정동성, 조종익, 이응희 등 역대 국회위원이거나
    이기창 등 학교장들이었다. 이같은 사실은 충렬서원의 비중이 그만큼 컸음을 시사
    한다.

있다. 2첩에는 기천(沂川) 홍명하(洪命夏)에 이르기까지 상신(相臣) 9명
에 대한 명단이 기록되어 있다. 우암(尤菴) 송시열(宋時烈) 부터는 재직기
간 년기까지 기록되어 있다. 3첩과 4첩에도 역대 선생들의 이름자와 직함
이 기록되어 있다. 5첩에는 판서 이경재(李景在)가 철종3년(1852)까지 원
장직을 맡았다는 것이 기록되어 있다. 이로부터 12년 후인 1864년에 대원
군의 서원 철폐령으로 훼철을 겪으면서 선생안의 기록도 끝마쳐져 있다.
　충렬서원선생안의 내용을 정리해 보이면 다음과 같다.

<1첩>
　　院長先生案, 月沙李相國 廷龜, 楸灘吳相國 允謙, 浦渚趙相國 翼, 白軒
　　李相國 景奭
　　潛谷金相國 堉, 晩沙沈相國 之源, 陶村鄭相國 維城, 梨川洪相國 重普,
　　沂川洪相國 命夏

<2첩>
　　松谷趙判書 復陽, 尤菴宋先生 時烈 (庚甲至己巳), 文谷金相國 壽白
　　(癸亥至己巳)
　　淸城金相國 錫冑 (甲寅後權請) 老峰閔相國 鼎重 (辛酉至壬申), 玄石
　　　朴先生 世采 (庚午至乙亥)
　　睡村李判書 畬 (丙子至戊寅), 閔相國 鎭長 (戊寅至庚辰), 睡村李相國
　　　畬 (辛巳至戊戌)
　　遂菴權先生 尙夏 (辛巳至辛丑)

<3첩>
　　艮菴李先生 喜朝 (戊戌至壬寅), 丈巖鄭相國 澔 (乙巳), 丹巖閔相國 鎭
　　　遠 (乙巳至丙辰)
　　陶菴李先生 縡 (丁巳至丙寅), 蓼溪朴先生 弼周 (丁卯至戊辰), 竹梧閔
　　　相國 應洙 (戊辰至庚午)
　　權判書 상 (庚午至甲戌), 蟾溪閔先生 遇洙 (甲戌至丙子), 渼湖兪相國

拓基（丙子至丁亥)23)

盤谷李判書 鼎輔（己卯至丙戌）

<4첩>

渼湖金先生 元行（戊子至壬辰），趙判書 重晦（辛丑至壬寅），大齋兪先
生 彥鏍（壬寅至癸卯）

三山齋金先生 履安（甲辰至辛亥），常齋李判書 敏輔（辛亥至己未），晚
圃沈相國 煥之（乙未至壬戌）

柯汀趙判書 鎭寬（癸亥至戊辰），華泉齋李參判 采（戊辰至庚辰），李參
判 光憲（都有司 辛巳至乙酉）

小華李判書 光文（乙酉至戊戌）

<5첩>

趙判書 寅永（戊戌至庚戌），梅山洪祭酒 直弼（辛亥至壬子），李判書 景
在（庚申生壬子至）

훼철 이후 복원되어 운영해 온 지금까지의 선생안은 별도로 전하고 있다.
충렬서원의 원장으로 역임한 인물가운데, 용인지역의 인물 외에도 많은 저
명한 인물이 들어 있다. 이정귀(李廷龜), 오윤겸(吳允謙), 조익(趙翼), 김육
(金堉), 홍명하(洪命夏), 송시열(宋時烈), 김석주(金錫冑), 민정중(閔鼎
重), 박세채(朴世采), 권상하(權尙夏), 이재(李縡),이정보(李鼎輔), 김원행
(金元行), 홍직필(洪直弼) 등은 우리나라의 대표적인 학자이다.

---

23)"渼湖兪相國 拓基"는 잘못된 기록이다. '渼湖'는 金元行의 호이다. 유척기의 호
는 '知守齋'이다.

	아 호	성 명	본 관	관 위	재임년도	기간	비고
1	월사(月沙)	이정구(李廷龜)	연안(延安)	우의정	?		(1564–1635)
2	추탄(楸灘)	오윤겸(吳允謙)	해주(海州)	영의정	?		(1559–1636)
3	포저(浦渚)	조익(趙翼)	풍양(豊壤)	좌의정	?		(1579–1655)
4	자헌(自軒)	이경석(李景奭)	전주(全州)	영의정	?		(1595–1671)
5	잠곡(潛谷)	김육(金堉)	청풍(淸風)	영의정	?		(1580–1658)
6	만사(晩沙)	심지원(沈之源)	청송(靑松)	영의정	?		(1593–1662)
7	도촌(陶村)	정유성(鄭維城)	연일(延日)	우의정	?		(1596–1664)
8	이천(梨川)	홍중보(洪重普)	남양(南陽)	우의정	?		(1612–1671)
9	기천(沂川)	홍명하(洪命夏)	남양(南陽)	영의정	?		(1607–1667)
10	송곡(宋谷)	조복양(趙復陽)	풍양(豊壤)	예조판서	?		(1609–1671) 공백
11	우암(尤菴)	송시열(宋時烈)	은진(恩津)	좌의정	1680–1689년	10년	*89졸?
12	문곡(文谷)	김수항(金壽恒)	안동(安東)	영의정	1683–1689년	8년	*89졸?
13	청성(淸城)	김석주(金錫胄)	청풍(淸風)	우의정	?		84졸?
14	노봉(老峰)	민정중(閔鼎重)	여흥(驪興)	좌의정	1681–1692년	12년	
15	현석(玄石)	박세채(朴世采)	반남(潘南)	동부승지	1688–1695년	8년	
16	수곡(睡谷)	이여(李畬)	덕수(德水)	영의정	1696–1698년	2년	
17	치구(稚久)	민진장(閔鎭長)	여흥(驪興)	우의정	1698–1700년	4년	
18	수곡(睡谷)	이여(梨畬)	덕수(德水)	영의정	1701–1718년	19년	
19	수암(遂菴)	권상하(權尙夏)	안동(安東)	산림학자	1701–1722년	21년	* 21졸 ?
20	지촌(芝村)	이희조(李喜朝)	연안(延安)	이조참판	1718–1722년	5년	공백
21	장암(丈巖)	정호(鄭澔)	연일(延日)	영의정	1724–1725년	1년	
22	단암(丹巖)	민진원(閔鎭遠)	여흥(驪興)	우의정	1725–1736년	12년	
23	도암(陶菴)	이재(李縡)	우봉(牛峯)	공조판서	1737–1746년	9년	
24	여호(黎湖)	박필주(朴弼周)	반남(潘南)	이조판서	1747–1748년	2년	
25	오헌(悟軒)	민응수(閔應洙)	여흥(驪興)	우의정	1748–1750년	3년	
26	창백헌(蒼白軒)	권적(權商)	안동(安東)	이조판서	1750–1754년	5년	
27	섬촌(蟾村)	민우수(閔遇洙)	여흥(驪興)	산림학자	1754–1756년	3년	
28	지수재(知守齋)	유척기(兪拓基)	기계(杞溪)	영의정	1756–1767년	12년	* 62졸 ?
29	반곡(盤谷)	이정보(李鼎輔)	연안(延安)	이조판서	1759–1766년	8년	* 65졸 ?

24) 위 역대 원장의 명단은 용인시 향토유적 27호인 『충렬서원선생안』을 정리한 것인데 주목되는 점은 대부분이 공경대부로서 京齋任을 두었음을 알 수 있으며, 원장의 재임기간이 서로 중복되기도 하고, 죽은 이후에도 재임한 것으로 기록되어 있는 등 많은 부분에서 오류가 있음을 알 수 있어 정밀한 고증이 뒤따라야 할 것이나, 이는 다음 기회로 미루고자 한다.

	아 호	성 명	본 관	관 위	재임년도	기간	비고
30	미호(渼湖)	김원행(金元行)	안동(安東)	산림학자	1768-1772년	5년	72졸 ? 공백
31	익장(益章)	조중회(趙重晦)	함안(咸安)	이조판서	1781-1782년	1년	
32	대재(大齋)	유언집(俞彦鏶)	기계(杞溪)	이조참의	1782-1783년	1년	
33	삼산제(三山齋)	김이안(金履安)	안동(安東)	좨주	1784-1799년	4년	* 91졸 ?
34	상제(常窩)	이민보(李敏輔)	연안(延安)	판돈령	1799-1802년	3년	* 99졸 ?
35	만포(晚圃)	심환지(沈煥之)	청송(靑松)	영의정	1799-1802년	4년	
36	가정(柯汀)	조진관(趙鎭寬)	풍양(豊壤)	이조판서	1803-1808년	6년	
37	화천(華泉)	이채(李采)	우봉(牛峯)	호조참판	1808-1820년	13년	도암 손자
38		이광헌(李光憲)	우봉(牛峯)	예조참판	1821-1825년	5년	도암 증손
39	소화(小華)	이광문(李光文)	우봉(牛峯)	이조판서	1825-1838년	18년	도암 증손, 38졸
40	운석(雲石)	조인영(趙寅永)	풍양(豊壤)	영의정	1838-1852년	14년	* 50졸 ?
41	매산(梅山)	홍직필(洪直弼)	남양(南陽)	좨주	1851-1852년	2년	
42	송서(松西)	이경재(李景在)	한산(韓山)	영의정	1860-1872년	13년	

전하는 바에 의하면 경대부(京大夫)들이 서원의 원장인 관계로25) "조선
시대 사대부의 자제들이 이곳에 와서 공부한 이가 많았다고 하며, 한때는
능골에 400여 호가 살았다"고 전한다.26) 정찬휘(鄭纘徽)가 지은 <포은선
생집중간발(圃隱先生集 重刊跋)>에서도 그 같은 시사를 받는다.

"그런 뒤에 송곡(松谷) 조복양(趙復陽)이 연로에 주선하여 판본을 충렬
서원에 실어 왔는데, 대개 이 서원이 선생의 묘소 아래에 있고 또 서울에 널
리 펼 곳이 되기 때문이다."27)

---

25) 충렬서원의 원장이 경대부로 보임된 이유는 여러 가지를 들 수 있겠지만, 용인지
역에 公卿大夫들의 묘역이 늘어나면서 그 후손들이 寓居하거나 왕래하면서 자연
스럽게 관여하게 되었을 것이다. 명망 있는 경대부들이 서원의 원장으로 보임하면
서 많은 선비들이 용인지역에 모여들었고, 이로 인해 용인지역의 儒學이 전성기를
이루었다.
26) 정덕교(1943-)씨의 구술. 그는 능원리 출신으로 기흥읍 부읍장을 역임하였다.
27) "松谷趙尙書復陽 周旋沿路 載致板本於忠烈書院 盖而院在先生丘墓之下 而且
爲京師廣布之地也"(圃隱先生集重刊跋)

충렬서원을 중수하던 당시의 제반 상황을 기록한 『충렬서원중수록(忠烈書院重修錄)』에서도 충렬서원이 얼마나 영향력이 있었던 서원이었는지를 가늠할 수 있다. 이 책은 수필본으로 23.5cm×20.5cm 크기의 저지에 행간 없이 필사하였다. 총 33장이다. 표제는 '重修錄'이다. 좌측 하단에 '忠烈書院'이라 기록하였다. 필사연대는 '崇禎紀元後 四十年 丁未 六月 下澣', 즉 현종 8년(1668)이다. 이 책에는 다음과 같은 내용이 수록되어 있다,

忠烈書院重修錄序, 院長, 品階別有事, 求請所送記, 糧太貿易秩, 木端雜下秩, 米秩, 各山村木求請秩, 各洞內役軍求請秩, 募軍秩, 日守秩, 募人秩, 僧軍秩, 工匠秩, 各邑典僕秩, 講堂重建時排日及物力置簿, 祠宇重建時排日及物力置簿, 山稅木置簿, 講堂重建上樑文, 祠宇重建上樑文, 畫像記, 移安祭文, 還安祭文

<충렬서원중수록서(忠烈書院重修錄序)>는 충렬서원의 초창부터 중수까지의 연혁을 기록한 것으로 14행 18자로 필사하였다. 서문을 쓴 사람은 포은 선생의 후손인 정명한(鄭溟翰)이다. 원장은 역대 원장의 명단으로 영부사 이경석(李景奭), 좌의정 홍명하(洪命夏), 용인현령 이신하(李紳夏)가 기록되어 있다. 품계별유사는 경유사(京有司), 유생경유사(儒生京有司), 동재유사(東齋有司), 서재유사(西齋有司), 전곡유사(錢穀有司), 중수별유사(重修別有司)의 명단을 기록한 것이다. <구청소송기(求請所送記)>는 전국 각지의 수령들이 보내온 물품 명세이다. 이하 서원을 중건하는데 소요된 인력과 물력을 상세히 기록한 명세서가 절반 이상을 차지한다. 기록 중간에 "병오년 정월 초8일부터 일한 역군(役軍)이 모두 2,995명이다."고 하였는데, 이 중건 사업의 규모를 대강 짐작할 수 있다.

또한, <강당중건시배일급물력치부(講堂重建時排日及物力置簿)>에 의하면, 현종7년(1666) 정월 8일에 처음 일을 시작하여 3월 15일에 기둥을 세우고, 5월 5일에 상량, 5월 21일에 개와를 올리고, 7월 그믐에 일을 마치

고, 8월 1일에 대문 및 곳간을 짓기 시작하여 8월 그믐에 완전히 마쳤다고 하였다. <사우중건시배일급물력치부(祠宇重建時排日及物力置簿)>에 의하면 사우는 병오년 10월 10일에 산역(山役)을 시작하여, 현종8년(1667) 4월 3일에 이안(移安)하였으며, 12월 기둥을 세우고, 25일에 상량하였으며, 윤4월 28일 개와를 올리고, 5월 그믐에 공사를 마치고, 6월 7일에 다시 위패를 모셨다고 하였다. 이 기록을 통하여 충렬서원이 중건된 과정을 상세하게 살필 수 있다. 맨 뒤에는 강당과 사우 중건상량문을 기록하였는데, 강당중건상량문은 조복양(趙復陽)이 지었으며, 사우중건상량문은 남용익(南龍翼)이 지었다.

『원장도암유적(院藏陶菴遺蹟)』은 표제에서 시사하듯이 충렬서원에 소장되었던 도암선생의 필적을 엮은 책이다. 책의 규모는 34×23.5㎝이며, 모두 34쪽이다. 서체의 크기는 각각 다르다. 내표지 상단에는 "崇禎三辛卯夏新粧", 즉 영조47(1771) 여름에 새로 장정하였다는 기록이 있어 이 자료가 책자로 꾸며진 연대를 분명하게 알 수 있다. 중앙에 '陶菴遺蹟'이라는 책명을 적고, 좌측에 '忠烈書院', 우측에 '龍仁儒林'이라 기록하였다. 여기에 찍힌 인장을 살피면 우측 상단으로부터 '毋不敬' '寒泉淵源' '鷄林人金樂聖叔睿印'이 찍혀 있고, 좌측에는 '金印樂聖' '文獻足徵' '陶翁世徒'가 찍혀 있다. 김낙성의 낙관이 찍힌 것으로 보아 이 책자를 새롭게 꾸민 사람은 김낙성이라 할 수 있다. 김낙성은 계림인, 즉 경주김씨이다. 충렬서원의 재임(齋任)을 맡았던 사람으로 추정된다.

내용은 충렬서원재(忠烈書院齋) 전납(傳納), 재안(齋案), 품목(稟目), 간찰(簡札) 등이며, 기록연대는 영조11년(1735)부터 영조19년(1743) 간이다. 각 문건마다 기록 연대와 도암선생의 수결(手決)이 있다. 자료 중에는 "포은선생의 자손이라는 이유로 서원의 재임을 맡을 수 없다는 것은 본래 원규가 아니다(先生子孫 勿爲齋任 本非院規)"고하여 시정을 촉구하는 간찰도 있다. 당시 서원 운영에 관한 실태를 기록한 가운데 품목은 도암의 유적이 아니고, 충렬서원의 재임(齋任)이나 장의(掌議)가 정리한 자료이다.

『충렬서원중수록』은 서원의 중수사실을 기록한 자료이며,『충렬서원선생안』은 서원의 선생 명단이라는 점에서 사료적 가치가 인정되어 1992년 10월 12일에 용인시 향토유적 제26호로 지정되었다.『도암유적』은 충렬서원의 운영 실태와 당시 용인유림들의 활동상을 구체적으로 살필 수 있는 자료라는 점에서 더 큰 의미가 있다. 물론, 도암 이재선생의 실제 필적이라는 점에서도 의미가 있다.

용인지역에서 충렬·심곡서원을 중심으로 수준 높은 강학이 이뤄지자 공교육보다는 서원을 중심으로 한 사립교육기구인 사숙(私塾)에서 수학한 인물들이 사회 전면에 부상하게 되었다. 구체적인 사례로, 이석형의 6대손인 이시직(李時稷)의 예에서 볼 수 있다. 그는 용인에서 출생하여 기호학파를 형성한 사계(沙溪) 김장생(金長生: 1548-1631)의 문하에 들어가 성리학을 수학하였으며, 인조 2년(1624)에 문과에 급제하여 시임봉상판관(時任奉常判官)이 되었다. 그의 6촌 아우인 이시정(李時程: 1578-1653)은 서울출신으로 진사가 되어 성균관에 입학했으나, 광해군의 폐모론이 일자 능골로 낙향하여 학문에 정진하는 한편 후학을 가르치기도 하였다. 18세기를 전후하여 충렬서원의 이건 문제로 정제두(鄭齊斗)·정찬조(鄭纘祖) 등을 비롯한 여러 유림의 공의가 있었던 것으로 보아 정제두와 정찬조 역시 이곳을 출입하며 학문을 연마하였던 것으로 생각된다. 그리고 추탄 오윤겸선생의 후손들이 능골 인근인 오산리에 터전을 마련하였으며, 약천 남구만선생이 모현면 갈담리에 은거하였다. 도암 이재선생은 이동면 노루실에서 태어나 김창협(金昌協)의 문인으로 정암(靜菴)과 율곡(栗谷)선생을 사숙했으며, 벼슬길에 나가 판서에까지 이르렀다. 영조 초년에 노론의 입장에서 소론을 배척하는 상소를 하였으나 받아들여지지 않자 용인으로 낙향하여 저술과 후진을 가르치며 일생을 마쳤다. 성리학에 깊은 조예를 갖춘 도암선생은 <충렬서원학규(忠烈書院學規)> <심곡서원학규(深谷書院學規)> <용인향약절목(龍仁鄕約節目)> 등을 지어 용인 지역사회와 사학의 규범을 제정하여 풍속을 바로잡고자 노력하였다. 특히 『주자가례(朱子家禮)』를 체계화하여

『사례편람(四禮便覽)』이라는 명저를 저술해 예법을 전수하는 데 힘을 기울였다. 그로 인해 사대부로부터 평민에 이르기까지 유교를 숭상하기에 이르렀고, 주자가례에 따른 예법이 존중되게 되었으며, 미풍양속이 널리 진작되었다. 실제 생활 속에 유학이 녹아들게 하는데 그가 끼친 영향은 실로 지대하였다.

도암선생의 <충열심곡양원강유근유문(忠烈深谷兩院講儒勤諭文)>에서 살필 수 있듯이 포은·정암의 서원이 용인에 있음은 용인지역의 유림 입장에서 볼 때 행운이 아닐 수 없다. 그럼에도 서원에서 강학하는 이 들이 점차 줄고 급기야는 폐철될 지경에까지 이르게 됨을 도암선생은 매우 안타깝게 여기고 있다.

> "우리 포은선생은 실로 동방이학의 조종이시며, 정암 문정선생께서 또 뒤를 이어 일어나서 천명하셨다. 이에 의지해 우러를 수 있으며, 이곳에서 지속하여 수학할 수 있으니, 이 어찌 우리들 한 고을의 행운이 아닐 수 있겠는가.…(중략)… 매달 강학하는 인원이 줄기만 하고, 늘지 않아서 그 세가 반드시 철폐되고 말 것이니, 어찌 애석하지 않으리요…(중략)… 같은 고향에서 20년간 강학했다는 이름을 있으나, 실제로 강학한 결과가 없으니, 나 또한 부끄러울 뿐이다."[28]

<충렬서원학규>에서도 용인지역에 포은선생의 묘역과 서원이 있어 향사를 모시고 있음은 남다른 특혜라고 하였다.

> "우리 포은 선생께서는 도학을 창도하여 밝히시고, 실로 백대의 종사가 되셨다. 우리 나라 사람으로서 누군들 망극한 은혜를 입지 않은 자가 있겠는가. 하물며 우리 지방은 선생의 의리(衣履)가 소장된 곳이고 향사를 받든 지가

---

28) "有若我圃隱先生 實東方理學之祖 而靜菴文正先生 又繼起而闡明之 得以依仰
於斯 藏修於斯 玆豈非吾輩一鄕之幸也歟…每月講員有減無加 勢必撤罷而後已
豈不大可惜哉…"(陶菴集,권25:35a)

수백년에 이르렀다. 우리 같은 하찮은 학사들이 만약에 선생의 학문에 뜻을 두지 않고, 선생의 글을 읽지 않는다면, 무슨 얼굴로 선생의 사묘(祠廟)에 들어갈 수 있으랴"29)

도암선생은 충렬·심곡서원의 운영에 직접 관여하면서 <심곡서원학규> <충렬서원학규> <용인향숙절목> 등을 지어 용인지역에서 강학을 주도하였다.

도암선생 사후30)에는 그의 고제자(高弟子) 중 한 사람인 왕림(旺林) 이행상(李行祥: 1725-1800)이 저헌 이석형의 원찰(願刹)인 은적암(隱寂菴), 충렬서원, 서재사(書齋祠)를 오가며 후학을 가르쳤으며, 충렬서원을 중심으로 한 기호학파의 학맥을 계승하였다. 이행상은 저헌선생의 후손으로 이신로(李莘老)의 손자이다. 능원리에서 태어나 도암선생의 문하에서 수학하였다.31) 왕림 이행상은 송단(宋湍)·성덕명(成德明)과 함께 동암문하(陶菴門下)의 삼처사(三處士)로 불린다. 이행상선생의 문집인『왕림유고(旺林遺稿)』에 충렬서원의 학풍과 인물들, 그리고 서원 활동 등에 관한 기록이 있는데, 충렬서원에서 수학한 문인 가운데 대표적인 인물로 도암 이재선생, 왕림 이행상, 양명학파로 알려진 정제두, 도암선생의 손자 이채(李采) 등이 눈에 띈다. 또한, 이 책에 일부 제자들의 성명을 부기(附記)하였는데, 충렬서원의 유생인 정규채(鄭奎采), 김성로(金星魯), 한천서사(寒泉書社) 유생인 이경증(李景曾), 이채(李采), 용인유생인 박현수(朴玄壽), 정성채(鄭星采) 등과 송황중(宋璜中), 최석경(崔錫慶), 신덕우(辛德羽), 성봉묵(成鳳

---

29) "於惟我圃隱先生 倡明道學 實爲百代之宗師 東土之人 孰不均被罔極之恩 而況 吾鄕則先生衣履之所藏 俎豆崇奉 蓋數百年于玆矣 凡我縫掖之士 苟不志先生之 學 讀先生之書 其何顏入先生之廟"(陶菴集, 권25:22a)

30) 도암선생이 세상을 떠나자 그의 여러 제자와 용인의 유림들이 그가 후진을 양성하며, 학문과 저술에 몰두하던 이동면 천리 노루실에 寒泉書院을 건립하였으며, 순조 2년(1802)에 사액을 받았다.

31) 지금의 모현면 東林里는 東山마을과 旺林마을의 명칭에서 유래한 것인데, 왕림은 바로 李行祥의 호이다. 그를 주변에서는 旺林先生이라 불렀다.

默), 정환흠(鄭煥歆), 이청수(李淸秀) 등의 이름이 들어 있다.

용인지역은 한 때 남인계와 서인계가 공존하기도 하였으나, 서인계가 노·소론으로 분화되자 노론계에 속해 있던 도암선생의 영향 하에 점차 노론계가 주도하는 양상으로 변화되었다. 수많은 사대부들의 묘소 앞에 세워진 묘비나 신도비의 찬자가 대부분 노론계의 문장가들이라는 사실이 이를 증빙한다. 충렬서원의 원장도 거의 대부분 노론계의 인사로 보임되었음을 알 수 있다.

적어도 대원군의 서원철폐령으로 1871년에 충렬서원이 훼철되기 전까지는 용인지역은 유학자들의 이목이 집중되었던 곳이었으며, 기호학파의 발상지이자 핵심이었다. 그러나 전국 1천여 곳의 서원·사우 중 '일인일사(一人一祠)'의 원칙에 따라 47곳만 남게 되고, 나머지는 모두 훼철되면서 용인에 소재했던 3개의 서원 중 심곡서원만 존재하게 되었다. 뒤이어 갑오개혁으로 인하여 근대 교육제도가 도입되면서 서원을 중심으로 발전하던 용인지역의 유학은 크게 위축되었다.

충렬서원이 훼철된 후 영모재에서 추원재(追遠齋)라 이름하고 정한영(鄭漢泳)이 약간의 서재를 모아 학생들을 가르쳤다는 기록으로 보아 훼철된 후에도 그 면면은 이어졌던 것 같다. 훼철된 충렬서원은 1911년에 유림의 탄원으로 사묘(祠廟)인 충렬사(忠烈祠)로 복원되었고, 정택기(鄭澤基)를 중심으로 맹보순(孟輔淳)·김학조(金學祖) 등 인근의 많은 선비들이 <충렬서원모현계보린회(忠烈書院慕賢稧保隣會)>를 조직하여 활동하면서 1920년경 서원의 옛 모습을 되찾게 되었다. 서원 서쪽에 20평 정도 크기의 교사를 짓고 사립 모현강습소(慕賢講習所)를 열어 신구학문을 교육하기도 하였다.32)

그리고 양지향교에서는 현 양지초등학교 전신인 陽智公立普通學校가 설립
32) 용인유림들은 1906년에 용인향교에 명륜학교를 설립하여 용인지역에 최초로 '학교'가 탄생되었으며, 현 신갈초등학교 전신인 私立龍仁普通學校로 발전하게 된다.
되었으며, 용동중학교의 전신인 新生學院이 설립되어 양지중등교육기관의 효시를 이루었다. 또 각 서원에서는 강습소와 문정중학교를 설립하여 현대교육에 나름대

1930년도에 모현보통학교가 개교하면서 강습소는 문을 닫게 되었다. 모현보통학교에 입학하지 못하는 학생[33]들을 위하여 다시 능원간이학교(陵院簡易學校)를 설립하여 교육하였다. 이 간이학교가 1944년 능원국민학교로 승격되었다. 1940년대 말 모현에 초등학교 3곳, 인근 광주 매산리에 1곳이 있었으나, 중학교가 없었으므로 1951년 능원국민학교 내에 능원고등공민학교를 설립하여 운영하였다. 1974년 모현중학교가 개교되자 고공은 다시 문을 닫게 되었다.

이렇게 볼 때 충렬서원은 모현강습소, 강습소는 모현국교로 다시 서원 인근에 간이학교, 이 간이학교가 능원초교, 다시 능원고등공민학교가 모현중학교로 발전하였음을 알 수 있다.

현재 용인의 유림들은 유도회를 결성하여 향교와 서원의 임원들은 매월 초하루 보름에 분향하고, 회원들과 함께 춘추로 享祀를 봉행하고 있으며, 최근에 와서는 향교 내에 충효교육관을 세우고, 하계방학을 이용하여 초·중학교 학생들에게 한자와 충효 및 심성교육을 실시하고 있다. 그리고 지금도 주민들의 생활 속에 많은 부분 유교의 영향이 남아있어 교화를 통해서 미풍양속을 진작시키고, 쇠퇴하여 가는 전통문화 유산을 지키고 이어가기 위한 구심적 역할을 하면서 유교의 명맥을 잇고 있다.

5. 맺음말

이제까지 살려본 논고는 매우 제한적인 논의라는 점에 한계를 벗어날 수 없다. 포은선생이 용인지역에 끼친 영향을 구체적인 물적 자료만 대상으로 정리한다는 것 자체가 문제일 수 있다. 포은선생이 우리나라 역사에서 평가

로 이바지하기도 하였다.
33) 당시에는 초등학교도 시험을 보고 입학하였으며 시험은 성적보다 재력, 권력이 있어야 가능하였다고 한다.

되는 바도 '충절'로 집약되는 만큼, 정신적 가치가 더욱 평가되어야 할 것이기 때문이다. 그렇다고 해서 추상적인 논지만 제시하는 것은 입론 자체가 불가할 것이다.

분명, 용인지역에서의 포은선생의 위상은 다른 인물에 비할 수 없을 정도로 막대하다. 지금 우리 시대엔 그 위상이 감해져가고 있는 실정이지만, 조선시대 유학자들이 바라보는 용인지역, 특히 모현은 유학의 성지로 인식하였을 것이다. 동방성리학의 조종으로 추숭되는 포은선생의 묘역이 모현면 능원리에 있다는 사실만으로도 용인지역에 대해 관심을 가질 만했고, 그에 따른 지역의 변화는 자연스런 결과였다.

여말선초에는 용인지역에서 용인이씨, 죽산박씨 등 몇 성씨만이 세거성씨로 등장하였다. 15세기 이후에는 모현면에 영일정씨, 연안이씨, 해주오씨 등이 정착하여 동족촌을 형성하게 되고, 다른 성씨와 통혼하면서 점차 세거성씨가 늘어났다. 그만큼, 용인지역이 사족의 거점으로 인식되었던 것이다. 이러한 지역의 변화를 여는 계기가 바로 포은선생의 천장이었던 것이다. 도암선생의 지적대로 포은선생의 묘역, 영모재, 포은영당, 그리고 충렬서원이 용인에 있다는 사실 자체가 긍지를 가질 만하다. 그러한 자긍심에서 용인지역의 유림들은 포은선생의 학통을 계승하고자 분발하였음이 분명하다. 월사 이정구, 노봉 민정중, 하곡 정제두. 도암 이재, 왕림 이행상 등이 그 대표적인 학자들이다. 특히, 도암선생은 충렬서원, 심곡서원, 한천서사, 용인향교를 관여하며, 직접 강학하였던 대유이다. <충렬서원선생안>에 살폈듯이 원장을 맡았던 인물들이 거의 다 우리 역사에서 명망을 떨쳤던 경대부요, 거유였다는 사실은 주목할 만하다. 노론계를 중심으로 한 기호학파의 형성은 바로 충렬서원을 거점으로 이루어졌다는 점에서 더욱 관심을 기울일 필요가 있다.

현재 모현지역의 세거성씨들은 그 수효나 세력이 점차 사라지고 있다. 그러나 우리의 선조들이 남긴 자취나 끼친 영향은 크게 변하지 않을 것이다. 앞으로도 용인시가 발전함에 따라 모현지역도 더 변화하고, 인구도 더욱 늘어날 것으로 예상된다. 용인시의 동북부에 위치한 모현지역 역시 난개발로 인한 변화 속에서 안전할 수 없다. 이제라도 포은선생의 학덕을 흠모하여 우리 선조들이 명명한 '모현(慕賢)'의 지명에 걸맞은 모현만의 문화를 이루어 가도록 노력해야 할 것이다.

용인지역 문화환경과 지역축제

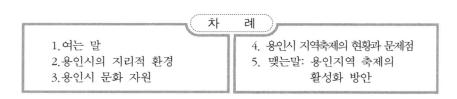

1. 여는 말

  "눈을 뜨고 일어나 보니 세상이 변했다."라는 옛말이 실감나는 곳이 바로 용인시이다. 몇 개월간 외국에 있다가 돌아와 보니, '상전벽해(桑田碧海)'의 현상이 눈앞에 펼쳐져 있다. 전국 최대 규모의 '문화복지행정타운'이 세워져 있고, 수지·구성 지구는 이제 아파트집단촌으로 낯선 사람들뿐이다. 서부권의 인구가 용인시 인구의 절반을 훨씬 넘고 있으며, 대형상가와 유통센타로 점철된 번화가로 변해져 있다. 그런 여건 속에서도, 동부권의 원삼면에는 원삼초등학교 두창분교가 있다. 음력 시월 초순엔 5, 6백년의 전통을 이어오는 문중들의 시제(時祭)와 마을의 산신제(山神祭)가 행해지고 있다. 한 지역도시에서 이같이 상반된 현상을 살필 수 있다는 사실이 놀랍다.

  용인시는 옛날부터 동·서의 이질적인 여건과 문화의 차이로 정책상의 난제로 부각되어 왔으며, 현재까지도 큰 과제로 남아 있다. 최근에 들어와서는 동·서부권의 차이가 더 현저해졌다. 이러한 문화환경 속에서 용인시는 신청사의 명칭을 과감히 '문화복지행정타운'으로 명명하였다. 모든 이에게 문화－복지－행정의 도시라는 의미를 심사숙고하게 한다. 일단은 '문화복지국'의 신설과 구성원의 전문화로 가능성을 기대한다. 그러면서도 과연 용인시 당국은 '문화'를 맨 앞에 내세운 의지를 그대로 실천할 수 있을지 우려가 없지 않다. 최근 설명회를 가진 <용인시 2006 햇불축제 기본계획>에서도 그간의 우려를 떨칠 수 없다. 문화관광부에서 집계한 통계에 의하면, 2005년도 전국지역축제가 1천 200건이 넘는다.[34] 그 가운데, 국가에서 지정한 지역축제는 37건이다.[35] 불행히도 인구 70만 남짓한 용인시의 경우는 지정된 축제가 한 건도 없다. 용인시 당국에서 시민의 반응을 직접 확인할 수 있는 지역축제 추진을 서두르는 것은 당연한 일이다. 용인문화원의 '2005년도 워크숍'의 주제를 <용인지역의 문화환경과 축제문화>로 선정한 것도 가장 시급한 과제이기 때문으로 이해된다.

본고에서는 용인지역의 문화환경과 지역축제 범주 내에서 그간의 실적을 검토 분석해서 개선방안을 제시하고자 한다.

2. 용인시의 지리적 환경

용인시는 한반도 및 경기도의 중심에 위치한 수도권 중추도시이다. 면적 595km^{2}으로 서울시의 면적과 거의 비슷하다. 2005년 12월 기준으로 인구 70만에 달하며, 전입률이 전국에서 가장 높은 신도시 지역이다. 옛날부터 지형적으로 국토공간상 중요한 위치를 차지하고 있기 때문에 중요한 교통로였다. 조선시대 이후에는 영남대로가 용인을 관통해 지나가면서 서울의

---

1) 이 통계수치는 문화관광부에서 각 시군에서 제출한 자료를 정리해서 집계한 것으로, 홈페이지에 게재되어 있다. 강원도의 축제 상황은 미제출로 통계 수치에서 제외되었다.
35) 김사헌, 「용인지역문화축제의 활성화 과제」(『지역혁신과 용인지역연구』, 용인발전연구센타, 2004.12), pp.94-95.

길목 역할을 하게 되었다. 김수녕(金壽寧)이 지은 <용인신정기(龍仁新亭記)>에 의하면, 용인은 왕도(王都)에 접해 있어서 빈객들이 번다하게 많이 드나들며, 당시의 경제적 여건으로 감당하기 어려운 정도였다고 한다.

> "용인은 작은 고을이나 서울과 인접되어 있기 때문에 밤낮 없이 폭주하는 대소의 빈려(賓旅)가 이곳을 경유하지 않을 수 없으니, 대개 남·북의 인후(咽喉)라 하겠다."[36]

지형적으로는 광주산맥에 속하고 남쪽으로 뻗은 4개의 산줄기에 의해서 시역(市域)을 구분할 수 있다. 북서쪽 의왕시와 경계지역에는 광교산(582m), 백운사(564m), 바라산, 형제봉 등으로 이루어진 해발고도 400m 이상의 남북 방향 산지가 있다. 광주시 경안동 남쪽에서 정남 방향으로 뻗어 내리는 산지는 동부동을 두 갈래로 크게 가르는데, 태화산(645m), 노고봉(574m), 발리봉, 정광산, 쌍령산 등의 산이 솟아 있다. 이 산지의 동쪽에는 비교적 낮은 산이 남북으로 뻗어 있다. 수정산, 구봉산, 정배산 등이 주요산이다. 전체적으로 보아 산지가 남북으로 뻗어 있기 때문에 그 사이의 침식저지와 충적지 등도 남북 방향으로 형성되어 있다. 가장 서쪽의 저지(低地)는 한강 지류인 탄천과 진위천의 지류인 신갈천이 형성한 충적지와 그 주위의 저위 침식구릉으로, 경부고속도로가 이 저지대를 통과하고 있다. 중앙에 있는 남북 방향의 저지대는 시역의 중심적 기능을 하는 곳으로 용인시의 중앙동이 여기에 위치한다. 북쪽으로는 광주행 국도와 남쪽으로 안성행 국도가 지나고 있다.

주요 하천은 북류(北流)하여 한강으로 유입하는 금령천, 서쪽에서 평택시를 지나 분향만으로 유입하는 구흥천, 동남쪽으로 흘러 남한강으로 유입하는 청계천으로 크게 나눌 수 있다.

---

36) "龍仁小邑也 以其接於王都也 故凡大小賓旅 日夜輻輳 莫不因是 皆南北之喉也"(『東國輿地勝覽』권 10, 京畿 龍仁縣 樓亭 條)

용인시는 산지가 많은 편으로 강수량도 1,850㎜ 내외로 비교적 많은 편이며, 연강수량의 편차가 심한 편이다. 기후는 연평균 11.7℃이며, 1월 평균가온 -2.5℃. 8월 평균기온 24.3℃로 일교차도 심한 편이다.

용인시는 전지역이 국토이용관리지역 및 수도권 정비권역으로 성장관리권역 284km²(10읍·면·동), 자연보전권역 308km²(9면·동)이며, 팔당상수원 특별대책지역 207km²(7면·동)이다. 용인시는 사통팔달의 교통이 편리한 지역이다. 경부, 영동, 신갈~안산간고속도로 교차 (42.9km)하고 있으며, IC 및 JCT7개소이다. 그리고, 17번, 42번, 43번, 45번 국도가 동서남북으로 관통한다. 관내 대학교와 연구시설도 다른 시군과 확연히 구별될 정도로 많으며, 산학연시설이 고루 분포되어 있다(자료 1·2 참고).

널리 알고 있듯이 용인지역은 예로부터 동·서 문화권역으로 대분된다. 지금도 동·서 부지역의 분화는 심각한 정도로 여러 방면에서 문제시 된다. 용인지역의 문화권을 좀더 구체적으로 구분하면 네 개 문화권으로 구분된다. 동부권으로 양지·백암·원삼지역이 형성되어 있고, 서부권으로 수지·기흥·구성지역이 형성되어 있으며, 남부권으로 이동·남사지역이 형성되어 있으며, 북부권으로 모현·포곡지역으로 형성되어 있다. 용인시내 권역은 일제시대 행정구역 개편시 형성된 지역이다.

이러한 여건에다 2005년 9월 30일 행정구역 개편으로 다시 처인구·수지구·기흥구 3개 구청으로 구분되어 기존 문화정책의 틀을 재구성해야 할 중대한 시점에 서 있다. 처인구는 이전의 용인지역 동부권으로 형성되어 있어 외견상 문화권역에서 큰 변화는 없다. 그러나 실제에 있어서는 수도권과의 인접지역으로 개발붐이 한창인 북부권과 미개발지구라 할 수 있는 남부권과의 차이가 크다. 수지구의 경우, 문화권역에서는 이전과 큰 변화가 없다고 할 수 있다. 기흥과 구성권역으로 형성된 기흥구의 경우는 문화권역에서는 대동소이한 편이다.

3. 용인시의 문화 자원

(1) 문화유산

용인시는 선사유적을 비롯하여 관방유적, 불교유적, 유교유적, 도요지, 고문헌 자료 등 수많은 문화자원을 보유하고 있다. 경기도의 문화재 지정 상황을 보면, 타시군에 비할 바가 아니다(자료 3 참고). 예로부터 명당으로 유명때문인지 포은 정몽주선생의 묘역을 비롯하여 선현의 묘역이 가장 많은 지역이다. 정몽주(鄭夢周)·조광조(趙光祖)·이재(李縡) 선생과 같은 유학자의 연고지이기도 하다. 충렬서원(忠烈書院)은 기호학파의 거점이라 할수 있으며, 경기 실학의 요람으로 평가되고 있다.[37] 심곡서원(深谷書院)[38], 한천서원(寒泉書院)[39]은 전국 유림이 탐방하여 학문을 수양하던명소였다. 이런 측면에서 용인은 '유학(儒學)의 성지'이며, '예학(禮學)'의본향'이라 할 수 있다.

아직까지 용인시 문화재로 지정되지 않은 문화유산 가운데도, 중요한 문화자원이 적지 않다. 특히, 허균(許筠) 묘역 등은 매년 많은 사람들이 답사하는 곳임에도 불구하고 방치되어 있으며, 유희(柳僖)선생, 사주당 이씨(師朱堂李氏), 유근(柳瑾) 등은 문화관광부의 '이 달의 문화인물' 또는 '이 달의 독립인물'로 선정되어 전국적인 행사와 홍보가 이루어졌다. 사주당 이씨는 경기도의 대표적인 여성 실학자로 빙허각 이씨(憑虛閣李氏)와 함께 집중적인 연구 대상으로 제기되고 있는 인물이다. 그의 저술 <태교신기(胎敎新記)>는 방송매체에서도 심층 분석하여 제작하여 방영한 바 있다. 그럼에

---

37) 홍순석, 「포은 정몽주선생이 용인지역에 끼친 영향」,(『인문과학논집』 13집, 강남대 인문과학연구소, 2004.12). pp.121-142
38) 심곡서원은 조광조(趙光祖) 선생의 위패를 봉안하고 있는 서원으로,1605년에창건시 '深谷'이라는 사액을 받았다. 대원군의 서원철폐 당시에도 존치되었던 서원이다.
39) 한천서원은 대원군 당시 폐철되어 아직 복원되지 못한 상태이다.

도 불구하고, 용인시 당국에서는 별다른 관심을 기울인 바 없다.[40] 경기도 차원에서 사주당 이씨를 경기 여성실학자로 부각하여 선양사업을 기획하고 있으며, 강릉시와 전남 장성군에서 허균과 관련하여 문화유적지를 정화하고, 관광자원화하려는 적극적인 의지를 펴고 있는 데 비하여, 용인시의 태도는 매우 대조적이다.

〈용인시 주요 비지정문화재 일람〉

명 칭	소 재 지	비 고
이석지(李釋之) 묘역	양지면 주북리	고려말엽 문인, 영천이씨의 시조
박은(朴誾) 묘역	양지면 식금리	조선의 대표적 시인, 전국시가비건립동호회에서 시비건립.
유희(柳僖) 묘역	모현면 왕산리	문화관광부 「이달의 인물」에 선정됨(2000.10)
사주당 이씨(李氏)묘역	모현면 왕산리	여성 실학자, 유희선생 모친, <태교신기> 저술
허균(許筠) 묘역	원삼면 맹리	문화관광부 「이달의 인물」에 선정됨(2001.9)
유근(柳瑾) 묘역	용인시 남동	언론인, 교육가,독립운가, 「이 달의 독립운동가」(2001.10)에 선정됨

(2) 민속놀이

용인지역에 전승하는 대표적인 민속놀이는 줄다리기·거북놀이·달맞이·장치기·지신밟기·지경다지기·농악·답교놀이·농기싸움·재돋음놀이 등이다. 이 가운데서 인근 타지역에서 관찰하기 어려운 민속놀이는 답교놀이·동홰놀이다.

---

40) 허균의 묘역을 비롯한 이들 문화유적은 현재까지 용인시의 문화재로도 지정되지 못한 채 방치되었으며, 시 당국에서도 별다른 조치가 없는 상태이다.

<주요 민속문화 자료>

자 료 명	분포지역	시 기	비 고
답교놀이	모현면 왕산리	정월 대보름	일제때 실시
달맞이놀이	전지역	정월 대보름	현재 일부지역 실시
동홰놀이	양지면 대대리	정월 보름 전후	현재 실시
줄다리기	전지역	정월명절, 단오, 추석	해방전 존재
장치기	전지역	수시	60년대 실시
지신밟기	전지역	정월명절, 추석,	현재 일부지역 실시
거북놀이	전지역	추석	70년대 실시
지경다지기	전지역	수시	70년대 실시
재돔음놀이	동남부지역	수시	해방전 일부지역 실시
농기(두레)싸움	전지역	농번기	해방전 실시

'줄다리기'는 예로부터 우리나라 중부지방 여러 곳에서 성행하던 대표적인 민속놀이다. 용인지역에서는 대부분 음력 정월대보름날 달맞이가 끝난 다음 시작되며, 거의 모든 마을에서 이루어졌다. 특히 남사면 봉무리에서 지금까지 실시하고 있는 줄다리기는 조선조 숙종 때부터 전해온 것이라 한다.[41] 역사적 사실 여부를 막론하고 촌로들의 증언에 의하면 매우 오래전부터 성행하던 놀이였음이 분명하다.[42]

'타작노동요'는 예로부터 이동면 묘봉리와 외사면 석천리 등 여러 곳에서 이루어지고 있는 민속놀이다. 보리타작을 할 때 주민들의 단합과 친목 그리고 공동작업으로 능률을 올리기 위하여 가락을 맞추어 노래 부르며 일하는 것이다. 특히 도리깨질이며 태질꾼·부뚜질·키질·비질 등 북소리에 맞추어 노동요를 부르며 흥겹게 타작이 진행된다.[43]

'동홰놀이'는 백암면 지역에서 전승되어 민속놀이로 다른 지역에서 관찰하기 어려운 놀이다. 최근 용인지역인 대표적인 민속놀이로 부각하고자 노

---

41) 한국역사민속학회, 『용인지역의 마을의례』(2000, 용인시, 용인문화원)
42) 이천지역의 <신둔면 용면리 줄다리기> <모가면 진가리줄다리기>가 지금까지 성대하게 이루어지고 있음에 비해, 용인지역에서는 매우 빈약한 형편이다.
43) <타작노동요>는 최근 김문향씨에 의해 재현되고 있으나, 널리 알려지지 못한 답보 상태에 있다.

력하고 있으나, 예산 지원과 홍보부족으로 널리 인지되지 못한 채 마을 단위로 겨우 전승되고 있다.44)

'답교놀이'는 모현면 지역에서 행해지던 민속놀이다. 이제는 지역민까지도 기억하는 이가 적다. 민속자료조사 차원에서 확인된 정도이며, 아직 재현된 바 없다. 타 시군의 민속놀이와 차별화되는 민속놀이라는 점에서 조속히 문헌과 촌로들의 고증을 통해 재현할 필요성이 있다.45)

이밖에 재앙을 면하게 하여준다는 거북놀이·서리·복조리·터줏가리 등도 세시풍속과 함께 전하는 민속놀이다.46)

(3) 마을의례

용인지역 여러 곳에서 당제, 산신제, 정제(우물고사), 서낭제 등 마을의례가 전하고 있다. 특히 모현면 초부리와 원삼면 맹리의 산신제 등은 2백년이 넘게 행해지고 있는 마을의례이다. 조사된 현황을 정리해 보이면 다음과 같다.

〈용인지역 마을의례〉

당제	6개소	남사면(2) 포곡면(1), 수지읍(1), 구성읍(1), 남사면(1) 이동면(1)
산신제	25개소	구성읍(1) 기흥읍(3) 남사면(1) 모현면(2) 백암면(2) 수지읍(1) 양지면(6) 용인시(3) 원삼면(2) 이동면(3) 포곡면(1)
서낭제	1개소	기흥읍(1)
수목고사	7개소	이동면(2) 포곡면(1) 양지면(1) 용인시(1) 남사면(2)
우물고사	3개소	모현면(1) 남사면(1) 기흥읍(1)

---

44) '동해놀이'의 발굴과 재현은 매우 의미 있는 사업이었으나, 구체적인 고증이 없이 전국민속경연대회에 참여하기 위한 방편으로 재현되었었다. 이후 지속적인 지원이 없어 답보 상태이다. '동해놀이보존회'를 구성하고 용인시 문화당국의 본격적인 지원이 요구된다.

45) 답교놀이의 연희과정은 『용인지역의 마을의례』에서 소개되어 있다.

46) 거북놀이의 경우도 이천지역에서는 '이천 거북놀이 보존회'가 구성되어 매년 재현하고 있으며, 인근지역인 용인을 비롯하여 여주, 안성, 광주지역의 거북놀이와 차별화하여 '이천거북놀이'로 전국적으로 인지된 상태이다.

4. 용인지역 축제의 현황과 문제점

용인시는 최근 몇 차례 외부의 전문 업체에 의뢰하여 용인지역의 문화관광 추진계획과 지역축제의 추진계획을 발표하였다. 대표적인 사례로 <용인시 관광비전21 추진종합계획> <용인시 2006년 횃불축제 추진기본계획>이다. 이러한 계획을 추진하면서 여러 차례 설명회를 통해 각계의 의견을 수렴하였다. 그럼에도 실제 그 같은 계획이 추진되어 성과를 내보인 적은 거의 없다. 2005년도에 추진해온 횃불축제의 경우도 그간 용인지역민의 이해와 참여도 측면에서 보완되었다고 할 수 있으나, 용인지역의 문화 환경을 깊이 있게 분석한 결과물이라고 보기엔 미흡하다.

우선, 용인지역의 문화행사를 주로 시행하고 있는 용인문화원·용인예총에서 2005년도에 시행한 문화행사를 살펴 기초 자료로 삼고자 한다.

<용인지역내 주요 문화행사 및 축제>

행사명	일 시 / 장소	행사내용	비고
포은문화제	매년 5월-6월중 3일간	천장행렬, 제례, 상산제, 한시백일장 등	용인문화원 주관
시민의 날 행사	매년 9월 30일 공설운동장, 문예회관 등	기념행사, 체육행사	용인시주관
용구문화제	매년 10월 초 공설운동장, 문예회관 등	시민장기자랑 한마당, 민속경연대회, 각종전시회, 전국궁도대회 등	문화원/예총 주관
용인예술제		거리축제, 도자기체험, 시화전, 군악대시범, 시민화합의 밤	예총주관

위의 표에서 보듯이, 현행 용인지역 축제문화의 문제점은 타지역 축제의 일반적인 문제점을 그대로 안고 있다. 우선 기존의 연구자들에 의해 지적된, 전국 1천여 건에 이르는 축제의 문제점을 정리해 보이면 다음과 같다.[47]

① 주민의 자생적 자발적 지역축제가 아닌, 처음부터 인위적이고 전시적이고 상업적인 관광축제가 대부분을 차지한다.

② 지역적 향토색이나 차별화된 특성 없이 획일화되어 축제가 열리고 있으며, 모방축제도 적지 않다.

③ 축제의 절반이 봄(4-5월), 가을(9-10월)에 집중적으로 열리고 있다.

④ 대다수의 축제가 "유치목표 ○○만 명"하는 식으로 목표를 과도하게, 그리고 범위를 넓혀 잡고 있다.

용인지역은 위에서 지적한 지역축제의 일반적인 문제점 외에 지리적 여건이나 문화여건상 별다른 문제점을 안고 있다. 지리적 여건상 예로부터 동서부 지역의 이질적 요소가 아직도 대립되어 있다. 지역 축제의 목적이 해당 지역 주민의 화합과 단결을 전제로 한다는 점에서 용인지역 동서부의 대치적 양상은 커다란 장애요소가 아닐 수 없다. 더욱이, 동부지역과 달리 서부지역은 신도시로 개발되면서 거주민이나 지역의 문화적 정서가 판연히 구별된다. 같은 시의 권역에서 이처럼 대치적인 사례도 흔하지 않을 것이다.

현행, 용인시 축제가 용인지역의 문화환경을 적극 반영하지 못하고 있다는 사실도 커다란 문제이다. 용인지역은 조선시대 기호학파의 터전이요, 예학의 본향이라 할 수 있다. 포은 정몽주, 정암 조광조선생의 명성만으로도 이미 널리 알려진 유교문화유산을 용인시에서는 방치하고 있다. 조선조 후기 여성실학자로 부각되고 있는 사주당 이씨를 선양하여 축제화한다면, 전국 여성단체가 참여하는 거국적 축제가 이뤄질 수도 있다. '사거용인(死居龍仁)', '명당(明堂)'으로도 유명한 용인의 지형적 여건을 바탕으로 축제를 기획할 수 있으리라 본다. 최근 용인문화원에서 주관하고 있는 '포은문화제'는 이런 점에서 용인지역의 문화환경을 반영한 축제라 할 수 있다.

용인지역에는 이동면 서리를 비롯해 여러 지역에 도요지가 발굴되어 학계의 관심사가 되고 있다. 그럼에도, 이천, 여주, 광주 등 인근 지역에서 추

---

47) 김사헌, 「용인지역문화축제의 활성화 과제」 pp.89-90.

진하고 있는 도자기축제에서 제외되고 있다. 적지 않은 학술조사 용역비를 지출하고 있으면서도, 용인시민에게조차 별다른 관심을 유도하고 있지 못한 대표적인 사례이다.

용구문화제는 용인의 지역축제로 특성화해야 함에도 불구하고, 다른 시군의 행사와 크게 다르지 않다. 매년 전국궁도대회를 유치하여 실시하고 있음에도 지역민에게 조차 홍보되지 못하고 있다. 처인성의 유래를 보면, 고려시대 몽고군 침입시 김윤후가 몽고의 장수 살리타이를 활로 사살한 곳이다. 이런 유래를 도외시 한 채, 처인성이 아닌, 다른 지역에서 전국궁도대회가 이뤄진다는 사실도 납득이 가지 않는다. 더욱이 2005년도에 처인구가 개청되었음에도 아무런 사업이 추진되고 있지 않는 실정이다.

동해놀이, 할미성대동굿 등 민속문화유산도 거의가 전국민속경연대회 참가를 위해서 이뤄지고 있다는 사실을 부인할 수 없다. 여러 가지 민속놀이가 각 지역에서 용인시의 행사지원비를 받아 매년 실시되고 있음에도 지역축제로 활성화되지 못한 실정이다.

용인시에서 주관하는 시민의 날 행사는 각 지역의 체육대회와 연예인 초청 공연으로 진행되고 있는 셈이다. 적지 않은 예산을 사용하고 있으면서도, 참여 인원을 동원해야 하는 문제점을 벗어나지 못하고 있다.

최근 용인시에서는 이러한 문제점을 해결하기 위하여 전문 축제기획 단체에 용역사업으로 의뢰해서 몇 차례 공청회를 실시한 바 있다. 그럼에도 아직까지 추진되지 못하고, 답보 상태에 있다. 필자의 견해로는 지역의 축제에서 그 지역의 문화환경을 무시한 채 타지역에서 성공한 축제의 사례를 바탕으로 통합된 형태의 축제를 기획하고 추진한다는 것 자체가 무리이다. <2006 횃불축제기본계획>의 내용을 정리해 보이면 다음과 같다.

〈2006횃불축제기본계획〉

	1일차	2일차	3일차	4일차	5일차	6일차	7일차	8일차	9일차
일일 행사	개회식	횃불전투 *차전놀이 *줄다리기 *오제미싸움 *강강수월래	승천의 빛 *마스게임 *전문 퍼포먼스 *동해놀이	U&I Festival *대학문화 공연 *동아리 마당 *먹자골목 *맥주 페스티벌	Candle Party	Big Camp Fire *촛불의식 *점화식 *소원비행 기	화이어맨 페스티벌 *저글링 *화이어팅 *매직쇼 *칵테일쇼	용인 카니발 *퍼레이드 카 *폭죽 놀이 *가면 무도회	화이어 워크 *폐회식 *축하공연 *불꽃놀이
상설 행사	멀티미디어쇼 Fire 퍼포먼스 Candle Fair 용인근대화사진전 체험행사 동해점화식			이! 처인성(연극공연)					
특별 행사	축하공연					Self Fire			
	College Day (일일 한 개 대학이 주체가 된 대학문화축제)								

위의 축제계획안이 최근에 작성된 것이라는 점에서 그간의 문제점을 보완했다는 사실은 인정된다. 그럼에도 용인지역민의 적극적인 호응을 받지 못하고 있다. 이유는 무엇인가? 대다수가 지적하였듯이 용인의 지역적 특성이 고려되지 못하였다는 것이다. 위의 내용은 전국 어느 시군에서도 추진할 수 있는 방안이다. 용인지역의 문화연건을 감안하여 대학문화축제를 특별행사로 계획하고 있음은 주목할 만하다. 그러나 차전놀이, 줄다리기, 오제미싸움, 강강수월래 등의 민속놀이는 용인지역의 문화적 정서를 담기에 부족하다. 용인지역의 민속문화 환경을 감안하였다면, 이런 민속놀이를 구성하지는 않았을 것이다.

이러한 점에서 보면, <관광비전21종합계획안>에서 제시한 지역 문화축제 관광자원화 계획은 용인지역의 특성을 살린 계획이었다고 할 수 있다.

관광비전21종합계획안 (3.지역 문화축제 관광자원화 계획)

용인 처인성 문화제

- 주제: "한민족 항쟁의 역사 이야기."
- 개최장소: 처인성지, 도립박물관, 용인문예회관 등
- 개최시기: 매년 10월
- 행사내용: 처인성지 영상쇼, 김윤후출전식, 용인명품거리축제, 몽골의복 및 전쟁장비 전시 등

용인 막사발 가마 축제

- 주제: "물, 불, 흙, 백자의 청초함을 찾아서"
- 개최장소: 서리상반도요지, 고안리, 이동면 옹기요지 등
- 개최시기: 매년 4월
- 행사내용: 진혼제, 제작체험, 학술심포지엄 및 세미나, 도자기 만들기 대회 등

용인 애니-사이버 페스티발

- 주제: "Dream in Cyber World..."
- 개최장소: 전대리 일대, 삼성반도체 주변등
- 개최시기: 매년 12월
- 행사내용: 가상현실체험, 게임/애니메이션체험, 소프트웨어 전시, 관련 학술대회 및 부대행사 등

동양 선(禪) 축제

- 주제: "신과 인간세계의 만남."
- 개최장소: 할미산성 주변, 한국민속촌, 도립박물관 등
- 개최시기: 매년 7월
- 행사내용: 전통굿, 국제샤머니즘 전시회, 무속 심포지엄, 사이버점, 꿈해몽, 운세보기 등

현 시점에서도 <관광비전21종합계획안>이 <2006 횃불축제기본계획> 보다 용인지의 문화환경에 적절한 계획이었다고 생각된다.

우리는 지역축제의 성공적인 사례로써 이천도자기축제, 금산인삼축제, 무주반딧불축제 등을 꼽고 있다. 이들 지역축제의 성공적인 요인은 전국지역 축제의 모범사례로 분석, 연구되고 있다. 2000년부터 문화관광축제로 출발한 무주반딧불축제는 짧은 역사에도 불구하고 크게 성공한 사례로 꼽는다. 용인시는 이들 축제의 성공적 사례를 그대로 모방하거나 답습하기보다는

성공적인 요인을 깊이 있게 통찰하여 수용해야 한다. 대부분 성공한 사례로 꼽히고 있는 지역축제는 다음 몇 가지 요인을 지니고 있다.

첫째 명확한 축제의 성격 및 목표가 뚜렷하게 설정되어 있다. 전통축제, 지역축제, 관광축제, 문화관광축제 등 축제의 성격을 명확하게 구분하고, 목표를 구체적으로 설정하고 있다. 지역전통문화의 발굴과 계승을 통해 지역민의 화합을 목표로 성공한 사례로 강릉단오제, 안동하회마을의 탈춤축제 등을 들 수 있다. 이들 축제는 오랜 역사와 전통으로 외부에 점차 인지되면서 자리잡은 성공적인 사례이다.

둘째 지역의 이미지를 부각시킬 수 있는 독창적인 소재를 발굴해서 기획하고 있다. 대표적인 사례로, 무주반딧불축제는 무주=반딧불=청정지역이라는 이미지의 제고로 무주에서 생산되는 농산물의 청정이미지를 부각하여 고부가가치의 효과를 거두고 있다. 또한, 지역의 고유 이미지를 연상시킬 수 있는 소재의 개발로 성공한 축제의 사례로, 남원춘향제(남원=춘향), 이천도자기축제(이천=도자기), 금산인삼축제(금산=인삼), 안동하회탈춤축제(안동=하회탈), 부산자갈치축제(부산=자갈치) 등을 들 수 있다.

셋째, 참여형 프로그램을 개발해야 운영하고 있다. 우리의 전통놀이는 대부분 '대동놀이'의 형태로 전승되어진다. 특정한 공연자와 관람자의 구별이 별로 없이 함께 어우러지는 한마당의 놀이 형태로 이루어진다. 공연 뒤에는 뒷풀이가 마련된다. 이런 전통적 형태를 지금의 축제문화에도 적극 고려해야 성공할 수 있다. 이천도자기축제에서 가장 많은 사람들이 즐기는 곳이 바로 도자기 체험장이다. 햅쌀축제에서 인절미 만들기를 시도한 사례도 성공적인 요소를 꼽고 있다.

넷째, 축제의 성공적 요소 가운데 가장 중요한 요소는 '재미'이다. '볼거리' '먹거리'와 연관해서 관객의 본능적 욕구를 충족시켜야 한다. 우리말에 "굿이나 보고 떡이나 먹지"라는 말이 있다. 아무리 방관자적인 입장의 사람도 볼거리와 먹거리가 있으면 몰려들 수 있다는 점을 시사한다. 재래시장은 찾는 촌로들은 재미는 물건을 매매하는 행위 외에 먹거리의 충족에 관심이 크다. 장터는 만남의 공간이기에 자연스럽게 몰려든다. 그 자체가 볼거리이다. 파장 때의 난장판 광경은 다음 장날을 기대하게 한다. 지역축제는 이점을 중시해야 한다.

다섯째, 적절한 시기와 공간이 설정되어 있다. 축제의 개최시기나 기간, 공간도 축제의 중요한 요소이다. 전국 대부분의 축제가 5월과 10월에 집중되고 있으므로 이 시기의 장·단점을 판단해서 결정해야 한다. 농산물의 판매를 부수적인 효과로 노린다면, 부득이 10월에 개최할 수밖에 없다. 그렇지 않은 관광축제라면 가급적 이 시기를 피하는 것이 좋다.

지역축제의 개장 시간도 적극 고려해야한다. 축제 본래의 시간대는 거의 야간에 이루어져 왔다. 지금은 대부분의 축제가 오전 10시경에서 개장하여 해질 무렵에 폐장하고 있다. 주말이나 휴일을 제외한 평일의 경우 모두가 근무하는 시간대이다. 이런 시간대에 축제를 연다면, 참가자가 적을 수밖에 없는 것은 당연하다. 일본의 '마쯔리'는 대부분 퇴근시간대에 개장해서 심야까지 개장된다. 중요도로까지 폐쇄해서 축제를 행하고 있는데도, 커다란 문제가 없이 추진되고 있다. 주말과 휴일에는 전일제 프로그램을 운영하고, 평일에는 야간행사에 보다 중점을 두는 프로그램의 개발과 운영방법이 마련되어야 한다.

연구자들의 통계에 의하면, 우리나라 지역축제의 평균 축제기간은 5.2일이라고 한다. 외국의 성공적인 축제들이 대부분 7일 이상이며, 특히 주말에 시작하여 다음 주말까지 포함하는 10일 이상으로 운영되고 있다. 주말을 2회 이용할 수 기간의 설정은 거의 공식적인 기간임을 염두에 두어야 한다.

축제의 공간을 어느 곳에 두는가도 매우 중요하다. 대부분 지역축제가 교통편의적인 방편으로 종합운동장과 같은 곳에서 이루어지고 있는 데, 이 역시 문제점이다. 폐쇄된 운동장 공간의 이미지는 관객을 유치하는 데 장애적 요소이다. 열린공간의 이미지로 부각되는 공간을 고려하여 선정해야 한다.

4. 맺는말: 용인지역 축제의 활성화 방안

앞에서 살펴본 전국지역축제의 문제점과 성공적 요소는 용인지역의 경우도 예외가 아니다. 아니, 기존 용인지역축제의 경우는 그 같은 요소에 몇 가지 제한적 요소를 더 지니고 있다. 용인시의 지형적·경제적·인문적 환경이나 규모가 인접한 이천시·안성시에 비해 비교대상도 되지 않을 정도로 우위에 있음에도 지역축제의 규모나 인지도는 절대 열세에 처해있다. 그 원인이 어디에 있는가?

우선, 축제기획자들이 용인지역의 문화적 환경을 명확하게 분석하고 있지 못하고 있다. 지리적 여건에서 용인지역은 예로부터 동·서부권역의 이질감이 고질적 병폐였다. 생활문화권의 차이에서 제기되는 이질감을 문제점으로 인식하면서도 해경방안을 제시하지 못하고 있다. 필자의 견해로는 그 같은 요소를 대립과 갈등으로 이해할 것이 아니라, 변별적 요소로 인정해야 한다고 본다. 인위적으로 시청사를 중간 지역인 현재의 위치인 삼가동에 신설했다고 해서 자연적으로 해결될 요소가 아님을 인정해야한다. 이질적 요소를 인위적으로 통일하려는 의도보다는 변별적 요소를 장점으로 살려 부각할 필요가 있다. 즉, 동화(同化＝ 和而同)보다는 조화(調和; 和而不同)의 묘를 추구해야 한다. 가령, 동부지역에서는 용인의 전통문화 육성에, 서부지역에서는 현대문화 창달에 중점을 두어 다양한 축제문화를 개발하여야 한다.

둘째로, 축제의 성격을 명확하게 제시하지 못하고 있다. 현행 축제는 용인문화원, 용인예총이 중심이 되어 기획 추진하고 있으며, 축제의 성격이 명확하지 않다. 축제의 성격을 관광축제·지역축제·전통축제 가운데 어느 쪽에 목표를 둘 것인가를 명확히 해둘 필요가 있다. 용인문화원이 포은문화제와 같은 전통축제에 중점을 둔다면, 예총은 지역축제에 중점을 두어 역할을 분담할 필요가 있다. 용인시 전체 차원에서의 전국적, 국제적 규모의 축제는 자매국가 도시인 중국 양주시, 미국 플래툰시 등과 연계한 축제를 모색하는 것이 바람직하다.

셋째로, 우리나라 지정 지역축제 가운데, 성공한 축제는 대부분 관광축제에 중점을 두고 있다. 관광축제를 육성하여 외지의 관광객을 유치하고, 지역의 특산품을 판매 홍보하는 전략으로 축제의 프로그램이 집약되어 있다. 용인지역의 경우는 이 같은 축제가 추진되고 있지 못하다. 우선, 용인지역의 특산물과 지역 이미지를 부각하는 소재 개발에 역점을 두어야한다. 용인지역에서 추진하는 전국규모나 국제규모의 축제는 관광축제를 목표로 해야할 것이다. 구체적인 사례로, 1970년대 까지만 해도 운학동 마을 주민의 대다수가 떡을 만들어 용인시장에 내대 팔아서 자제들의 학비를 보탰다. 이 마을을 다시 '떡의 마을'로 개발하여 특성화하고, '떡 축제'를 모색하는 것도 가능하다. 이미 전국적으로 홍보된 '백암순대'를 단지 상품명으로만 인식시킬 것이 아니라, 백암의 일부 지역을 '순대의 마을'로 정하고, '순대'를 테마로 한 축제도 가능하리라 본다. 용인의 특산물로 고문헌에 기록된 장아찌를 개발하여 관광축제화하는 것도 시도해볼 만하다.

넷째로, 용인지역의 특성상 지역·전통문화 축제는 각 구청 행정단위로, 관광축제는 용인시 문화관광 정책 단위로 기획, 추진되어야 한다. 가령, 처인문화제는 처인구청 생활권역에서 보다 집약적으로 추진될 필요가 있다. 기흥구는 첨단 IT산업과 연관한 축제를 개발, 추진하는 것도 바람직하다. 수지구는 주민의 문화의식을 분석해서 예술제 성격의 축제 개발이 바람직하다고 본다. 지역의 축제가 지역주민의 통합에 목적을 두고 있다고 해서, 70만 용인시민을 하나로 연대하려는 목적의 지역축제 개발과 시도는 무모하다. 용인의 지리적, 문화적 환경을 고려하여, 생활권에 부합하는 테마의 축제를 개발하고, 교류하는 관계에서 상호 보완적인 만족감을 고취하는 것이 더 바람직하다.

다섯째로, 용인지역에 소재한 문화환경(미술관, 박물관, 대학, 에버랜드, 민속촌 등)을 적극적으로 활용할 수 있는 소재와 프로그램 개발이 되어야한다. 각 대학의 축제내용과 기간을 집약하여 시민, 청소년과 함께하는 축제

를 개발하면 여러 면에서 상생의 효과를 거둘 수 있을 것이다. 대학의 축제
가 지역의 축제와 같이 5월과 10월에 실시되고 있음에도 아직은 연계한 프
로그램 개발이 저조한 편이다. 용인시에서는 대학의 축제문화와 지역의 축
제문화를 하나로 연대할 수 있는 프로그램의 개발이 타시군과 차별화할 수
있는 좋은 여건이라고 생각한다. 한국민속촌, 에버랜드 등의 관광사업 단체
와의 연대도 보다 적극적으로 개선할 필요가 있다.

여섯째, 용인지역에서 추진하고 있는 축제는 주관부서나 주관자, 참여자
가 매우 제한적이다. 고정적이기까지 하다. 20회 이상 추진해온 용구문화제
의 사례에서도 확인할 수 있듯이 행사기획자나 운영위원회 등이 행정부서
범위 내에서 기획 운영되고 있다. 적어도 용인지역에 소재한 문화 단체와
대학 내의 전문 인력을 참여시켜 '용인지역축제위원회' 또는 '용인지역축제
문화개발위원회' 등의 상설위원회가 문화정책 차원에서 설치되어야 한다.
현 시점에서 용인시 청사에 소재한 문화예술원은 이 같은 사업을 추진할
수 있는 기구와 조직이 시급하다.

용인시는 경제적, 지형적 여건상 타 시군에 비해 지역축제의 개발과 활성
화 가능성이 무난하다고 본다. 문제는, 현재 상황에 대한 절실한 문제의식과
적극적인 추진의지에 달려 있다. 용인시의 상징적 건물인 '문화복지행정타
운'에 걸 맞는 정책이 이제는 실시되어야 할 때이다. 용인시는 용인지역의
지역축제가 우리나라 지정 지역축제에 한 건도 선정되지 못하였다는 사실
을 심각하게 받아들이고, 조속하게 대책을 세워야 할 것이다.

용인 할미성대동굿의 향토사적 위상

1. 머리말

"용인서 세금지원 받아 굿판"

2006년도 6월, 교회언론회 비판논평에 실린 글의 제목이다. 교회언론회는 "용인문화원은 작년에도 광복절 행사로 '할미성대동굿'을 하는 등 미신문화 보급에 적극적인 모습을 보이고 있어, 양식 있는 지역주민들로부터 문화원에 대한 불신감과 무용론을 배태(胚胎)시키고 있다"고 비판했다. 이 행사에 재정을 지원하는 용인시청에 대해서도 비판했다. 그들의 주장은 "전통문화 계승이라는 미명하에 전근대적인 미신행위를 벌이고 있는 단체에 국민들이 낸 세금을 후원하는 지방자치단체의 원칙 없는 행위는 세수를 낭비하는 것"이라며 "지역 주민 모두를 미신적 행위에 동참시키는 것이기에, 당

연히 주민들의 불만을 사기에 충분하다"는 것이다.1)

한편, 용인의 지역신문을 비롯하여 인터넷상의 여러 글에서는 "매년 8월 15일이면 실시되는 할미성대동굿예술제는 각종 부대행사와 판굿을 비롯한 12거리 대동굿의 진수를 볼 수 있는 용인의 유일한 민간신앙의 공연장이라 할 수 있다." "용인의 대표적 토속신앙인 할미성대동굿을 재현하여 무속문화를 계승발전시키며, 나아가 무형문화제로 지정되어야 할 민속공연행사이다."고 하였다.2)

이처럼 상반된 여론 속에서 '할미성대동굿'은 용인지역에서 17년간 추진되어온 행사이다. 2006년도 교회언론회의 비판을 계기로 용인시의 문화행정 당국은 자성론을 제기한 바 있다. 실제 이 행사를 주관해온 용인문화원도 주관이 아닌 후원자의 위치에 있는 실정이다.

17년간 '할미성대동굿'을 추진해온 '할미성대동굿보존회(회장 유성관)'도 문제가 없지 않다. 그동안의 행사 내용은 매년 다양화되고 있다. 물론 작도거리 등 이 굿의 핵심적 요소는 견지되고 있다. 행사명칭도 '할미성대동굿' '할미성대동굿예술제' '할미성대동예술제' 등으로 변모하였다. '할미성'이란 명칭을 제외하면 '굿-굿예술제-예술제'로 변모한 것이다. 주최자도 여론에 밀려 전통성을 상실하고 있는 듯하다. 물론, 이같은 문제는 신앙적 요소를 바탕으로 한 예술형태 전반에서 표출되는 양상이다.3)

할미성은 용인지역의 대표적인 상징이다. 《용인할미산성조사보고서》4) 에 의하면, 이미 삼국시대에 축성되었고 이후 여러 가지 목적으로 사용되었다. 할미성과 관련도 구전자료도 용인지역에 널리 분포되어 있다.5) 지금까

---

1) 이 내용은 류재광 기자(jgryoo@chtoday.co)가 작성한 글을 참고한 것이다.
2) 이 내용은 용인시민신문, 용인신문 등 지역신문과 인터넷상의 글을 참고한 것이다.
3) 경기도도당굿의 홈페이지에 게시된 글을 보면, 무형문화재 제98호로 지정된 경기도도당굿에 관한 심포지엄에서도 도당굿의 신성성과 예술성을 바탕으로 논쟁이 제기된 바 있다.
4) 경기도박물관의 주관으로 할미산성을 지표 조사하여 보고서를 제출한 바 있다.
5) 할미성에 관련된 구전자료는 홍순석의 『내고장 옛이야기』(용인문화원, 1985)를 비

지도 용인시민의 정신적 요람이라 할 수 있는 할미성에서 발상한 '할미성대
동굿'이 주목받는 첫째 이유이다. 구체적인 발상 시기는 단정하기 어렵지만,
매우 오랜 기간동안 계승되어온 마을의례임은 분명하다. 용인시의 '할미성
대동굿'이 전통적 문화유산으로 인지될 수 있는 가능성도 이 같은 여건에
있다. 물론, 이러한 여건만으로 다른 무형문화재처럼 지정될 수는 없다. 유
성관 회장에 의해 재현된 '할미성대동굿'이 그 같은 전통성을 함유하고 있
는가? 용인지역 도당굿의 원형을 전승하고 있는가? 이 점에 있어 논증의
자료가 빈약하다.

본 발표에서는 주어진 과제 <할미성대동굿의 향토사적 위상> 범주 내에
서 의견을 개진하기로 한다. 구제척인 방법으로, '할미성대동굿'의 공간적
배경인 할미성에 관련한 사실을 정리하고, 신앙적 요소의 배경인 용인지역
민간신앙을 정리한 다음에, 이를 바탕으로 '할미성대동굿'의 위상을 제시하
고자 한다.

2. 할미산성의 유래와 구비전승

1) 할미산성의 유래

할미산성은 용인시 기흥구 구성동과 포곡읍의 경계에 위치한 할미산(해
발 349m)의 정상과 그 남쪽 능선 일부를 둘러싼 테뫼식 석축산성이다.6)
할미산은 북쪽의 남한산성이 위치한 청량산에서 뻗은 산줄기가 석성산에

롯하여 이후 간행된 용인향토사 책자에 거의 모두 소개되어 있다.
6) 본고에서 서술한 할미산성 관련 내용은 주로 경기도박물관에서 간행한『용인할미
산성』(2005.10)의 내용을 바탕으로 정리한 것임을 밝혀둔다. 본고의 논지는 할미
산성의 역사적 사실을 규명하는 데 있지 않다. 일부 향토사가들이 기존의 학설에
대해 분분한 의견을 제시하고 있는데, 좀 더 검증된 자료를 제시하여 異見을 제시
해야 할 것이다.

이르기 전 마지막 봉우리이다. 할미산과 보개산의 동쪽에는 금학천·운학천·양지천이 합류하여 경안천을 거치고 한강에 이른다. 서쪽은 석성산에서 발원한 신갈천이 오산천과 진위천을 거쳐서 서해의 남양만에 다다르고, 탄천이 북류하여 한강에 유입된다. 이렇듯 할미산과 석성산을 중심으로 세 갈래의 물줄기가 탄천·경안천·진위천으로 이어지고 있어 이곳을 통해 세 하천과 주변 평야지대를 공제할 수 있다. 또한 할미산과 보개산 사이에는 작고개〔栢峴〕7)가 개설되어 있어 탄천과 경안천, 신갈천과 경안천을 연결하는 동서 방향의 교통을 통제하기에 유리한 위치이다. 즉 할미산성은 남쪽에서 북쪽으로 흘러가는 탄천과 경안천의 상류에 해당하며, 남쪽으로 흐르는 신갈천의 상류를 형성하고, 내륙 수로의 요충에 해당하며 동서로 나누어져 있는 하천을 연결할 수 있는 교통의 요지이다.

할미산성에 대해서는 일제 강점기에 간행된 『조선보물고적조사자료(朝鮮寶物古蹟調査資料)』를 비롯하여 여러 차례 조사되었다. 이후 전국에 산재한 문화재의 실태를 조사하면서 정리한 『전국유적목록(全國遺蹟目錄)』 『문화유적총감(文化遺蹟總鑑)』이 있으며, 전국의 관방유적을 조사하여 정리한 『한국의 성곽과 봉수』에도 간략한 설명이 있다. 현지의 정밀 지표조사를 실시하여 잔존 상태를 보고한 『용인의 옛 성터』 『처인성·노고성·보개산성 지표조사보고서』 『용인의 역사와 문화유적』 등이 있다. 최근 본격적으로 조사한 성과는 경기도박물관의 『용인할미산성』이다.

기존의 조사보고서에 보고된 할미산성 관련 내용을 정리해서 표로 보이면 다음과 같다.8)

---

7) 『용인의 산수이야기』의 저자 이제학(57) 씨는 "작고개는 원래 잣고개로 잣나무로 만든 배가 지나갔다는 전설과 잣나무가 많았다는 고개로 한자는 '栢峴'이다. 동백지구의 백현과 같은 고개로 전대리에서 어정으로 넘던 고개다."고 말한다. 그러나 백현은 '잣고개-城峴'가 와전되어 한자표기화된 것으로 보아야 한다.
8) 이 표는 경기도박물관에서 간행한 『용인할미산성』 47쪽에서 전재한 것이다.

할미산성 관련 문헌기록 내용

문헌자료	주요내용	비고
增補東國文獻備考	姑母城 備局謄錄 並有廢城	1770년
朝鮮寶物古蹟調査資料	浦谷面 麻城里 呂三面 東柏里. 石壘 周圍約四百間 全部 崩壞되었음. 高麗時 一老孀이 一夜에 쌓았다고 이름 붙여서 老姑城이라 한다.	1942년
全國遺蹟目錄	麻城面 東柏里. 石築 周圍約四百坪 할미城	1971년
文化遺蹟總鑑	고려시대 築城한 것으로 전해지고 있으며 麻姑仙女라 불리는 한 노파가 城을 축성했다는 傳說로 일명 할미城이라고도 하는데 石城으로 山勢를 따라 타원형으로 築城되었다. 延長 약 600여m이었지만 모두 허물어졌다.	
韓國의 城郭과 烽燧	기존의 문헌내용과 현상을 정리하고 성내 수습유물을 통해 고려시대 이전의 축성일 가능성을 제시	1990년
용인의 옛 성터	할미산성에 대한 정밀 지표조사와 평판 측량을 실시하여 유적의 정확한 현상을 제시함. 수습유물을 통해 삼국시대 이래 경영된 것으로 추정	1999년
處仁城 · 老姑城 · 寶蓋山城地表調査報告書		1999년
龍仁의 歷史와 文化遺蹟	기 조사된 내용을 현상을 중심으로 재정리. 신라가 영토를 확장하는 과정에서 축성하였다고 추정	2003년
龍仁할미산성	성내 채집유물의 양상을 전제로 삼국시대에 신라에 의해 축성된 것으로 추정.	2005년

위의 표를 보면, 할미산성은 조선시대에 이미 군사적 효용성이 감소하여 폐성되었음을 알 수 있다. 그러나 축성 시기의 주체에 대한 기록이 없어 언제 누가 축성하였는지는 알 수 없다. 다만 전설상으로 고려시대에 축성되었을 가능성이 있고, 성내 채집유물의 양상을 보면 삼국시대에 신라에 의해 축성되었을 가능성이 높다. 그리고 이 지역의 지명 가운데 '구성(駒城)' '마성(魔城)' 등은 할미산성의 축성 이후에 붙여진 것임을 알 수 있다. 특히 '마성(魔城)'은 『조선보물고적조사자료』 『문화유적총감』에 축성 전설에 나

타나는 여성과의 관련성 때문에 붙여진 것으로 판단된다.

『조선보물고적조사자료』에 "석루 둘레가 약 4백 칸이고 전부 분리되었다는 기록과 고려시대 한 노파가 하룻밤에 쌓았다고 '노고성(老姑城)'이라는 이름 붙여졌다는 이야기가 전해진다.『문화유적총람』에는 "마고선녀라 불리는 한 노파가 성을 축성했다는 전설로 일명 '할미성'이라 한다."고 기록하였다.

이 같은 설명에도 불구하고, 기존의 할미산성 관련 보고서에서는 모두 보개산성과 할미산성을 별개의 산성으로 보고 있다. 지지류(地誌類)의 문헌 기록에는 보개산성(寶盖山城)의 명칭이 주로 소개되어 있으며, '노고성(老姑城)'이란 명칭을 쉽게 발견할 수 없기 때문이다.『증보문헌비고(增補文獻備考)』에서는 할미산성을 정확하게 '고모성(姑母城)'이라 표기하였다. 이 같은 문헌 기록을 바탕으로 제기된 것이 보개산성과 할미산성이 별개의 산성인가? 아니면 같은 산성의 다른 이름인가? 이다. 이에 대해 김성환은 다음과 같이 견해를 밝혔다.

「제가 생각하기로는 보개산은 석성산으로도 불렸던 것으로 보인다. 그리고 그 시기는 자료상 세종실록지리지를 참고할 때, 조선초기부터 그렇지 않았나 추측된다. 보개산이 석성산으로도 불렸다는 기록은 1700년대 중엽 제작된 용인현읍지가 처음이다. 이후 18세기 중엽의 또 다른 용인현읍지, 경기지에 포함되어 있는 용인현읍지, 대동지지, 1899년 간행된 용인군지에도 보개산의 일명으로 석성산을 기록하고 있다. 특히 대동지지에서는 "[寶盖山古城] 俗稱 姑城"이라 하여 보개산의 또 다른 이름으로 '고성(姑城)' 즉 할미성을 기록하고 있다. 이를 종합하면, 보개산의 이명으로 석성산, 고산(姑山) 또는 고성산(姑城山), 할미산 등이 있었을 것으로 추측된다. 또 석성산이 별개의 것이라면, 이에 대한 기록이 각종 지리지에서 확인되었을 법한데 보개산만을 기록하고 있다. 할미산성을 보개산성으로 고쳐야 한다는 주장에 제 나름의 견해가 있는 것은 아니지만, 보개산의 이명으로 석성산과 고성이 있었던 것은 사실인 것 같다.」[9]

위의 김성환의 견해에 따르면, 석성산, 고산(姑山) 또는 고성산(姑城山), 할미산 등은 보개산의 다른 이름이다. 위의 전거(典據)로 제시한 문헌자료를 전재해 보인다. 다음은 용인지역의 지리지 중에서 보개산과 관련한 자료를 모은 것이다.10)

① 세종실록지리지(世宗實錄地理志)

　　【石城】 ［寶盖山石城］ 在縣東 高險 周回九百四十二步 內有小井 遇旱則渴
　　【烽火】 一處 ［石城］ 在縣東 東准竹山巾之山 北准廣州穿川山

② 동국여지승람(東國輿地勝覽)

　　【山川】 ［寶盖山］ 在縣東 十三里
　　【烽燧】 ［寶盖山烽燧］ 東應竹山縣巾之山 北應廣州穿川峴

③ 동국여지지(東國輿地誌)

　　【山川】 ［寶盖山］ 在縣東 十三里
　　【烽燧】 ［寶盖山烽燧］ 東應竹山縣乾至山 北應廣州穿川峴

④ 용인현읍지(龍仁縣邑誌:18세기 중엽)

　　【山川】 ［寶盖山］ 一名石城山 在縣東 三十里

---

9) <용인할미성대동굿재조명심포지엄자료집>(2008.10.20), 80쪽.
10) 이 원전자료는 필자의 발표논문에 대해 토론자였던 김성환이 정리해서 발표한 것이다. 이 원전자료를 전거하면 보개산성과 할미산성의 논란은 일단락될 것으로 본다.

[寶盖山城] 石築 周二千五百二十九尺 今皆頹圮
【烽燧】 [寶盖山烽燧] 東應竹山府巾之山 北應廣州府穿嶺峴

⑤ 여지도서(輿地圖書)

【山川】 [寶盖山] 在縣東 十三里 負兒山 來脈
【烽燧】 [寶盖山烽燧] 東應竹山府巾之山 北應廣州府穿川峴
       [寶盖山城] 石築 周二千五百二十九尺 今皆頹圮

⑥ 용인현읍지(龍仁縣邑誌:1842~1843, 京畿誌 권 4)

【山川】 [寶盖山] 一名石城山 在縣東 十三里
       [寶盖山城] 石築 周二千五百二十九尺 今皆頹圮
【烽燧】 [寶盖山烽燧] 東應竹山府巾之山 北應廣州府穿嶺峴

⑦ 대동지지(大東地志)

【山水】 [寶盖山] 一云 石城山 東 十三里
【城池】 [寶盖山古城] 俗稱 姑城 地形險要 且在直路之街 右控禿城 左連
       南漢城 周二千五百二十九尺
【烽燧】 [石城山] 古城內

⑧ 용인현읍지(龍仁縣邑誌: 1871, 高宗 8)

【山川】 [寶盖山] 在縣東 十里
【烽燧】 [寶盖山烽燧] 在東邊面 距官門 十五里 東應竹山府巾之山 北應
       廣州府穿嶺山

⑨ 용인군지도읍지(龍仁郡地圖邑誌:1899, 光武 3)

【山川】 [寶盖山] 在郡東 十里
【烽燧】 [寶盖山烽燧] 在東邊面 距官門 十五里 自乙未年 廢棄

⑩ 용인군지(龍仁郡誌:1899, 光武 3)

【山川名勝】[寶盖山] 在縣東 十里 負兒山 來脉 一名 石城山

이제까지 보고된 자료에는 보개산을 석성산과 연계해 기술하였을 뿐인데,
『대동지지』의 기록대로 보개산성은 '고성(姑城)' 또는 '고성(古城)으로 불
려진 것이다. 할미산성을 정확하게 '고모성(姑母城)'이라 표기한『증보문헌
비고(增補文獻備考)』의 기록과 함께 구체적인 단서가 된다. 이제 보개산,
석성산, 할미산을 별개의 산으로 구별해서 보는 시각은 수정되어야 한다.
11)

2) 할미산성의 구비전승

고문헌 자료에 '노고성(老姑城)' '고모성(姑母城)'으로 기록된 명칭은 할
미산성의 구비전승 자료가 기록되면서 각기 명명된 것이다. 용인지역에는
할미산성과 관련된 많은 이야기가 전한다. 우선,『증보문헌비고』가 1770년
(영조 46)에 홍봉한(洪鳳漢) 등에 의해 간행된 자료라는 사실을 전제하면
할미산성 이야기는 적어도 그 이전에도 구비전승된 이야기임을 알수 있다.
물론, 할미산성이 6세기 이전에 축성된 성인만큼 삼국시대, 고려시대부터

---

11) 보개산과 할미산의 관련사실을 이렇게 단정해도 향후 논의여지가 있다.『대동지
지』의 기록에 보개산성의 속칭이 할미성(姑城)이라고 하였는데, 할미성이라는 속
칭이 언제부터 구전되었을까하는 문제이다. 보개산의 명칭이 고려시대에 불려졌다
면, 할미산은 그 이전부터 불려졌을 개연성이 짙다. 물론,『대동지지』간행시기인
조선시대부터 불려졌을 수도 있다.

이야기가 발생 전승되었을 가능성도 없지 않다. 실제 구전자료에는 고려 때 몽고침입과 관련되어 전하는 이야기가 채록된다. 대표적인 몇 가지 자료만 예시한다.

① 「용인 석성산에는 할미산성이 있었고 할미산성은 전하는 설에 의하면 마고할아버지와 할머니가 성을 반씩 맡아서 누가 먼저 쌓는가를 내기했는데 할아버지는 돌을 잘 다듬어서 제대로 성을 쌓고 있었고 할미는 치맛자락에 잔돌을 주워 담아서 성을 쌓았다고 한다. 결국 할아버지는 할머니의 모습을 보고 웃음을 참지 못해 성을 쌓는 것을 제대로 하지 못해 내기에서 졌다고 한다.」

② 「'마고선인'이라고 하는 할머니가 이 성을 옮기려고 했다는 이야기가 있다. 마고선인(일명 마귀할멈)이 성산 북쪽에 쌓다 난리가 날 거라고 중얼거렸는데 당시 관리들이나 마을 사람들이 비웃었으니 이 말을 안 들었던 것을 후회할 날이 왔던 것이다. 이 성을 쌓은 것은 고려 초기였다고 하는데 당시 고려 태조는 처음에 개경에 나성을 쌓으려고 하였으나 후삼국의 갈등 틈에서 시달려 도탄에 빠진 민생을 생각하여 축성을 서두르지 않았던 것인데 현종 때에 와서 갑자기 거란족의 침입을 받았다. 이에 고려는 축성의 필요성을 절실히 느껴 개경에 16년간이나 걸려 나성을 쌓았고 북쪽에는 압록강 어귀에서 동족 정평에 이르는 곳에 유소를 명하여 천리장성을 축성했다. 이 사업은 현종 때 계획하여 덕종 2년에 착수하고 정종 10년에 이르기까지 12년의 세월이 걸려서 완성되었다. 그 외에 지방에도 축성을 명하였으니 마고선인의 예언이 맞았다는 것이다.」[12]

③ 「성산샘은 서울에 사는 큰 벼슬아치가 돌아가신 부친을 모실 명당을

---

12) 용인시민신문사 주최 <용인시계탐사단보고> 인터넷자료에서 전재한 것임.

찾아 지관을 데리고 남쪽지방을 다 둘러 봐도 마땅한 곳을 찾지 못하고 돌아오는 길에 용인을 지나다가 성산이 마음에 끌려 올라가 이곳저곳을 둘러보던 중에 동부 8부쯤 높은 곳에서 명당을 찾았다. 날을 잡아 이곳으로 부친의 묘를 이장하기로 하고 상여가 길도 없는 현장에 도착, 인부들이 땅을 파니 땅 속에서 큰 물이 솟구쳐 가만두면 산 아래 마을에 홍수가 날 것 같았다. 벼슬아치는 크게 놀라 지관에게 연유를 물었더니 "이 산이 호랑이 형상이고, 이 터가 호랑이의 눈으로 눈물샘을 건드려 물이 나오는 것으로 이 일을 막으려면 저기 큰 바위를 옮겨 물구멍을 막아야 한다."하여 천신만고 끝에 큰 바위로 물을 막으니 물이 잡히고 바위틈에서 조금씩 샘물이 솟아 지금의 약수터가 됐다고 한다.」13)

④「옛날 지장실 마을에 마귀할멈처럼 외모가 무서운 노파와 오누이가 함께 살았다. 노파는 오빠를 극진히 아끼는 반면, 여동생을 매우 학대하였다. 노파는 여동생에게 오빠를 훌륭한 인물로 만들기 위해서는 남몰래 자신의 집 뒤로 10리에 걸쳐 성을 쌓아야한다고 말했다. 여동생은 오빠를 위해서 매일 밤새워 앞치마에 돌을 담아다가 성을 쌓았다. 하루는 오빠가 잠자리에 있던 여동생이 밤에 몰래 빠져나가 어디론가 가는 것을 보고 뒤를 밟았다. 여동생은 밤에 몰래 돌을 날라다가 성을 쌓고 있었던 것이다. 여동생은 오빠를 보자 놀라서 앞치마에 담았던 돌을 내려놓았다. '괸돌'이라는 지명은 여기서 생긴 것이다. 자초지종을 듣고 오빠는 더욱 열심히 공부하여 과거에 급제하였다. 급제해서 서둘러 집에 돌아와 보니 성은 거의 다 이루어졌는데, 노파는 간데없고 여동생은 기진해 죽어 있었다. 오빠는 울부짖으며 통곡하다가 고향집을 떠나 사라졌다. 이런 일이 있은 뒤로 마을 사람들은 여동생이 쌓은 성을 마귀할멈이 시켜 쌓았다고 해서 '마고성(魔姑城)'이라 불렀다. 그리고 무서워서 감히 가까이 가기를 꺼려했다고 한다.14)

---

13) 이제학, 『용인의 山水이야기』(홍문동, 1996), 21-22쪽
14) 이 자료는 필자의 『내고장 옛이야기』에 수록된 <마귀성과 괸돌> 이야기를 줄거

⑤ 「옛날에 마귀 같은 능력을 갖은 마고 할머니, 마고 할아버지, 아들과 딸 네 식구가 살았는데 아홉 해 가뭄이 들어 네 식구는 물론 온 고을 사람이 아사지경에 이르렀다고 한다. 의논 끝에 문복을 하러가니 문복이 하는 말이 "사람을 제물로 바쳐야 가뭄이 해소된다 하였다." 하니, 두양애부처 의논공론 끝에 할 수 없이 아들과 딸을 힘겨루기 내기를 하여 지는 자 제물이 되기를 약속을 하고 하룻밤 만에 아들은 남쪽성인 마성을 쌓기로 하고 딸은 나막신을 신고 한양에 다녀오기로 약속을 한다. 마고 할아버지는 잣고개에 서서 아들이 성 쌓는 곳을 바라보고 딸이 돌아오는 한양을 바라보며 흙을 한 줌씩 쥐었다 놓은 것이 석성산이 아흔 아홉 봉우리가 되었다고 한다. 이윽고 날은 밝고 아들은 미처 성을 못 쌓고 날이 새니 딸은 한양에서 돌아오고 말았다. 할 수 없이 아들이 제물이 되고 아홉 해 들던 가뭄은 천둥번개를 치며 장마가 지어 해소가 되니 그 해부터 풍년이 들기 시작하여 풍요롭게 살았다고 한다.

마을 주민이 모두가 함께 태평성대를 누리니 살기 좋은 고을이 되었다. 처음에는 마고할미에게 감사하고 추앙하던 이들이 태평하게 살다보니 점점 나태해지어 고마움도 있고 모두가 아닌 나밖에 모르고 이웃간에 불화가 잦아지고 이기적으로 살다보니 인심마저 흉흉해지니 마을 주민들이 송두리째 잘못되어 가고 있었다. 이때 즈음하여 하루는 마고할미가 [마고선인] 비몽사몽에 꿈을 꾸는데 난리[전장]가 나는 꿈을 꾸게 되어 깜짝 놀래 깨어나 마을주민을 불러 모아 난리가나니 성을 쌓아 대비하자고 아무리 호소해도 마을주민들은 난리는 무슨 이렇게 태평한대 하고 말을 들으려 하지 않았다. 궁리 끝에 할 수 없이 할미가 앞치마에 돌을 주어다 성을 쌓는데 여기저기 돌을 모아 나르던 중 모현면 갈담리 마평동 돌무데기에 모아 논 돌을 다 못나르고 흘려 남겼다. 하룻밤 사이에 성을 쌓았는데 난리가 났으나 할머니 덕에 피해 없이 마을주민들이 무사히 난리를 피했다. 다시 할머니 덕에 마을

_____

리만 정리해서 전재한 것이다.

에 평화가 들고 화합하여 태평성대를 누렸다고 한다.

후일 마고 할머니(魔姑仙人), 마고 할아버지는 석성산 산신이 되고 아들은 군웅신으로 받들어지며 딸은 말명신이 되었다고 한다. 이때부터 마을 주민들이 자식을 죽여 가며 가뭄을 해소시켜준 할머니를 수호신으로 받들어 지금은 당의 흔적조차 없이 표석만 세운 상황이고 과거에는 주저리당과 돌무지가 있었다고 한다.

영동고속도로를 만드는 과정에 당이 살아지게 되고 97년에 이 자리에서 약 50m 떨어진 도로가에 표석으로 모셔져 매년 대동굿 전날 산재가 봉행하여 이어지고 있다.」15)

2. 용인지역 마을신앙과 산신(山神), 제당(祭堂)

할미성대동굿이 용인지역의 대표적인 굿으로 인식되면서도 그 연원은 고증할 길이 없다. 구전자료에도 언제 누가 할미산성의 신적 존재를 신앙의 대상으로 모셔 제의(祭儀)를 행하였는지 전하는 바가 없다. 성산(城山)이 용인의 진산(鎭山)인 만큼 이곳에서 행해졌던 제의가 용인지역의 마을신앙을 대표하였음은 의심할 여지가 없다. 막연하게 고려 때부터 있었을 것이라는 추측과 3백년 전에 있었던 것 같다는 식의 부언은 의미가 없다. 좀더 구체적인 논의의 근거를 제기하기 위해 일반론적인 가설을 제기한다.16)

이규경(李奎景)의 『오주연문장전산고(五州衍文長箋散稿)』에 의하면

"옛날 우리나라에는 호랑이나 범에 의한 피해가 많아 밤에는 집 밖으로 출입을 하기 어려웠다. 백성들이 돈을 모아 제물을 마련하여 동리의 진산(鎭山)

---

15) 유성관, <할미성설화> (<할미성대동예술제>, 리플렛에서 전재)
16) 여기서의 논단으로 할미성대동굿의 연원을 실증하는 것은 무리이다. 단지 추후 검토할 논지를 제기하는데 목적을 두고 발표자의 견해를 정리해 보이는 것이다.

에 있는 신당(神堂)에서 제(祭)를 올렸는데 무격들이 분으로 단장하고 북을 두드렸는데 이를 도당제(都堂祭)라 한다."17)

라는 기록이 있다. 위의 기록에 의하면 마을의 큰 산이나 주산(主山)에 있는 신당(神堂)에서 그 산의 산신(山神)에게 마을의 호환(虎患)을 피하기를 기원하며 올리는 제(祭)나 굿을 의미하는데 이를 '도당제' 혹은 '도당굿'이라는 것이다. 지금의 도당굿은 매년 혹은 몇 년에 한 번씩 온 마을 주민이 대동으로 합심하여 돈을 거두어 무격(巫覡)으로 하여금 도당에 모시는 신에게 마을의 안녕을 비는 대동굿의 성격을 띠고 있다.

본 발표자는 용인 할미성대동굿의 근원도 할미산성과 인접한 마을의 도당제에서 비롯했으리라 추정한다. 용인지역민들은 용인의 진산인 성산에 주재하는 신적 존재를 '마고할미'라고 인식하고 있다. 18) 실제 할미성대동굿의 주재신도 '마고선인(麻姑仙人)'이다. 이를 근거로 그 연원을 살피는 작업이 큰 무리는 아닐 것이다. 우선, 용인지역민의 마을신앙 가운데 산신제를 주목한다.

산신(山神)은 마을 신앙의 중심에 있다. 그에 대한 신앙은 마을 내부로는 사회 규범을 확립하고 질서를 유지하게 하며 구성원의 응집력을 강화해준다. 또한 마을 바깥에 대해서는 마을을 대표하는 하나의 상징적 존재가 되며, 외부의 어떤 침해로부터 마을을 지켜주는 역할을 한다. 대체로 마을의 산신은 그가 관할하고 있는 마을 안에서만 신적인 능력을 발휘한다. 다른 사람들에게는 전혀 쓸모없고 무의미한 산신인 것이다. 이렇게 산신은 기본적으로 마을 단위로 고립되고 개별적인 위치와 기능을 지닌다.

마을 전체의 안녕과 질서를 위한 최고의 신인 산신은 마을 전체를 조망할

---

17) "我東鄉俗多虎豹之患, 夜不能出, 小釀錢備牲醴, 祭山君於本里鎮山, 巫覡粉若鼓之以安之, 名曰都堂祭":
18) 이에 근거하여 석성(石城)을 '마성(魔城)'이라 하고, 다시 지금의 '마성(麻城)'으로 변하였다고 추정한다.

수 있는 마을 뒷산이나 부근의 산 중턱쯤에 자리한다. 이곳은 항상 울창한 숲속에 적당한 어둠과 적막함이 깔려 있는 곳으로 평소에도 개소리 닭소리가 들리지 않는 인간계와는 결연된 듯이 느껴지는 거룩한 장소이다. 무단출입은 물론 근처의 나뭇가지나 돌 하나만 잘못 건드려도 신벌(神罰)로 알려진 동티가 난다.

용인의 마을신앙에서 산신에 대한 구체적인 관념을 추적하기는 어렵다. 물론 한국의 다른 지방에 있어서도 이 점은 마찬가지이다. 그러나 용인에서는 특히 산신을 호랑이로 관념하는 전통은 매우 우세한 편이다. 다음은 용인지역민들의 산신과 호랑이의 관계에 대한 보편적인 관점을 시하는 사례이다.19)

○ 제관들이 산제당에 오를 때에 호랑이불이 나타났다. (기흥읍 고매 3 리)
○ 제일(除日)에 디딜방아를 찧다가 다친 사람을 호랑이가 꼬리로 환부를 문지르자 치유되었다.(구성면 상하 2리)
○ 호환(虎患)이 잦아서 산치성을 지내게 되었다. (포곡면 삼계 1리)
○ 산제를 모시지 않으면 호환이 잦았다. (기흥읍 구갈 3리)
○ 산제는 호랑이를 위한 제사이다. (이동면 송전 1리)
○ 산제를 모시면 호랑이가 불을 번뜩이며 보고 있다. (이동변 묘봉 1리)
○ 산신은 호랑이이다. 산제사를 잘 지내지 못하면 호랑이가 나타난다. (백암면 백봉리)
○ 산에는 호랑이와 산신령이 있다. (양지면 대대 2리)

이들 자료에서 보면 산신이 호랑이 그 자체라고 관념하는 마을도 있고, 호랑이는 산신의 사자(使者) 정도로 생각하는 마을도 있다. 산에는 호랑이

---

19) 이 같은 조사성과는 이필영의 「용인시 마을신앙의 특성」(『용인의 마을의례』, 용인시, 2000)에서 정리한 바 있다. 여기서는 그 결과를 정리한 것이다.

와 산신령이 있다는 관념은 호랑이자체를 산신으로 여기지 않는 발상이다. 그러나 대개의 경우 산신과 호랑이를 동격으로 보고 있다. 곧 산신은 호랑이라는 관념이다.

앞에서 소개한 성산 약수터에 관한 전설 가운데, "이 산이 호랑이 형상이고, 이 터가 호랑이의 눈으로 눈물샘을 건드려 물이 나오는 것"이라는 이야기가 있는데, 성산의 형상이 호형(虎形)이라면, 성산의 산신제와 할미성대동굿의 연원을 연관 짓는데 무리가 없다. 할미성대동굿의 근원이라 할 수 있는 송씨부인당 뒤에 범바위가 있다는 사실도 그 방증이 될 수 있다. 유성 관씨에 의하면, "범바위 송씨당이 참으로 영험하고 범바위 가슴에서 물이 나와 영험수였으나, 현재는 마성터널이 생기면서 물이 말라 나오지 않는다."고 한다.

일반적으로 산신은 막연하게 관념되기도 하지만, 축문을 통해서 보면 마을의 진산(鎭山)에 해당 하는 산에 산신이 좌정하고, 이때에는 산신이 구체적인 산신 명칭을 지니게 된다. 곧 OO산의 신, 또는 OO산신이 되는 것이다. 수지읍 성복리의 광교산 산신령, 구성면 중5리의 석성산 산신, 백암면 근창리의 두무산 산신 등이 그 대표적 인 사례이다.

한편 기흥읍 지곡리에서는 산신을 '할머니산신'이라 하여 여성 산신을 설정했고, 운학동에서는 석가산은 할머니 산신으로 극사봉은 할아버지 산신으로 여겨 내외신을 좌정시켰다. 양지면 송문리는 어은산 산신을 필두로 오방산신을 모신다. 이 경우 신위는 모두 여섯인 셈이다.

구성면 상하 3리 고인돌 마을은 지석(支石)을 '지석할머니' 라고 여긴다. 역시 여성신으로 관념하는 것이다. 포곡면 금어리에서도 당숲의 느티나무를 '당할머니' 라 하여 제사를 올린다. 이동면 화산리 모산동은 은행나무를 '고목할아버지', '고목할머니'라 하여 역시 내외지신(內外之神)으로 삼았다. 그리고 마을의 공동 우물에는 대체로 용왕신(龍王神)이 깃들여있다고 믿는다. 원삼면 두창 4리 주내 마을에서는 음력 정월 열나흗날 돌미륵에 제사를 올린다.

이렇게 고인돌, 미륵불, 둥구나무, 우물 등을 제당(祭堂)으로 설정하고 여기에 구체적인 신격을 좌정 시켜 제사를 지내는 것에 반하면, 산신에 대한 제의는 다소 복잡하며 다양한 양상을 지닌다.

산신을 위하는 제당은 자연 제당과 당집 제당으로 구분된다. 자연 제당은 대체로 마을 뒷산이나 부근의 산 중턱 쯤에 고목, 바위, 샘이 어우러진 장소가 있으면 이를 산제당으로 삼는다. 특히 용인의 일부 마을에서는 산제당 부근의 계곡 물에 보(洑)를 설치하여 한시적으로 당정(堂井)으로 사용 하는 것이 특징이다. 때로는 보를 설치할 수 없거나 여의치 않은 경우는 샘을 임시로 파기도 한다. 이때에 어느 경우에 있어서도 바로 옆의 나무에 금줄을 둘러서, 그것이 신역(神域)의 당정임을 나다 낸다. 이렇게 산 중턱 쯤에 고목, 바위, 샘이 있는 장소를 당으로 여기는데, 때로는 고목이나 바위 자체를 당으로 설정하기도 한다. 이동면 천리 구수동의 경우 산 정상 부근 아래에 있는 선바위를 산신이라 하여 산제를 모시는 것이다. 남사면 북1리의 당은 봉황산 정상의 참나무를 일컫는다. 참나무가 있는 당숲은 특별한 일이 없으면 함부로 접근하지 않는다.

이러한 자연제당에도 때로는 인공적인 신앙물이 조성되기도 하는데, 가령 돌탑을 쌓거나 제단으로 판석을 깔아 놓거나 잡석으로 축대를 쌓기도 한다. 양지면 대대리에서도 역시 산 중턱에 적당한 고목과 바위 있는 곳을 산제터로 삼았다. 여기에 돌탑 2개를 조성하였다.

이동면 덕성리 마을에서는 당집으로서 산제당이 있음에도 불구하고, 당집 옆의 판석으로 된 제단에서 산제를 모신다. 이는 자연 제당이 당집 제당보다는 산신을 모시는데 있어서 더욱 시간적으로 앞서고 원초적 의미에서도 적합하다는 사실을 시사한다. 이러한 사례는 원래 야외의 제단에서 산제를 모시다가 어느 일정 시기에 당집 제당을 건립한 경우이다. 이러한 경우 흔히 산신을 당집 안으로 모셔오나, 경우에 따라서는 당집 안에는 특정 인격신(또는 인물신)을 봉안하고 야외의 자연 제당에는 산신을 모시는 때가 있다. 아무튼 자연 제당과는 달리 한·두칸 정도의 조그만 건물을 지어 당집 제당을 모시기도 한다.

용인지역에서는 자연 제당 이상으로 당집 제당도 많다. 수지읍 성북리의 산제당은 그 대표적인 예이다. 이 마을은 당집 제당이 두 개가 있다. 하나는 제당(祭堂)이고, 다른 하나는 제물 보관소이다. 양지면의 양지리, 추계리, 남곡리 마을의 산제당도 용인 지역의 가장 전형적인 산제당들이다.

용인지역의 마을신앙은 대부분 유교식 제례 형태를 갖춰 실행한다. 예전에는 무속인에 의해서 행해졌던 것이 규모가 축소되면서 마을의 리장이나 노인회장이 주관하는 의례로 변모한 것이다. 근래에 까지 무속인이 주재하였던 마을신앙은 많지 않다. 발표자가 조사한 바에 의하면,[20] '민제궁서낭굿' '보라동양달말서낭굿' '유방동원주대동굿' '버드실서낭굿' '지장실 서낭제' 등이 있다.

① 민제궁 서낭굿

기흥구 하갈동 민제궁 서낭당에서 마을의 안녕과 풍요를 기원하던 민제궁 서낭굿은 민제궁 마을의 서낭신과 마을 입구의 장승을 신앙 대상으로 모시고 음력 10월 초순에 행해졌던 굿의 일종으로 오랜 전통을 지니고 지속되어 오다가 60여 년 전에 중단되었다. 주민들의 증언에 의하면, 민제궁 주민들과 수원동 아랫말 주민들이 모여서 음력 10월에 길일을 택하여 마을의 안녕과 풍요를 기원하기 위해 수원 화랭이를 불러다 굿을 했다고 한다. 장승을 대상으로 수살(守煞)굿을 했다는 점으로 미루어 장승을 수살목으로 하여 서낭굿을 한 것으로 보인다.

민제궁 서낭굿의 형태는 정확하게 고증된 바는 없지만, 하주성에 의하면 수원 화랭이들이 주관하여 거행했다는 점에서 전형적인 경기도 도당굿의

---

20) 발표자는 2004년부터 매년 용인시 모현면·포곡면·원삼면·백암면·이동면지역의 민간신앙을 조사하여 정리하였으며, 현재 남사면을 조사중이다.

형태로 이뤄졌을 가능성이 짙다. 경기도 도당굿의 기능보유자 오수복에 의하면, 민제궁 서낭굿을 주관하던 무속인은 이용우였다고 한다.

민제궁 서낭굿에서 산신제 때는 제수로 비린 음식을 전혀 사용하지 않으며 기름에 볶거나 지진 음식을 놓지 않는다. 촛불도 기름이라 하여 놓지 않는다.

서낭굿은 본래 지금의 흥국생명연수원 입구에 있던 느티나무 당목(堂木)에서 이뤄졌는데, 지금은 당목이 고사(枯死)한 상태이다. 10년 마다 행하던 도당굿에서는 동서남북에 세운 장승마다 장승제를 지내고, 길놀이도 행해졌다.

현재 용인의 무속인 유성관이 주민들의 고증을 바탕으로 복원하고자 노력을 기울여 오고 있다. 유성관에 의해 재현된 민제궁 서낭굿은 '소산산신제'라하여 산제사를 먼저 행하고, 서낭당에서 서낭굿을, 마을 입구의 장승을 대상으로 장승제를 올린다.

1998년도에 유성관이 행한 굿에서는 마을입구 마당에 천막을 쳐서 굿청을 마련하고, 제수로 통소를 잡아 육각을 내어 진설한다. 예전에는 형편에 따라 통돼지를 올리기도 했다고 한다. 제석거리에서 집집마다 꽃반 축원을 올리고, 대감놀이, 무감놀이가 연출되기도 한다. 굿의 12거리 중 가망거리나 작두거리가 행해지는 것이 특색이다. 지금도 '조막손 무당'이 사용하던 마을회관에 작도가 보관되어 있다.

② 보라동 양달말 서낭굿

보라동 양달말 서낭굿은 기흥구 보라동 양달말 서낭당에서 마을의 안녕과 풍요를 기원하던 굿이다. 서낭신을 신앙 대상으로 모시고 행해졌던 굿의 일종으로 오랜 전통을 지니고 지속되어 오다가 30여년 전에 중단되었다. 주민들의 증언에 의하면, 1970년대 초만 해도 음력 정월 초에 날을 잡아서 당나무 아래에서 굿판을 벌렸다고 한다.

보라동 서낭굿은 본래 마을에서 청배해온 화랭이나 경기도굿을 하는 무속인에 의해서 거행되었다. 하주성에 의하면 수원 화랭이들이 주관하여 거행했다는 점에서 전형적인 경기도 도당굿의 형태로 이뤄졌을 가능성이 짙다. 경기도 도당굿의 기능보유자 오수복이 화랭이패인 이용우와 함께 서낭굿을 했다고 하며, 이 당시에 행한 굿은 화랭이굿인 터벌림 등이었다고 한다. 구체적으로 마을 한 바퀴 도는 돌돌이로 시작하여 부정굿, 시루굿, 제석굿, 군웅굿, 서낭굿, 뒷전 등의 순서로 진행되었다고 한다.

현재는 서낭굿의 형태는 사라지고 유교식 서낭제가 거행된다. 서낭제는 보라동 양달말 이장이 주관하며, 마을회관에 모여서 제관을 선출하여 당목인 느티나무 아래에 제물을 진설하고 유교식 의례에 따라 서낭제를 올린다. 제사 당일에는 제단 주변에 금줄을 치고, 청결하게 청소한 다음 제수를 진설한다. 비용은 집집마다 걷어서 충당한다. 제수로는 시루떡, 삼색실과, 돼지머리, 포 등을 준비한다. 헌관이 헌작하고 축문을 읽고 재배한 다음에 마을과 거주민의 평안을 기원하는 소지를 올린다. 서낭제를 마치면 마을회관에서 함께 음식을 먹으며 대동 모임을 갖는다.

③ 유방동 원주대동굿

유방동 원주대동굿은 처인구 유림동 버드실 마을 입구 당목을 대상으로 마을의 안녕과 풍요를 기원하는 굿으로, 삼귀(三鬼)의 원한을 해원하기 과정에서 형성된 해원(解冤)굿의 하나이다.

유방동 원주대동굿의 신체는 본래 주저리로 엮은 신당이었다. 1970년대 초반에는 지금의 유림동 석산가든 뒤에 있었으나, 두 차례 이전하면서 시멘트 블록조에 스레트 지붕을 얹은 형태의 건축물로 바뀌었다. 규모는 1.5편 정도이다.

원주대동굿의 신위는 셋을 모시고 있는데, 박낭청집 송각시(처녀귀신), 정낭청집 몽달귀(총각귀신), 유림동 무수막에서 얼어죽은 처녀귀신이 신주다. 마을 주민들은 이 세 귀신이 마을의 재앙을 안겨 준다고 믿고 있었다. 특히 집집마다 불이 나는 횟수가 많아지자 이를 이상하게 여겨 문복하니, 원귀의 장난이라고 하였다. 이들 귀신의 원한을 달래기 위하여 대동굿을 펼친 이후로는 재앙이 사라졌다. 지금까지도 원주당의 세 귀신은 마을 수호신으로 여겨진다.

유방동 원주대동굿은 매년 음력 10월 15일에 당목 앞에 제수를 진설하고 행한다. 1970년까지는 마을 단위의 대동굿이었는데, 지금은 개인굿으로 행해진다. 작고한 백양금이란 분이 1970년대에 있었던 대동굿에서 무감을 서다가 강신하여 원주를 모시게 되었다. 원주대동굿은 비교적 작은 규모의 굿거리이나 12거리를 모두 연출하며, 두레가 동원된다는 점이 특색이다.

3. 할미성대동굿의 전승과 현황

할미성대동굿의 연원을 할미산성에서 찾는 일은 마땅하다. 그러나 단지 할미산성과 명칭이 부합된다는 이유만으로 할미산성의 유래와 함께 그 연원을 가정한다면 위험스런 발상이다. '할미성대동굿'은 1992년에 유성관씨에 의해 이름 붙여진 것이기 때문이다. 오랫동안 할미산성과 함께 전해진 명칭이 아닌 이상, 조심스럽게 추정할 수밖에 없다.

용인시 포곡읍 마성리 주민들 사이에는 석성(石城)을 한 할머니가 행주치마에 돌을 담아 하룻밤 사이에 지었다는 전설이 내려오고, 옛 사람들은 이 할머니를 위해 서낭당을 만들고 3년에 한 번씩 1천여 명이 참여하는 대규모 굿을 치렀다고 한다. 참여인원은 다소 과장된 것일 수 있지만, 그 형태는 서낭굿이었을 것이다. 마가실(마성의 속명)에서 행해진 '마가실 서낭굿'이 그 근원이었을 것으로 추정된다.

유성관씨나 마가실 사람들의 증언을 들어보면, 마가실에서는 할미성의 마고선인을 신적 대상으로 모시고 굿을 펼쳤다고 한다. 제의과정도 서낭을 모신 다음에 서낭당을 한 바퀴 도는 돌돌이를 한 후에 버드실로 올라와 굿을 했다고 한다. 이 당시 서낭굿은 기능세습무들이 주무(主巫)를 맡아서 진행하였다고 한다. '마가실 서낭굿'은 "일반적인 경기도 도당굿의 형태를 보이고 있으나, 마을의 풍장패가 길놀이 풍물굿을 먼저 친 다음 다른 마을에서 함께 동참하기 위해서 오는 풍물을 맞아들이는 것이 색다른 모습였다."는 설명도 지금의 할미성대동굿과 부합한다. 마가실서낭굿은 1960년대 까지도 용인에 거주하는 무당 권옥기씨가 장재관의 신통(神統)을 이어 수년 동안 진행하였다고 한다. 1970년대에 들어와서 새마을유신운동과 함께 미신타파는 여론에 밀려 점차 쇠퇴하였으며, 1971년 영동고속도로 개통이후 서낭당도 소실되고, 에버랜드 조성으로 마가실 마을이 사라지자 마가실서낭굿도 단절되기에 이르렀다. 이후 권옥기씨는 송씨부인당굿을 주재하면서 무업(巫業)을 지속하였다. 장재관씨를 신할아버지로, 권기옥씨를 신어미로 모신 유성관(劉聖觀)씨가 그 신통을 다시 계승하였다. 결국 유성관씨는 마가실 서낭굿과 송씨부인당굿의 전통을 계승하였다고 할 수 있다.

현재 할미성대동굿보존회장인 유성관씨는 "나에게 신을 내리신 고 권옥기(2001년 작고)씨로부터 할미성대동굿을 배워 모두 복원했다."고 말하였다. 그리고 "1997년 서낭당이 있던 자리에 비석을 세웠지만 고속도로 때문에 서낭당은 만들지 못했으며, 대신 이곳에 자그마한 표석(높이 50cm, 폭 90cm)이 있는데 "마가실 서낭, 마고선인(魔姑仙人)'이라 새겨 세웠다."고 하였다.

유성관 회장이 이전의 신통을 계승하여 1992년에 '할미성대동굿'이라고 명명하면서 지금의 할미성대동굿이 이뤄진 것이다. 유회장은 "할미성대동굿을 배워 모두 복원했다."고 하였는데, 구체적으로 언급한다면 "마가실 서낭굿과 송씨부인당굿의 전통을 배워 할미성대동굿을 완성했다."할 수 있다. 그리고, 유회장은 '할미성대동굿'이라고 명명하였는데, 엄밀하게 말하면 마고선인과 서낭을 모시던 도당굿이라고 점에서 '할미성도당굿'이라는 명칭이 타당하다.

유회장에 의해 발굴 및 재현된 할미성대동굿은 매년 한 차례씩 굿을 행하고 있다. 그에 의하면, 할미성대동굿은 석성산 산신령인 마고선인을 받아모시고 내려와 모든 주민들이 함께 참여하여 한마당 대동굿을 펼치는 화합의 굿판이다. 매년 용인초등학교에서 광복절에 시민행사로 치르고자 하는 고집도 바로 '화합의 굿판'에 있다. 최근 2년간은 기독교의 강력한 반대로 공간과 일정이 일정치 않게 되었다. 급기야는 용인문화원의 적극적인 지원에도 무리가 따르게 된 정도이다. 금년에는 9월 25일에 용인실내체육관에서 성황리에 17회 째 할미성대동굿을 펼쳤다. 용인시장까지 참여한 굿판이었다고 하니, 이전의 굿판보다 성대했던 셈이다.

이같은 상황은 타지역에 비하면 비교적 양호한 편이다. 경기도에서 행해진 각 지역의 도당굿은 무형문화재로 지정된 오수복씨의 경기도당굿을 제외하면 거의 소멸된 상황이다. 잘 알다시피 도당굿은 한국전쟁 이전까지는 활발하게 전승되었다. 전쟁 때문에 한동안 중단되었다가 1970년대 새마을 운동의 영향으로 급격히 소멸하였다. 현재 경기도 도당굿은 유일하게 부천의 장말 도당에서만 전승되고 있다.

참고로, 경기도에서 행해진 도당굿의 실태를 정리해 보이면 다음과 같다.[21]

명칭	발생시기	신체	신당	제의시기	주최	주무자
수원 영동 거북산당 도당굿	1790년경 수원성건립	거북바위	거북산당	음력10월7일	영동시장 번영회	오수복
수원 평동 벌말 도당굿		구준물서낭	서낭당	음력정월 11일	평동마을	조광현
부천 장말 도당굿	임진왜란후	바위, 서낭	서낭당	음력10월10일	덕수 장씨	덕수 장씨 무녀공동
시흥시	고려초기	서낭	서낭당	음력10월 3일	마을주민	

21) 이 자료는 「경기도의 도당굿」 홈페이지에 게재된 내용을 정리한 것이다.

군자동 도당굿			(소원당)			
남한산성 도당굿	350년전	서낭	청량당	음력8월 28일	마을주민	
안산 잿머리 도당굿	고려 성종	서낭	城隍祠	음력 10월 길일	마을주민	당주 무녀

1992년에 재현된 할미성대동굿이 어려운 여건 속에서도 존속해온 데는 나름대로 이유가 있다. 할미성대동굿의 명칭으로 지속한 것은 17년이라는 짧은 기간이지만, 이전의 형태인 마가실 서낭굿이나 송씨부인당굿의 연원은 매우 오래이다. 그리고, 할미성대동굿은 무당이 개인기만으로 치르는 여느 굿과는 달리 주민들이 참여한다는 데 특징이 있다. 또 굿판 자체도 가무가 적고 장단이 단조로워 일반인들이 이해하기 쉽다. 할미성대동굿에는 풍물패가 동원되고 줄놀이(줄다리기) 등 여흥을 즐기며 꽃반축원(주민들이 가져온 쌀을 사발에 담고 촛불을 밝혀 각 가정의 행복을 비는 것)도 받을 수 있어 시민축제로 승화될 요소도 구비하고 있다. 경로잔치를 겸하고 있어 소외된 노년층의 참여가 손쉽게 이뤄진다. 유회장의 지론대로 '화합의 굿판'이기에 시민의 화합을 도출하는 축제가 가능하다는 것이다. 굿이 지니는 성격상, 공감대의 한계에도 불구하고 할미성대동굿은 이미 고정된 관객을 확보하는 한편 외지에까지 알려져 찾는 이들이 점차 늘고 있다.

할미성대동굿의 ①주당물림 및 부정청배 ②산신거리(산도당 할미 모시는 굿) ③상제 및 승전맞이굿 ④장군거리 ⑤대방위 굿(신장거리) ⑥천궁맞이(불사, 칠성거리) ⑦호구거리 ⑧대신거리, 대감놀이 ⑨작두별성거리 ⑩성주거리 ⑪창부거리 ⑫내전 및 뒷풀이 외에 참여자가 함께 즐길거리를 매년 새롭게 준비한다.

할미성대동굿이 폭넓은 관심을 끄는 이유는 그 소재의 독특함과 차별성 그리고 많은 볼거리를 제공하기 위해 다양한 프로그램을 가미한데 있다는 것이 일반적인 평가다. 일부 계층의 반대 속에서도 17년을 존속해온 생명력이 이런 데 있다.

5. 맺는말

　할미산성이 지난해 경기도문화재 기념물 제215호로 지정되었다. 1998년
도 광역지표조사와 2004년 시굴조사 결과를 바탕으로 그 보존가치가 공식
적으로 인정된 것이다. 이에 따라 할미산성에 대한 관심이 제고되었다. 이제
적지 않은 예산을 들여 할미산성의 본격적인 발굴과 복원 사업이 추진될
것이다. 단지, 할미산성의 복원으로 그칠 일이 아님을 강조하고 싶다. 수원
화성은 세계적인 문화유산이요, 이젠 관광자원의 보고이다. 이천시의 설봉
산성은 이천시민들의 화합의 장소이다. 남한산성은 어떠한가? 인근지역의
사례를 보면, 성산은 용인의 진산(鎭山)으로 거듭 중시될 것이며, 할미산성
은 용인의 상징이 될 것임이 자명하다. 할미산성은 용인시민의 정신적 육체
적 안식처요, 용인시의 고질적인 병폐로 여겨온 동서지역의 갈등을 해소하
는 화합의 장으로 조성되어야 한다. 22)
　포곡읍 주민 이광섭씨는 "허물어진 할미산성을 복원하고, 할미산성 안에
서 아름다운 선녀가 성화를 채화해 시민의 날 행사 시작을 알리는 등 전설
속의 마고 할머니를 용인의 수호신으로 삼자"는 주장까지 펴고 있다.
　할미산성은 용인지역민의 정신적인 고향이다. 먼 옛날 어떤 할미가 혼자
서 앞치마에 돌을 싸서 날라다 성을 쌓았다는 이야기가 전한다. 산기슭 도처
에 서낭당을 모셔 놓고 아이를 낳기 위해 백일정성을 올렸던 곳이다. 할미신
의 영험이 뛰어나 무속인들이 터를 잡아 치성을 드리는 곳이다. 용인의 대표
적 민속자료인 '할미성대동굿'도 여기서 기원한다.
　할미성대동굿은 일반적인 경기도 도당굿의 형태를 보이고 있으나 마을의

---

22) 홍순석, <할미산성! 이제 동서화합의 장으로 조성되길…>(2007.10.22 용인신
　　문 문화칼럼)

풍장패가 길놀이 풍물굿을 먼저 친 다음 다른 마을에서 함께 동참하기 위해서 오는 풍물을 맞아들이는 것이 색다르다. 할미성대동굿은 '화합의 굿판'이다. 용인시 동서 지역민의 화합을 위한 문화컨텐츠로도 활용할 수 있는 요건을 충분히 구비하고 있다. 단지 종교적인 이유만으로 배척될 것이 아님을 제기한다.

물론, 할미성대동굿 자체도 개선을 위해서 더욱 각고의 노력을 기울여야 한다. 국가지정 중요무형문화재 제98호로 지정된 경기도 도당굿의 보존방안을 위해 학술행사를 벌였던 적이 있다. 여기서 제기된 문제가 할미성대동굿의 경우도 예외일 수 없다. 굿의 경우, 전통적 신앙적 요소와 오락적 요소를 구비하고 있어 주목된다. 무엇을 위해 문화재로 지정하여 존속시킬 것인가 생각해 보자. 연원이 오래여서 보존되어야 한다면 골동품과 다를 것이 없다. 굿에서의 기예(技藝)만을 보존하려 한다면, 굿의 신성성(神聖性)을 상실한다. 할미성대동굿이 그동안 지속해온 요인은 굿 자체의 구성요소보다는 대중적 오락성에 있지 않았나 반성해 볼 필요가 있다. 행사명칭도 '할미성대동굿' '할미성대동굿예술제' '할미성대동예술제' 등으로 변모하였다. 할미성대동굿이란 명칭 자체도 '할미성도당굿'이란 개념에서 굿의 본질적 요소가 축소된 느낌이 없지 않다. 마가실서낭굿에서 할미성도당굿으로 도약한 것이 아니라는 사실을 인지해한다. 할미성대동굿의 주최자도 여론에 밀려 전통성을 상실하고 있는 듯하다. 이제라도 할미성대동굿의 뿌리인 마가실서낭굿의 본질적 요소를 복구하여야 한다. 그것이 전통을 계승하는 일이다. 대중적 인기에 빠져들면 전통적 맥락은 자연 쇠퇴하기 마련이다.

끝으로, 본 발표에서는 할미성대동굿의 연원만이라도 제기하고자 했다. 그러나 자료의 부족으로 가설에 머물 수밖에 없게 되었다. 매우 유감이다. 할미산성의 문화재 지정과 함께 할미성대동굿의 위상을 제고하려한 노력이 조금이라도 향후 보탬이 되길 기대한다.

참고문헌

『세종실록지리지』

『신증동국여지승람』

『증보문헌비고』

『용인군읍지』, 용인향토문화연구회, 1987

『용인시의 역사와 문화유적』, 한국토지공사 토지박물관, 2003.

『용인시의 문화유적』, 서울대 박물관

『용인의 마을의례』, 한국역사민속학회, 2000

『용인시사(4)』, 용인시사편찬위원회, 2006.

『경기민속지(2)』, 경기도박물관, 1999

『용인할미산성』, 경기도박물관, 2004.

『경기도의 굿』, 하주성, 경기문화재단, 1999.

『경기도의 마을신앙과 제당』, 김지욱, 전국문화원연합회 경기도지부, 2002.

『용인의 옛이야기』, 홍순석, 용인문화원, 1985.

『한국구비문학대계』(용인편), 한국정신문화연구원, 1984.

『내고장용인 북부지역의 구비전승』, 박종수, 강현모, 용인문화원, 1997.

『용인의 산수이야기』, 이제학, 홍문동, 1996.

인터넷싸이트 자료

「용인향토대전」, 한국학중앙연구원, 2008.

「경기도의 도당굿」, 경기도 도당굿보존회,

〈生居鎭川 死居龍仁〉 傳來談의 淵源과 意味網

1. 머리말

최근 "생거진천 사거용인(生居鎭川 死居龍仁)"이란 말이 다시 관심을 끌고 있다. 이미 진천에서 '생거진천'을 컨텐츠화해서 '생거진천축제' '생거진천쌀'이란 브랜드를 창출하여 활용에 나섰다. 반면, 용인에서는 '사거용인'이란 말을 두고 고심에 차 있다. 용인은 예로부터 명당지로 알려졌고, 현재까지도 공원묘원의 대표적인 도시이다. 여기에다 '사거용인(死居龍仁)'이란 말을 선뜻 부각시킨다는 것은 난감하다는 것이다. 그렇다고 해서 '용인'하면 떠오르는 "생거진천 사거용인"이란 말을 방치할 수도 없는 실정이다. 이 전래담이 다시 관심을 끌고 있는 이유가 여기에 있다. 용인의 향토사가들은 '사거용인'이란 말을 어떻게 부각할 것인가를 과제로 고민해 왔다. 기존의 "사거용인= 명당"이란 각인을 바로 잡고자 노력하고 있다. 기존의 전래담을 수집하고 관련 인물을 추정하려는 노력이 그것이다.

219

본 발표자는 1972년도 이후 줄곧 전래담을 수집하여 정리하고 있으며, 이를 『내고장 옛이야기』1) 『용인라이프』2) 등에 소개한 바 있다. 그리고 한참 뒤인 2007년, 『Good People』연재물 <용인의 명가—전주최씨 평도공파>에 이 전래담과 관련하여 평도공(平度公) 최유경(崔有慶)의 효행담을 소개한 바 있다.3) 이어 이종구가 <생거진천 사거용인이란> 글을 『용인문화』6호에 게재하였다.4) 구체적인 논문으로 발표된 업적은 김성환의 <龍仁의 明堂과 死居龍仁> 뿐이다.5) 김성환은 기존의 전래담이 사거지 용인으로 각인되고 있음을 문제시하고, 전래담의 본질인 '효행'을 인프라로 구축해야 함을 강조하였다.

본 발표에서는 <생거진천 사거용인> 전래담에 국한하여 기존의 자료를 분석하고, 의미망을 재확인하고자 한다. 아울러 이 전래담의 근원으로 추정할 수 있는 역사적 인물의 관련 자료를 제기하여 향후 논의의 실마리로 삼고자 한다.

2. 〈생거진천 사거용인〉 전래담의 분석

<생거진천 사거용인> 전래담의 분석을 위해 용인과 진천에 전해지는 전래담을 정리해 보이면 다음과 같다.

---

1) 홍순석, 『내고장 옛이야기』, 용인문화원, 1980.
2) 홍순석, <생거진천 사거용인>(『용인라이프』88—2호, 용인라이프사, 1986)
3) 집필 당시 <생거진천 사거용인>과 관련하여 자료를 제공한 분은 평도공의 후손인 최인태(남사면 완장리 거주) 씨이다. 최인태 씨는 이후에도 많은 자료를 제공해 왔으며, 본 발표문의 작성에도 적지 않은 도움을 주었다.
4) 이종구, <생거진천 사거용인이란>(『용인문화』6호, 용인문화원, 2008)
5) 김성환, <용인의 명당과 사거용인>(『용인향토문화연구』4호, 용인향토문화연구회, 2002)

<생거진천 사거용인> 전래담 자료

	출　　전	채록연도	제보자	채록자
자료1	한국의 전설(용인편)	1939	신정언	박영준
자료2	내고장 옛이야기	1972	구자역(용인읍)	홍순석
자료3	내고장 옛이야기	1980	박광택(49세,이동면서리)	홍순석
자료4	한국구비문학대계(용인편)	1983	이성희(65세,구성면중리)	조희웅
자료5	중부지역의 구비전승	1995	제보자(70대,역북동)	박종수,강경모
자료6	중부지역의 구비전승	1995	김재경(71세,김량장동)	박종수,강경모
자료7	중부지역의 구비전승	1995	민배식(80세,고림동)	박종수,강경모
자료8	중부지역의 구비전승	1996	원윤동(81세,마평동)	박종수,강경모
자료9	서부지역의 구비전승	1999	한은수(56세,보라동)	박종수,강경모
자료10	경기민속지(7)	2004	이인영(60세,남동)	김종대
자료11	용인문화6집	2008	미상	(이종구)

　현재까지 알려진 전래담은 박영준의 『한국의 전설』에 수록된 <자료1>
이 가장 오래되었다. 자료4는 일제 때(1939년 12월 2일) 서울에서 신정언
(申鼎言)선생으로부터 들었던 야담이라고 한다. 박영준의 『한국의 전설』에
수록된 <자료1>의 제보자가 신정언인데, <자료4>의 제보자 이성희는 일
제 때 서울에서 신정언선생으로부터 들었다고 한다. 현재 발표자가 수집한
자료가운데 제보자가 알려진 것으로는 가장 먼저라는 점에서, 관심을 더 갖
게 된다. 이 자료를 직접 확인하기 위하여 신정언씨를 만나고자 노력하였으
나 아직도 미해결 상태이다.
　<자료2>와 <자료3>은 발표자가 직접 채록한 자료이다. <자료2>는
1972년도 용인역장을 지낸 구자역씨로부터 들은 이야기를 정리한 것이다.
<자료3>은 1980년에 이동면에서 채록한 자료이다. 용인에서 일반적으로
구전하는 <생거진천 사거용인> 전래담은 이 두 유형에 속하는 것으로, 제

보자의 상황이나 정리자의 의도에 따라 약간의 변이된 양상을 보이기도 한다. <자료5>에서 <자료9>까지가 그 사례에 해당한다. <자료5><자료7>은 <자료2>가 구전되는 과정에서 변이된 양상으로, 송사와 판결 없이 일반적으로 모친의 시신을 용인에 묻었다는 내용으로 마무리 된다. <자료6>과 <자료10>6)은 모두 2가지 유형의 전래담을 소개하였는데, <자료2><자료3>과 거의 일치하는 내용이다. <자료8>은 <자료1>의 변이 양상이다. 이 자료도 송사와 판결의 모티프가 생략되었다. <자료9>는 <자료3>의 변이 양상을 보이는데, '추천석'이 '지천석'으로 바뀌었고, "죽어서는 오는 데가 용인 땅이다."로 마무리 되었다.

<자료11>은 이종구가 정리한 것으로, 진천에서 구전하는 전설이라고 하였는데,7) <자료2>와 서술체까지 일치한다. <자료2>를 진천 쪽의 누군가가 그대로 인터넷에 올린 것이다. 진천의 구전자료라 할 수 없다.

인터넷상의 많은 자료는 위의 이야기를 그대로 전재하였거나, 등장인물이나 지명을 개작한 정도일 뿐이다.8) 발표자가 그동안 <생거진천 사거용인> 전래담에 깊은 관심을 갖고 채록하였지만, 위의 표에서 정리한 <자료1><자료2><자료3>의 유형 외에 다른 것을 접하지 못하였다. 결국 위의 자료를 근간으로 첨삭 윤색되면서 변이되어 구전되고 있는 셈이다.

<생거진천 사거용인> 전래담의 기본 유형으로 추정되는 <자료1> <자료2> <자료3>의 주요 에피소드(epsode)와 모티프(motif)를 분석해 보인다.

---

6) <자료10>은 제보자 이인영이 『내고장 옛이야기』에 수록된 기존의 자료를 그대로 구술한 것으로 거의 일치한다.

7) 이종구, <생거진천 사거용인이란>(『용인문화』 6집, 용인문화원, 2008). 46-47쪽에서 소개하였는데, 구체적인 채록일자나 제보자 상황이 밝혀져 있지 않다.

8) 구체적인 사례로, 김상회(한국역술인협회 중앙부회장)씨가 인터넷에 올린 이야기는 용인과 진천에 각각 살았던 동명이인인 추천석을 용인의 김생원, 진천의 황진사로 변이시켰을 뿐 크게 다르지 않다.

<자료1>
① 용인군 이동면 묘봉리에 일가친척이 없는 노총각이 살았다.
② 마을사람들의 주선으로 어려운 처지의 처녀와 결혼함
③ 화전을 일궈 농사짓던 남편이 바위에 깔려 죽어 그대로 흙을 덮어 장례
지냄.
④ 남편의 혼령이 저승의 판관 앞에 나아가 "아직 죽을 때가 아니므로 생환
하라."는 판결을 받음.
⑤ 자신의 시신이 바위에 깔려 있어 입신(入身)할 수 없어 떠돌아다님.
⑥ 충청도 진천 부자집 아들의 시신에 입신하여 환생함.
⑦ 환생한 아들이 용인 묘봉리에 함께 살던 아내가 있다고 하자 처음엔 믿지
않다가 확인 후 진천에 데려와 함께 살게 함.
⑧ 진천댁과 용인댁 사이에 각기 아들 삼형제가 있었는데, 부친이 죽자 서로
혼백을 모시고자 다툼.
⑨ 진천군수에게 상소하여 판결을 구하니, "부친이 생전에는 진천에서 살았
으니, 죽은 뒤에는 용인에서 살게 하라"고 처결함.
⑩ 이 일로 인하여 "생거진천 사거용인"이라는 말이 전래함.

이 전래담의 공통적인 에피소드는 주인공의 죽음-환생-죽음의 순환에서
'생거(生居)' '사거(死居)'의 공간을 획득하는 과정이다. 그리고 모티프는
환생 이전의 삶과 죽음으로 야기된 사건으로 구성된다. 환생 이전의 삶은
가난한 부부의 평범한 삶이라면 이후의 삶은 부유한, 평범하지 않은 삶이다.
두 아내와 함께 각기 삼형제를 낳아 산다는 삶 자체가 특별한 모티프이다.
남편의 두 번째 죽음 이후에 야기될 문제의 소지를 암시한다. 이 전래담에서
는 효를 테마로 한 효행담으로 마무리 된다.
환생 이후의 삶만 전제한다면 '생거진천' '사거용인'이지만, 환생 이전과
이후의 전체 구조에서 살피면 생거용인-사거용인-생거진천(환생)-사거용인
의 에피소드이다. 결국 생거용인-사거용인의 구조로, 주인공이 용인에서 살
다가 용인에서 영면한다는 자연적인 귀결이다. 환생 이후의 부유한 삶은 이

전에 주인공이 가난하지만 마을 사람들의 칭송을 받을만한 삶을 살았기 때문에 얻게 된 응보(應報)인 것이다.

<자료2>
① 용인에 가세가 빈궁하나 금슬이 좋은 부부가 살았다.
② 남편이 병으로 죽자 혼자 살다가 생계가 어려워 아들을 버리고 진천으로 개가함.
③ 고아가 된 아들은 문전걸식하다 양반댁 머슴으로 들어감.
④ 양반댁 외아들의 중병을 고칠 산삼과 웅담을 구해주고 많은 전답을 얻어 결혼함.
⑤ 개가한 모친이 그리워 사람을 시켜 찾아 나섰으나 모친은 세상을 떠남.
⑥ 모친의 죽음을 전해들은 용인의 아들은 진천에 당도하여 자초지종을 말하고, 모친의 시신을 용인으로 옮겨 장례지내고자 함.
⑦ 진천의 아들은 그럴 수 없다고 하여 논쟁을 하다가 결국 원님에게 상소하여 판결을 구하니, "모친이 생전에는 진천에서 살았으니, 죽은 뒤에는 용인에서 살게 하라"고 처결함.
⑧ 이 일로 인하여 "생거진천 사거용인"이라는 말이 전래함.

이 전래담은 용인읍내 지역에 널리 구전하는 자료이다. 모티프 ③과 ④가 부연되어 있으나, <생거진천 사거용인> 전래담의 전형적인 에피소드를 그대로 담고 있다.

<자료3>
① 진천의 추천석이 아내, 4-5명의 아들과 함께 농사지으며 어렵게 살았다.
② 예고 없이 저승사자에게 끌려감.
③ 저승의 염라대왕 앞에 나아가 출생시기가 똑같은 동명이인(同名異人)인 용인의 추천석 대신 죽었음을 확인하고 생환됨.
④ 진천 추천석의 시신은 이미 땅에 묻힌 뒤라서 입신(入身)할 수 없었음.

⑤ 용인 추천석은 단천군수 부임 전날 밤에 잠자다 죽게 되고, 진천 추천석의 영혼이 용인 추천석의 육신으로 입신하여 환생함

⑥ 진천 추천석은 용인 추천석의 집에서 생면부지인 가족들과 부유한 생활을 하다가 자초지종을 말하고 진천집으로 달아남.

⑦ 진천에 사는 아내를 만나 자신이 남편임을 증명해 보이고 인정받아 함께 살기로 함.

⑧ 용인에 사는 아내와 자식이 진천에 당도하여 서로 자신의 남편이고 아버지라고 주장함.

⑨ 원님에게 상소하여 판결을 구하니, "지금 너는 진천의 추천석이 아니라 용인의 추천석이니 용인으로 돌아가라"고 처결함.

⑩ 이 일로 인하여 "생거진천 사거용인"이라는 말이 전래함.

이 전래담의 제보자인 박광택씨는 <생거진천 사거용인> 전래담은 "세상사람들이 육신의 주인은 마음(정신)일진대 육체를 더 중시한 것 같다."고 개탄하였다.

이종구가 소개한 용인의 전설자료 첫째 이야기는9), <자료3>의 변이라고 생각된다. 이 전래담의 결말부에는 "진천 땅 추천석의 혼이 들어간 그 사내는 생전에 자기의 주장대로 진천 땅에서 가족과 함께 행복하게 살았고, 이후 세상을 뜨자 그 육신은 본래 용인 땅에 살았던 추천석의 것이므로 그곳 가족이 찾아가게 되었다."고 하였다. <자료3>의 결말부는 환생한 추천석이 원님의 판결에 따라 생존시에 용인에 돌아가 살다가 죽었다는 유형이다. 이종구가 소개한 자료는 추천석이 다시 죽었을 때 시신을 용인의 자식이 장례지냈다는 유형이다.

기존의 전래담을 보다 쉽게 설명하기 위하여 주요 에피소드를 정리해 보인면 다음과 같다. <자료1>의 에피소드는 다음과 같이 정리할 수 있다.

---

9) 이종구, <생거진천 사거용인 이야기>(『용인문화』 6집, 용인문화원, 2008). 43-49쪽
  *여기서는 이 자료를 편의상 <자료3-1>으로 구분하여 지칭한다.

A. 용인의 가난한 노총각이 죽어 진천 부자집 아들의 시신에 입신하여 환생
B. 진천, 용인 양가의 아내와 함께 진천에서 살다가 죽음.
C. 진천, 용인에서 살던 양가의 아들이 부친의 장례를 각기 모시고자 갈등
D. 진천군수의 판결: 부친이 생전에 진천에서 살았으니 죽은 뒤에는 용인에서 살게 함.

<자료2>의 에피소드는 다음과 같이 정리할 수 있다.

A. 용인에 살던 모친이 남편이 죽자 진천으로 개가(改嫁).
B. 모친이 진천에서 살다가 죽음.
C. 진천, 용인 양가의 아들이 모친의 장례를 각기 모시고자 갈등
D. 원님의 판결: 모친이 생전에 진천에서 살았으니 죽은 뒤에는 용인에서 살게 함.

<자료3>의 에피소드는 다음과 같이 정리할 수 있다.

A. 진천의 추천석이 죽었다가 용인 추천석의 시신에 입신하여 환생
B. 환생한 추천석(魂: 진천, 魄: 용인)이 용인에서 살다가 진천으로 가서 살게 됨(자료3-1: 진천에서 살다가 죽음)[10]
C. 진천, 용인 양가의 아내와 아들이 각기 자신의 남편이며 부친이라고 주장 (자료3-1: 진천, 용인 양가의 아들이 부친의 장례를 각기 모시고자 갈등)
D. 원님의 판결: 부친이 생전에 진천에서 살았으니 죽은 뒤에는 용인서 살게 함.
   (자료3-1: 환생한 추천석의 육체는 용인 추천석의 것이므로 용인에서 모시게 함)

---

10) <자료3-1>은 『용인문화』(6집)에 소개된 용인전설자료 첫째 이야기에 해당한다.

위의 분석에서 보듯이 <생거진천 사거용인>의 필수적인 요소는 전래담의 제목에서 시사듯이 '생거' '사거' '진천' '용인'이다. 이를 표로 정리해 보인다.

	인물	생거	사거:장례지	생거(환생)	사거
<자료1>	노총각(부친)	용인	용인	진천	용인
<자료2>	모친	용인-진천	진천	×	용인
<자료3>	추천석	진천	진천	용인-진천	용인

<생거진천 사거용인> 전래담의 갈등은 '환생(還生)'과 '개가(改嫁)'에 있다. 대상 인물이 부친인 경우는 '환생'이 이전의 삶과 이후의 삶을 구별하며, 이에 따른 갈등이 발생한다. <자료1>은 부친이 진천에 환생함으로써 용인·진천 양가(兩家)의 아내와의 갈등을 야기한다. 부친의 죽음 이후에 야기된 양가 아들의 갈등은 해결되지 않아 결국은 군수에게 상소하여 처결한다. <자료2>는 모친의 개가로 인해 갈등이 발생한다. 모친의 죽음 이후 양가 아들의 갈등 역시 원님에게 상소하여 처결한다. <자료3>은 생시(生時)가 똑같은 동명이인(同名異人) 용인·진천의 추천석에서부터 갈등의 조짐이 보인다. 혼백(魂魄)을 달리 환생한 추천석은 생존시에도 양가의 가족들에게 갈등을 조장하고, 죽어서는 장례 문제로 갈등을 야기한다. 이 자료에서도 갈등의 해결은 원님에 의해서 처결된다. 군수(원님)의 "생거진천 사거용인(生居鎭川 死居龍仁)"이란 처결이 이 전래담을 생성케 한 것이다. 여기서 주목해야 할 점은 양가의 갈등의 원인이 어디에 있으며, 왜 상소하여 처결을 받을 수밖에 없었는가 하는 점이다.

대상 인물이 부친이던 모친이던 간에 갈등의 계기는 '환생'이나 '개가'에서 비롯하였다. 환생 이전과 이후의 삶이 대조적이다. <자료1>에서는 용인에서 가난한 생활을 하였던 인물이 진천에서는 부자집에서 환생한다. <자료2>에서는 용인에서의 생계가 어려워 진천으로 개가한다. <자료3>에서

는 진천의 가난한 추천석이 용인의 부자집 추천석으로 환생한다. 대상 인물이 환생하였거나 개가한 이후의 생존시엔 보다 부유한 삶을 누렸기에 양가의 아들은 큰 갈등을 제기하지 않는다.

그런데 대상 인물의 죽음은 양가 아들의 갈등을 고조시킨다. 생존시에는 그같은 갈등이 없다가 죽음을 두고 문제가 발생한다. 각기 자신들이 시신(屍身)을 모시고자 한다. 양가의 합의가 이루어지지 않아 군수(원님)에게 처결을 요구한다. 자식으로써 부모의 장례를 맡아야 한다는 당위성이 소송에까지 이르게 한 셈이다. 위의 전래담 모두 대상 인물이 진천에 살았기 때문에 죽어서는 용인에 모셔야 한다는 명분을 채택하였다. <자료3>에서는 용인 추천석의 육체를 빌렸으니 용인에 귀환하여야 한다는 처결이 내려진다. 자칫 적통(嫡統)을 염두에 두고 송사까지 벌렸다고 볼 수 있으나, 그렇지 않다. <생거진천 사거용인> 전래담에서의 전체 맥락이 효(孝)에 결집되어 있으며, 각각의 모티프는 이를 위해 전개된다. 양보할 수 없는 효행의 면모를 이 전래담에서 살필 수 있다. <생거진천 사거용인> 전래담의 참뜻인 '지효(至孝)'를 간과하고, 이들 자료를 '사거지 용인(死居地 龍仁)'을 설명하기 위한 전래담으로 인식하고 있음은 매우 안타까운 일이다.

3. 〈생거진천 사거용인〉 전래담 발상의 근원

앞에서 살폈듯이 <생거진천 사거용인> 전래담 가운데 <자료1><자료3>의 에피소드는 "생거(生居)-사거(死居)-환생(還生)-생거(生居)-사거(死居)"로 정리할 수 있다. 환생 이전의 "생거-사거"와 환생 이후의 "생거-사거"의 갈등과 해결이 주요 에피소드이다. <자료2>는 '환생'이 '개가(改嫁)'로 대치되었으며, "생거(生居)-개가(改嫁)-생거(生居)-사거(死居)"의 에피소드로 구성되어 있다. 갈등의 요소는 마찬가지로 "생거-사거"이다.

<생거진천 사거용인> 전래담의 테마는 바로 효행(孝行)이다. 기존 전래

담이 모두 형제간의 우애보다는 효행을 강조하고 있다는 점을 간과해서는 안된다. 부모의 '생거'에 대해선 갈등을 보이지 않으나, '사거'에 대해선 송사(訟事)를 마다하지 않았음이 중요 모티프이다. 생존하셨을 때는 모시지 못했지만, 세상을 마친 뒤에라도 모시고자 하는 용인·진천 양가 아들의 지효(至孝)야 말로 세상에 전할 만한 이야기이기에 오랫동안 구전되어 온 것이다.

따라서 생거지가 진천이고, 사거지가 용인이라는 역사적 사실만으로 <생거진천 사거용인> 전래담의 근원으로 추정하는 것은 무리이다. 이종구의 글에서 최유경과 함께 이애(李薆)를 관련지었는데, 이애의 경우가 그렇다. 이애는 경신공주(敬愼公主)의 남편으로, 태조의 부마(駙馬)이며, 태종에게는 매형이 된다. 진천이 고향이며, 용인시 처인구 포곡면 신원리에 묘역이 있다. 부친의 묘가 진천에 있는데, 그의 묘가 선영에 있지 않고 현재 용인에 있는 것이 관심을 끌기에 족하다. 그러나 <생거진천 사거용인> 전래담의 핵심적인 요소인 효행(孝行)이 결여되어 있다. 단순히 '생거진천'과 '사거용인'의 외형적 여건을 갖춘 이애의 사례는 용인이 풍수상 사거지(死居地)임을 증빙하는 것 밖에 아무런 의미가 없다. 그같은 이야기는 전래담의 근원설화로도 형성되지 못한다.

<생거진천 사거용인> 전래담 발상의 근원이 되는 역사적 사실에도 '생거진천'과 '사거용인'의 모티프와 효행의 테마가 필수적이다. 전래담에서의 '환생'은 역사적 현실에서는 불가능하다. 실제 효행담을 전설의 모티프로 각색하기 위한 설정으로 보아도 무리가 없다. 그같은 사례는 매우 많다. '개가'의 모티프는 이보다는 현실적이다. 실제 있음직한 효행담이다. 최근에 채록된 전래담에서 비현실인 '환생' 모티프가 아닌 '개가' 모티프가 등장하는 이유도 여기에 있다.

<생거진천 사거용인> 전래담의 발상이 된 근원을 찾기 위한 구체적인 방안으로11) 우선, 기존의 <생거진천 사거용인> 전래담에서 고정적인 '사거용인'의 모티프를 전제하여 역사적 인물을 추정하고, 다음으로 '생거진천'

의 모티프를 충족하는 인물을 선정하면 보다 구체적인 윤곽을 드러낼 것이다. 그리고, 이 전래담의 테마인 '효행'을 충족하는 인물을 추출한다면 발상의 근원으로 설정할 수 있으리라 본다.12)

김성환의 <龍仁의 明堂과 死居龍仁>에 의하면13), 용인지역에 산재한 사대부들의 분묘만도 대략 210여기가 된다. 물론 정확한 수치는 아닐 것이다. 실제 그 보다 더 많을 수밖에 없다. 그리고 현재 알려지고 있는 사대부가의 분묘는 대략 14세기부터 조성되기 시작하여 현재에 이르고 있는 것으로 나타난다. 이 가운데 '생거진천' '사거용인'의 모티프를 함께 충족하는 대상인물은 최유경(1343-1413)과 이애(1363-1414) 뿐이다. 이애의 사례는 앞에서 설명하였듯이 '효행'의 테마가 결여되어 있다. 따라서 <생거진천 사거용인> 전래담 발상의 근원으로 설정하기엔 부적합하다. 이 모든 요소를 충족하는 인물은 최유경으로 국한된다. 전주최씨 평도공파 문중에서는 "<생거진천 사거용인>이라는 말이 청백리할아버지(:최유경)가 용인에 잠드신 이후 생긴 것"14)이라고 설명한다. 좀더 구체적인 자료를 통해 관련성을 검증하기로 한다. 15)

① "고려 충혜왕 후 4년 계미년(1343) 4월 갑자에 청원군 다율리 방정촌사(方井村舍)에서 공을 낳으셨다."16)

---

11) 불가능한 일이 아니다.
12) '생거진천'의 모티프는 환생이전의 경우, 용인이나 진천에서 출생해서 살았거나 <자료3>의 추천석은 동시에 양쪽에서 각각 출생하여 살았던 인물로 나타난다. '생거진천'의 모티프는 그만큼 가변적인 요소인 것이다. 반면, '사거용인'의 모티프는 고정적이다. 이 전래담의 핵심이 '사거용인'임을 증빙한다.
13) 김성환, <龍仁의 明堂과 死居龍仁> (『용인향토문화연구』 4집, 용인향토문화연구회, 2005), 55쪽.
14) 전주최씨 평도공파의 후손인 최인태씨로부터 이같은 설명을 직접 들은 바 있으며, 이 논문을 작성하면서 구체적인 자료를 제공 받았다.
15) 평도공 최유경의 구체적인 생애는 지면 제약상 생략한다. 평도공의 전기적 사실은 전주최씨 평도공파의 족보나 묘지명, 조선왕조실록의 <졸기(卒記)> 등 여러 문헌자료에서 살필 수 있다.

② "계사년(태종 13년,1413) 6월 24일 병으로 집에서 세상을 마치시니 향년 71이다. 임종에 이르렀을 때도 언사가 자연스러웠다. 부음이 조정에 알려지자 3일간 조회를 철폐하였다. 8월 13일에 경기도 용인현 자봉산 구동을좌신향 언덕에 예장하였는데, 바로 조정에서 내려주신 땅이다."17)

③ "<효자> <본조>: 최사흥(崔士興) 김덕숭(金德崇): 모두 효자로 정문을 세워 표창하였다."18)

④ "(최유경은)관직을 떠나 현 초평면 죽정리로 내려와 죽정(竹亭)이라 자호(自號)하고 한가로히 지내다가 태종 13년(1413) 71세로 사망하였다. 그는 효성이 지극하였는데 부친상을 당하여 6년간의 묘막생활을 하고도 슬픔을 씻지 못하였다한다.

그의 아들 역시 효성이 지극하여 모친이 병석에 눕자 자기의 허벅지를 베어 봉양하는 등 부자의 효행이 조정에 알려져 세종께서 정문 창건을 명하였다."19)

위의 자료를 바탕으로 평도공 최유경의 생거지와 사거지를 정리하면 다음과 같다. 청원군 다율리 방정촌사에서 출생하였으며, 관직을 떠나 진천군 초평면 죽정리에 거주하다가 세상을 마치자, 용인현 자봉산 구동(駒洞)에 장례지냈다. 20)

---

16) "高麗忠惠王後四年 癸未四月甲子 生公於淸原郡多栗里方井村舍"(<正憲大夫 參贊議政府事諡平度公墓誌銘 新碑文>)

17) "癸巳 六月二十四日 以病卒于第 享年七十一 至屬纊 言辭自若 訃聞輟朝三日 致賻特厚 以八旬三 禮葬于京畿道 龍仁縣紫鳳山 駒洞 乙坐辛向之原 卽朝家恩賜之地(<朝鮮參贊議政府事諡平度公墓誌銘>)

18) <孝子><本朝> 崔士興 金德崇 俱以孝子旌門(『新增東國輿地勝覽』, 鎭川縣 人物)

19) cf., 『진천군의 문화유적』(충북대박물관,진천문화원, 1998), 241쪽
    cf., 『내고장 전통가꾸기』(진천문화원), 318쪽

20) 평도공 최유경은 한 때 과천의 막계동(幕溪洞)에 거주한 적도 있다. 경기도의 『지명유래집』에 막계동의 유래가 전하는데, 평도공이 한양성을 축성할 때 이곳에 막을 치고 머물면서 출퇴근하였다고 해서 지명이 되었다고 한다.

평도공 최유경이 출생한 청원군 다율리는 지금의 청원군 북위면 대율리이다. 이곳에는 전추최씨 평도공파의 6대손 이후 줄곧 거주하였으로 제2 세거지(世居地)로 여겨지고 있다. 평도공이 진천에 거주하게 된 연유는 셋째 부인인 고성이씨(固城李氏)가 진천 출생이기 때문이다.

평도공 최유경은 세 명의 부인을 두었다. 첫째 부인은 일선군 부인(一善郡夫人) 선산김씨(善山金氏)으로 장자 사위(士威)를 낳았다. 둘째 부인은 상낙군부인(上洛郡夫人) 김해김씨(金海金氏)로 사의(士儀)를 낳았다. 셋째 부인은 고성현부인(固城縣夫人) 고성이씨(固城李氏)로 사규(士規), 사강(士康), 사용(士庸), 사흥(士興)을 낳았다. [21] 평도공의 아들은 모두 6형제이다. 막내아들 사흥(士興)은 유복자(遺腹子)로 진천에서 출생하여 성장했다. 현재 진천군 문백면 구곡리 산11번지에 조선 세종 때 정려를 명하여 지은 최유경·최사흥 부자의 효자문이 있다. 문백면은 진천군의 남쪽에 위치해 있는데 평도공의 고향인 청원군과는 바로 인접한 지역이다. 따라서 가까운 곳에서 부인을 맞아드리는 것이 가능했을 것으로 보이고, 자연히 처가가 있는 진천에도 거주하고 있었다는 의미가 된다. 평도공의 아호가 죽정(竹亭)인데 진천군 초평면 죽정리에 거주하면서 지은 것이다.

위의 <자료③> <자료④>에서 보듯이 평도공 최유경과 사흥(士興)의 효행은 세종 때 정려의 은전을 받았을 정도이니 널리 알려졌을 것이다. <생거진천 사거용인> 전래담의 테마인 '효행'을 충족할 수 있는 요소이다.

이밖에 평도공의 세 부인의 몸에서 아들 6형제를 출생하였다는 사실도 기존 전래담의 모티프와 거의 일치한다. 더욱 근접하는 사실은 효행으로 함께 명성을 떨쳤던 평도공 최유경과 사흥 부자의 묘소가 각각 용인과 진천과 있다는 점이다. 막내 아들 사흥은 유복자이기 때문에 진천에서 세상을 마친

---

21) "公凡三娶, 一善郡夫人金氏子士威漢城判尹, 上洛郡夫人金氏子士儀判敦寧選淸白吏諡襄度, 女適經歷李佐, 固城縣夫人李氏子士規持平, 士康右贊成兼判吏曹事諡敬節, 士庸軍器寺判事, 士興監務孝旌閭"(<正憲大夫參贊議政府事諡平度公墓誌銘 新碑文>)

부친(평도공)을 진천에 모시지 못했음이 분명하다. 용인에 모시게 된 유래가 구체적이지는 않지만, 공세리 묘역에는 평도공과 사위(士威: 判尹公), 사규(士規:持平公), 사강(士康:敬節公,), 사용(士庸:判事公)의 묘소가 있다. 사홍(士興:監務公)의 묘소만 진천에 있다. 사의(士儀:襄度公)의 묘소는 양주에 있다.

맏아들 사위(士威)는 생전에는 진천에서 부친을 모셨고, 사후에도 부친의 묘소 아래 영면하여 부친의 넋을 모시고 있다.『전주최씨계보』에 의하면, 사위는 평생을 부친인 평도공과 함께 했다. 그는 고려말엽에 벼슬하여 중랑장(中郎將)이 되었고, 부친을 따라 낙향했다가 좌랑, 이조의랑 등을 거쳐 한성판윤을 지냈다. 평도공이 세상을 마치자 공세리 묘역에 여막(廬幕)을 짓고 3년간 시묘(侍墓)하였다. 그리고 자신의 임종 때는 자손에게 여막 터에 자신의 묘소를 마련하라고 유언했다고 한다. 죽어서도 부친을 가까이 모시겠다는 효성에서 비롯한 것이다.

"생거진천 사거용인"이 단순히 육신을 살아서는 진천에, 죽어서는 용인에 두었다는 의미의 성어(成語)가 아니라, 살아서나 죽어서나 부친을 모시고자 했던 자식의 효행심에서 비롯한 것이 아닐까 한다.

4. 맺는말

일반적으로 기록문학에 비해 구비문학의 전승에 한계가 더 많은 것은 사실이다. 기록문학이 고착적인 데 반해 구비문학은 전승자의 여건에 따라 변이된다는 것이 일반론이다. 그렇다고 해서 구비전승의 과정이 변이 일변도로 전개되는 것은 아니다. 잘못 전승되는 이야기는 제3자에 의해 수정 보완되는 사례가 적지 않다. 잘못 고착된 기록문학은 수정이 불가하지만, 구비전승의 자료는 오랜 기간 동안에 수정 보완된다는 점을 전제하고 이 논문을 입안(立案)하였다.

구체적인 방안으로, <생거진천 사거용인> 전래담을 수집 정리하여 세 가지 유형을 설정하고, 에피소드와 모티프. 테마를 분석하였다. 그리고, 이를 바탕으로 전래담의 근원을 탐색하고자 하였다. 그 결과를 정리해 보인다.

<생거진천 사거용인> 전래담은 용인, 진천 사람은 물론 전국적으로 알려진 이야기이다. '생거진천' '사거용인'이 별도로 전승되는 전래담이 아닌데도 진천에서는 '생거진천'을 브랜드화하여 홍보하고 있다. 반면, '사거용인'의 경우는 용인시가 '사거지'로 각인되는 점을 우려하여 꺼려하고 있다. 일부 부동산 업자들은 이 전래담을 근거로 진천은 양택지로, 용인은 음택지로 가장 좋은 곳임을 홍보하고 있다. 이러한 과정에서 <생거진천 사거용인> 전래담의 본질이 더욱 퇴색해진 것이다.

이 전래담의 본질은 '효행'에 있다. 오랫동안 구비 전승되어온 동인(動因)도 '효행'에 있음을 주목해야한다. 기존 전래담은 세 유형으로 분류되지만 모티프는 한결같이 '생거' '진천' '사거' '용인' '이복형제' '송사' '판결'이다. 테마가 '효행'임은 확고하다. 기존 전래담의 구성원이 2명의 아내(또는 남편), 동명이인, 이복형제인데도 화목이나 우애를 강조한 에피소드는 보이지 않는다. 오히려 형제간의 송사까지 발생하고, 군수(원님)의 판결로 갈등이 해결된다. 판결의 내용은 바로 "생거진천 사거용인"이다. 판관은 이복형제들의 효행심을 가상히 여겨 기회균등이란 원칙으로 처결한다. 명분과 예제(禮制)보다는 효행을 우선하는 판결임을 알 수 있다. 효행을 양보하지 않으려던 이복형제간의 갈등은 오히려 귀감이 될 수 있기에, 구비전승 되는 것이다. <생거진천 사거용인> 전래담의 본질이 여기에 있음을 다시금 강조한다. 이 전래담은 결코 '생거진천' '사거용인'으로 분리되어 양택지와 음택지의 대명사로 각인되어서는 안된다. 김성환이 <용인의 명당과 사거용인>에서 '사거용인'이 '사거지=용인'으로 각인되는 현실을 우려하여 용인의 명당과 기존 전래담의 차별성을 강조한 것도 이 때문이다.[22]

---

22) 김성환은 용인이 대표적인 음택지로 알려진 것이 '사거용인'이란 말이 왜곡되어 전파된 영향이라 하였는데, 전적으로 동의한다. 이 전래담이 사거지로서의 용인을

여러 가지 사실을 미루어 볼 때 <생거진천 사거용인> 전래담 발상의 근원은 평도공 최유경의 가문에서 비롯했다고 본다. 구체적인 이유를 재정리하면 다음과 같다. 우선, 기존 전래담의 테마인 '효행'과 주요 모티프인 '생거진천' '사거용인'을 충족하고 있다. 전래담의 인물 구성과 평도공의 가족 구성도 유사하다. 전래담에서 부친(또는 모친)과 2명의 아내(또는 남편), 6명의 이복형제가 나타나는데, 평도공 최유경의 가족도 세 부인과 6명의 아들로 구성되었다. 막내아들 사흥(士興)의 효행담과 맏아들 사위(士威)의 유언도 효행담으로서의 <생거진천 사거용인>의 근원을 설명하기에 충분하다. 실제 '생거진천 사건용인'의 대상인물인 평도공 최유경·판윤공 사위의 행적과 감무공 사흥의 행적이 구전되는 과정에서 하나의 이야기로 각색되고, '환생'과 같은 설화적 요소가 보태져 지금까지 <생거진천 사거용인>으로 전래되고 있는 것이다.

얼마 전에 예원무용단(단장 심규순)이 용인시 여성회관 큰어울마당에서 "생거진천 사거용인"을 공연한 적이 있다. 이 전래담을 컨텐츠화해서 처음으로 선보인 공연이다. 어떤 관람자는 "용인이 죽어서만 오게 되는 '사거용인'이라고 만 알고 있었는데, 이번 공연을 보면서 부모님들에게 정말 정성으로 효도를 다하는 그런 고장이라는 사실을 알게 되어 서울에 있는 친구들한테 용인이 효의고장 이라는 것을 자랑할 수 있어 기쁘다."고 하였다. 앞으로 <생거진천 사거용인> 전래담을 어떻게 전승할 것인가를 시사하는 기사이다. 이 전래담은 용인의 문화 인프라로써 구축될 수 있는 충분한 가능성이

각인하는 데 결정적인 영향을 미쳤던 것은 의심하지 않는다. 그러나 용인=명당이란 인식에 문제가 있는 것처럼 제기한 것은 수긍되지 않는다. "용인이 명당이었다면 사대부들의 묘역이 더 많았을 것이다."고 하였는데, 주변지역과의 대비 수치만으로 단정할 사안은 아니다. 이 전래담과 별개로 포은선생의 묘역이 용인에 소재한다는 사실은 용인을 명당으로 인식하는데 이 전래담 못지않는 영향을 미쳤다고 본다. 자칫 "용인이 명당이 아니다."라는 논지로 이해하기 쉬운데 굳이 <생거진천 사거용인> 전래담의 본질이 효행에 있음을 강조하기 위하여 용인=명당이란 인식을 문제 삼을 아유는 없다. 용인의 명당에 안장하고자 선친의 시신을 지고 다녔다는 전설도 있는데, 이 역시 효행의 발상으로 볼 수 있다.

있다. 보다 심도 있는 논의를 통해 전래담의 본질과 발상 연원의 규명, 문화 콘텐츠화의 방안 등이 모색되길 기대한다.

참고문헌

이행 외, 『신증동국여지승람』(국역본), 민족문화추진회, 1986
박영준, 『한국의 전설』(용인편), 한국문화도서출판사, 1972.
홍순석, 『내고장 옛이야기』, 용인문화원, 1980.
조희웅, 『한국구비문학대계』(경기도 용인편), 한국정신문화연구, 1984.
진천문화원, 『내고장 전통 가꾸기』, 1986.
홍순석, <생거진천 사거용인>, 『용인라이프』88-2호, 용인라이프사, 1988.
충북대박물관, 진천문화원, 『진천군의 문화유적』, 1988.
박종수, 강현모, 『서부지역의 구비전승』, 용인문화원, 1999.
박종수, 강현모, 『중부지역의 구비전승』, 용인문화원, 2000.
편찬위원회, 『기흥읍지』, 용인문화원, 2000.
김성환, <용인의 명당과 사거용인>, 『용인향토문화연구』4호, 용인향토문화
　　　연구회, 2002.
김종대, <경기중부지역의 설화>, 『경기민속지』(7), 경기도박물관, 2004.
홍순석, <용인의 명가-전주최씨편>, 『Good People』3호, 용인신문사, 2007.
이종구, <생거진천 사거용인>, 『용인문화』6호, 용인문화원, 2008.

이천지역 민속문화와 문화환경

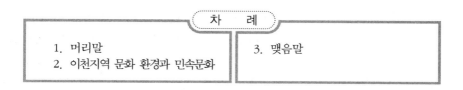

1. 머리말

한 지역의 문화를 이해하는 방법이나 시각은 다양할 수밖에 없다. 어떠한 문화이든 고정적이지 않다. 항상 생성·발전·변화를 거듭한다. 따라서 누가 어느 시각에서 보느냐에 따라 달리 해석될 수 있을 것이다. 일반적으로 한 지역의 문화를 가장 잘 인지하고 있는 이는 그 지역의 토착민이라 할 수 있다. 그러나 반드시 그렇지는 않다. 이천 사람들은 이천에서 살고 있기 때문에 오히려 그들의 문화를 인식하지 못하고 있는 것 같다. 이천지역의 문화를 일상적인 것으로 이해하기 때문이다.

추상적인 발상일지 몰라도 한 지역의 문화를 처음 접하고 느꼈던 '낯설음'이 그 지역 문화의 특징이 아닌가 한다. 필자는 외지인으로 1995년도부터 10년 가까이 이천지역의 민속문화를 조사해 왔다. 구비문학조사에서 민속문화로 확대된 셈이고, 이제는 후자에 더 관심이 많다.[1] 조사기간 동안

---

1) 그 동안 이천 지역의 문화유적·민속자료를 7년간 조사하여 11책의 보고서를 펴냈

내게는 시종 '낯설었던 것'이 그들에겐 '낯익은 것' 몇 가지 사실이 있었다. 구체적인 사례로, 주변 시군지역에선 '춘향각시놀이'를 확인할 수 없었는데, 이천지역에선 도처에서 확인된다. 경기도 동부권에서 공유하고 있는 민속문화 가운데 '거북놀이'는 이제 '이천거북놀이'로 자리매김하였다. 아직은 '이천줄다리기'가 전국적인 민속놀이 속에 자리매김하지 못했지만, 이천지역의 '단드래줄다리기' '갈매울줄다리기' '용면리줄다리기'는 2백여 년의 전통을 자랑하며 지금까지도 성대하게 행해진다. 1921년 3월 20일자 동아일보에 「六千名의 大蟹戲」라는 기사가 사진과 함께 있다. 당시 전국민의 주목을 끌었을 행사였음을 알 수 있다. 이천지역은 근래까지도 전업농가가 대부분이었던 만큼 농사에 관련한 민속행사와 놀이가 주변 시군에서보다 뚜렷하게 나타나고 있다. 그리고, 단지 전래하는 민속놀이를 즐기고 있는 정도가 아니라, 이천의 민속문화를 고유문화로 보존 정착시키려는 남다른 인식을 확인할 수 있다. 이런 것에서 이천지역의 민속문화와 문화 환경을 살필 수 있지 아닐까 한다.

본고는 경기 동부지역의 민속과 문화환경을 다루려는 의도 속에서 마련된 것이다. 이천, 용인, 안성, 여주, 광주 지역의 문화환경과 민속놀이와 구별되는 요소를 중점으로 환경적 요소를 다루고, 그 같은 요소가 민속놀이에 어떻게 나타나는가를 살피려는 것이 본래의 목적이다. 이천지역만을 대상으로 한 본고는 한 단계적인 작업에 지나지 않음을 밝혀둔다.

2. 이천지역 문화 환경과 민속문화

이천지역은 우리나라의 중앙부에 위치해 있다. 전형적인 농업 도시였으나, 근래에는 도농복합형의 전원도시로 탈바꿈하고 있다. 동쪽은 여주군, 북

으며, 민속원에서 『이천의 옛노래』(2002) 『이천의 민간신앙』(2003)을 펴냈다. 금년도엔 3집으로 『이천사람들의 삶과 놀이— 세시풍속과 민속놀이』(2004)를 간행하였다.

쪽은 광주시, 서쪽은 용인시·안성시, 남쪽은 충청북도 음성군 등과 접한다. 동서를 직통하는 영동고속도로가 시 중앙부를 통과하고 있으며, 남북으로는 중부고속도로 통과한다. 광주산맥의 연장인 낮은 구릉이 시 전역에 산재하고, 구릉 사이를 남한강의 지류인 복하천·송곡천·청미천 등이 흘러 유역에 소규모 충적평야가 발달하였다. 토질이 비옥하고 수리시설이 잘 되어 있어 논농사에 좋은 조건을 갖추고 있다. 농·축산업 상품의 개방화 물결을 극복하기 위해 영농의 기계화와 대체작물을 집중육성하고 '이천쌀 사랑본부'를 결성하여 3배 보상미제를 실시하고 있다. 중요한 지방산업지로서 최첨단 산업체인 하이닉스(주)를 비롯 387개의 기업체가 입주하여 1차 산업, 2차 산업, 3차 산업이 고루 발달한 대표적인 도농복합형 전원도시이다.

이천지역은 예로부터 수로(水路)와 육로(陸路)의 교통 요충지였는가 하면, 산촌과 농촌의 촌락을 함께 형성해온 지역이다. 지형적 여건상 영남·호남·충남지역의 문화를 쉽게 접할 수 있었던 이천 사람들은 기호지역의 전통적 기반 위에 다양한 문화를 습합하여 특징적인 문화를 형성하였다.

이천지역의 대표적인 브랜드는 쌀·도자기·온천이다.[2] 이들 상품은 세계적·전국적인 규모로 극대화되어 있다. 이천지역민 스스로의 자긍심이나 다른 지역에서의 반응에서도 이들 상품의 인지도는 의심의 여지가 없다. 도자기의 경우는 1960년대 이후 각광을 받기 시작한 것으로 이천지역 민속문화를 이해하는 데는 직접 관련이 적을 것 같다. 반면, 쌀과 관련된 문화환경 및 민속문화는 이천지역의 문화를 대표한다고 해도 과언이 아니다.

---

2) 이천시에서는 수시로 전문기관에 의뢰하여 이천지역을 대표하는 이미지나 브랜드를 조사하고 있는데, 쌀, 도자기, 온천은 항상 빈도수 높게 조사되고 있다. 최근에 와서 도자기가 쌀을 앞서고 있으나, 이는 도자기엑스포의 개최에 따른 홍보의 결과에 기인한 것으로 보인다. (참고, 『이천시지』 4권, 정치와 경제, 544면)

(1) 쌀농사와 민속문화

농경 위주의 지역에서 그렇듯이 이천지역의 민속문화는 전적으로 쌀농사와 밀접한 관련을 갖는다. 이천에서도 농사력에 따라 세시명절과 민속놀이를 즐기며 각별하게 보냈다. 이천사람들 대부분의 삶은 농사의 개시·파종·제초·수확·저장 등 농경주기와 함께 한다. 정초의 세시풍속과 놀이가 그랬고, 팔월 한가위 때 즐기는 풍속과 놀이가 그랬다. 물론, 주변 지역에서도 쌀농사와 관련된 민속문화가 주류를 이루고 있는 것은 사실이다. 그렇지만, 이천지역의 경우는 좀 색다른 면모가 있다. 구체적인 사례로, 농사일과 관련된 농요(農謠)는 전국 어디에서나 구연되고 있는 민요이다. 모내기, 김매기 노래가 전국적인 분포를 보이고 있고, 사설도 몇 가지 유형으로 정리할 정도로 보편적이다. 차이를 보이고 있는 후렴(받는 소리) 부분 정도이다. 가락에서도 지역적인 차이에 따라 구별되는 요소가 있지만, 역시 몇 가지 유형으로 정리할 수 있다. 그런데 농사일에 부르던 농요도 이천지역에서는 '이천자채농요'라고 해서 차별화하고 있다.

이천시는 쌀농사에 적합한 최상의 자연적 환경을 유지하고 있다. 남한강 지류인 복하천, 양화천, 청미천 3대 하천으로 모이는 크고 작은 하천들이 지네발처럼 펼쳐져 있어서 수자원이 확보되어 있으며, 토질과 기후 또한 논농사에 적합한 요건을 모두 갖추고 있다. 게다가 이 지역에서 생산되는 쌀은 임금님의 수라상에 올리는 진상미(進上米)로 정평을 받았다. 조선 태종조의 권근(權近)이 지은 이천의 향교기(鄕校記)를 보면, "(이천은) 땅이 넓고 기름져서 백성들이 부유하다(土廣而腴 民衆而富)"[3]라 하였다.

육로와 수로가 발달한 이천지역은 화물과 세곡(稅穀)의 운반에 있어서도 예부터 타지역에 비해 유리한 조건에 있었다. 복하천과 청미천은 많은 세곡선이 드나들던 곳이었으며, 이천시내 북동쪽으로한내를 끼고 있는 배증개는 진상미를 실어 나르던 포구였다고 한다.[4] 1930년대 일제시대 때 수여선 철

---

3) <利川新置鄕校記> 『陽村集』14, 卷5;b

도를 개설하여 운행한 것도 이천지역의 품질 좋은 쌀을 수탈하기 위한 목적이었다고 한다.[5]

1950년 중반의 이천지역 실정을 자세히 기록하고 있는 『이천대관』에서는 당시 이천의 산업이 거의 쌀농사에만 의존하고 있었음을 시사하고 있다.

> "본 군은 자고로 미곡특산지로 더욱이 이천 '자채쌀'하면 옛 진상미로 너무나 유명하여, 이천산 쌀은 지금도 어느 시장엘 가든지 시세를 더 받는 만큼, 이천쌀로 밥을 지으면 그 자르르 흐르는 윤기와 점기, 참으로 타지방에서 맛 볼 수 없는 진미이다. 이로보아 이천의 기후, 특히 토질은 가장 미작에 적당한 모양이다."[6]

이천 쌀의 진가를 설명한 이 기록에서의 정황은 현재까지도 널리 인정되고 있다. 시민단체인 '이천쌀 사랑본부'의 활동에서도 바로 그 같은 정황과 자긍심을 엿볼 수 있다.

이천 쌀의 가장 특징적인 면모는 바로 '자채쌀'에 있다. "광주 분원 사기방아, 여주 이천 자채방아"라는 민요의 구절에서도 시사하듯이 이천쌀의 대명사는 '자채쌀'이다. 1491년에 강희맹이 저술한 『금양잡록』이후 19세기 초기에 서유구가 저술한 『행포지(杏浦志)』에 '自蔡'로 표기된 쌀의 품종이 기록된 것을 보아 조선시대의 대표적인 품종이었던 것 같다.[7] 『행포지』에는 "여주 이천 사이에서 잘된다(驪州利川之間爲良也)"는 부연 설명이 있어, 이천지역이 자채벼의 대표적인 산지임을 밝히고 있다. 『이천대관』에 더욱 구체적인 기록이 있는데, 인용해 보이면 다음과 같다.

---

4) 이천상공회의소(1997), 『利川商議十年史』, 102쪽.
5) 이천시지편찬위원회(2003), 『利川市誌』(4) 정치와 경제편, 537쪽.
6) 이천대관편찬위원회(1995), 『利川大觀』, 50쪽.
7) 이숭겸 외(1992), 『朝鮮時代의 稻作技術』, 신구문화사, 52쪽.

"자고로 利川 자채쌀 하면 全國에 有名한 이곳 特産物이다. 원래 利川자채는 수확기가 빠르고 食味가 佳良하며 粘氣가 많은 珍味의 쌀로, 舊韓國時代에는 陰曆 6월 流頭日이면 王에게 進上品으로 되어오던 터로 進上品耕作畓을 '進上따라기'라 하였으며, 벼 잎이 紫色이 나는 極早生品 在來種이다"8)

자채벼는 천수답이나 산골논과 같은 척박한 땅에서는 벼가 자라지 않으므로 텃논과 같은 기름진 논에서 재배했다. 특수한 재배기술이 필요하기 때문에 다른 지방의 농부들이 이 지방에 오면 자채농사를 짓지 못했다고 한다. 자채벼는 음력 3월 3일을 전후하여 논에 직접 씨를 뿌리는데, 써레질한 논 전체에 고르게 씨를 뿌린다. 김은 보통 세 차례를 매어주며, 호미를 쓰지 않고, 손으로만 매어주는 것이 특이하다. 초벌김매기는 손으로 잡초를 뽑아가며 뭉쳐 있는 모를 솎아내고 빈자리는 보식을 한다. 솎아낸 모와 잡초는 논바닥을 파고 그 속에 묻는다.9)

이러한 자채쌀을 경작하는 과정은 다른 지역에서는 쉽게 관찰할 수 없는 민속문화 환경이다. 이러한 차별성이 민요나 민속놀이에서 그대로 차별화되어 나타난다. 구체적인 사례로, '이천 자채농요'는 이천의 대표적인 벼 품종이었던 자채벼를 심어 가꿀 때 부르던 이 지방 특유의 노래이다. 자채벼는 모내기를 하지 않고 볍씨를 논에 직접 뿌린다. 따라서 자채농요에는 모내기소리가 없다. 가락도 경기도 지역의 농요에서 살피기 어려운 길고 구성진 가락으로 구성된다.10) 참고로, 초벌매기의 사설을 정리해 보인다.

---

8) 『이천대관』, 126쪽.
9) 이천문화원(1986),『이천자채농요』, 3-4쪽
10) 이천 자채농요는 1986년도에 인천교대 김순제 교수팀에 의해 대월면 군량리에서 채록된 바 있으며, 제5회경기도민속예술경연대회에서 특별상을 수상하였다.

(자 이번에는 자채배미로 맨다고요. 자 여러분들 이 하마루 보판에는 장정이
드시구 노약자 부인 늙은이는 두렁 밑으로 들이시오)

오호하 오이에헤 에헤야~/ 오호하 오이에헤야 에헤야
오호하 오이에헤야 에헤야/ 오~하 오오히 에헤~에야
오호 오이에헤 에야/ 오하 어이 에헤에야/ 오하 오히 에헤에야
오~하 오호이 에~헤~에~헤야

(참 잘도 매시오. 자 이제 맸으니, 자채논으로 들어간다구요)

에양 데에양 에헤야앙/ 나의이이히 에헤루야 매화로다아
에양 데에양 에헤야앙/ 나의이이히 에헤루야 매화로다아

(어참 잘덜 매시유. 자채논은 뒷걸음으로 매야 잘 매는거요. 너무 빨리들 매
면 안됩니다)
에양 데에양 에헤야/ 나의이이히 에헤루야 매화로다아 11)

이천사람들은 혈연(血緣)만큼이나 지연(地緣)을 중시한다. 지형적인 여
건에도 그 원인이 있겠지만, 그들은 농사일 때문에 자연스럽게 공동체를 형
성하였다. 공동체는 농사일에 절대적으로 필요한 수로(水路), 저수지, 보
(洑) 등을 구심으로 이루어진다. 마을의 형성도 거의 다 이들 여건에 말미암
은 것이다. 경제적·사회적으로 공동작업이 많았다. 이에 따라 공동체 전체
가 희로애락을 함께 했는데, 두레, 달집태우기, 줄다리기와 같은 이천지역의
대동놀이도 이러한 지역적 특성을 띠고 전승된 것이다. 잘 알다시피 대동놀
이는 향토성이 강한 놀이다. '놀이'의 본래 의미보다 공동체의 안위와 풍년
을 기원하며, 애향심과 협동심을 고취시키고, 생산 활동의 원동력이 되는

---

11) *이 자료는 2002년 4월 27일에 필자가 최규식(85세, 남, 대월면 대대리)씨로부터
채록한 것이다. 『이천의 옛노래』<1009-1:3 초벌매기>에 수록되어 있다.

구심적 역할이 주가 된다. 이천지역에 개인놀이보다 대동놀이가 현저하고, 지금까지도 전승되는 이유도 쌀농사와 밀접한 관련을 지닌다. 이러한 여건 속에서 이천지역의 문화환경과 밀접한 관련을 가지며, 이천의 대표적인 민속놀이로 자리매김하고 있는 몇 가지 사례를 정리해 보인다.

1) 줄다리기

이천지역의 줄다리기는 언제부터 시작되었는지는 알 수 없으나, 다른 지방에서 그 예를 찾아 볼 수 없을 만큼 크고 성대했던 것으로 유명하다. 1921년 3월 20일자 동아일보에 보면 「六千名의 大蟹戲」라는 제목으로 당시 이천읍내에서 벌어진 줄다리기의 사진과 함께 그 내용을 소개한 것이 있다. 과거 이천에서 줄다리기가 얼마나 성행하였는가를 잘 보여주는 기사여서 아래에 그 내용을 소개한다.

> "경기도 이천읍내에서는 지난 십팔일에 근년에 처음 보는 큰 줄다리기를 하였는데 부근에 여섯 고을이 연합하여 편을 짜 가지고 다리었으며, 당일 회장에는 관람자가 삼 만여 명에 달하였고 줄다리는 사람이 육 천 여명에 달하여 실로 공전절후의 대장관을 이루었으며, 원래 대규모의 운동임으로 중상자가 구명이요 즉사자가 삼명에 달하여 일시는 대소동까지도 일어났는데, 어찌하였던지 우리 조선의 고유한 운동으로 석전(石戰)에 다음가는 것이라. 각 편에서는 용기가 충천할 듯하였다. 그런데 이번 줄다리기에 사용한 줄은 놀라지 말지어다. 길이가 이천오백 척이요 굵기가 직경 두 자나 되어 참으로 큰 줄이었으며, 며칠 전부터 회장에서는 수십 명 준비위원이 잠도 못 자고 줄을 꼬며 모든 설비를 한 것이라더라."[12]

줄다리기에 참여한 인원이 6천여 명이요 구경꾼의 수가 3만여 명에 달하였을 뿐 아니라, 줄다리기에 사용된 줄의 길이가 800여m이고 직경이 60㎝

---

12) 「동아일보」(1921년 3월 20일) 「六千名의 大蟹戲」

라고 하였으니, 우선 그 엄청난 규모에 압도당하지 않을 수 없다. 더욱이 즉사자 3명 포함 사상자가 12명에 이르렀으니, 당일의 줄다리기가 얼마나 치열하게 진행되었던가를 짐작할 수 있다.

이처럼 거대한 규모의 줄다리기가 벌어졌던 곳은 지금의 이천시 관고 3리 마전터 일대였다고 한다. 설봉호수 아래편에서부터 시작하여 중리천(中里川)에 이르는 지역은, 오늘날에는 주택가로 변모해버렸지만 과거에는 설봉산에서 흘러내리는 시내를 끼고 길게 모래 언덕이 이어진 넓은 들판이어서 수만 명이 운집할 수 있었다고 한다. 지금은 작고한 전 이천군 유도회장 여동수(余東秀) 옹의 회고에 의하면, 당시 편을 가르는 데는 넓고개(廣峴)를 경계로 하여 그 남쪽에 해당하는 이천, 여주, 용인 등지의 주민들이 한 편을 이루고, 그 북쪽 광주, 양평 등의 주민들이 다른 한 편을 이루어서 줄다리기를 했다고 하며, 서울에서까지 구경꾼들이 모여들었다고 한다. 또한 수일간에 걸친 준비과정과 경기 당일 인산인해를 이룬 관중들로 인해 주변의 보리밭들이 모두 못쓰게 되어 보리농사를 망친 줄 알았는데, 오히려 그 해에는 더욱 풍작을 이루었다는 일화도 전해 오고 있다. 그리고 이러한 대규모의 줄다리기는 일제하에서는 더 이상 진행할 수 없었다고 한다.

이천지역 촌로들의 증언에 의하면 2백여 년 이상 전승되고 있는 신둔면 '용면리 줄다리기', 모가면 진가리 '갈매울 줄다리기', 대월면 '단드레 줄다리기'는 타지역에서 유래와 규모를 비교할 수 없는 정도의 의미 있는 민속놀이다. 특히 대월면 단월리(지금은 이천시 단월동)의 '단드래 줄다리기'는 이천지역을 대표한다. 단드래 줄다리기는 한 때 중단된 적이 있었는데, 1980년 3월 1일(음력 정월 대보름) 이덕수(李德秀) 씨에 의해 재현되어 오늘에 이르고 있다. 이후 경기동부권에서 줄다리기 고장으로서 이천이 가지고 있던 명성을 차츰 회복해가고 있다. 최근 보고된 신둔면 용면리의 줄다리기 역시 이천의 대표적인 민속놀이로서 줄다리기가 얼마나 성행하였던가를 보여주는 예의 하나이다.13)

이천지역의 줄다리기는 대부분 매년 정월 보름날 전후에 행해지고 있다.

신둔면 용면리에서는 근래에 들어와서는 격년제로 하고 있다. 동리에 재앙이나 흉사가 있을 때는 하지 않는다. 줄다리기를 위해 며칠 간 준비하며, 실제 놀이도 며칠에 걸쳐 행하기도 한다. 이천지역의 줄다리기는 보통 볏짚거두기 → 줄드리기 → 진잡이 → 결전(힘겨루기) → 마무리 등의 순서로 진행된다. 보통 줄다리기 3일 전부터 농악대를 구성하여 마을을 순회하며 볏짚을 거두는데, 이는 주민들 각자의 참여의식 고취와 단합을 위한 것이다. 볏짚을 거두면서 지신밟기를 통해 일정의 성금을 받기도 한다. 줄드리기 과정도 일부 몇 명이 전적으로 만드는 것이 아니라, 각자가 참여하여 동참하는 데 의미를 더 둔다. 줄드리기는 동·서부 양편으로 갈라서 하는데 줄의 모양은 별 차이가 없다. 다만 암줄인 서부 줄이 수줄인 동부 줄보다 목이 크다. 줄을 만들 때에는 여인의 접근을 막는다. 여인이 타고 넘어가면 줄이 끊어진다고 믿기 때문에 밤을 새워 지키며, 상대편의 여인들은 이 줄을 넘으면 아들을 낳는다는 속신이 있어 넘어가려고 기회를 엿보기도 한다. 또, 칼침주기라 하여 쇠못이나 바늘을 몰래 꽂아놓으려 하는데, 이렇게 되면 놀이 도중 이곳이 끊어진다고 믿기 때문에 지킨다. 줄다리기의 결전은 짧으면 하루, 길면 사흘에 걸쳐 승부가 끝나기도 하였는데, 요즈음은 보름날 저녁에 모든 일정이 마무리 된다. 줄은 승자의 소유가 되거나 승패와 관계없이 공동의 소유가 되기도 한다. 이긴 쪽의 줄을 가져가 거름에 섞으면 농작물이 잘 여물고, 지붕에 올려놓으면 아들을 낳고, 소를 먹이면 소가 잘 크며 튼튼해진다고 해서 서로 다투어 한 움큼 씩 잘라간다. 많은 양의 줄을 가져가는 사람은 정성금을 기부하는 것이 상례로 되어 있다. 줄다리기가 끝나도 여흥이 남아서 주민들은 대동놀이를 즐기며, 농악대는 농기를 앞세우고 동리를 순회하여 지신밟기를 한다. 산에 보름달이 떠오르면 '달맞이 행사(望月)'로 연계된다.

이러한 줄다리기는 단지 대동놀이로서의 민속놀이를 즐기는 정도에서

---

13) 『이천시 신둔면 문화유적 민속조사보고서』,

머물지 않고, 이천사람들만의 응집력에 적지 않은 영향을 끼쳤을 것으로 생각된다.

2) 거북놀이

거북놀이는 본래 여주·이천·용인·광주·평택 등지의 경기도 일원과 청주·충주·음성·홍성·예산·아산을 비롯한 충청지방 등 한강 이남의 기호지방(畿湖地方)을 중심으로 전승되어 왔다. 다른 지역의 거북놀이와 비교해 볼 때, 이천의 거북놀이는 놀이과정과 기물(器物)의 형태가 비교적 잘 보존되어 왔다는 점에서 자료적 가치가 매우 높은 것으로 평가되고 있다. 이제는 '이천거북놀이'라는 별도의 명칭을 갖게 되었다.[14]

이천지역에서는 거북놀이가 해방 전까지만 하더라도 매우 성행하였으며, 1960년대에도 마을마다 거북놀이가 있었다. 특히 대월면 군량리의 김병호·병찬·병익씨 삼형제분이 매우 열성적이었으며, 이들의 거북놀이가 '이천거북놀이'의 원형이 되었다.[15]

이천거북놀이의 편성은 각종 깃대잡이, 거북이와 질라아비, 농악대, 양

---

14) '이천거북놀이'는 1960년대 이후 침체된 상황에서 1972년 당시 대월국민학교 김종린(金鍾麟) 교감이 김병호씨 3형제의 도움으로 재구성하고 심우성(沈雨晟)선생의 고증을 받아 재현한 것이다. 그 뒤 대월초등학교 학생들과 대월면 주민들을 중심으로 전수되어 오다가, 1978년 이천문화원장을 위원장으로 하는 '이천거북놀이 보존회'가 구성되어 거북놀이에 대한 조사와 연구 및 정리에 힘쓴 결과 오늘에 이르고 있다. 이천거북놀이는 1978년 제19회 전국 민속경연대회 문공부장관상, 1984년 제4회 도지사기쟁탈 민속예술경연대회 최우수상, 1985년 제26회 전국 민속예술경연대회 문공부장관상, 1998년 제2회 경기도 청소년 민속예술제 최우수상, 1999년 제40회 한국민속예술축제 경연대회 금상을 수상하는 등 화려한 수상경력을 가지고 있다. 현재 이천거북놀이는 대월초등학교와 배영중고 학생들을 중심으로 전수되고 있다.
15) 이천의 거북놀이에 대해선, 이천문화원에서 편낸『이천군향토문화자료총람; 민속놀이편』(1983), 하주성편『이천의 민속 '거북놀이'』(1985)에서 구체적으로 다룬 바 있으며, 최근에 필자가『이천시 대월면 문화유적 민소조사보고서』(2002)에서 재확인하여 정리한 바 있다.

반・머슴・여종, 기타 역할로 이루어진다. '지신밟기 굿'이나 '걸립(乞粒)'
과 유사하지만, 수수잎으로 만든 거북과 '질라아비'가 등장한다는 점이 색다
르다. 놀이에 사용되는 깃발도 농기(農旗)와 영기(令旗) 외에 용기(龍旗)가
사용되는 점도 특이하다.16) 거북놀이는 길놀이, 장승굿, 우물굿, 마을판굿,
문굿, 터주굿, 조왕굿, 대청굿, 마당놀이로 구성되어 있다. 음력 8월 15일
밤 한가위 보름달이 둥실 떠오르면 거북놀이의 연희자들이 동구 밖에 모여
거북이를 앞세우고 '길군악'으로 신명을 돋우며 길놀이를 시작하는 것으로
놀이는 시작된다. 이천거북놀이 과정에서 핵심을 이루는 것은 대청굿 과장
이다. 이천지역에서는 옛날부터 대청의 대들보 위에는 '업'이라 하는 큰 구
렁이가 있어 그 집을 수호한다고 믿어왔다. 이 '업'은 집안에 복도 주고 액운
도 가져다주는 신령스러운 존재로 믿어졌기 때문에, 대청굿은 전 연희과정
중에서 가장 의식성이 짙은 중요한 대목이 된다. 대청굿이 시작되면 상쇠가
고사반을 부르는데, 그 내용은 태평성대, 홍수풀이, 농사풀이, 달거리 순으
로 되어 있다.17) 고사창을 부르는 동안 거북이와 연희자 일동은 함께 복을
기원해 준다. 참고로 고사반과 농사풀이의 가사를 정리해 보인다.

고사반18)

농사를 잘 지었으니/ 여러신네 제 말씀을 들어주시오
금년에도 대풍 들어/ 일부열집 천금하여 동부 흐흥 부천이요

---

16) 현재의 거북이는 김종린씨와 거북놀이 기능보유자인 김병천(金炳天)씨에 의해서
   기능이나 기술면에서 보다 효과적으로 개량된 것이다. 그 모습이 실제 거북이와
   매우 흡사할 뿐 아니라 위엄이 있고, 동작이 자연스러워 거북놀이의 재현에 적절하
   다고 평가받고 있다.
17) 이천거북놀이의 고사반은 이천농악에서 상쇠를 맡았던 김문섭의 '태평성대' '홍수
   풀이'와 이춘도의 '농사풀이' '달거리' 구술 내용을 중심으로 재현되어 전해오며,
   최근에는 최규식옹이 전수하고 있다. 구체적인 사설은 《이천의 옛노래》에 수록되
   어 있다. (cf., 홍순석, 『이천의 옛노래,』, 171~195면.)
18) 채록일: 2002.5.22, 구연자: 장병근(75세, 남, 이천시 장록동)

쌀한톨에 금연실이/ 진짜로다 진짜로다
만고뱅이 피어나서/ 이 고사를 잡수시면
한잔술에 눈물나고/ 두잔술에 눈물 흘러
삼자삼년에 이후가서/ 내내년에 풍년 들길
희료님께 비나이다/ 희료님전 이루시니
부처님전 상사올리니/ 대풍년 계절오네
이내말씀 들으시오/ 대풍년 들어
우리가족 일편단심/ 편안하게 살게 해주오
대동천년 일진일은/ 부명삼사 상인하여
이내 부락 부귀 되어/ 백년천년 잘살기를
비나이다 비나이다
천하일 대장군이여/ 부인의 지하장 여장군이여
이내말씀 다시 하니/ 아무 병폐무방 근사무방
천지대지하여 주시기를/ 비나이다 비나이다

농사풀이[19]

농사 한 철을 짓고 가자/ 높은데는 밭을 갈고
낮은데는 논을 풀어/ 농사 한 철을 짓고 가자
벼농사를 지을적에/ 어떤 벼를 심었느뇨
두렁 밑엔 들청벼요/ 썩 쓸어라 검불벼요
…(중략: 벼의 종류 열거됨)…
여기 저기 심어놓고/ 보리농사를 지을적에
무슨 보리를 심었느냐/ 가을보리 봄보리
쓱 깍어라 중보리/ 홀랑 벗어라 쌀보리
…(중략: 보리의 종류 열거됨)…
여기 저기 심어놓고/ 두태농사를 지어보자

---

19) 「이천의 거북놀이」(1985), 수록 자료, 구연자: 이춘도(대월면)

만리타국의 강남콩/ 불쌍하다 홀아비콩

…(이하 생략: 이하 콩·서속·가축의 종류 열거됨)…

농사풀이는 제목 그대로 농사일의 과정을 고사반으로 가창하는 것인데, 이천 거북놀이의 성격이 농사의 풍요를 기원하는데, 주된 목적이 있음을 시사한다.

거북놀이는 제의적(祭儀的)인 성격이 강한 민속놀이이다. 이천지역에서는 집집마다 돌아다니면서 놀이판을 벌이는 데, 거북놀이 놀이패가 간혹 어떤 집을 들르지 않고 그냥 지나치면, 그 집 주인이 뛰어나와 억지로라도 놀이패를 집안으로 끌어들였다고 한다. 이 같은 현상은 이천의 거북놀이가 단순한 놀이가 아니라, 하나의 제의였음을 시사한다. 실제 장승굿·우물굿·터주굿·문굿·조왕굿·대청굿 등의 순서로 진행되는 거북놀이의 진행과정은 그 명칭만이 아니라 놀이 자체가 하나의 무속적인 제의였음을 보여준다. 온 마을을 돌아다니면서 행해지는 거북놀이는 마을 전체와 각 가정의 재액을 물리치고 복을 기원하는 일종의 굿이었던 것이다.

이천사람들이 거북놀이에 남다른 관심을 가졌던 것은 쌀농사 위주의 산업구조에 전적으로 기인한다. 그러면서도 놀이의 과장이 굿판으로 이어지는 요소는 이천지역의 일반적인 무속신앙적 요소가 짙게 반영되었기 때문이다. 이천지역에서는 무속신앙이 일부층에서 제한적으로 향유되고 있는 것이 아니라, 토속신앙과 융즉되어 민간신앙화 되어 있는 사례를 쉽게 관찰할 수 있다. 가정신앙에서도 무속인 주관하는 사례가 지역보다 일반화되어 있다. 전국적인 분포를 보이고 있는 거북놀이가 '이천 거북놀이'로 고유화(固有化) 또는 특정화(特定化)되어 있는 것은 이러한 문화환경적 요소에다, 다른 지역에 비해 강한 마을 주민들의 응집력이 중요한 동인이 결부된 결과이다. 놀이의 준비과정에서부터 실제 놀이에 이르기까지 마을 전체의 주민들이 모두 참여하여 행한다는 점에서 거북놀이는 이천사람들이 즐기기에 매우 적합한 대동놀이로 인식하고 있는 것이다. 주민들은 놀이에 참여하여 함께 즐김과 동시에 각 가정을 방문하여 곡식과 돈을 거두는데, 이 때 거두어진 곡식과 돈은 마을 공동의 상여와 가마, 우물, 회관을 마련하는 등 공익을 위해 사용된다는 점에서 집단놀이일 뿐 아니라 주민 서로가 상부상조하는 미풍양속의 하나라는 점도 중시하고 있다.

3) 농기싸움

이천지역의 농기싸움도 우리나라에서 대표적인 쌀농사 지역이라는 명성에 걸맞게 인접 시군에 비해 부각되는 민속놀이다. 농기싸움은 농사일의 시작 과정인 모내기나 김매기 과정에서 행해지는 민속놀이다. 이천지역에서는 농기싸움의 결과에 따라 그해 농사의 풍흉(豊凶)이 예기된다는 발상 때문에 적잖은 신경전을 펼친다. 이천지역에서는 1950년대 까지는 거의 모든 마을에서 주목되는 성대한 놀이였다. 1970년대 이후 농사일의 기계화에 따라 점차 축소되고, 최근에는 이천지역에서도 관찰하기 어렵게 되었다.

율면 총곡리의 김인배씨에 의하면, 농기싸움이 벌어지면 양쪽 편 모두 부상을 당하는 수도 있고, 사태가 험악해지면 자연스럽게 서로 물러나 싸움이 그치게 된다. 이 같은 일이 벌어지면 그날의 농사일은 전혀 할 수 없게 된다. 그리고, 싸움이 끝난 뒤 사나흘 정도는 서로 왕래도 하지 않는다고 한다.[20] 농기싸움의 외형적 형태는 다른 지역과 크게 다르지 않다. 농기싸움은 각 마을의 농악대가 서로 상대 마을의 농악대에게 농기세배를 재촉하다가 드디어는 단합 된 힘으로 싸워 상대방의 농기를 빼앗으면 이기게 되는 것이다. 농기는 형님기와 아우기 두 개가 있으며, 대나무 깃대 위에는 꿩털과 방울을 달은 "꿩장목"을 달아 둔다. 농기싸움을 할 때는 농악패들에 의해 꽹과리 · 북 · 장구 · 피리 등 사물을 연주하며, 꽹과리는 형님 꽹과리, 아우 꽹과리 두 개로 나누어진다. 사물을 연주하는 농악대는 농기에 정중히 절을 한 다음

---

20) 제보자: 김종섭, 65세, 남, 율면 신추1리

에 길잡이가 되어 연주하며 길을 이끈다. 마을 구석을 누비고 다니다가 논으로 향하는데, 논길을 지나다 타 지역 농기와 마주치면 서로 길을 양보하지 않으려고 논쟁하다가 결국은 싸움이 벌어진다. 농기 싸움을 하고자 할 때는 "뻐벙 뻐벙 뺑뺑" 굿거리 장단으로 북을 쳐서 상대방에게 신호를 보내면, 상대편도 싸우고자 할 의사가 있으면 똑같은 신호를 되돌려 준다. 농기싸움은 깃대 위의 꿩털(꿩에 장목)을 뺄는 것이고, 단판으로 승부를 결정짓는다. 싸움에 진 마을은 이긴 팀 마을의 농기를 만나면 기를 숙여 기세배를 하였다.

본래 농기싸움은 그 원형을 영산 지방에 전해온 서낭대싸움과 같은 민속놀이가 변해진 것으로 보고 있다. 이천지역에서 농기싸움을 시작하기 전에 서낭목에서 일정의 고사를 지냈다고 하는데, 이와 연관 된 것이 아닌가 한다. 농기싸움이 끝나고 나서는 농기를 들고 다니면서 마당굿을 한다. 설성면 장천3리의 최덕교씨의 다음 설명에서 그 같은 사실을 확인할 수 있다.

> "농기는 대나무로 깃대를 만들어 그 맨 윗부분은 꿩의 꼬리를 꽂는다. 깃대잡이는 제일 장사여야 한다. 깃대를 들고 동네로 나서면 다른 마을에서 이 마을로 북을 치면서 온다. 북을 치는 의미는 이 마을로 들어오겠다는 신호이다. 이 때 이 동네에서 받아주려는 의사가 있으면 답으로 북을 쳐준다. 반대로 받아주지 않으면 북을 치지 않는다. 받아주지 않으면 서로 싸움이 일어나게 된다. 상대방의 깃대를 뽑으면 이기는 것이다. 농기싸움이 끝나면 농기를 들고 다니면서 마당굿을 했다."[21]

대월면 대대리 최규식씨의 증언에 따르면, 농기싸움의 마무리 과장인 마당굿은 거북놀이에서의 마당굿과 큰 차이가 없다. 농사의 풍년, 마을과 가정의 평안을 기원하는 것이 주된 내용이다.

이천지역의 농기싸움에서는 항상 상대편과 싸움을 하는 것은 아니다. 접

---

21) 홍순석, 『이천사람들의 삶과 놀이』(민속원, 2004), 212−213쪽

전하기 전에 우호적인 관계를 받아들여 형제의 예를 갖춰 상조하는 사례도 있다. 한 사례로, 모가면 원두1리에서는 소사리와 군량리 인접한 들에서 빈번하게 농기싸움을 했다. 농악대의 신호를 듣고 받아주면 먼저 상대편의 구장 집에 가서 고사반을 하고 음식 대접을 받았다. 한 번 접전해서 우호적인 관계에 성립되면 서로 부담 없이 오가며 품앗이를 했다고 한다. 22)

(2) 민간신앙과 민속놀이문화

어느 지역이든 민간신앙의 형태가 그 지역의 민속문화에 큰 영향을 미치고 있음은 재론할 여지가 없다. 이천지역은 이점에 있어서도 각별한 것 같다. 이천지역은 예로부터 토속신앙과 함께 무속신앙이 주변 지역에 비해 깊이 자리 잡고 있다. 그런가 하면, 근대시기에 기독교가 전파되는 과정에서 타 시군지역보다 일찍이 교파를 형성하였던 지역이기도 하다. 경기동부지역의 대표적인 도당굿이 행해졌던 마장면 지역에는 당집과 기독교 교회건물이 100년 이상 병존하고 있다.23) 이 같은 현상은 외지인들이 이해하기 어려운 점이다. 그러나 해당 지역의 문화환경을 살피면 다소 수긍이 가게 된다.

이천지역에서도 가정에 모셔졌던 가신(家神)의 자취는 전반적으로 터줏가리·업가리·신주항아리 등 일부만이 관찰되고 있다. 그런 여건 속에서도 백사면, 마장면, 신둔면, 호법면 지역은 주목할 만한 사례들이 관찰되고 있다. 백사면 내촌리 김금성씨 댁에서는 '할머니단지'를 모셨으며, 신둔면 용면리의 김씨네들은 '박씨할머니'를 신체로 섬겨 다른 지역과 독특한 차이를 보이기도 한다. 호법면 매곡리의 고령 박씨들은 '장군할아버지'를 모시고 있다. 장호원 나래3리의 박재주씨댁에서는 집안에 있는 큰 바위를 '돌대감'

---

22) 제보자: 엄춘길(69세, 남, 모가면 원두리)
23) 이천시내 지역과 마장면 이외의 지역에서는 타시군에 비해 교회당을 쉽게 관찰할 수 없는 것도 이천지역의 색다른 문화현상이라고 할 수 있다. 산신제가 행해지고 있는 자연마을에서는 지금도 교회당을 살필 수 없다.

으로 부르며, 신앙의 대상으로 모시고 있다.24)

　그런가하면, 이천지역 관내의 설봉산·양각산·마국산·설성산·원적산 주변 마을에선 거의 모두 산신제를 지내고 있다. 자연마을에서는 성황제(城隍祭), 정제(井祭;우물고사) 등이 행해진다. 구체적인 사례를 들어보면, 율면 고당리의 임오산 산신제, 마장면 도드람산 산제사, 관리 양각산 산신제, 설성면의 설성산과 노성산 산신제, 부발읍 효양산 산제사, 백사면 원적산 산신제 등은 지금까지도 행해지고 있다. 불교사찰에서도 별도의 산신제를 지내고 있다. 설성면에 소재한 연화정사와 원경사에서는 불교의식에 따라 설성산 산신제를 지내고 있다. 마장면에 소재한 저명산 영보사에서는 불교의식에 따라 도드름산 산신제를 지내고 있다. 다른 지역의 사찰에서 산신각을 모시고 지내는 산신제와는 차이가 있다. 민간에서의 산신제의에 불교의식을 가미한 정도로 산신제의 비중이 크게 나타난다. 정제사(우물고사)를 지내고 있는 곳도 적지 않다. 대표적인 사례로, 호법면 매곡리의 큰우물정제사는 산신제와 뒤지지 않는 정도로 성대하게 행해진다.25)

　이천지역에서는 무속신앙이 가정신앙처럼 여겨졌던 같다. 이천시 외곽지역에서는 무속신앙이 아직도 실제생활에 잠재해 있으며, 일부지역에서는 무속인이 동리에 상주하면서 크고 작은 굿을 행하고 있다. 26) 장호원읍 오남2리의 정구연(68세, 남), 율면 본죽리의 박정순(여, 70세), 율면 산성2리의 권상균(남, 58세), 설성면 행죽1리의 만신할머니(68세, 여), 모가면 소고리의 강언년(90세) 등은 해당 지역의 대표적인 무속인이다. 마장면 오천2리의 최순희(76세, 1970년 작고), 유인숙(70세), 양촌리의 이정순 할머니(78세)

24) 홍순석, 『이천의 민간신앙』(민속원, 2004) 35-36쪽.
25) 홍순석, 『이천의 민간신앙』170-176쪽.
26) 정구연(68세, 남, 장호원), 박정순(여, 70세, 율면), 권상균씨(남, 58세, 율면), 최순희(76세, 1970년 작고, 마장면), 유인숙(70세, 여 마장면), 이정순(78세,여, 마장면), 강언년(90세, 여, 모가면) 등은 이천지역의 터주 무속인이다. *이천지역의 무속신앙에 대해서는 필자의 『이천의 민간신앙』, 민속원, 2003)에 구체적으로 소개되어 있다.

는 널리 알려진 무속인이다. 이들 신할머니는 마장면 지역은 물론 전국적으로 이름이 알려진 세습무(世襲巫)이다. 동리의 부락제나 산신제때 초빙되어 의례를 주관하였다고 한다. 이들의 신당이 있는 마장면 오천리에는 '당골' '당거리'라는 지명이 상용되는 정도이다. 경기동부지역의 대표적인 도당굿이 펼쳐졌던 곳이다. 마장면에서는 가정신앙이나 대동제 때도 이들 무속인을 불러다 대신 축원하였다. 관3리의 조옥순 할머니는 무속인이 아닌데도 동티가 날 때 각 성(姓) 셋이 모여서 복숭아 회초리를 만들어 빈 도투마리를 두들기면서 '옥출경'을 암송하며 물리쳤다고 한다. 지금도 흰죽을 쒀서 바가지에 담아 가정의 액을 풀어버리는 사례가 낯설지 않다.

율면의 무속인 권상균 씨에 의하면, 대부분 굿의 열두거리 중에서 제석거리·조상거리·성주거리·뒷전 등이 이루어졌다고 한다. 그리고 율면지역 민가에서 이루어진 굿으로는 대개 삼신과 칠성에게 아기 갖기를 원하거나 아이의 무병 성장을 비는 삼재풀이·삼신풀이·칠성제 등이 있다. 치병(治病)굿으로는 병굿이나 푸닥거리가 주종을 이루고, 병상굿·손재풀이가 있다. 미친 병을 치료하는 두린굿도 가끔 있다고 한다. 이사할 때 성주굿도 있었다고 하나, 지금은 고사 정도에 그친다. 가장 많이 행해졌던 것은 액막이굿과 재수굿이며, 죽은 이의 넋을 위로하기 위한 자리걷이 씻김굿, 익사한 사람을 위로하기 위한 넋건지기도 있고, 진오기굿으로 죽은 이를 천도하기도 한다. 지금은 병굿이나 액막이·살풀이·삼재풀이·자리걷이 등 작은 굿이 고작이고, 가끔 재수굿을 하나, 규모는 크지 않다. 모가면 지역에서도 무속신앙이 아직도 비중 있게 인식되고 굿을 행하고 있음이 확인된다. 특히 마국산의 산신과 마고할미, 소고3리 부처박골의 마애보살은 영험이 있다고 하여 전국 각지의 무속인들이 4월 초파일이나, 칠월 칠석날에 치성을 위해 모여든다.

이천지역의 무속인들은 일반적으로 화려한 신당을 꾸미고, 신당에는 여러 종류의 무신(巫神)들과 여래·보살 등의 불상과 산신 등의 신상(神像)을 모시고 있다. 마장면 억만이의 성광사는 사찰이름을 사용하고 있으나,

실제는 여러 불상 외에 칠성단과 업신을 숭상하고 있는 신당(神堂)이다. 여러 종파에 소속된 설성면의 원경사·연화정사와 모가면에 소재한 용학사·용현사·용광사·봉덕사·대덕사의 불교의식에도 무속신앙이 깊게 습합되었다. 구체적인 사례로 마을에서 행하던 산신제를 사찰에서 주도하여 치르는데, 무속신앙과 불교의식이 혼합된 형태이다.

이천지역민들의 민간신앙이나 마을신앙에서 또는 종교 활동에서 주목되는 점은 기존의 토속신앙이나 무속신앙적 요소를 배척하지 않고 적극 수용하고 있다는 사실이다. 불교의식 속에 무속신앙적 요소가 비중 있게 나타나는 것은 지역민들의 기층문화로 정착된 무속신앙적 요소를 배제할 수 없기 때문이다. 기독교신앙이 타 지역보다 깊게 정착될 수 있었던 것도 이천 지역민들의 남다른 수용능력에 있는 것 같다. 이천 지역 사람들은 이질적인 문화에 대해 배타적이지 않고, 새로운 문화를 기층 문화환경 속에 습합하는 능력이 남다르다는 느낌이 있다. 이러한 이천사람들의 신앙형태는 민간신앙에는 물론, 민속놀이에도 적잖은 관련을 갖는다. 이천지역의 민속놀이 가운데, '춘향각시놀이'가 있는데, 주변의 다른 지역에서는 관찰되지 않는, 무속신앙적 요소가 짙은 놀이다.

1) 춘향각시놀이

이천지역의 '춘향각시놀이'는 주변의 다른 지역에서 확인하지 못한 무속신앙적 요소가 짙은 놀이다. 이 역시 이천지역의 문화환경과 밀접하게 연관된다. 이천의 전지역에서 춘향각시놀이가 확인되었으며, 이 놀이와 함께 부르는 춘향각시노래가 채록되었다. 이 놀이의 제목에서 시사하듯이 춘향각시놀이는 전라도 남원지역에서 발생한 것 같다. 어떤 연유와 과정으로 이천지역에 광범위하게 전파되었는지는 자세하지 않지만, 전국적으로 분포되었던 놀이가, 무속신앙적인 환경이 짙은 이천지역에서 비교적 쉽게 정착하여 전승된 것이 아닌가 생각된다.[27] 주변 지역인 여주·안성·용인·광주지역에서는 춘향각시놀이가 쉽게 관찰되지 않고 있다는 사실도 그 같은 가능성을 뒷받침해 준다. 물론, 이와 유사한 놀이가 전혀 없다고는 할 수 없다.

춘향각시놀이는 정월에 여자아이들이 방에 모여서 놀던 놀이다. 방안에 둘러앉은 다음, 술래를 정해 가운데 앉히고 손을 합장한 채 눈을 감게 한다. 다른 아이들은 소리 내어 다음과 같은 노래를 반복한다. 춘향각씨 놀이에서 부르는 노래는 지역마다 다소 차이가 있지만 크게 다르지는 않다.28)

> "나마깐 춘향아씨/ 성은 김가요(술래의 성을 부름)/ 생일은 사월초파일(술래의 생일을 댄다) / 이도령을 만나려면 /정기정기 내리시오/ 설설 내리시오/ 설설 내리시오"

> "춘향아씨 생일은 사월초파일/ 정기타고 정기정기 내리시오/ 설설 내리시오/ 정기타고 정기정기 내리시오"

술래가 신(神)이 내릴 때까지 이 노래를 반복해 부른다. 그러면 술래는 굿 할 때 신장대를 잡은 것처럼 합장한 손을 흔들며 일어서서 춤을 추기도 하고, 밖으로 뛰쳐나가기도 한다. 신명이 나서 마치 무당과 같은 행동을 하기도 한다. 심한 경우 술래가 기절한 적도 있다고 한다.29)

이천지역 전반에 분포된 춘향각시 놀이가 다른 지역에서는 살피기 어렵다는 사실을 어떻게 설명할 것인가? 인접 시군지역과 유사한 지리적 환경에도 불구하고 이천지역에서만 일반적으로 관찰된다는 사실에 주목할 필요가 있다. 그 원인이 바로 민속 문화의 환경 차이에서 기인한 것이 아니겠는가 추정하는 것이다. 춘향각시놀이는 15-20세 정도의 여자아이들이 방에 모여

---

27) 이 자료를 2004년 ○월 ○일 비교민속학회에서 발표할 당시 남원출신이신 최내옥 교수는 지금까지도 춘향각시놀이의 사설을 뚜렷하게 기억하고 있었으며, 구체적인 과정을 설명해 주셨다. 그리고, 춘향각시놀이와 같은 무속신앙적인 요소가 짙은 놀이는 여자아이들 사이에서 비교적 쉽게 전파되고, 즐겼다고 조언해 주셨다.
28) 춘향각씨놀이 때 부르는 유희요는 『이천의 옛노래』에 소개되어 있다.
29) 지금은 '춘향각시놀이'를 관찰할 수 없지만, 60대 이상의 부녀자 층에서는 아직도 생생하게 기억하고 있다.

서 어른들 몰래 즐겼던 금기된 놀이라는 점도 주목할 필요가 있다. 춘향각시 놀이의 성격상 무속신앙적 환경에 익숙하지 않은 다른 지역의 아이들에게 는 별다른 관심을 갖게 할 수 없었을 것이다. 단지 호기심으로 즐기던 놀이 가, 더욱이 금기시된 춘향각시놀이가 오랫동안 전승되기 어려웠을 것임은 분명하다. 반면, 이천지역의 아이들은 어렵지 않게 주변에서 무속신앙적인 요소를 접할 수 있었기에 춘향각시놀이를 낯설지 않게 수용했다고 본다. 일 상생활 속에서 어른들의 무속신앙적인 행위를 관찰하며 모방하면서 자연스 럽게 전파된 놀이가 바로 춘향각시놀이인 것이다. 오랫동안 기억될 수 있는 요인도 무속적인 색채가 짙은 이천의 문화환경에 기인한다고 본다.

3. 맺음말

이천지역의 민속놀이를 통해서 문화환경과 민속문화의 전승양상을 추론 해 보았다. 극히 편협적인 시각에서 외지인의 '낯설음'을 확대 해석한 것이 아닌지 염려된다. 그렇다 해도 '낯설음' 자체는 이야기 거리가 될 수 있을 것이다.

이천사람들은 일반적으로 공유해온 문화를 극대화시켜 '고유화(固有化)' 하는 남다른 저력이 있는 것 같다. 이천 브랜드라 할 수 있는 도자기·쌀· 온천의 사례도 마찬가지다. 이들 상품은 세계적·전국적인 규모로 극대화 되어 있다. 도자기의 본향이라 할 수 있는 광주·여주보다 이천이 도자기의 중심지로 형성된 원인이나, 거북놀이가 '이천거북놀이'가 된 원인이 다르지 않다.

이천지역의 문화형성에 정신적 바탕이 되는 신앙·종교적 측면에서도 다 른 지역과 구별되는 요소가 있다. 61개 사찰 가운데 일부 사찰을 제외하고 대부분의 사찰이 무속신앙적 요소 현저하다. 이천의 문화재 가운데 22기의 석불이 마을에 산재해 있으며, 지금도 마을과 민간신앙의 대상이 되고 있다.

모가면 소고리 부처박골은 전국 무속인들의 기도처이다. 그런가하면 마장면 오천리 당거리는 이천 도당굿의 본산이다. 경기도 동부지역에서 무속신앙이 가장 일반화된 지역이 아닐까한다. 그래서 그런지 일상생활에서의 무속신앙적인 요소가 이천사람들에겐 낯설지 않은 것 같다. 이같은 문화환경이 이천의 민속문화 형성에 깊게 영향을 끼쳤다고 본다. 한 사례에 지나지 않지만 여자 아이들 놀이인 '춘향각시놀이'는 이천지역의 문화환경을 가늠하기에 충분하다.

전국적인 줄다리기를 '이천줄다리기'로 극대화하려는 노력은 관변단체의 인위적인 의지에 의해서가 아니라. 마을 공동체의 전통계승 차원에서 이어지고 있다는 점에서 의미가 깊다. 이천지역에서 각기 행해지는 단드래줄다리기, 갈매울줄다리기, 용면리줄다리기는 어떤 민속문화예술의 전문가에 의해 연출되는 연례행사가 아니다. 각자가 마을의 전통을 잇는다는 차원에서 계승되고 있다. 세 지역 모두 노인회장의 자문을 받아 이장이 주선하고 청년회, 부녀회원이 이끌어 간다. "동네 일이니까 참여한다"는 소박한 표현에서 그 본연의 의미를 발견할 수 있다.

최근에는 이천의 진산인 설봉산정에서 시민 1천여명이 매년 정월대보름날 날 저녁에 '달짚태우기' '망우리(望月)' 행사를 즐긴다. 비록 문화원이 주관하는 행사이지만 동원된 참여자가 아니고 보면, 이천사람들의 남다른 문화인식을 가늠할 수 있다. 이러한 문화환경과 인식에서 계승되는 민속문화야말로 "보다 많은 사람들이 보다 자유롭고 보다 풍요로운 삶을 추구하는 지속 가능한 문화"가 아닐까한다.

본고에서의 논지는 극히 지엽적인 지역의 범주 속에서 민속 문화의 환경을 다룬다는 한계를 갖는다. 적어도 인근지역의 문화환경과 함께 다루었을 때 보다 이천지역의 민속과 문화 환경이 뚜렷해지리라 본다. 이 같은 한계는 지속되는 경기 동부지역의 민속과 문화환경의 논지에서 보완되리라 본다.

참고문헌

1. 자료

이천시지; (3) 민속과 구비전승(이천시지편찬위원회, 2001).

이천군 향토문화자료 총람; 제2집 민속놀이・민속신앙(이천문화원, 1983)

이천시 문화유적・민속조사보고서;1-10책(이천시문화원・강남대 인문과학
　　　연구소, 1996-2002).

　　　백사면(1996), 설성면(1997), 율면(1997), 마장면(1998), 부발읍(1998),
　　　장호원읍(1999).

신둔면(2000). 모가면(2001) 호법면(2001), 대월면(2002)

韓國民俗綜合調査報告書(文化財管理局, 1969~1981),

경기민속지; I 개관편,(경기도박물관, 1998).

경기민속지;Ⅲ세시풍속・민속놀이・예술, (경기도박물관, 1998).

2. 논저

경기지역의 세시풍속과 놀이,(장철수・김헌선, 한국정신문화연구원, 1997).

朝鮮の鄕土娛樂(村山智順, 朝鮮總督府, 1941).

경기도의 마을신앙과 제당(김지욱, 전국문화원연합회 경기도지회, 2002)

임재해, 민속놀이의 전승양상과 문화적 상황, 민속연구 2집, 안동대 민속학
　　　연구소, 1978

최인학, 줄다리기에 대하여, 한국민속학, 6집, 1973.

하주성, 이천의 민속-거북놀이, 이천문화원, 1985.

홍순석, 이천의 옛노래, 민속원, 2002.

홍순석, 이천의 민간신앙, 민속원, 2003.

홍순석, 이천사람들의 삶과 놀이, 민속원, 2004.

이천의 농경문화와 민속예술

1. 머리말

이천지역은 현재까지도 전업농가가 대부분인 도농복합도시이다. 따라서 농경문화의 상징인 쌀과 관련한 농요(農謠)나 농기(農旗)싸움, 농사의 절기 (節期)에 따른 여러 민속놀이 등을 쉽게 접할 수 있다. 주변의 타 시군에서 처럼 전래하는 민속예술을 단지 즐기고 있는 정도가 아니라, 이천의 고유문화로 보존 정착시키려는 남다른 인식이 응집되어 있다. 구체적인 사례로, '자채농요'는 이천지역에서만 전승하고 있으며, 경기도 동부권에서 공유하고 있는 민속문화 가운데 '거북놀이'는 이제 '이천거북놀이'로 자리매김하였다. 아직은 '이천줄다리기'가 전국적인 민속놀이 속에 자리매김하지 못했지만, 이천지역의 '단드래줄다기리' '갈매울줄다리기' '용면리줄다리기'는 2백여 년의 전통을 자랑하며 지금까지도 성대하게 행해진다. 그리고, 이러한 민속예술은 다시 이천의 쌀을 대표적인 브랜드로 인식시키는데 중요한 역할을 하고 있다.

261

2. 이천지역 쌀농사와 자채농요

이천시는 쌀농사에 적합한 최상의 자연적 환경을 유지하고 있다. 남한강 지류인 복하천, 양화천, 청미천과 같은 3대 하천으로 모이는 크고 작은 하천들이 지네발처럼 펼쳐져 있어서 수자원이 확보되어 있으며, 토질과 기후 또한 논농사에 적합한 요건을 모두 갖추고 있다. 게다가 이 지역에서 생산되는 쌀은 임금님의 수라상에 올리는 진상미(進上米)로 정평을 받았다. 조선 태종조의 권근(權近)이 지은 이천의 향교기(鄕校記)를 보면, "(이천은) 땅이 넓고 기름져서 백성들이 부유하다"[1]라 하였다.

육로와 수로가 발달한 이천지역은 화물과 세곡(稅穀)의 운반에 있어서도 예부터 타지역에 비해 유리한 조건에 있었다. 복하천과 청미천은 많은 세곡선이 드나들던 곳이었으며, 이천 시내 북동쪽으로 한내를 끼고 있는 배증개는 진상미를 실어 나르던 포구였다.[2] 1930년대 일제시대 때 수여선 철도를 개설하여 운행한 것도 이천지역의 품질 좋은 쌀을 수탈하기 위한 목적이었다고 한다.[3]

1950년 중반의 이천지역 실정을 자세히 기록하고 있는 『이천대관』에서는 당시 이천의 산업이 거의 쌀농사에만 의존하고 있었음을 시사하고 있다.

> "본 군은 자고로 미곡특산지로 더욱이 이천 '자채쌀'하면 옛 진상미로 너무나 유명하여, 이천산 쌀은 지금도 어느 시장엘 가든지 시세를 더 받는 만큼, 이천쌀로 밥을 지으면 그 자르르 흐르는 윤기와 점기, 참으로 타지방에서 맛 볼 수 없는 진미이다. 이로보아 이천의 기후, 특히 토질은 가장 미작에 적당한 모양이다."[4]

---

1) "土廣而腴 民衆而富" <利川新置鄕校記>(『陽村集』14, 卷5;b)
2) 이천상공회의소(1997), 『利川商議十年史』, 102쪽.
3) 이천시지편찬위원회(2003), 『利川市誌』(4) 정치와 경제편, 537쪽.
4) 이천대관편찬위원회(1995), 『利川大觀』, 50쪽.

이천 쌀의 진가를 설명한 이 기록에서의 정황은 현재까지도 널리 인정되고 있다. 시민단체인 '이천쌀 사랑본부'의 활동에서도 바로 그 같은 정황과 자긍심을 엿볼 수 있다.

이천 쌀의 가장 특징적인 면모는 바로 '자채쌀'에 있다. "광주 분원 사기방아, 여주 이천 자채방아"라는 민요의 구절에서도 시사하듯이 이천쌀의 대명사는 '자채쌀'이다. 1491년에 강희맹이 저술한 『금양잡록』이후 19세기 초기에 서유구가 저술한 『행포지(杏浦志)』에 '自蔡'로 표기된 쌀의 품종이 기록된 것을 보아 조선시대의 대표적인 품종이었던 것 같다.5) 『행포지』에는 "여주 이천 사이에서 잘된다(驪州利川之間爲良也)"는 부연 설명이 있어, 이천지역이 자채벼의 대표적인 산지임을 밝히고 있다. 『이천대관』에 더욱 구체적인 기록이 있는데, 인용해 보이면 다음과 같다.

> "자고로 利川 자채쌀 하면 全國에 有名한 이곳 特産物이다. 원래 利川자채는 수확기가 빠르고 食味가 佳良하며 粘氣가 많은 珍味의 쌀로, 舊韓國時代에는 陰曆 6월 流頭日이면 王에게 進上品으로 되어오던 터로 進上品耕作畓을 '進上따라기'라 하였으며, 벼 잎이 紫色이 나는 極早生品 在來種이다"6)

자채벼는 천수답이나 산골논과 같은 척박한 땅에서는 벼가 자라지 않으므로 텃논과 같은 기름진 논에서 재배했다. 특수한 재배기술이 필요하기 때문에 다른 지방의 농부들이 이 지방에 오면 자채농사를 짓지 못했다고 한다. 자채벼는 음력 3월 3일을 전후하여 논에 직접 씨를 뿌리는데, 써레질한 논 전체에 고르게 씨를 뿌린다. 김은 보통 세 차례를 매어주며, 호미를 쓰지 않고, 손으로만 매어주는 것이 특이하다. 초벌김매기는 손으로 잡초를 뽑아가며 뭉쳐 있는 모를 솎아내고 빈자리는 보식을 한다. 솎아낸 모와 잡초는

---

5) 이숭겸 외(1992), 『朝鮮時代의 稻作技術』, 신구문화사, 52쪽.
6) 『이천대관』, 126쪽.

논바닥을 파고 그 속에 묻는다.[7]

이러한 자채쌀을 경작하는 과정은 다른 지역에서는 쉽게 관찰할 수 없는 민속문화 환경이다. 이러한 차별성이 민요나 민속놀이에서 그대로 차별화되어 나타난다. 구체적인 사례로, '이천 자채농요'는 이천의 대표적인 벼 품종이었던 자채벼를 심어 가꿀 때 부르던 이 지방 특유의 노래이다. 자채벼는 모내기를 하지 않고 볍씨를 논에 직접 뿌린다. 따라서 자채농요에는 모내기 소리가 없다. 가락도 경기도 지역의 농요에서 살피기 어려운 길고 구성진 가락으로 구성된다.[8]

3. 이천지역의 민속예술

이천사람들은 혈연(血緣)만큼이나 지연(地緣)을 중시한다. 마을의 형성도 농사에 절대적으로 필요한 수로(水路), 저수지, 보(洑) 등을 구심으로 이루어진다. 그들은 농사일 때문에 자연스럽게 공동체를 형성하였다. 그리고 공동체 전체가 희로애락을 함께 하였다. 두레, 농기싸움, 줄다리기, 달집태우기와 같은 대동놀이도 이러한 민속문화 환경 속에서 전승된 것이다.

대동놀이는 향토성이 강한 놀이다. '놀이'의 본래 의미보다 공동체의 안위와 풍년을 기원하며, 애향심과 협동심을 고취시키고, 생산 활동의 원동력이 되는 구심적 역할이 주가 된다. 이천지역에 개인놀이보다 대동놀이가 현저하고, 지금까지도 전승되는 이유도 쌀농사와 밀접한 관련을 지닌다. 이천의 대표적인 민속예술로 자리매김하고 있는 몇 가지 사례를 정리해 보인다.

---

7) 이천문화원(1986), 『이천자채농요』, 3-4쪽
8) 이천 자채농요는 1986년도에 인천교대 김순제 교수팀에 의해 대월면 군량리에서 채록된 바 있으며, 제5회 경기도민속예술경연대회에서 특별상을 수상하였다.

(1) 줄다리기

이천지역의 줄다리기는 언제부터 시작되었는지는 알 수 없으나, 다른 지
방에서 그 예를 찾아 볼 수 없을 만큼 크고 성대했던 것으로 유명하다. 1921
년 3월 20일자 동아일보에 보면 「六千名의 大蟹戲」라는 제목으로 당시 이
천읍내에서 벌어진 줄다리기의 사진과 함께 그 내용을 소개한 것이 있다.9)
이 기사에 의하면, 줄다리기에 참여한 인원이 6천여 명이요 구경꾼의 수가
3만여 명에 달하였을 뿐 아니라, 줄다리기에 사용된 줄의 길이가 800여m이
고 직경이 60㎝라고 하였으니, 우선 그 엄청난 규모에 압도당하지 않을 수
없다. 더욱이 즉사자 3명 포함 사상자가 12명에 이르렀으니, 당일의 줄다리
기가 얼마나 치열하게 진행되었던가를 짐작할 수 있다.

이천지역 촌로들의 증언에 의하면 2백여 년 이상 전승되고 있는 신둔면
'용면리 줄다리기', 모가면 진가리 '갈매울 줄다리기', 대월면 '단드레 줄다
리기'는 타지역에서 유래와 규모를 비교할 수 없는 정도의 의미 있는 민속
놀이다. 특히 대월면 단월리(지금은 이천시 단월동)의 '단드래 줄다리기'는
이천지역을 대표한다. 단드래 줄다리기는 한 때 중단된 적이 있었는데,
1980년 3월 1일(음력 정월 대보름) 이덕수(李德秀) 씨에 의해 재현되어 오
늘에 이르고 있다. 이후 경기동부권에서 줄다리기 고장으로서 이천이 가지
고 있던 명성을 차츰 회복해가고 있다. 최근 보고된 신둔면 용면리의 줄다리
기 역시 이천의 대표적인 민속놀이로서 줄다리기가 얼마나 성행하였던가를
보여주는 예의 하나이다.10)

이천지역의 줄다리기는 대부분 매년 정월 보름날 전후에 행해지고 있다.
신둔면 용면리에서는 근래에 들어와서는 격년제로 하고 있다. 동리에 재앙
이나 흉사가 있을 때는 하지 않는다. 줄다리기를 위해 며칠 간 준비하며,
실제 놀이도 며칠에 걸쳐 행하기도 한다. 이천지역의 줄다리기는 보통 볏짚

---

9) 「동아일보」(1921년 3월 20일), 「六千名의 大蟹戲」
10) 『이천시 신둔면 문화유적 민속조사보고서』.

거두기→ 줄드리기→ 진잡이→결전(힘겨루기)→마무리 등의 순서로 진행
된다. 보통 줄다리기 3일 전부터 농악대를 구성하여 마을을 순회하며 볏짚
을 거두는데, 이는 주민들 각자의 참여의식 고취와 단합을 위한 것이다. 볏
짚을 거두면서 지신밟기를 통해 일정의 성금을 받기도 한다. 줄드리기 과정
도 일부 몇 명이 전적으로 만드는 것이 아니라, 각자가 참여하여 동참하는
데 의미를 더 둔다. 줄드리기는 동·서부 양편으로 갈라서 하는데 줄의 모
양은 별 차이가 없다. 다만 암줄인 서부 줄이 수줄인 동부 줄보다 목이 크다.
줄을 만들 때에는 여인의 접근을 막는다. 여인이 타고 넘어가면 줄이 끊어진
다고 믿기 때문에 밤을 새워 지키며, 상대편의 여인들은 이 줄을 넘으면 아
들을 낳는다는 속신이 있어 넘어가려고 기회를 엿보기도 한다. 또, 칼침주기
라 하여 쇠못이나 바늘을 몰래 꽂아놓으려 하는데, 이렇게 되면 놀이 도중
이곳이 끊어진다고 믿기 때문에 지킨다. 줄다리기의 결전은 짧으면 하루,
길면 사흘에 걸쳐 승부가 끝나기도 하였는데, 요즈음은 보름날 저녁에 모든
일정이 마무리 된다. 줄은 승자의 소유가 되거나 승패와 관계없이 공동의
소유가 되기도 한다. 이긴 쪽의 줄을 가져가 거름에 섞으면 농작물이 잘 여
물고, 지붕에 올려놓으면 아들을 낳고, 소를 먹이면 소가 잘 크며 튼튼해진
다고 해서 서로 다투어 한 움큼 씩 잘라간다. 많은 양의 줄을 가져가는 사람
은 정성금을 기부하는 것이 상례로 되어 있다. 줄다리기가 끝나도 여흥이
남아서 주민들은 대동놀이를 즐기며, 농악대는 농기를 앞세우고 동리를 순
회하여 지신밟기를 한다. 산에 보름달이 떠오르면 '달맞이 행사(望月)'로 연
계된다.

이러한 줄다리기는 단지 대동놀이로서의 민속놀이를 즐기는 정도에서 머
물지 않고, 이천사람들만의 응집력에 적지 않은 영향을 끼쳤을 것으로 생각
된다.

(2) 거북놀이

거북놀이는 본래 여주·이천·용인·광주·평택 등지의 경기도 일원과 청주·충주·음성·홍성·예산·아산을 비롯한 충청지방 등 한강 이남의 기호지방(畿湖地方)을 중심으로 전승되어 왔다. 다른 지역의 거북놀이와 비교해 볼 때, 이천의 거북놀이는 놀이과정과 기물(器物)의 형태가 비교적 잘 보존되어 왔다는 점에서 자료적 가치가 매우 높은 것으로 평가되고 있다. 이제는 '이천거북놀이'라는 별도의 명칭을 갖게 되었다.[11]

이천지역에서는 거북놀이가 해방 전까지만 하더라도 매우 성행하였으며, 1960년대에도 마을마다 거북놀이가 있었다. 특히 대월면 군량리의 김병호·병찬·병익씨 삼형제분이 매우 열성적이었으며, 이들의 거북놀이가 '이천거북놀이'의 원형이 되었다.[12]

이천거북놀이의 편성은 각종 깃대잡이, 거북이와 질라아비, 농악대, 양반·머슴·여종, 기타 역할로 이루어진다. '지신밟기 굿'이나 '걸립(乞粒)'과 유사하지만, 수수잎으로 만든 거북과 '질라아비'가 등장한다는 점이 색다르다. 놀이에 사용되는 깃발도 농기(農旗)와 영기(令旗) 외에 용기(龍旗)가

---

11) '이천거북놀이'는 1960년대 이후 침체된 상황에서 1972년 당시 대월국민학교 김종린(金鍾麟) 교감이 김병호씨 3형제의 도움으로 재구성하고 심우성(沈雨晟)선생의 고증을 받아 재현한 것이다. 그 뒤 대월초등학교 학생들과 대월면 주민들을 중심으로 전수되어 오다가, 1978년 이천문화원장을 위원장으로 하는 '이천거북놀이보존회'가 구성되어 거북놀이에 대한 조사와 연구 및 정리에 힘쓴 결과 오늘에 이르고 있다. 이천거북놀이는 1978년 제19회 전국 민속경연대회 문공부장관상, 1984년 제4회 도지사기쟁탈 민속예술경연대회 최우수상, 1985년 제26회 전국 민속예술경연대회 문공부장관상, 1998년 제2회 경기도 청소년 민속예술제 최우수상, 1999년 제40회 한국민속예술축제 경연대회 금상을 수상하는 등 화려한 수상경력을 가지고 있다. 현재 이천거북놀이는 대월초등학교와 배영종고 학생들을 중심으로 전수되고 있다.

12) 이천의 거북놀이에 대해선, 이천문화원에서 편낸『이천군향토문화자료총람; 민속놀이편』(1983), 하주성편『이천의 민속 '거북놀이'』(1985)에서 구체적으로 다룬 바 있으며, 최근에 필자가『이천시 대월면 문화유적 민소조사보고서』(2002)에서 재확인하여 정리한 바 있다.

사용되는 점도 특이하다.13) 거북놀이는 길놀이, 장승굿, 우물굿, 마을판굿, 문굿, 터주굿, 조왕굿, 대청굿, 마당놀이로 구성되어 있다. 음력 8월 15일 밤 한가위 보름달이 둥실 떠오르면 거북놀이의 연희자들이 동구 밖에 모여 거북이를 앞세우고 '길군악'으로 신명을 돋우며 길놀이를 시작하는 것으로 놀이는 시작된다. 이천거북놀이 과정에서 핵심을 이루는 것은 대청굿 과장이다. 대청굿이 시작되면 상쇠가 고사반을 부르는데, 그 내용은 태평성대, 홍수풀이, 농사풀이, 달거리 순으로 되어 있다.14) 고사창을 부르는 동안 거북이와 연희자 일동은 함께 복을 기원해 준다.

이천사람들이 거북놀이에 남다른 관심을 가졌던 것은 쌀농사 위주의 산업구조에 전적으로 기인한다. 그러면서도 놀이의 과장이 굿판으로 이어지는 요소는 이천지역의 일반적인 무속신앙적 요소가 짙게 반영되었기 때문이다.

전국적인 분포를 보이고 있는 거북놀이가 '이천 거북놀이'로 고유화(固有化) 또는 특정화(特定化)되어 있는 것은 이러한 문화환경적 요소에다, 다른 지역에 비해 강한 마을 주민들의 응집력이 중요한 동인이 결부된 결과이다. 놀이의 준비과정에서부터 실제 놀이에 이르기까지 마을 전체의 주민들이 모두 참여하여 행한다는 점에서 거북놀이는 이천사람들이 즐기기에 매우 적합한 대동놀이로 인식하고 있는 것이다. 주민들은 놀이에 참여하여 함께 즐김과 동시에 각 가정을 방문하여 곡식과 돈을 거두는데, 이 때 거두어진 곡식과 돈은 마을 공동의 상여와 가마, 우물, 회관을 마련하는 등 공익을 위해 사용된다는 점에서 집단놀이일 뿐 아니라 주민 서로가 상부상조하는

---

13) 현재의 거북이는 김종린씨와 거북놀이 기능보유자인 김병천(金炳天)씨에 의해서 기능이나 기술면에서 보다 효과적으로 개량된 것이다. 그 모습이 실제 거북이와 매우 흡사할 뿐 아니라 위엄이 있고, 동작이 자연스러워 거북놀이의 재현에 적절하다고 평가받고 있다.

14) 이천거북놀이의 고사반은 이천농악에서 상쇠를 맡았던 김문섭의 '태평성대' '홍수풀이'와 이춘도의 '농사풀이' '달거리' 구술 내용을 중심으로 재현되어 전해오며, 최근에는 최규식옹이 전수하고 있다. 구체적인 사설은 《이천의 옛노래》에 수록되어 있다. (cf., 홍순석, 『이천의 옛노래』, 171-195면.)

미풍양속의 하나라는 점도 중시하고 있다.

(3) 농기싸움

이천지역의 농기싸움도 우리나라에서 대표적인 쌀농사 지역이라는 명성에 걸맞게 인접 시군에 비해 부각되는 민속놀이다. 농기싸움은 농사일의 시작 과정인 모내기나 김매기 과정에서 행해지는 민속놀이다. 이천지역에서는 농기싸움의 결과에 따라 그해 농사의 풍흉(豊凶)이 예기된다는 발상 때문에 적잖은 신경전을 펼친다. 이천지역에서는 1950년대 까지는 거의 모든 마을에서 주목되는 성대한 놀이였다. 1970년대 이후 농사일의 기계화에 따라 점차 축소되고, 최근에는 이천지역에서도 관찰하기 어렵게 되었다.

율면 총곡리의 김인배씨에 의하면, 농기싸움이 벌어지면 양쪽 편 모두 부상을 당하는 수도 있고, 사태가 험악해지면 자연스럽게 서로 물러나 싸움이 그치게 된다. 이 같은 일이 벌어지면 그날의 농사일은 전혀 할 수 없게 된다. 그리고, 싸움이 끝난 뒤 사나흘 정도는 서로 왕래도 하지 않는다고 한다.
15)

농기싸움의 외형적 형태는 다른 지역과 크게 다르지 않다. 농기싸움은 각 마을의 농악대가 서로 상대 마을의 농악대에게 농기세배를 재촉하다가 드디어는 단합 된 힘으로 싸워 상대방의 농기를 빼앗으면 이기게 되는 것이다. 농기는 형님기와 아우기 두 개가 있으며, 대나무 깃대 위에는 꿩털과 방울을 달은 "꿩장목"을 달아 둔다. 농기싸움을 할 때는 농악패들에 의해 꽹과리·북·장구·피리 등 사물을 연주하며, 꽹과리는 형님 꽹과리, 아우 꽹과리 두 개로 나누어진다. 사물을 연주하는 농악대는 농기에 정중히 절을 한 다음에 길잡이가 되어 연주하며 길을 이끈다. 마을 구석을 누비고 다니다가 논으로 향하는데, 논길을 지나다 타 지역 농기와 마주치면 서로 길을 양보하지 않으려고 논쟁하다가 결국은 싸움이 벌어진다. 농기 싸움을 하고자 할 때는

---

15) 제보자: 김종섭, 65세,남, 율면 신추1리

"뻐벙 뻐벙 뻥뻥" 굿거리 장단으로 북을 쳐서 상대방에게 신호를 보내면, 상대편도 싸우고자 할 의사가 있으면 똑같은 신호를 되돌려 준다. 농기싸움은 깃대 위의 꿩털(꿩에 장목)을 뺄는 것이고, 단판으로 승부를 결정짓는다. 싸움에 진 마을은 이긴 팀 마을의 농기를 만나면 기를 숙여 기세배를 하였다.

본래 농기싸움은 그 원형을 영산 지방에 전해온 서낭대싸움과 같은 민속놀이가 변해진 것으로 보고 있다. 이천지역에서 농기싸움을 시작하기 전에 서낭목에서 일정의 고사를 지냈다고 하는데, 이와 연관 된 것이 아닌가 한다. 농기싸움이 끝나고 나서는 농기를 들고 다니면서 마당굿을 한다.16) 대월면 대대리 최규식씨의 증언에 따르면, 농기싸움의 마무리 과장인 마당굿은 거북놀이에서의 마당굿과 큰 차이가 없다. 농사의 풍년, 마을과 가정의 평안을 기원하는 것이 주된 내용이다.

이천지역의 농기싸움에서는 항상 상대편과 싸움을 하는 것은 아니다. 접전하기 전에 우호적인 관계를 받아들여 형제의 예를 갖춰 상조하는 사례도 있다. 한 사례로, 모가면 원두1리에서는 소사리와 군량리 인접한 들에서 빈번하게 농기싸움을 했다. 농악대의 신호를 듣고 받아주면 먼저 상대편의 구장 집에 가서 고사반을 하고 음식 대접을 받았다. 한 번 접전해서 우호적인 관계에 성립되면 서로 부담 없이 오가며 품앗이를 했다고 한다.17)

4. 맺음말

이천지역은 전형적인 농경사회와 민속예술의 형태를 살필 수 있는 지역이다. 쌀농사 위주의 삶은 놀이에 있어서도 필연적으로 연관되어 다양한 형태의 민속예술을 형성, 계승하였다. 이천사람들은 일반적으로 공유해온 문

---

16) 홍순석, 『이천사람들의 삶과 놀이』(민속원, 2004), 212-213쪽.
17) 제보자: 엄춘길(69세, 남, 모가면 원두리).

화를 극대화시켜 '고유화(固有化)'하는 남다른 저력이 있는 것 같다. 관변단체의 인위적인 의지에 의해서가 아니라. 마을 공동체의 전통계승 차원에서 이어지고 있다는 점에서 의미가 깊다. 농사일의 변화로 농기싸움은 거의 소멸한 상태이지만, 이천거북놀이와 단드래줄다리기, 갈매울줄다리기, 용면리 줄다리기는 어떤 민속문화예술의 전문가에 의해 연출되는 연례행사가 아니다. 각자가 마을의 전통을 잇는다는 차원에서 계승되고 있다. 줄다리기의 경우, 모두 노인회장의 자문을 받아 이장이 주선하고 청년회, 부녀회원이 이끌어 간다. "동네 일이니까 참여한다"는 소박한 표현에서 그 본연의 의미를 발견할 수 있다.

참고문헌

1. 자료

이천시지; (3) 민속과 구비전승(이천시지편찬위원회, 2001).

이천군 향토문화자료 총람; 제2집 민속놀이・민속신앙(이천문화원, 1983)

이천시 문화유적・민속조사보고서; 1-10책(이천시문화원・강남대 인문과학 연구소, 1996-2002).

　　　백사면(1996), 설성면(1997), 율면(1997), 마장면(1998), 부발읍(1998), 장호 원읍(1999).

신둔면(2000). 모가면(2001) 호법면(2001), 대월면(2002).

韓國民俗綜合調査報告書(文化財管理局, 1969~1981).

경기민속지; Ⅰ개관편(경기도박물관, 1998).

경기민속지; Ⅲ세시풍속・민속놀이・예술(경기도박물관, 1998).

2. 논저

경기지역의 세시풍속과 놀이,(장철수・김헌선, 한국정신문화연구원, 1997).

朝鮮の鄕土娛樂(村山智順, 朝鮮總督府, 1941).

경기도의 마을신앙과 제당(김지욱, 전국문화원연합회 경기도지회, 2002),

임재해, 민속놀이의 전승양상과 문화적 상황, 민속연구 2집, 안동대 민속학연
　　　구소, 1978.

최인학, 줄다리기에 대하여, 한국민속학, 6집, 1973.

하주성, 이천의 민속-거북놀이, 이천문화원, 1985.

홍순석, 이천의 옛노래, 민속원, 2002.

홍순석, 이천의 민간신앙, 민속원, 2003.

홍순석, 이천사람들의 삶과 놀이, 민속원, 2004.

이천거북놀이의 보존과 활성화 방안

1. 이천지역 문화 환경과 거북놀이

이천시는 우리나라의 중앙부에 위치해 있다. 예로부터 수로(水路)와 육로(陸路)의 교통 요충지였는가 하면, 산촌과 농촌의 촌락을 함께 형성해온 지역이다. 지형적 여건상 영남·호남·충남지역의 문화를 쉽게 접할 수 있었던 이천 사람들은 기호지역의 전통적 기반 위에 다양한 문화를 습합하여 특징적인 문화를 형성하였다.[1]

이천사람들은 혈연(血緣)만큼이나 지연(地緣)을 중시한다. 지형적인 여건에도 그 원인이 있겠지만, 그들은 농사일 때문에 자연스럽게 공동체를 형성하였다. 마을의 형성도 거의 다 이들 여건에 말미암은 것이다. 근래에까지 전업농가가 주류를 이룬 이천지역에서는 경제적·사회적으로 공동 작업이 많을 수밖에 없었다. 이에 따라 공동체 전체가 희로애락을 함께 했는데 두

---

[1] 이에 대한 자료를 정리하여 「이천지역의 민속문화와 문화환경」(『비교민속학』, 비교민속학회, 2005)에 발표한 바 있다.

레, 달집태우기, 줄다리기와 같은 대동놀이도 이러한 지역적 특성을 띠고 전승된 것이다. 잘 알다시피 대동놀이는 향토성이 강한 놀이다. '놀이'의 본래 의미보다 공동체의 안위와 풍년을 기원하며, 애향심과 협동심을 고취시키고, 생산 활동의 원동력이 되는 구심적 역할이 주가 된다. 이천지역에서는 개인놀이보다 대동놀이가 현저하게 조사된다.

이천사람들은 일반적으로 공유해온 문화를 극대화시켜 '고유화(固有化)' 하는 남다른 저력이 있는 것 같다. 이천 브랜드라 할 수 있는 도자기·쌀·온천의 사례도 마찬가지다. 이들 상품은 전국적·세계적인 규모로 극대화되어 있다. 도자기의 본향이라 할 수 있는 광주·여주보다 이천이 도자기의 중심지로 형성된 원인이나, 경기·충청지역에서 일반적으로 공유하던 거북놀이가 '이천거북놀이'가 된 원인이 다르지 않다. 이천지역의 거북놀이는 어떤 전문연출가에 의해 연출되는 연례행사가 아니다. 각자가 마을의 전통을 잇는다는 차원에서 계승되고 있다.

이천사람들이 거북놀이에 남다른 관심을 가졌던 것은 쌀농사 위주의 산업구조에 전적으로 기인한다. 그러면서도 놀이의 과장이 굿판으로 이어지는 요소는 이천지역의 일반적인 무속신앙적 요소가 짙게 반영되었기 때문이다. 이천지역에서는 무속신앙이 일부층에서 제한적으로 향유되고 있는 것이 아니라, 토속신앙과 융즉되어 민간신앙화 되어 있는 사례를 쉽게 관찰할 수 있다. 가정신앙에서도 무속인이 주관하는 사례가 다른 지역보다 일반화되어 있다.

거북놀이가 '이천거북놀이'로 고유화(固有化) 또는 특정화(特定化)되어 있는 것은 마을 주민들의 응집력과도 관련을 갖는다. 놀이의 준비과정에서부터 실제 놀이에 이르기까지 마을 전체의 주민들이 모두 참여하여 행한다는 점에서 거북놀이는 이천사람들이 즐기기에 매우 적합한 대동놀이로 인식하고 있는 것이다. 주민들은 놀이에 참여하여 함께 즐김과 동시에 각 가정을 방문하여 곡식과 돈을 거두는데, 이 때 거두어진 곡식과 돈은 마을 공동의 상여와 가마, 우물, 회관을 마련하는 등 공익을 위해 사용된다는 점에서

집단놀이일 뿐 아니라 주민 서로가 상부상조하는 미풍양속의 하나라는 점
도 중시하고 있다.

2. 이천거북놀이의 전승과정 및 특징

(1) 이천거북놀이의 전승과정

거북놀이가 언제부터 어떻게 해서 연희되게 되었는지는 분명하지 않으나,
거북숭배의 제의적인 민간신앙에서 유래되어 세월의 흐름과 함께 점차 집
단놀이로서의 성격이 가미되어 마을 주민들이 함께 참여하는 오늘의 거북
놀이 형태로 변모되지 않았을까 한다.

거북놀이는 본래 여주·이천·용인·광주·평택 등지의 경기도 일원과
청주·충주·음성·홍성·예산·아산을 비롯한 충청지방 등 한강 이남의
기호지방(畿湖地方)을 중심으로 전승되어 왔다. 다른 지역의 거북놀이와
비교해 볼 때, 이천의 거북놀이는 놀이과정과 기물(器物)의 형태가 비교적
잘 보존되어 왔다는 점에서 자료적 가치가 매우 높은 것으로 평가되고 있다.
이제는 '이천거북놀이'라는 별도의 명칭을 갖게 되었다.2)

이천지역에서는 거북놀이가 해방 전까지만 하더라도 매우 성행하였다.
1960년대에도 율면·설성면·장호원·부발읍·마장면·모가면 등 전 지
역에서 마을마다 거북놀이가 있었다. 모가면 원두리에서는 지신밟기, 길놀
이와 함께 이뤄지며, 각 집에서 늙은 호박을 얻어다 끓여 먹기도 하였다.
3) 대월면에서는 군량리의 김병호·병찬·병익씨 삼형제가 매우 열성적이

---

2) 이천의 거북놀이에 대해선, 이천문화원에서 펴낸 『이천군향토문화자료총람; 민속놀
   이편』(1983), 하주성편 『이천의 민속 '거북놀이'』(1985)에서 구체적으로 다룬 바
   있으며, 홍순석이 『이천시 대월면 문화유적 민소조사보고서』(2002)에서 재확인하
   여 정리한 바 있으며, 『이천사람들의 삶과 놀이』(민속원, 2004)에 구체적으로 소개
   하였다.

었으며, 이들의 거북놀이가 '이천거북놀이'의 모태가 되었다.4) 이천의 거북
놀이는 1960년대까지 전래되어 오다가 이후 거의 중단되었다. 그러다가
1972년 당시 대월국민학교 김종린(金鍾麟) 교감이 발굴하여 민속학자 심우
성(沈雨晟)의 고증을 받아 재현되었다. 그 뒤 동교 학생들과 대월면 주민들
을 중심으로 전수되어 오다가, 1978년 이천문화원장을 위원장으로 하는 '이
천거북놀이보존회'가 구성되어 거북놀이에 대한 조사와 연구 및 정리에 힘
쓴 결과 오늘에 이르고 있다. 이천의 거북놀이는 1978년 제19회 전국 민속
경연대회 문공부장관상, 1984년 제4회 도지사기쟁탈 민속예술경연대회 최
우수상, 1985년 제26회 전국 민속예술경연대회 문공부장관상, 1998년 제2
회 경기도 청소년 민속예술제 최우수상, 1999년 제40회 한국민속예술축제
경연대회 금상을 수상하는 등 화려한 수상경력을 가지고 있는 자랑스런 민
속놀이이다. 현재 이천의 거북놀이는 2002년에 재결성된 '이천거북놀이보
존회'에 의해 적극적으로 추진되고 있다.

(2) 이천거북놀이의 특징

거북놀이는 제의적(祭儀的)인 성격이 강한 민속놀이이다. 집집마다 돌아
다니면서 놀이판을 벌이는 거북놀이 놀이패가 간혹 어떤 집을 들르지 않고
그냥 지나치게 되면, 그 집 주인이 뛰어나와 억지로라도 놀이패를 집안으로
끌어들이려고 애를 썼다고 하는 노인들의 증언은 거북놀이가 가지고 있는
이 같은 성격을 방증해 준다. 즉 거북이 자기 집에 들어와 일종의 굿판인
놀이판을 벌이지 않고 그냥 지나치게 되면 집안에 액운(厄運)이 끼게 된다
는 믿음에서 자기 집에 답방하기를 바랬다. 이 같은 믿음은 거북놀이가 단순
한 놀이가 아니라 하나의 제의이고 신앙화된 놀이였음을 말해주는 것이다.
실제 장승굿·우물굿·터주굿·문굿·조왕굿·대청굿 등의 순서로 진행되

---

3) 제보자: 송병익, 69세, 남, 모가면 원두리l / 엄춘길, 69세, 남, 모가면 원두리.
4) 참조: 일무헌문고.

는 거북놀이의 진행과정은 그 명칭만이 아니라 놀이 자체가 하나의 민간신앙적인 제의였음을 보여준다. 온 마을을 돌아다니면서 행해지는 거북놀이는 결국 마을 전체와 각 가정의 재액을 물리치고 복을 기원하는 일종의 굿이었던 것이다. 제의적 성격의 굿거리에서 발상한 거북놀이가 세월이 지나면서 점차 마을 전체의 집단놀이로 자리잡게 된 것이라고 하겠다.

〈연희시기〉

이천의 거북놀이는 오곡백과가 풍성하게 열매 맺는 8월 한가윗날 밤 휘영청 밝은 달빛 아래서 마을 주민들이 모두 참여한 가운데 연희된다. 5) 거북놀이가 8월 한가윗날 연희되는 이유는 거북을 만드는 데 필요한 수숫잎이 음력 8월이 되야 제대로 성숙하여 이삭에 피해를 주지 않고 채집할 수 있을 뿐 아니라, 추석 명절을 마을 주민들이 모두 한 데 어울려 즐긴다는 뜻에서, 그리고 집집마다 곡물이 가장 풍족한 이 시기를 택함으로써 각 가정의 복을 빌어주는 기회를 균등하게 제공할 수 있다는 점에 있었을 것이다.

〈편성〉

거북놀이의 편성은 '지신밟기 굿'이나 '걸립(乞粒)'과 유사하지만, 거북놀이이기 때문에 거북이 등장한다는 점, 그리고 수숫잎을 뒤집어쓰고 거북을 몰고 다니는 '질라아비'가 있음이 특이하다고 할 수 있다. 놀이에 사용되는 깃발도 농기(農旗)와 영기(令旗) 외에 우도농악에서 볼 수 있는 용기(龍旗)가 사용되는 점도 특이하다. 거북놀이의 구성원의 편성은 ① 각종 깃대잡이, ② 거북이와 질라아비, ③ 농악대, ④ 양반, 머슴, 여종, ⑤ 기타 역할로 이루어진다.

---

5) 경기도 광주와 같은 일부 지역에서는 정월 대보름에 연희된 적도 있다.

〈구성〉

이천거북놀이는 길놀이, 장승굿, 우물굿, 마을판굿, 문굿, 터주굿, 조왕굿, 대청굿, 마당놀이로 구성되어 있다. 음력 8월 15일 밤 한가위 보름달이 둥실 떠오르면 거북놀이의 연희자들이 동구 밖에 모여 거북이를 앞세우고 '길군악'으로 신명을 돋우며 길놀이를 시작하는 것으로 놀이는 시작된다. 핵심을 이루는 과장은 대청굿이다.

대청굿은 전 연희과정 중에서 가장 의식성이 짙은 중요한 대목이다. 대청굿이 시작되면 상쇠가 고사반을 부르는데, 그 내용은 태평성대, 홍수풀이, 농사풀이, 달거리 순으로 되어 있다. 고사창을 부르는 동안 거북이와 연희자 일동은 함께 복을 기원해 준다. 고사반이 끝나면 그 때까지 잘 놀던 거북이가 갑자기 쓰러진다. 질라아비가 나서서 "이 거북이가 압록강을 건너서 백두산을 넘어 오느라고 지쳐 쓰러졌으니 먹을 것 좀 주십시오."하고 청하면, 주인은 고사에 곁들인 전곡과 음식상을 내놓는다. 이렇게 해서 내놓은 음식을 연희자 일행과 구경꾼들이 나누어 먹고 난 뒤, 질라아비가 "거북아 이젠 먹이는 나왔으니 춤이나 한번 추고 가자."고 하면, 거북이는 알았다고 고개를 끄덕이고 모두 대청 앞 마당으로 나와 상쇠의 신호에 맞추어 동쪽을 향하여 사배(四拜)한 후 본격적인 마당놀이를 시작한다.

〈거북이의 형체〉

거북놀이의 거북이를 제작하는 데에는 정해진 방법이 있는 것은 아니다. 다만 거북이와 비슷한 형태를 만들되, 사람이 그 안에 들어가 춤을 추기에 적당한 기능을 갖추면 된다. 옛날에는 주위에서 손쉽게 구할 수 있는 농기구 등을 이용해서 만들었다. 노인들의 증언에 의하면, 처음에는 지게에 소쿠리를 얹어서 거북이 등처럼 꾸민 다음 소쿠리 위에다 수숫잎을 엮어 덮은 후 밤송이를 막대기 끝에 꿰어서 머리라고 흔들고 다녔다고 한다. 그 후 제작방법이 개량되어 맷방석 위에다 수숫잎을 엮어 거북이 몸체를 만들고, 맨드라미 꽃대에다 여러 겹 짚을 씌워 머리를 만들었으며, 대나무에 수숫잎을 비끌

어 매어 꼬리도 만들어 머리와 몸통, 꼬리가 따로 따로 움직일 수 있도록
하였다. 이런 형태의 거북이가 이천에서 거북놀이가 소멸되기 직전까지 사
용되었다고 한다.

　현재의 거북이는 거북놀이를 발굴 재현한 김종린과 김병천에 의해서 기
능면에서 보다 효과적으로 개량된 것이다. 그 모습이 실제 거북이와 매우
흡사할 뿐 아니라 위엄이 있고, 동작이 자연스러워 거북놀이의 재현에 적절
하다고 평가받고 있다.

〈고사반〉

　이천거북놀이의 핵심은 고사반에 있다. 대청굿 대목에 등장하는 고사반
은 여러 형태가 있어 구술자마다 약간씩의 차이가 있는데, 이는 아마도 구전
되어 내려오는 과정에서 사람에 따라 다소의 변형이 이루어진 것으로 보인
다. 김종린에 의하면, 1972년 발굴 당시 고사반의 구연자로는 임근옥, 이춘
도, 김기복 등이 뛰어났으며, 임근옥은 만신소리였다고 한다. 기생으로 알려
진 이춘도는 타고난 음악적 재질로 고사반을 잘 했는데, 이를 이재호가 전수
하였다. 이후 김종린이 이재호의 고사반을 녹취하여 배웠다. 지금까지도 고
사반의 원형은 이춘도의 소리를 전승한 이재호의 구연자료를 바탕으로 하
고 있다. 하주성이 1985년 재조사하여 정리한 자료는 김문섭이 구연한 자료
이다. 이후 대월면의 김종길 · 최규식, 율면의 박연하, 호법면의 이종출 등이
고사반을 구연하였다.[6]

---

6) 김종린의 증언에 의하면, 최규식은 전래하는 기존의 사설에다 자신이 서울에서 배
　워온 소리를 얹어 했을 뿐이라고 한다. 그리고 이천거북놀이의 고사반은 대흥리에
　서 살다가 충청도로 이사해서 살고 있는 이재호의 자료를 원형으로 삼을만하다고
　하였다.

3. 이천 거북놀이의 보존 및 활성화 방안

(1) 보존방안

이천거북놀이를 보존하여 활용하는 방안은 무엇보다도 경제적 지원이 우선적이어야 한다. 이천문화원이나 이천시 행정당국의 행정적 지원 또한 필수적 요소임은 재론할 여지가 없다. 다행히도 이천거북놀이는 유광렬 전문화원장의 적극적인 의지로 1978년 '이천거북놀이보존회'가 구성되었으며, 한때 답보 상태에서 별 진전이 없었으나, 2002년 재결성하여 적극적인 활동을 보이고 있다. 그러나 보존회 자체만의 노력으로는 기대하는 성과를 거둘 수 없다고 본다. 보다 구체적인 성과를 기대하기 위해서는 다음 몇 가지 사항이 적극 기획, 추진되어야 할 것이다.

① 기능보유자 및 연희 단체의 실태를 지속적으로 조사하고 기록하여야 한다.
거북놀이와 같은 민속놀이는 기능보유자의 사고와 기능에 의해 연희되기 때문에 그가 사망하거나 기능을 상실하게 되면 소멸하고 만다. 보유자 기능의 소멸은 전승의 단절을 뜻한다. 따라서, 같은 기능보유자의 연희라 할지라도 지속적으로 조사 정리, 기록하여야한다. 그리고, 거북놀이는 대동놀이인 만큼 거북놀이 구성원은 물론 연희가 이뤄지는 지역민의 호응 및 제반 실태도 함께 조사되어야 한다.

② 주기적인 보완 및 전승 실태의 조사가 필요하다.
민속자료는 일시에 원형을 복원하고 전승하기 어렵다. 따라서 지속적인 보완조사를 필요로 한다. 이천거북놀이의 경우, 1972년도에 김종린에 의해 재현된 자료에 전적으로 의존하고 있다. 이후 30여년의 세월이 지났음에도 기록상의 고증자료는 김종린의 증언이나 자문의 범위에서 벗어나지 못하고 있다. 현재 70-80세 이상의 노인들을 대상으로 이천지역에서 연희되었던 당

시의 거북놀이 실태를 조사할 필요가 있다.

1972년에 이천의 거북놀이를 발굴, 재현하던 당시의 인적 구성을 보면, 대월면 지역민 범위 내에서 이뤄졌음을 알 수 있다. 구체적으로, 처음에는 임근옥, 심정택, 문성순, 안종승, 김종운, 김종덕 등이 참여했고, 안성에 거주하던 김인곤이 참여하였다. 73년에는 안성 남사당을 이끌던 김기복이 상쇠가 되어 이끌었다. 78년에는 대월면 군량리의 김병천, 김병익 등이, 81년에는 민속촌에서 농악을 관장하는 정인삼의 지도로 김종길, 황인기, 최석경, 김종대 등이 참여했다. 이후에는 대대리의 최규식이 관심을 갖고 참여하였다. 수년간 추진해온 거북놀이가 대월면 지역의 범주에서 주로 이뤄졌음을 주목할 필요가 있다. 즉, 재현된 이천거북놀이의 발상지가 대월면 지역이라는 점에 문제가 없는지 재검토 하고, 이를 바탕으로 이천거북놀이의 원형으로 인정해도 무리가 없는지 검증할 필요가 있다.[7] 2005년도에 율면 부레마을에서 추진된 거북놀이와 차별성이 있다면 더욱 검증이 필요하다.

③ 이천거북놀이를 민속문화재로 지정하고 기능 있는 전승자들을 찾아 육성하여야 한다.

이천거북놀이를 보존하는 방안 가운데, 시급한 사업은 거북놀이를 이천시 민속문화재로 지정하고, 구성원들을 무형문화재 또는 기능보유자로 지정하는 일이다. 이천거북놀이를 민속문화재로만 지정하면, 구성원의 전승과 육성 과정에서 많은 문제를 야기할 수 있다. 따라서 기·예능이 뛰어난 인재를 발굴하여 일단의 검증을 거쳐 무형문화재 또는 기·예능보유자를 지정하여야 한다. 이천거북놀이 자체를 민속문화재로 지정하는 일은 어려운 일이 아닐 것이다. 문제는 무형문화재 또는 기·예능보유자를 선정하는 일이다. 단지 고령자, 기존의 연희자를 예우하는 차원에서만 선정된다면 바람

---

7) 2002년도 이후 이천거북놀이보존회 주관으로 추진해온 연희 과정이 어떤 검증자료에 의해 재현된 것인지 자세히 모르나, 단지 기존의 자료를 바탕으로 재현된 것이라면 재고의 여지가 있다.

직하지 않다.8)

④ 이천거북놀이의 영상자료화와 디지털정보화가 마련되어 한다.

거북놀이와 같은 민속문화재는 연희 당시의 상황을 원형 그대로 기록하기 위하여 동영상 자료로 보존함과 동시에 디지털 정보화를 구축하여야 한다. 사진과 녹음만으로 기록하던 당시와는 달리 최근의 첨단 기자재를 이용하여 거북놀이과정을 영상자료화하고, 이를 디지털정보화 하여 문화컨텐츠 사업으로까지 연계하여야 한다. 최근의 기자재는 이를 충분히 가능케 하고 있다. 매번 연희되는 거북놀이를 동영상자료로 보존하고, 이를 바탕으로 디지털화하여 교육, 홍보용 자료로 활용해야 보존적 가치가 제고될 것이다.

(2) 활성화 방안

문화는 공유함을 생명으로 한다. 특히 지역의 민속문화는 다른 분야의 창작품과 달리 오랜 세월 동안 전승되면서 정착한 고유문화이다. 거북놀이와 같은 대동놀이는 아무리 기능이 뛰어난다고 해도 개인의 노력만으로는 형성, 발전될 수 없으며, 더욱이 전승은 기대할 수 없다. 향유자가 연희자(演戲者)에게 국한되어 있지 않고. 오히려 참여자에게 있음을 중시해야 한다.

그리고, 거북놀이는 본래 제의적(祭儀的) 요소가 핵심인데, 이를 배제한 채 연희물(演戲物)로만 공연되는 과정에서 활성화하는 데 많은 문제점이 제기된다. 다른 민속문화의 경우도 마찬가지겠지만 거북놀이의 경우, 전통 보존에만 치중한다면, 활성화에 걸림돌이 될 수 있다. 사실 거북놀이는 고사 덕담이 핵심이고, 길라잡이나 거북 자체의 동작은 크게 부각되지 않았던 놀

---

8) 현재 기·예능보유자와 후보자, 전수교육보조자는 한번 지정되면 본인이 사퇴하지 않는 한 어떤 물의를 일으켜도 제재할 수 없다. 따라서 지정 당사자들의 실질적인 전승의지와 전승 활성화를 위하여 기·예능보유자를 제외한 다른 사람들은 임기제로 바꾸는 것이 바람직하다. 기·예능보유자도 활동이 불가능할 경우, 명예보유자로 추대하여 대를 물리는 것도 바람직하다.

이다. 이러한 본래의 양상에 치중한다면, 이질적인 문화공간에서 공연물로 는 각광받을 수 없을 것이다. 전통놀이를 공연물로 연희되는 경우, 자칫 원형에서 벗어나는 사례가 적지 않다. 따라서, 이천거북놀이를 활성화하기 위해서는 다각도로 심도 있는 논의가 필요하다.

① 정례화된 정기공연 및 평가회를 활성화하여야 한다.

정기공연이나 평가회를 위해서는 이천시 행정당국 및 기업의 적극적인 지원이 필요하다. 문화예산 편성시 본예산에 편성되어 정기적으로 공연할 수 있는 제도가 마련되어야 한다. 그리고 공연 이후 연희자, 이천지역민, 전공자 등이 참여하여 평가회를 개최하여 문제점을 보완, 개선할 필요가 있다.

② 적극적으로 홍보하여 '이천거북놀이'로서의 브랜드를 확보해야 한다.

이천 지역 및 전국, 국제 규모의 축제에서 거북놀이를 공연할 수 있는 기회를 많이 부여해서 공연자의 성취욕를 고취하고, 타 지역민에게 홍보함으로써 '이천거북놀이'로서의 브랜드를 확보해야 한다.

③ 일반인들도 거북놀이를 체험할 수 있는 기회 제공과 연희공간 확보가 필요하다.

일반인들도 참여하여 거북놀이를 체험하고 이해할 수 있도록 교육 및 체험이 가능한 공간을 확보해야 한다. 이천시의 경우, 이천시립박물관과 협력 체제를 구축하여 실시하면 가능할 것 같다.

④ 교육프로그램을 개발하여 학생들의 참여의식과 자긍심 고취가 필요하다.

이천관내 각급 학교의 교육프로그램으로 개발하여 학생들로 하여금 적극적인 참여의식과 지역문화의 우수성에 대한 자긍심을 고취하여야 한다.

⑤ 이천거북놀이보존회의 활성화를 위한 대책을 강구해야 한다.

이천거북놀이의 보존 및 활성화를 위해 조직된 기존의 단체를 적극 지원함으로써 앞에서 제기한 사항, 즉 자료의 조사활동, 공연, 홍보 및 관내 각급 학교의 교육프로그램으로 개발을 가능케 하여야 한다. 1978년에 구성된 보존회의 활동이 침체되었다가 2002년도에 이르러 다시 활동을 재개한 만큼, 이천거북놀이보존회를 운영하기 위한 예산 배정 및 행정적 지원이 절대적으로 필요하다. 안성의 남사당전수관, 안동의 하회탈출전수관과 같은 공간과 체제를 구축할 수 있는 지속적인 투자가 이뤄지면, 이천거북놀이도 문화 상품적 가치가 충분하다고 본다.

참고문헌

1. 자료

이천시지; (3) 민속과 구비전승(이천시지편찬위원회, 2001).
이천군 향토문화자료 총람; 제2집 민속놀이 · 민속신앙(이천문화원, 1983).
이천시 문화유적 · 민속조사보고서; 1-10책(이천시문화원 · 강남대 인문과학
　　　연구소, 1996-2002).
　　　백사면(1996), 설성면(1997), 율면(1997), 마장면(1998), 부발읍(1998), 장호
　　　원읍(1999), 신둔면(2000), 모가면(2001), 호법면(2001), 대월면(2002).
韓國民俗綜合調査報告書(文化財管理局, 1969~1981).
경기민속지; Ⅰ개관편,(경기도박물관, 1998).
경기민속지; Ⅲ세시풍속 · 민속놀이 · 예술(경기도박물관, 1998).

2. 논저

경기지역의 세시풍속과 놀이,(장철수 · 김헌선, 한국정신문화연구원, 1997).
朝鮮の鄕土娛樂(村山智順, 朝鮮總督府, 1941).
경기도의 마을신앙과 제당(김지욱, 전국문화원연합회 경기도지회, 2002)

임재해, 민속놀이의 전승양상과 문화적 상황, 민속연구 2집, 안동대 민속학연
　　　　구소, 1978
하주성, 이천의 민속-거북놀이, 이천문화원, 1985.
홍순석, 이천의 옛노래, 민속원, 2002.
홍순석, 이천의 민간신앙, 민속원, 2003.
홍순석, 이천사람들의 삶과 놀이, 민속원, 2004.

이천지역 민요의 특징

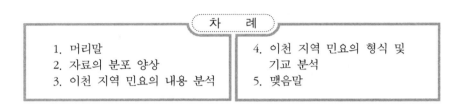

1. 머리말

민요는 민중들 사이에서 저절로 생겨나서 구전되는 노래이다. 창작자가 누구이든 문제되지 않는다. 곡조나 사설조차 엄격하게 제한되지 않고 가창자에 따라 얼마든지 변한다. 같은 노래라 할지라도 지역, 가창자, 그리고 분위기에 따라 달라질 수 있다. 민요는 이런 특징을 지니기에 민중의 살아 있는 소리요, 민족의 정서를 가장 잘 함축하고 있는 예술이라고 평가된다. 민요에는 지역민의 생업, 의례, 세시풍속, 신앙, 놀이 등 생활상이 그대로 배어 있다. 따라서, 한 지역의 문화와 정서를 이해하기 위하여 그 지역의 민요에 남다른 관심을 갖게 되는 것은 당연한 일이다.

개혁적으로 급변하는 시대에서 보수성이 짙은 전통문화유산은 원형을 고수하기 어렵다. 특히 민요는 보존의 한계에 달했다. 일부는 이미 대중민요로 변해 있고, 나머지는 기억에서조차 사라졌다. 민요의 핵심인 기능요는 노동형태의 변화에 따라 더 이상 구연되지 않는다. 일부 지역에서 민요보존회를 구성하여 전수하고자 노력하고 있지만, 노동의 현장에서 벗어난 노동요는 오히려 그들에 의해 비기능요로 전락되었다. 이제 민요의 현장조사는 원형을 잃은 '소리'만을 대상으로 할 수밖에 없다.

필자가 이천시의 의뢰를 받아 1995년도부터 7년간 현장에서 채록하여 보고서에 발표한 민요자료는 2천여 편이 된다. 한 지역의 자료로서는 방대한 양이다. 최근 이 가운데 자료적 가치가 있는 1,217편을 산정해서 『이천의 옛노래』를 간행하였다. 본 논문은 이 책자를 간행하면서 얻어진 성과물이다. 그 동안 채록된 민요는 각 지역의 보고서에 수록되어 있으며, 각 지역별 민요의 특징에 대해선 별도의 논문으로 발표한 바 있다.[1] 따라서 여기서는 이천 지역 민요의 특징을 인근지역과 대비하여 분석하는 데 중점을 두고자 한다.

2. 자료의 분포 양상

이천 지역에 분포된 민요는 모심기노래·논매기노래와 같은 농업노동요가 주종을 이루고 있다. 그 다음이 타령요·의식요 순이다. 부발읍·장호원읍에서는 타령요가 더 많이 채록되었다. 상여노래·달구질노래와 같은 의식요는 대부분 지역에 고루 분포되어 있다. 구체적으로, 백사면·설성면·마장면·신둔면에서 채록된 민요의 양적 비중은 노동요, 의식요, 타령요 등의 순인데, 부발읍·장호원읍에서는 타령요, 의식요, 노동요 순이며, 율면·호법면에서는 노동요, 타령요, 의식요 순이다. 모가면에서 채록된 민요는 이천지역에서 제일 많은 양이다. 다양한 유형의 민요가 채록되었으나, 다른 지역과는 달리 타령류나 노랫가락 류가 절반 이상을 차지하고 있다. 농업노동요인 모심기노래, 논매기노래가 상대적으로 빈약한 편이다. 대월면에서도

---

1) 각 지역별 민요 자료와 논문은 참고문헌을 참조할 것.

같은 양상이다. 이같은 사실은 우리의 전래 민요가 점차 잊혀져가고 있음을 시사한다. 노동요는 조사 때마다 그 숫자가 줄고 있으며, 일반인에게 널리 불려지고 있는 신고산타령·청춘가·노랫가락 등이 주로 채록되고 있다.

이천지역에 모심기노래·논매기노래와 같은 농업노동요가 널리 분포된 것은 농업 위주의 산업구조를 잘 대변해 준다. 반면 부발읍·장호원읍의 경우 타령요가 더 많다는 것은 산업구조의 차이점을 시사한다. 타령류의 노래가 많이 전해지고 있다는 사실은 이천 지역민의 소박하고 낙천적인 단면을 시사해준다. 자료를 성별로 구분해 보았을 때 이천에서는 남요(男謠)에 비해 여요(女謠)는 매우 적게 채록되었다. 이는 이천시가 예로부터 유교적인 사상이 짙었던 때문으로 보인다. 유희요는 비교적 많은 양이 채록되었으나, 근래까지 이루어진 놀이에 한하여 채록되었을 뿐이다. 동요가 빈약한 것은 이천 지역에서도 마찬가지이다. 동요는 일제하 이전의 자료를 채록하기 어려울 정도이다.

이천의 역사적·지리적 여건에 기인한 때문인지 민요에서도 장호원읍·율면·설성면 지역의 자료는 여러 면에서 유사성을 지닌 반면, 타지역과는 다소 차이를 보이고 있다. 반면, 마장면은 용인지역과, 백사면·부발읍은 여주지역과, 신둔면은 광주지역과 인접한 때문인지 인접지역의 민요와 유사성을 많이 띠고 있다.

〈이천시 민요자료 조사현황〉

		백사면	율면	설성면	마장면	부발읍	장호원	신둔면	호법면	모가면	대월면	고담동	단월동	장록동	소계
기능요	농업노동요	10	31	53	19	5	12	18	7	11	15			3	184
	벌채노동요	2		3	4		2	3	2	3					19
	길쌈노동요	1	3	2		1	1	1			1				10
	잡역노동요	5	5	17	15	9	8	9	9	12	11	1			101
	세시의식요	1	4		2		1		1		12			1	22
	장례의식요	11	21	30	13	9	21	19	10	8	9			4	155
	신앙의식요	2	3		2	3	4	1		1	2			11	19
	세시유희요		4		1	2	2	2	3	3	2				19
	경기유희요	1	1	8	8	10	8	10	10	25	11	1	1		94
	조형유희요	1													1
	풍소유희요	1		2	1		1	1		1					7
	언어유희요	1	11	9		4	4	2	3	6	5				45
비기능요	타령	13	10	14	4	11	17	8	5	13	12	1		1	109
	아리랑		3			3	5	3	1	4	7				26
	한탄가	3	7	3	6	9	8	7	5	5	2	2			57
	연정가	1	2	1	4	7	4	14	2	6	15		1		57
	사모가				1		1	2			4				8
	통속민요	12	39	26	5	21	16	16	14	45	26				220
	시절가	1	5	4	1	2	3	5		3	3				27
	동요			1		1	2	1						1	6
비민요			8						2	4					
무 가			5		5		7							1	18
소 계		58	162	173	91	97	127	123	74	151	142	5	3	11	1217

3. 이천 지역 민요의 내용 분석

(1) 기능요

이천지역에서도 전래 민요의 핵심이라 할 수 있는 기능요는 채록하기 쉽지 않았다. 이미 30여 년 전에 지역 산업구조의 변화와 함께 전통문화자료는 거의 소실되었다. 논농사 위주의 몇몇 마을에서 일부 소리꾼에 의해 논농사요가 구전되고 있는 정도이다.

1) 노동요

노동요에서 주류를 이루는 것은 역시 농업노동요이다. 이천지역에서는 논농사가 주산업이기 때문에 논농사요가 많은 비중을 차지한다. 이천지역에서 주목되는 것은 농업노동요인 모찌기노래·모내기노래·논매기노래이다. 모찌기노래는 여주 이천 용인지역에서 채록되지 않은 희귀한 자료이다. 대월면 대대리에서 채록된 자료의 사설을 보인다.

(농자는 천하지대본이라. 자! 모덜 심으러 왔으면 여러분들 모두 다 한번 잘 이 집이 부자가 되도록 모를 필납해 주십시다. 모찌는 거라구요)

아리랑 아리랑 아라리요 ~ 어이랑/ 에헤루어 아라리로구요
(요소리는 한 묶음 찐거요. 세 춤을 쩌야 되는거요)

아리랑 아리랑 아라리요 ~ 어이랑/ 얼씨구 아라리로구요
(두묶음)

아리랑 아리랑 아라리요 ~ 어이랑/ 에헤루아 아라리로구요
(자 모쩐애비 모덜 져 가시오)

대월면지역의 모내기노래는 "여기도 하나 저기도 또 하나"와 "심었네 꽂었네"가 전형을 이루고 있다. 먼저 군량리에서 김병전씨가 구연한 자료(군량리 2;2)를 예로 보인다.

　　어하 여기도 하나 어하 저기도 또하나/ 여기도 하나 어하 저기도 또하나(후렴1)
　　한일자로 늘어서 입구자로나 심어주게/ (후렴1)
　　이 논자락 모를 심어 섶이나 고루 꼽어주소/ (후렴1)
　　이 논자락 모를 심어 삼배출짜리루다 심어주소/ (후렴1)

　　좋아 좋아하 올라 으– 아 좋구나 으에/ 에헤이 에헤이 휘이익(후렴2)
　　(북채로 북을 두들기며 소리를 냄)
　　좋아 좋아하 올라 으– 아 좋구나 으에/ (후렴2)

　위의 자료에서 보듯이 전반부는 고르게 심어서 삼배출짜리로 심어달라는 부탁의 말이 기저를 이룬다. 같은 사설이 여러 차례 반복하다가 중간 중간에 통속민요의 가락도 이어지며, 후반부에서는 "좋아 좋아하 올라 으– 아 좋구나 으에"와 같은 기성(奇聲)을 내면서 일을 마친다.
　"심었네 꽂었네"유형의 모내기노래는 장록동의 장병근씨가 구연한 다음 자료(장록동2;4)에서 살필수 있다.

　　심었네 꽂었네/ 삼배출짜리로만 꽂았네
　　심었네 심었네/ 오륙팔 짜리 병치말고 잘잘 심었네
　　대 풍년오기를 기다리네/ 심었네 꽂었네
　　양석자리 너흑자리/ 수십절에 이은소
　　삼백폭에 오리팔/ 이내맛은 말씀말고
　　심었네 꽂었네/ 대 풍년오기를 바라네
　　청춘나비가 날아들고/ 참새 콩새가 울고가고
　　눈물흐르는 소쩍새/ 이내 가슴 놀리는 구나

심었네 꽂었네/ 삼배출짜리 만석 짜리
두어실 가치나 쏟아지네
아버지는 평안할새/ 우리 나라 부유하고
눈물이 땅에 감투가/ 평안하기를 비나이시네
심었네 꽂었네/ 대 풍년 들기를 기다리시네.
이내 가슴 농군일세/ 심었네 꽂었네.

논매기노래는 초벌(애벌)맬 때와 재벌(이듬) 맬 때 각각 다르다. 대월면
에서는 초벌매기 노래로 "오호이 에헤이야"를, 재벌 때는 "뎅이만 슬슬 굴
려라"를 부른다. 초벌매기 노래로 대대리의 최규식씨가 구연한 자료(도리리
1;3)를 보인다.

(자 이번에는 자채배미로 맨다고요. 자 여러분들 이 하마루 보판에는 장정이
드시구 노약자 부인 늙은이는 두렁 밑으로 들이시오)

오호하 오이에헤 에헤야~/ 오호하 오이에헤야 에헤야
오호하 오이에헤야 에헤야/ 오~하 오오히 에헤~에야

(자 부녀들과 노약자는 두렁 밑으로 서시오. 너무 급히 매가지구 안 되갔시
유. 방아소리가 너무 빨라서)

오호 오이에헤 에야/ 오하 어이 에헤에야/ 오하 오히 에헤에야

(어이구 숨이 차서 큰일 났시유. 이렇게 하다가는, 좀 천천히 하자구)

오~하 오호이 에~헤~에~헤야

(참 잘도 매시오. 자 이제 맸으니, 자채논으로 들어간다구요)

에양 데에양 에헤야앙/ 나의이이히 에헤루야 매화로다아
에양 데에양 에헤야앙/ 나의이이히 에헤루야 매화로다아

(어참 잘덜 매시유. 자채논은 뒷걸음으로 매야 잘 매는거요. 너무 빨리들 매면 안됩니다)

에양 데에양 에헤야/ 나의이이히 에헤루야 매화로다아

재벌매기 노래로는 군량리의 김병익씨가 구연한 자료(군량리 1;6)를 보인다. "뎅이만 슬슬 굴려라"를 "뎅이만 설설 굴려라"로 구연한 것은 개인적인 발음상의 차이일 뿐이다.

오호오오네 뎅이만 설설 굴려라
오호오오네 뎅이만 설설 굴려라(후렴)
나는 가네 나는 간다 너를 두고 나는 간다/ (후렴)
내가 가면 아주 가나 아주 간다고 잊을 손가/ (후렴)

여주 점동면지역에서는 모내기노래를 '어리랑 타령'부르고 있다. 대신면에서는 '아리랑'으로 부르고 있다.

"아리랑 어리랑 어러리요/어리랑 에헤요 어러리야/심어주게 심어주게 심어주게/이삼배출 자리로만 심어주게"(구1−2, p.433, 여주 점동면)
"아− 에 −아라리요/ 에리랑 − 아룽아라리요/심어주게 심어도 주게 심어를 주게/오배출 자리루만 꽂아를 주게"(구1−2, p.498, 여주 대신면)

용인지역에서는 '여기도 하나'를 부른다.

"여기도 하난데 거거기는 몇인가/ 여기두 하나 저어 저기두 또하나(후렴)/

앞뚜랑에 아주머님네 뒷뚜렁으로 손을 주게, (후렴)/ 내길은 방인데 신발을 벗구서 들어오게, (후렴)"(구1- ,p.523, 용인 원삼면)

안성지역에서 같은 양상이 확인된다.

"여기두 또 하난데 저하 저기두 또 하나/ 여기두 또 하난데 저하 저기두 또 하나/ 이 논배미다 모를 심어/ 여기두 또 하난데 저하 저기두 또 하나/ 장잎이 훨훨 영화로다/ 여기두 또 하난데 저하 저기두 또 하나" (구1-6, p.830, 이죽면)

논매기노래는 대부분 초벌·재벌 때 부르는 노래만 분포되어 있는데 백사면 상용리에서는 초벌·재벌·세벌 때 각기 다른 곡조와 내용으로 이루어지고 있다. 특히 "어얼싸 대허리야 / 여주 이천 자채 방아 / 누가 얼렁 어쨌나 / 어얼싸 대허리야 / 여주 이천 자채 방아, 자채방아 / 어얼싸 대허리야"(상용리2;3)로 불려지는 '대허리'는 이 지방 특유의 노래이다. 가락은 대체로 단조롭고 느리나 끝날 무렵에는 빨라지는 것이 일반적이다. 대체로 내용은 모를 잘 심어 삼배출짜리가 되게 해달라는 당부와 빨리 일하고 다른 논으로 옮기자는 독촉, 농사지어 부모처자 공양하자는 것이다. 주제는 농사예찬이다.

여주지역에서는 논매기노래로 "오호이 에헤이야"와 "어럴럴 상사듸야" "단호리"가 불려진다.

"오호이 에헤이야/ "오호이 에헤이야(후렴)/ 먼데 사람은 듣기나 좋게, (후렴)/가까운데 사람은 보기나 좋게, (후렴)"(구1-2, 271)
"어럴럴 상사듸야/ 어럴럴 상사듸야(후렴)/ 상사부사는 동부사로구나, (후렴)/ 간다 간다 나돌아간다, (후렴)"(구1-2, 146)
"어화 월선 단호리야/ 어화 월선 단호리야(후렴)/카나 농부야 말들어라, (후렴)/ 서마지기 논배미가 반달만큼 남았네, (후렴)"(구1-2, 278)

용인지역에서는 논매기노래로 초벌 때는 '찍었네'를 부르며, 재벌 세벌 때는 '상사소리' '훔쳤네' '대허리' '찍었네' '골었네'를 두루 부른다. '둘레소리'는 세벌매기 때만 부른다.

"오하 흠차 찍었네야/ 오하 흠차 찍었네야(후렴)/ 여보시오 농부님네, (후렴)/ 요내 말씀 들어보소, (후렴)"(구1- , 118)
"어헐싸 대허리야/ 어흠차 대허리야(후렴)/ 대허리하는 농군네들, (후렴)/ 이 논배미 대허리하세, (후렴)"(구1- , 522 용인 원삼면)"
"얼럴럴 상사디야/ 얼럴럴 상사디야(후렴)/ 여보시오 농부들아, (후렴)/ 요내 말쌈을 들어보소"(구1- , 108)
"에헤이나 둘레요 /오호이 호오 둘레요/ 에헤이나 둘레요/ 에헤이나 둘레요 (후렴)/ 여보시오 농부들아, (후렴)/ 요내 말쌈을 들어보소, (후렴)"(구1- , 126)

밭농사요로는 밭매기 1편(장록2;6)이 장병근씨에 의해 구연되었는데, 이 역시 흔하지 않은 자료이다. 이 노래의 사설은 다음과 같다.

금이로다 이내가슴 답답하나 다시는 맘을 불리리
부부동반 밭을 매니 속상한 일도 많으나
당신임과 부부동반 밭을 매니 신이 나네

처음 부분의 사설이 미진한 듯한데, 길게 한숨 쉬듯 내는 소리와 함께 부부가 밭은 매면서 평소의 속상한 일을 함께 풀어내는 사설이 의미 심장하다.

벌채노동요는 지게동발, 나무할 때 노래, 나물캐는 노래, 나물하러갈 때 노래 등 18편이 채록되었다. 매우 빈약한 편인데, 이는 이천 지역이 논농사 위주의 지역이기 때문이다.
길쌈노동요인 베틀가는 10편이 채록되었으나, 매우 빈약한 편이다. 율면 북두1리의 정지영씨가 구연해준 베틀가는 무려 80여행이나 되는 장편이다. 베를 짜는 아낙의 형상과 베틀의 구조와 설치, 베짜는 동작, 옷감을 재단하여 만드는 모습, 옷을 곱게 지어놓고 님을 기다리는 정한(情恨), 님의 죽음을 원망하는 사설 등으로 구성되어 있다. 후반부의 설정은 다른 베틀가에서 살필 수 없는 단락으로, 내용 전개가 뛰어난 자료이다. 일부자료는 길쌈 노동과는 관계없이 불려진 비기능요에 포함될 것들이다.

〈이천시 기능요 자료 현황〉

				계
기 능 요	노동요	농업노동요	논물대기(1), 논갈기(4), 못자리하고 쉴 때(1), 모찌기(2), 모내기(61), 논매기(113),	182
			밭갈이(1), 밭매기(2),	3
		벌채노동요	지게동발(10), 나무할 때 노래(2), 나물캐는 노래(6), 나물하러갈 때 노래(1),	19
		길쌈노동요	베틀가(10),	10
		잡역노동요	소몰이(2), 땅다지기 노래(27), 물긷는 노래(2), 화초심는 노래(1),	32
			자장가(40), 애기 어르는 노래(28), 걸음마노래(1)	69
	의식요	세시의식요	달거리(3), 성주풀이(2), 태평성대(1), 홍수풀이(1), 농사풀이(1),	8
			고사반(8), 우물고사(2), 장승고사(1), 마당굿(1), 터주굿(1), 부엌굿(1), 대청굿(1),	15
		장례의식요	상여노래(73), 재도듬노래(2), 달구질노래(72),	147
		신앙의식요	공덕가(2), 산염불(1), 자진염불(1), 염불공덕가(1), 회심곡(14)	19
	유희요	세시유희요	그네뛰기(10), 자치기(1),	11
			상사데야(2), 쾌지나칭칭나네(1), 기와밟기(1), 거북이노래(1),	5
			환갑노래(1), 혼인가(1), 화전놀이(1),	3
		경기유희요	줄넘기(6), 고무줄놀이(3),	9
			술래찾기(1), 다리세기(71), 춘향각시놀이(7), 풍감묻기(3), 종지놀이(1), 수건돌리기(1), 수박놀이(1),	85
		조형유희요	소꿉장난노래(1),	1
		풍소유희요	왔다봐라노래(3), 잠자리노래(1), 방아깨비노래(1), 눈요(1), 바람요(1),	7
		언어유희요	화투풀이(26), 언문풀이(18), 곱사풀이(1),	45

잡역노동요인 땅다지기노래는 집터를 닦을 때 부르는 노동요인데, 이천에서는 달구질노래의 사설과 혼용되어 불려진다. 집터나 묘터를 다진다는 노동 행위의 유사 관계에서 기인한 것이다. 사설은 같더라도 후렴구는 반드시 다르게 부른다. 예를 들면, 땅다지기노래의 후렴은 "에이허라 지경이여"으로, 달구질노래는 "에헤리 달고(달공)"으로 불려진다. 땅다지기노래는 이천지역에서도 거의 사라진 실정이다. 전지역에서 27편이 채록되었을 뿐이며, 최근에 조사한 모가면에서는 1편도 채록되지 않았다.

2) 의식요

이천지역의 세시의식요로 달거리, 성주풀이, 태평성대, 홍수풀이, 농사풀이, 고사반, 우물고사, 장승고사, 마당굿, 터주굿, 부엌굿, 대청굿 등이 채록되었다. 이 노래들은 처음에는 가정이나 부락에서 행해지던 민속신앙의 한 형태로 불려지던 의식요였을 것이나, 지금은 주로 이천의 대표적 민속놀이인 거북놀이의 연희과정에서 불려진다. 고사반은 거의 각 지역마다 채록되었는데, 주로 마을의 농악패를 이끄는 상쇠들에 의해 구연되었다. 율면 고당1리 유인준옹의 고사반은 사설이 50여행이나 되는 장편이며, 내용도 잘 정리되어 있다. 성주풀이의 내용은 고사반과 같고, 후렴구로 "올로로 상사데야"를 반복하고 있다.

장례의식요인 상여노래 · 달구질노래는 이천 전지역에 걸쳐 분포되어 있다. 노동요가 점차 소실되고 있음에 비해, 장례의식요는 비록 소수이나 일부러 배워서 구연하는 사람들도 있을 정도이다. 소위 족보라는 사설집을 베껴서 전해오는 마을도 있다. 그렇지 않은 경우는 대부분 회심곡의 사설을 암송해서 구연한다. 내용은 인생무상 · 충효 · 불교적 내세관 등이 주제를 이루고 있다. 기존의 회심곡 사설을 그대로 외워서 구연하는 사례도 적지 않다.

재도듬노래는 율면 산성리와 총곡리에서 2편 채록되었는데, 산성리 권상
균씨(58세,남)의 노래(0207-1:2)는 상여노래와 다를 것이 없다. 총곡리 김
홍섭씨(65세,남)의 다음 노래가 주목을 끈다.

　　"마몰 마몰 나무아미타불/ 명사십리 해동화야/ 꽃이진다 서러워마라/ 마몰
　　마몰 나무아미타불
　　우리 인생 태어나서/ 원수 백발 되려는가/ 마몰 마몰 나무아미타불"(0210-1:3)

　　이 노래는 상여노래의 일반적인 사설에다가 "마몰 마몰 나무아미타불"과
같은 염불을 후렴으로 후창하고 있다는 점이 이색적이다.[2]
　　달구질노래의 사설은 땅다지기노래와 혼용되어 불려지기도 한다. 율면 고
당리의 정승달구지노래(0201-1:4)는 연원도 뚜렷하고 특색 있는 자료로 높
이 평가된다. 구연자 스스로 명칭자체를 차별화하고 있는 정도이다. 이 노래
의 특색은 받는 노래에 있다. 보통 달구지노래는 "에히리 달구" 식의 한 가
지 노래로 이루어졌는데 비해, 고당리의 정승달구지노래는 7가지 노래로 구
성되어 있다. 후렴의 변화가 전체 분위기를 잘 살리고 있어 높이 평가할 만
하다. 내용의 전개 역시 체계적이다. 정리해 보면 ① 노쇠, 신세자탄 ② 인생
허무 ③ 산수 열거 ④ 망자와의 이별 ⑤ 탄생, 성장, 득병(得病) ⑥ 권선(勸
善) ⑦ 새야 새야 파랑새야로 구성되어 있다. 맨 마지막 부분에 "새야 새야
파랑새야"를 부르는 것은 다른 지역에서 살필 수 없는 특이한 경우이다. 망
인의 가족 친지를 위로하려는 배려에서 즉흥적으로 마련된 것으로 보인다.
이 부분에서는 선후창의 가락도 경쾌하며, 달구질꾼의 발도 분주해진다.
　　신앙의식요의 주류인 회심가는 이천지역에서도 이미 대중화된 회심가의
사설을 그대로 재현하고 있다. 그러한 가운데서 율면 오성1리 황걸준옹(80
세,남)이 구연해준 회심곡은 이질적이다. 구연자 자신이 다른 회심곡은 불

---

2) 이러한 유형의 후렴을 유종목은 '불명호성(佛名號性) 후렴'이라고 지칭하였다. (유
　　종목, 『한국민요의 현상과 본질』, 민속원, 1998, p.199)

경에 있는 것을 그대로 모방한 것이어서 싫기에 새로 지었다고 한다. 사설을 정리해 보이면 다음과 같다.

"생기나니 백발이요/ 놀면할손 죽음이다/ 천황 지황 인황후에/ 요순임금 성덕없어 봉하시어/ 장하도다 진시황은/ 만리장성을 굳게 쌓고/ 아방궁에 높이 앉어/ 치목지소하고 궁신지지 쇄락하여/ 장생불사를 하잤더니/ 여사간에 고혼되고/ 열나라 화택 편직이/ 약명 몰라 죽었으며 / 대국부사 석숭이가/ 돈이 없어서 죽었는가 / 초로같은 우리 인생/ 말을 하면 무엇하리/ 이몸이 늙기전에/ 먹고 쓰고 놀아보세/ 한번 낳자 죽어지면/ 움이 날까 싹이 나나/ 살어 생전에 돈도 쓰고 놀아보세"(0208-5:2)

이 노래는 의식요의 주된 요소라 할 수 있는 '탄로' '득병' '인생허무' 등을 노래하면서 종당에는 "살어 생전에 돈도 쓰고 놀아보세"하며 현세에서의 삶을 즐겁게 살아야함을 강조하였다.

3) 유희요

이천지역에서 채록된 유희요는 매우 다양하다. 세시유희요로 그네뛰기, 자치기, 쾌지나칭칭나네, 상사데야, 기와밟기, 거북이노래, 환갑노래, 혼인가, 화전놀이노래 등이 채록되었다. 거북이노래는 이천의 대표적인 민요이다. 그네뛰기노래는 추천가 또는 추천당가라는 제목으로 불려지고 있으며, 사설은 거의 유사하다. 경기유희요로 줄넘기, 고무줄놀이, 술래찾기, 다리세기, 춘향각시놀이, 풍감묻기, 종지놀이, 수건돌리기, 수박놀이 노래가 채록되었다. 특히 다리세기요는 전지역에서 가장 많이 채록되었다. 조형유희요로는 소꿉장난노래 1편이 채록되었을 뿐이다. 풍소유희요라 할 수 있는 왔다봐라노래, 잠자리노래, 방아깨비노래, 눈요, 바람요 등은 동요의 영역에 들 수 있는 자료이다. 이천 지역에서는 언어유희요가 많이 채록되었는데, 특히 화투풀이, 언문풀이, 곱사풀이는 중시되는 자료이다. 화투풀이는 화투 1자에서 12까지의 숫자를 넣어 말을 엮어서 형성된 노래이다. 월령체를 빌어 사설을 붙인 노래로 내용이 거의 전형적이다. 다른 지역에서처럼 가사의 내용은 제한적이고, 일반적이다. 언문풀이는 가갸거겨에서 하햐허여까지 우리말 자음순으로 말을 넣어 엮는 노래이다. 대부분 장편으로 되어 있으며, 내용은 연정가류이다. 언문풀이는 대부분 중간에서 생략되었는데 백사면의 자료는 거의 전단락이 채록되어 자료로서의 가치가 높다.

(2) 비기능요

이천지역에서 채록된 비기능요는 전체 자료 가운데 거의 절반에 이른다. 산정된 자료만도 타령(96), 아리랑(26) 한탄가(62), 연정가(57), 사모가(8), 통속민요(220), 시절가(25), 동요(6)으로 504편이다.[3]

〈이천시 비기능요 자료 현황〉

타령	건드렁타령(1), 꽃타령(2), 날개타령(1), 달타령(2), 담바귀타령(14), 덕담타령(1), 도라지타령(6), 돈타령(1), 매화타령(1), 바위타령(1), 방구타령(1), 방아타령(9), 범벅타령(1), 사랑타령(3), 새타령(1), 술타령(5), 신고산타령(8), 신세타령(1), 양산도타령(1), 어랑타령(11), 오봉산타령(1), 임타령(1), 장타령(31), 질경이타령(1), 춤타령(1), 치마타령(1), 칠봉산타령(1)	96
아리랑	아리랑(20), 엮음아리랑(1), 자진아리랑(1), 긴아리(4),	26
한탄가	시집살이노래(32), 수심가(4), 한탄가(17), 탄로가(1), 백발가(2), 이별가(6),	62
연정가	사랑가(19), 연정가(35), 절개가(1), 연군가(2),	57
사모가	사친가(5), 화친가(1), 사향가(1), 사우가(1),	8
통속민요	권주가(31), 난봉가(4), 노들강변(3), 노랫가락(89), 뱃노래(20), 사발가(4), 창부타령(34), 청춘가(30), 풍년가(5),	220
시절가	개탄가(1), 해방가(11), 국민병시절 노래(1), 징용때 노래(1), 6.25때 노래(1), 6.25 군가(1), 군인 간 노래(1), 제주도군가(1), 왜정때 애국가(1), 권학가(1), 무궁화(1),금강산노래(1), 잡가(1), 성냥팔이노래(1), 기찻길 노래(1),	25
동요	동요(6)	6

---

3) 비기능요는 한국구비문학대계에도 하부 분류체계가 정해져 있지 않아, 여기서는 편의적으로 정리했음을 밝혀둔다.

타령류는 이천에서도 다양한 노래가 채록되었다. 특히 설성면, 율면, 마장면, 부발읍, 장호원읍에서 가장 많은 자료가 채록되었다. 이 자료집에 산정된 것만도 108편이나 된다. 담바귀타령, 덕담타령, 바위타령 등을 제외한 다른 자료는 지금도 일반적으로 불려지는 대중 민요이다. 설성면의 바위타령은 설성면의 노성산·마옥산의 바위전설과 관련 있는 자료로써 지역성을 잘 나타내 보여준다는 점에서 중시된다.

아리랑류로 구분된 자료는 대부분 전형적인 양상이다.

한탄가류는 시집살이노래를 비롯하여 탄로가, 이별가 등을 포함하는 관점에서 정리되었다. 시집살이노래 가운데 일부는 자신의 체험을 노래한 것이기에 이색적이다. 백사면 현방리에서 채록한 전도길 할머니의 노래가 대표적인 사례이다. 부발읍 무촌리의 송봉순 할머니가 구연해준 자료는 다음에서 보듯이 "형님 형님 사촌형님 시집살이 어떱디까" 투의 일반적인 노래와 구별된다.

노랑두 대가리 뒤범벅 상추/ 언제나 길러서 내 낭군하나
눈에도 몸이 학이나 되어/ 날개 몸에다 임을 싣고
이별 없는 고장을 가서/ 이별 없이 잘살아 볼껄
오동 같이도 검던 머리/ 파뿌리 될 줄은 누가 알았나
샛별 같이도 밝던 눈이/ 탄탄수 될 줄은 나 몰랐네

연정가류는 남녀간의 애정을 노래한 민요들이다. 다른 지역의 민요와 별반 차이가 없다.

사모가류는 사친가, 화친가, 사향가, 사우가를 포함하는데, 제목에서 시사하듯이 고향이나 부모, 친구를 그리워하는 내용이다. 대월면 도리리에서 채록한 한효손(94세)옹의 노래는 일찍 여읜 부모를 그리워하며 평생 불렀다는 노래이다. 그만큼 간절하다.

노랫가락·청춘가·한탄가·뱃노래와 같은 통속민요는 곡은 일정한데

비해 가사가 구연자에 의해 얼마든지 가변적이다. 가장 일반적으로 불려지는 것도 그 같은 이유에서이다. 이들 노래는 여럿이 돌림노래로 부르거나 두 사람이 주고받는 형태로 부르기도 한다.

시절가류는 시대상을 직접 반영하고 있는 민요를 지칭한다. 해방가가 그 대표적인 민요이다. 해방가는 널리 불려지면서 대중민요화 되어 사설이 전형적이다. 율면 월포1리의 배기분 할머니가 구연해준 해방가는 체험을 그대로 노래한 것이라는 점에서 주목된다. 6.25 때 불려진 군가도 여러 편 채록되었다.

4. 이천 지역 민요의 형식 및 기교 분석

이천지역의 민요는 다음과 같은 형태적 특징을 갖는다. 첫째, 노동요와 상여노래는 한 사람이 선창하면 다른 여러 사람이 여음을 따라 부르는 선후창의 '선노래' 형식이 두드러진 특징으로 나타나 있다. 같은 의식요라 할지라도 고사반·회심곡 등은 독창하는 형식으로 되어 있다. 지게동발 같은 노래도 독창이다. 둘째, 사설의 형식은 1음보는 3내지 4음이나 4음이 주종을 이루고 있으며, 일행은 3음보 내지 4음보가 주류를 이루고 있었다. 그 외에도 3·3·4의 3음보행도 있어 주목을 끈다. 대체로 모내기노래를 비롯하여 논매기노래·땅다지기노래 등의 집단요는 정형성이 강하고, 그 외의 개인요는 비교적 자유롭게 구연된다. 어떻든 이천지역 민요의 문장 형식은 3내지 4음보의 행이 무한히 연첩하는 '나열법에 의한 연장체'가 일반적 특징으로 나타나 있다. 셋째, 음수율은 3·3, 3·4, 4·4, 4·5, 4·6, 5·3, 5·4, 5·5, 5·6, 6·4, 6·5, 7·5 등 다양하게 나타나고 있으나 역시 기본율은 4·4조이다. 넷째, 표현적 특징은 대체로 상여노래에서는 중국의 고사와 한자어가 많이 구사되고 있는데 반해, 다른 민요에서는 지역에서 보통 쓰이는 일상어의 상투적 표현이 쓰이고 있어 대조적이다. 다섯째, 민요의 형식 중 가장 뚜렷한 특징으로 후렴을 들 수 있다. 이는 조흥적, 조율적인 역할을 할 뿐만 아니라, 힘든 노동의 피로를 달래주며, 서로 협동심을 불러일으키는 하나의 끈과 같은 역할을 한다. 후렴구는 각 지역마다 다르게 나타나는데, 이천지역에서 조사된 후렴구를 유형별로 정리해 보이면 다음과 같다.

① 모내기노래

이천지역 모내기노래의 후렴구는 "여하 여기도 하난데 저하 저기도 또 하나"가 전형으로 보인다. 전지역에서 거의 같은 후렴구가 채록되었다. 모가면 진가리의 "오 온다 에헤 생우야"는 매우 이례적인 사례이다.

> 안성지역
> "여기두 또 하난데 저하 저기두 또 하나"(구1-6, p.830, 이죽면)
> "여~기두 어허 하~나 저기두 또 하나"(구1-6, p.602, 일죽면)

② 논매기노래

이천 지방에서는 논매기노래를 초벌·재벌·세벌 때 각기 다르게 불렀다. 신둔면에서는 세벌 때 노래는 채록되지 않았다. 초벌 때는 "오홀로 가세야"를, 재벌 때는 "곯았네"를, 세벌 때는 "대허리"를 불렀다. 이것은 일하는 여건에 따라 노래의 분위기와 속도를 다르게 하기 위한 것이었다.

백사면·율면에서는 초벌매기의 후렴구로 "오호아 에헤이 오호오 헤이야" "오~ 올홀롤 상사데야" "어하 올럴러 가세야" 세 가지 형태로 구연되고 있다. 재벌매기노래의 후렴구는 "오호 곯았네 뎅이만 슬슬 굴려라"가 전형으로 보인다. 그리고, "오하 얼씬 대허리야" "올로로 상사데야"와 같은 후렴구가 있으나, 보편적인 것은 아니다. 대허리는 여주지역의 일반적인 후렴구로, 율면에서는 채록되지 않았으나, 여주와 인접지역인 설성면에서 채록할 수 있었다. 마장면에서는 초벌때는 오홈차 찍었네야를, 재벌때는 곯았네·홈쳤네·둘러라를, 세벌때는 우기기를 불렀다. 장호원에서는 곯았네 단허리 대허리를 불렀다. 신둔면에서는 초벌 때는 "여기도 하나 저기도 또 하나"를, 재벌 때는 긁았네를 불렀다. 부발읍에서는 긁았네 단허리를 불렀다. 장호원읍에서는 긁았네, 단허리, 대허리를 불렀다. 신둔면에서는 초벌 때는 "여기도 하나 저기도 또 하나"를, 재벌 때는 긁았네를 불렀다. 호법면에서는, 초벌 때는 "오금차 찍었네야", "오하 오후이 에헤에야" 두 가지 형태로 구연되고 있다. 재벌 때는 긁았네를 불렀다. 모가면·대월면에서는 초벌 때는 "오하 오후이 에헤에야"를 재벌 때는 긁았네를 불렀다.

	초벌매기	재벌매기	세벌매기
백사면·율면	오호아 에헤이 오호오 헤이야 오~ 올홀롤 상사데야 어하 올럴러 가세야	오호 긁었네 뎅이만 슬슬 굴려라	오하 얼씬 대허리야
마장면	오홈차 찍었네야	긁았네, 흠쳤네, 둘러라	우기기
장호원		긁았네	단허리, 대허리
신둔면	여기도 하나 저기도 또 하나	긁았네	
호법면	오금차 찍었네야 오하 오후이 에헤에야	긁았네	
모가면	오하 오후이 에헤에야	긁았네	
대월면	오허야 오호 오헤이야 오호아	긁았네	

이천지역의 모내기노래·논매기노래에서 한 노래에 후렴이 두 가지 형태로 구연되어 전체적인 분위기를 바꿔 가는 양상도 특이하다고 하겠다.

이천지역 논매기노래의 후렴구는 대개 "오호 오 호이야"나 "오호 긁았네 뎅이만 슬슬 굴려라", "에헤 우거라 방아로다", "어얼싸 대허리야" 등으로 집약된다. 인접한 타지역의 경우를 살펴보면, 안성 지역에서는 "어하 어기 럴럴"이라 하고, 용인 지역에서는 "어홈차 찍었네", "에에이 둘레오"라고 한다. 이에 반해 여주 지역에서는 "어화 월선 단허리야", "골 골 긁았네 뎅이만 슬슬 굴려라", "에이여라 방아호"라고 한다. 이천의 백사면·율면과 흡사하다. 여주 지역이 인접해 있기 때문에 서로 영향을 끼친 때문이라 할 수 있다.

여주지역
"오호이 에헤이야"(구1-2, 271 여주 북내면)"
"어럴럴 상사되야"(구1-2,146 여주읍)
"어화 월선 단호리야"(1-2, 278 여주 북내면)

"어- 호 골았네 뎅이만 슬슬 굴려라"(1-2, 398 여주 가남면, 재벌매기)
"골- 골- 골었네 뎅이만 슬슬 굴려라"(1-2, 398 여주 가남면, 재벌매기)

용인지역
"오흠차 찍었네야"(구1- , 518 용인 원삼면)
"어흠차 대허리야"(구1- , 522 용인 원삼면)

안성지역
초벌 "에이여라 방~호"(구1-6, p.551, 원곡면) 방아타령을 부름.
애벌 "얼럴럴 상사디야 얼럴럴 상사디야"(구1-6, p.832, 이죽면)

이듬 "에헤 고뤘네 어하 슬슬 둘러라"(구1-6, p.603, 일죽면)
이듬 "어화칭칭 고렀네 어화칭칭 고렀네"(구1-6, p.837, 이죽면)
세벌 "어기야자자 아~""헤에이 에헤~야아 에헤이 방개가 논다"(구1-6,
p.404, 대덕면)
세벌 "어하 에일러고 하세"(구1-6, p.605, 일죽면)
세벌;대호리 "어하슬슬(실실) 대호리야"(구1-6, p.565, 원곡면)

③ 재도듬노래
재도듬노래는 율면 총곡리에서만 확인되었는데 "마몰 마몰 나무아미타
불"이란 후렴으로 구성되어 있다.

④ 상여노래
상여노래의 후렴구[4])는 지형이나 상여꾼의 발걸음에 따라 변화를 보이는

것이 특징이다. 발인해서 나갈 때는 상여꾼의 발걸음을 맞추기 위해 다소 느린 가락과 후렴 "어하 어하 (오하 오하)" 등으로 시작한다. 설성면에서는 "나무 나무 나무아미타불"로 시작되는데 특이한 경우이다. 평지를 갈 때는 지역마다 약간 차이가 있다. 가령, "어허 어하 어거리 넝차 내하"(백사면) "어허어 어하 에헤이 어허아"(율면) "오호 오호아 어이나 갈까 오호"(설성면), "오호 오호 어거리 넘차 오호야"(마장면), "오호 오호 어거리 넘차 오호야"(부발읍), "오호 오호이 어이나 가리 오호"(장호원읍・대월면), "오호 오호 어거리 넘차 오호야"(신둔면) 등으로 구연된다. 같은 노래에서 "오호아 어거리 넘차 오호아" "어허 어허나 가리 어허아"(호법면・모가면・대월면)가 함께 구연된 사례도 있다.

	발인할 때	평지에서	빨리갈때
설성면	나무 나무 나무아미타불	오호 오호아 어이나 갈까 오호아	오호 오호 오호 오호
마장면 부발읍 호법면 신둔면 모가면	어하 어하 (오하 오하)	오호아 어거리 넘차 오호아	
장호원 모가면 대월면		어허 어허나 가리 어허아	

　빨리 갈 때는 일반적으로 "오호 오호 오호 오호"로 받는다. 다소 차이가 있는 것은 구연자의 발음상 차이일 뿐이다.

　여주지역에서는 발인할 때는 "나무 나무 나무아미타불"과 같은 염불로

---

4) 상여노래의 후렴에 대하여는 유종목이 「상여소리 후렴의 변이양상」에서 구체적으로 분석한 바 있다.(cf.,『한국민요의 현실과 본질』, pp. 200-229)

시작하며, 평시에는 "오호히 오호- 오호"를. 빨리 갈 때는 "오호 오호", 산에 도착해서는 "오호이- 오하- 어이나갈가 에-호"(구1-2, 442)를 부른다.

"오호 오호 에헤이 유후" (구1-2, 387)
"오호- 오호" (구1-2, 442) "오호- 오호" (구1-2, 499)
"에헤이 - 에호"(구1-2, 442)
"오-호 오-하 어이나갈가 에-호"(구1-2, 387)
"오호이- 오하- 어이나갈가 에-호"(구1-2, 442)
"나무 나무 나무아미타불"(구1-2, 442)
"타불타불 나무아미타불"(구1-2, 499)

안성지역에서는 "어허어허 어허"(구1-6,850) "해해 어허"(구1-6,850) "어하어하 어이나가리요호"(구1-6,850)이 불려지며, 용인지역에서는 "어화 넝차 어화"(향두가, 30) "에호오 호오"(구1- , 141) "어하 어하하 넘어리넘차 너혜"(구1- , 564)가 불려진다.

안성지역
상여소리 "어허 어허어 어허 어허어"(구1-6, p.405, 대덕면)
상여소리 "어하어하 어이나가리 요호"(구1-6, p.850, 이죽면)
빠른 소리 "어허 어허"

⑤ 달구질노래
달구질노래는 일반적으로 "에라 에헤리 달고(에라 에헤리 달공)"로 불려지며, 커다란 변화를 보이지 않는다. 이천의 대부분 지역에서도 마찬가지 양상을 보인다. 장호원에서는 "에헤리 달고(에헤리 달구)"로 후렴이 불려지다가 달구질을 마무리할 때는 "오호 오호이 오호 호이야 오호야"를 부른다. 율면 고당리의 정승달구지노래는 후렴에 있어서도 매우 특이하다. 이 노래는 7가지 소리로 구성되었다. 처음 시작할 때는 "에헤헤이- 에헤헤이 오호

호하-"이다. 이어서 선소리가 메겨지고, 다시 같은 소리로 받는다. 선소리꾼이 "(에헤 소리)도 그 만큼 하고/ 다음 소리로 넘어를 가세"하며 바뀌지는 소리를 선창하면 받는 사람들이 다시 반복하면서 후렴구를 차례로 바꿔 부른다. 각 후렴마다 명칭을 붙였는데, 정리해 보이면 다음과 같다.

"에헤헤이- 에헤헤이 오호호하-" (후렴1; 에헤소리)
"에헤허라 달고" (후렴2; 달고소리)
"오호오호 오햐오하" (후렴3;오호소리)
"에럴럴 상사디야" (후렴4; 얼럴럴소리)
"어오허하 에에이 오호헤하" (후렴5; 어화소리)
"닐리리 어화어화" (후렴6; 닐리리소리)
"오호야 어허야 허야" (후렴7; 오호야 소리)

여주지역에서는 "에야 호리 달고오" (구1-2, 392, 가남면)가 주류를 이루며, 달고군이 작대기를 꽂고 흔든 뒤 발로 닫는 동작을 할 때 부르는 '외발지기' 소리는 "오호 오호이 오호야 호호야" (구1-2, 392, 가남면) "에헤야 에헤야" (구1-2, 451 점동면)를 부른다. 용인지역에서는 "에헤 에이리 달고오" (구1- , 146)가 주류를 이룬다.

안성지역
회방아 "에이여라 달공" (구1-6, p.555, 원곡면)
달고소리 "에헤이리 달고" (구1-6, p.856, 이죽면)

⑥ 땅다지기노래
땅다지기노래의 후렴구는 "에헤야 지경이요"가 일반적이다. 이천지역에서도 "에야 헤리 지경이요" (백사,대월면), "에헤라 지경이요" (율면), "에헤야 지경이여" (부발읍·대월면), "에라 회-리 지경이야하" (마장면) 처럼 거의 비슷한 양상을 보이고 있다. "지경이야" 대신 "지점이요"로 붙이는 사례

도 있다. "에이— 여라 지점이요"(설성면), "야 헤리 지제미요"(장호원읍)가
그 형태이다. 이밖에 "어기여차 디졌노"(신둔면), "어허라 영차 지경이라"
(호법면), "오하 얼럴레 지경이우"(호법면)로 후렴을 붙인 경우도 있다.

여주지역에서는 "에히 여라하 지점이호"(구1-2, 440)가, 용인지역에서는
"어기여라 지경이요"(구1- , 109) "에헤에여라 지경이오"(구1- , 136)가 주
류를 이루며 "에이어라 지경이요"(1- , 260)
안성지역에서는 "어 — 지점이요"(구1-6, p.400, 대덕면) "에이야라 지경
이요호"(구1-6, p.552, 원곡면) "어기여차 지경이요"(구1-6, p.840, 이죽면)
로 구연되고 있다.

⑦ 비민요

이천지역에서 채록된 민요 가운데 비민요 자료도 14편이나 된다. 특히 율
면과 설성면 지역에서 집중적으로 채록되었다. 내용은 주로 춘향전이나 삼
국지의 내용을 민요화한 것이다. 그 가운데 산정된 자료는 농부가(1), 잡가
(1), 달거리(1), 단가(1), 십장가(2), 적벽가(1), 초한가(2), 춘향가(5) 등이
다. 창부타령이나 노랫가락의 곡에 맞춰서 단가를 부른 사례도 있고, 춘향가
의 일부가 삽입되어 있는 사례도 빈번하다. 이러한 비민요 자료들은 소설작
품을 구송(口誦)하는 과정에서 민요화한 사례를 실증하는 것으로 중요한
의미를 지닌다.

5. 맺음말

(1) 이천의 특징적인 민요

어느 지역이든 그 지역 고유의 노래가 있다. 대부분 그러한 민요는 지역

적인 특색이나 구연자의 개성에서 비롯한다. 이천지역에서도 타지역에서 전혀 채록되지 민요가 적지 않다. 대표적인 사례만 보이면 다음과 같다.

율면 오성1리에서 채록된 농부가는 50여행이나 되는 장편이다. 내용으로 보아 식자층에서 불려졌던 것으로 보인다. 환갑노래·맹자공자뒤풀이, 고당리의 정승달구지노래 이색적이며 자료적 가치도 크다. 설성면에서 채록된 징용 때 불렀다는 노래, 국민병 시절에 부르던 노래나 마장면의 전봇대 노래·6.25 당시에 부르던 노래 등은 당시의 시대상을 잘 나타내 보여주고 있다. 신둔면의 군인 간 노래·기와 밟기·써레질노래·왜정 때 애국가로 부르던 노래·점잖은 노래·질경이타령·장부가 등도 특징적이다. 호법면에서 처음 채록된 무거운 짐을 들때 부르던 노래, 홀소몰이노래, 덕담타령, 자치기노래, 곱사풀이 등도 다른 지역에서 살피기 힘든 자료이다. 모가면의 모찌는노래, 성냥팔이노래, 잡가, 제주도군가 등도 처음 소개되는 자료이다. 성주풀이, 운문풀이는 가정신앙요의 한 단면을 보여주는 귀중한 자료이다.

유희요 가운데는 "가때 우리손이 하나이찌 몸매 / 또리또리또리 하나이찌 몸매"(호법면 단천리1:5)에서 보듯이 일본어의 잔재가 남아 있었는데, 이 점은 여러 각도에서 검토할 필요가 있다.

(2) 이천의 대표적인 소리꾼

어느 지역이든 그 지역의 대표적인 소리꾼이 있기 마련이다. 산업구조의 변화와 함께 노동의 현장이 달라졌음에도 아직은 모내기노래·논매기노래가 남아 있다. 각 마을마다 널리 인정받고 있는 소리꾼들이 생존해 있기 때문이다.

백사면 내촌리의 박찬종씨는 여러 장르의 소리를 섭렵한 소리꾼이다. 율면 고당리의 박영하·유인준·이근영씨는 고당리의 정승달구지노래의 기능보유자라 해도 손색이 없다. 북두리의 송경수·정지영씨 역시 이 지역의 대표적인 소리꾼이다. 설성면 행죽2리의 권순남·정분남 할머니, 신필2리

소서운할머니는 여러 편의 내방요를 구연해 주신 분이다. 장능리 오성철·홍인표, 송계3리 주영표, 장천3리 최덕교, 자석1리 유병희, 상봉2리 유홍철, 수산3리 안순균, 대죽1리 정주화씨도 대표적인 소리꾼이다.

마장면에서는 오천1리 김옥순, 관2리 서정분, 장암1리 이대복, 목리 이세채, 표교리 강성숙·김영하, 이치1리 지길현, 덕평1리 이춘수, 이평1리 유성렬, 작촌리 박준순씨가 대표적인 소리꾼이다.

부발읍에서는 무촌2리의 김창봉, 마암1리의 신태준, 죽당리의 오순규·서귀당, 아미1리의 이성복, 가좌리의 이옥순·윤정분, 대관리의 김영숙, 수정리의 이명하·윤병순·박금선씨가 대표적인 소리꾼이다.

장호원읍에서는 나래 1리 강대기, 오남 1리 최국현, 선읍 2리 김기현, 와현 1리 유성문, 장호원 3리 이상호, 이황 4리 권태호, 진암 3리 최재현, 어석 2리 박재형, 노탑 1리 박윤례, 노탑 2리 최용이, 황순림씨가 대표적인 소리꾼이다.

신둔면에서는 수남리의 한준수, 박계순, 용면리의 김창봉, 박용묵, 전정희 수하리의 김영달, 마교리의 양창석, 소정리의 구연준, 남정리의 신영묵, 지석리의 서정호, 김진오, 장동리의 황석하씨 등을 들 수 있다.

호법면에서는 동산리의 김문용, 유산리의 이종철, 단천리의 유재은, 주미리의 진광춘, 매곡리의 김백열, 정혁수씨 등을 들 수 있다.

모가면에서는 소사리의 황영군, 소고리의 조병동, 권영찬, 두미리의 이한우, 진가리의 송중하, 서경리의 이신출씨 등을 들 수 있다.

대월면에서는 군량리의 김병전, 홍대숙, 부필리의 김주선, 대대리의 최규식, 유경순씨 등을 들 수 있다. 특히 최규식옹은 한때 국악을 수학한 적이 있는 소리꾼이다. 이천의 거북놀이를 전수하기 위해 노력하는, 이천의 대표적인 소리꾼이다. 이 분들의 구연 능력은 매우 뛰어난 편으로 구연 분위기에 따라 더 많은 자료를 채록할 수 있으리라 본다.

참고문헌

1. 자료

하주성, 『경기도의 굿』, 경기문화재단, 1999.

경기도박물관, 『경기민속지』(1권, 1998). (2권, 1999), (3권, 2000). (4권, 2001).

강남대 인문과학연구소·이천시문화원 공편, 『이천시 문화유적·민속조보고서』. 백사면(96.12), 율면(97.5), 설성면(97.12), 마장면(98.12), 부발읍(98.12), 장호원(99.4), 신둔면(00.5), 호법면(01.4), 모가면(02.4), 대월면(02.11).

2. 논저

하주성, 『이천의 민속 '거북놀이'』(향토문화조사보고서 1집), 이천문화원, 1985.

박광준, 『이천지역 민요조사연구』, 강남대 대학원 석사논문, 1997.

이인수, 利川 紫彩와 農謠, 『기전문화』 2집, 기전향토문화연구소, 1987.

김순제, 경기도 이천지방 일노래의 음악적 분석, 『기전문화연구』 15집, 인천교육대학, 1986.

정동화, 이천지방의 민요고, 『기전문화연구』 9집, 인천교육대학, 1978.

홍순석, 이천시 백사면 민요조사연구, 『논문집』 28집, 강남대출판부, 1997

홍순석, 이천시 율면 민요조사 연구, 『인문과학연구』 4집, 강남대 인문과학연구소, 1997.

홍순석, 이천시 마장면 민요조사 연구, 『인문과학연구』 5집, 강남대 인문과학연구소, 1998.

홍순석, 이천시 부발읍 민요조사 연구, 『국문학논집』 16집, 단대 국문과, 1998.

홍순석, 이천시 신둔면지역 민요의 특징, 『민속학연구』 9호, 국립민속박물관, 2000.

홍순석, 이천시 호법면지역 민요의 특징, 『인문과학연구』 10호, 강남대 인문과학연구소, 2001.

유종목, 한국민요의 현상과 본질, 민속원, 1998.

홍순석, 용인지방 민요의 개관, 『용인향토문화연구』 2집, 용인향토문화연구회, 1992.

이천지역 민요조사 연구(1)

-노동요를 중심으로-

1. 머리말

민요는 민중들 사이에서 저절로 생겨나서 구전되는 노래이다. 창작자가 누구이든 문제되지 않는다. 곡조나 사설조차 엄격하게 제한되지 않고 가창자에 따라 얼마든지 변한다. 같은 노래라 할지라도 지역, 가창자, 그리고 분위기에 따라 달라질 수 있다. 민요는 이런 특징을 지니기에 민중의 살아 있는 소리요, 민족의 정서를 가장 잘 함축하고 있는 예술이라고 평가된다. 민요에는 지역민의 생업, 의례, 세시풍속, 신앙, 놀이 등 생활상이 그대로 배어 있다. 따라서, 한 지역의 문화와 정서를 이해하기 위하여 그 지역의 민요에 남다른 관심을 갖게 되는 것은 당연한 일이다.

이러한 관심 속에서 민요의 현장 조사는 꾸준히 이어져 왔다. 그러나 1980년대 이후 개혁적으로 급변하는 여건 속에서 민요 조사는 한계에 달했다. 일부는 이미 대중민요로 변해 있고, 일부는 기억에서조차 사라졌다. 민요의 핵심인 기능요는 노동 형태의 변화에 따라 더 이상 현장에서 구연되지 않는다. 일부 지역에서 민요보존회를 구성하여 전수하고자 노력하고 있지만, 노동의 현장에서 벗어난 노동요는 오히려 그들에 의해 비기능요로 전락되었다. 이제 민요의 현장조사는 원형을 잃은 '소리'만을 대상으로 할 수밖에 없다.

필자는 이천시의 의뢰를 받아 1995년도부터 7년간 현장에서 민속자료를 조사하여 보고서를 간행해 왔다. 그 동안 채록된 민요는 2천여 편에 달한다. 한 지역의 자료로서는 방대한 양이다. 더욱이 급격히 인멸되고 있는 상황에서 얻어진 자료이기에 의미가 깊다. 금년에는 이 가운데 자료적 가치가 있는 1,217편을 산정해서『이천의 옛노래』를 간행하였다. 본 논문은 이 책자를 간행하면서 얻어진 성과물이다. 그 동안 채록된 민요는 각 지역의 보고서에 수록되어 있으며, 각 지역별 민요의 특징에 대해선 별도의 논문으로 발표한 바 있다.[1] 따라서 여기서는 이천 지역 민요의 분포 양상을 개괄한 다음, 노동요의 특징을 인근지역과 대비하여 분석하는 데 중점을 둔다. 지면의 제약상 남성 노동요에 국한하여 분석함을 밝혀둔다. 의식요, 유희요, 기타 비기능요 자료는 별도의 논문으로 다룰 생각이다.

2. 이천 지역 민요의 분포 양상

이천 지역에 분포된 민요는 모심기노래 · 논매기노래와 같은 농업노동요가 주종을 이루고 있다. 그 다음이 타령요 · 의식요 순이다. 부발읍 · 장호원읍에서는 타령요가 더 많이 채록되었다. 상여노래 · 달구질노래와 같은 의식요는 대부분 지역에 고루 분포되어 있다. 구체적으로, 백사면 · 설성면 · 마장면 · 신둔면에서 채록된 민요의 편수는 노동요, 의식요, 타령요 순인데,

---

1) 각 지역별 민요 자료와 논문은 참고문헌을 참조할 것.

부발읍·장호원읍에서는 타령요, 의식요, 노동요 순이다. 율면·호법면에서는 노동요, 타령요, 의식요 순이다. 모가면에서는 다른 지역과는 달리 타령류나 통속민요[2]가 절반 이상을 차지하고 있다. 모심기노래, 논매기노래가 상대적으로 빈약한 편이다. 대월면에서도 같은 양상이다. 이같은 사실은 우리의 전래 민요가 점차 인멸해가고 있음을 시사한다. 노동요는 조사 때마다 그 숫자가 줄고 있으며, 일반인에게 널리 불려지고 있는 신고산타령·청춘가·노랫가락 등 통속민요가 주로 채록되고 있다.

〈이천시 민요자료 조사현황〉

		백사면	율면	설성면	마장면	부발읍	장호원	신둔면	호법면	모가면	대월면	고담동	단월동	장록동	소계
기능요	농업노동요	10	31	53	19	5	12	18	7	11	15			3	184
	벌채노동요	2		3	4		2	3	2	3					19
	길쌈노동요	1	3	2		1	1	1			1				10
	잡역노동요	5	5	17	15	9	8	9	9	12	11	1			101
	세시의식요	1	4		2		1		1		12			1	22
	장례의식요	11	21	30	13	9	21	19	10	8	9			4	155
	신앙의식요	2	3		2	3	4	1		1	2			11	19
	세시유희요		4		1	2	2	2	3	3	2				19
	경기유희요	1	1	8	8	10	8	10	10	25	11	1	1		94
	조형유희요	1													1
	풍소유희요	1		2	1		1	1		1					7
	언어유희요	1	11	9		4	4		3	6	5				45
비기능요	타령	13	10	14	4	11	17	8	5	13	12	1		1	109
	아리랑		3			3	5	3	1	4	7				26
	한탄가	3	7	3	6	9	8	7	5	5	2	2			57
	연정가	1	2	1	4	7	4	14	2	6	15			1	57
	사모가				1		1	2			4				8
	통속민요	12	39	26	5	21	16	16	14	45	26				220

2) 여기서 '통속민요'는 노랫가락, 창부타령, 사발가, 청춘가 등과 같이 이미 지역의 고유성을 상실하고 대중화된 민요를 편의적으로 지칭한 용어이다. '가창민요'로 지칭하는 견해도 있으나, 전래되는 고유의 민요를 '토속민요'로 전제할 때 이 용어가 더욱 적합할 것 같다.

시절가	1	5	4	1	2	3	5		3	3				27
동요			1		1	2	1						1	6
비민요		8						2	4					
무 가		5		5		7							1	18
소 계	58	162	173	91	97	127	123	74	151	142	5	3	11	1217

이천의 대부분 지역에 모심기노래·논매기노래와 같은 농업노동요가 널리 분포된 것은 농업 위주의 산업구조를 잘 대변해 준다. 반면 부발읍·장호원읍의 경우 타령요가 더 많다는 것은 산업구조의 차이점을 시사한다. 자료를 성별로 구분해 보았을 때 이천에서는 남요(男謠)에 비해 여요(女謠)는 매우 적게 채록되었다. 그 이유는 이천 지역민이 예로부터 보수적이고, 유교적인 사상이 다소 짙었던 때문으로 보인다. 유희요는 비교적 많은 양이 채록되었으나, 근래까지 행해진 놀이에 한하여 채록되었을 뿐이다. 동요가 빈약한 것은 이천 지역에서도 마찬가지이다. 동요는 일제하 이전의 자료를 채록하기 어려울 정도이다.

이천 지역의 민요자료를 읍·면별로 대비해보면, 역사적·지리적 여건에 따라 유사성과 차별성을 보인다. 가령, 장호원읍·율면·설성면 지역의 자료는 여러 면에서 상호 유사성을 지닌 반면, 타지역과는 차이를 보이고 있다. 이 지역은 1914년 행정구역 개편 이전까지는 충주 음죽현에 속하였기 때문이다. 반면, 마장면은 용인 지역과, 백사면·부발읍은 여주 지역과, 신둔면은 광주지역과 인접해 있어 상호 유사성을 띠고 있다.

3. 이천 지역 노동요의 내용 분석

이천 지역에서도 전래 민요의 핵심이라 할 수 있는 기능요는 채록하기 쉽지 않았다. 이미 30여 년 전에 지역 산업구조의 변화와 함께 민속자료는 거의 인멸되었다. 조사 당시 논농사 위주의 몇몇 마을에서 일부 소리꾼에 의해 논농사요가 구전되고 있는 정도이다. 이천 지역에서 기능요는 노동요 315편, 의식요 200편, 유희요 166편이 채록 정리되었다. 이 가운데 본고에서 다루고자 하는 노동요 자료를 정리해 보이면 다음과 같다.

〈이천지역 노동요 자료 현황〉

분 류	자 료 명	소 계
농업노동요	논물대기(1), 논갈기(4), 못자리하고 쉴 때(1), 모찌기(2), 모내기(61), 논매기(113),	182
	밭갈이(1), 밭매기(2),	3
벌채노동요	지게동발(10), 나무할 때 노래(2), 나물캐는 노래(6), 나물하러갈 때 노래(1),	19
길쌈노동요	베틀가(10),	10
잡역노동요	소몰이(2), 땅다지기 노래(27), 물긷는 노래(2), 화초 심는 노래(1),	32
가내노동요	자장가(40), 애기 어르는 노래(28), 걸음마노래(1)	69

노동요에서 가장 많이 채록된 자료는 역시 농업노동요이다. 절반 이상이 논농사에 관련한 민요이다. 이천 지역이 쌀의 생산지로 전국에서 각광을 받고 있음을 민요자료에서도 가늠할 수 있다.

(1) 농업노동요

이천은 예로부터 전국에서 이름난 쌀 생산지이다. 논농사가 주산업이기 때문에 모내기노래·논매기노래가 많은 비중을 차지한다. 이천지역에서는 이밖에도 모내기에 앞서 이루어지는 논물대기·논갈기·모찌기에서 부르던 노래가 채록되었다. 다른 인근지역에서는 채록되지 않은 매우 귀한 자료이다. 우선, 논물대기노래를 보인다. 부발읍에서 채록된 논물대기는 "어어허 어헐야/ 이논 저논 물넘어 들고/ 어어허 어허야"(0510-1;7) [3]라는 가사

---

3) 본고에서 인용한 민요자료는 필자가 엮은 『이천의 옛노래』(민속원, 2002)에 수록된 것으로, 출전은 자료의 일련번호만 표시해 둔다.

가 단조롭게 반복된다. 이 노래는 농부가 혼잣말로 부른다. 후렴이나 여흥의 요소가 없다. 가락도 느린소리이다. 심심풀이로 부르는 노래라는 점에서 다른 노동요와 구별된다.

1) 논갈기노래

논갈기노래는 신둔·호법·대월면에서 4편이 채록되었다. 지금은 경운기나 트랙터로 논을 갈지만 예전에는 모두 소를 몰며 논을 갈았다. 논갈기는 모내기 만큼 중요한 일이었다. 논농사요에서도 빠질 수 없는 자료이다. 그럼에도 논갈기 노래는 인멸된지 오래이다. 신둔면 지석리에서 채록된 자료를 보인다.

> "논쓸러 가자 논쓸러 가자/ 열두발 쓰레발 걸머지고/ 이발 저발 골러다가/ 네 목에다 언져 놓고/ 뒤뜰에서 내가 서서/ 가자는데루나 가자구나/ 이려 이 소 어져 가자/ 우리도 참을 내어가니/ 앞에 내서 물을 지니/ 어서 가자 어서 가자/ 이랴 이 소 어서 가자/ 이 논배미를 얼른 하고/ 수저 장구배미로 들어가서/ 갈지자로 눌러질제/ 이통 저통을 제쳐놓고/ 네발통만 치지말구/ 이려 이소 어져가자"(0703-1;7)

이 자료는 마을 논을 거의 다 맡아서 갈았다는 정도로 논갈기(써레질, 논썰기)에 능숙한 구연자가 생생하게 부른 노래이다. 이천지역 논갈기 노래의 원형이라 할 만하다. 호법면 송갈리에서는 홀소몰이노래라는 명칭으로 불려진다.

> "히여 어디 어디여 / 저앞 발로 울러 서라/ 여디 여디 여디 여디 / 저 앞발이 저친다/ 물러서라 물러서라 물러서/ 안 소 들어서라 / 바깥 소 들어서라/ 히여 어디 어디여"(0804-1;6)

이 노래에서는 "히여 어디 어디여"라는 여음이 반복되어 분위기를 한층 고조시키다. 호법면 동산리에서는 느린 소리와 빠른 소리가 함께 채록되었다.

"이리야 어서 이리야 가자 어서 가자/ 니가 내말을 잘들어야만 너두 좋구 나두 좋구/ 힘두 작구 부지런히 하고 집에 간다/ 이리여 소야 어서 가자 이리여 디어 디여"(0802-2;11)

빠른 소리는 "이리야 어서 가자 어서 가자/ 어디여 디 어디어디/ 허이 이리 돌아라 저리 돌아라/ 어서 빨리 가자"(0802-2;12)라 하여 소를 재촉하여 모는 가사로만 구성되었다. "이리야 어서 가자"라는 사설이 중간에 삽입되면서 구연되는데 매우 이색적이다. 대월면 군량리의 자료(1003-1;8)는 긴아리랑의 가락과 가사에 따라 부른 노래이다. 앞의 자료와는 판이하다.

모찌기노래도 여주·이천·용인·안성지역에서 채록되지 않은 희귀한 자료이다. 이천지역에서도 호법면, 대월면에서 1편씩 채록되었다. 대월면 대대리에서 채록된 자료의 사설을 보인다.

(농자는 천하지대본이라. 자! 모덜 심으러 왔으면 여러분들 모두 다 한번 잘 이 집이 부자가 되도록 모를 필납해 주십시다. 모찌는 거라구요)

아리랑 아리랑 아라리요 ∼ 어이랑/ 에헤루어 아라리로구요
(요 소리는 한 묶음 찐거요. 세 춤을 쪄야 되는거요)

아리랑 아리랑 아라리요 ∼ 어이랑/ 얼씨구 아라리로구요
(두묶음)

아리랑 아리랑 아라리요 ∼ 어이랑/ 에헤루아 아라리로구요(1009-1;1) 4)
(자 모찐애비 모덜 져 가시오)

───────────────

4) 본고에서 인용하는 민요자료는 필자의 『이천의 옛노래』에 수록되어 있으므로, 해당 자료의 일련번호만 표시한다.

이 자료는 구연자의 사설이 현장감을 돋우고 있다. 그리고, "아리랑 아리랑 아라리요 ~ 어이랑/ 에헤루어 아라리로구요"라는 가사가 리듬의 변화에 따라 달리 불려진다. 느리게 부르다가 분위기에 따라 잦은가락으로 변화하는가 하면, 다시 느린 소리로 바꿔 부른다. 가사는 매우 단조우나 가락의 변화가 노동의 지루함까지 덜어준다. 호법면 어농리에서 채록된 자료도"몽치세 둥치세 워허 이 모판 몽치세"(0407-2;8)를 여러 차례 반복하여 부른다.

2) 모내기노래

모내기노래는 일반적으로 풍년을 기원하는 내용을 담고 있으며, 구연상황에 따라 충효와 교육 사상을 곁들이고 있다. 이천지역의 자료는 여기에다 이천 자채쌀에 대한 자긍심이 첨가되어 나타난다. 이천지역의 모내기노래는 "여기도 하나 저기도 또 하나"와 "심었네 꽂었네" 두 유형으로 구분된다. 먼저 "여기도 하나" 유형으로 대월면 군량리에서 김병전씨가 구연한 자료를 보인다.

> 어하 여기도 하나 어하 저기도 또하나
> 여기도 하나 어하 저기도 또하나(후렴1)
> 한일자로 늘어서 입구자로나 심어주게/ (후렴1)
> 이 논자락 모를 심어 섰이나 고루 꼽어주소/ (후렴1)
> 이 논자락 모를 심어 삼배출짜리루다 심어주소/ (후렴1)
>
> 좋아 좋아하 올라 으- 아 좋구나
> 으에/ 에헤이 에헤이 휘이익(후렴2)
> (북채로 북을 두들기며 소리를 냄)
> 좋아 좋아하 올라 으- 아 좋구나 으에/(후렴2)(1003-2;2)

위의 자료에서 보듯이 전반부는 고르게 심어서 삼배출짜리로 심어달라는 부탁의 말이 기저를 이룬다. 같은 사설이 여러 차례 반복하다가 중간 중간에 긴아리랑이나 창부타령의 가락도 이어지며, 후반부에서는 "좋아 좋아하 올라 으ㅡ 아 좋구나 으에"와 같은 기성(奇聲)을 내면서 일을 마친다.

백사면·호법면·모가면 등 다른 지역의 자료도 "여기도 하나 저기 더 하나/ 삼배출 짜리로 꽂아주게" 식의 가사는 변화가 없다. 다만, 호법면 송갈리 자료에서 "여기도 방인데 ~하게"식의 가사 함께 구연되고 있음이 다를 뿐이다.

> 여기도 하아나 저기도 또 하나/ 여기도 하아나 저기도 또 하나(후렴)
> 여기 저기다가 심더라도 방방 고르게 심어주게/(후렴)
> 여기도 방인데 모주밀가지고 들어오게/(후렴)
> 여기도 하아나 저기도 또 하나/(후렴)
> 여기도 방인데 모주밀가지고 들어오게/(후렴)
> 여기 저기다가 심더라도 오배출자리로 심어주게/(후렴)
> 여기도 방인데 술상을 가지고 들어오게/(후렴)
> 장군배미를 얼른 심고 북배미논 다 넘어가세(0804-1;1)

모가면 서경리에서 채록된 자료는 모내기 노래와 언문풀이, 춘향가의 일부 사설이 복합적으로 구성되어 매우 길게 구연되었다. 다른 지역에서 조사되지 않은 유형이다. 실제 오랜 시간동안 모를 심으면서 불렀던 당시의 상황이 그대로 구연되었기 때문이다.

> 여기도 또하나 저기 저기도 또하나
> 여기도 또하나 저기 저기도 또하나(후렴)
> 이 논빼미를 얼른 심고 장구자리로 건너서자
> 가나다라마바사아 천하장사 잊었구나
> 여기저기 다 심더라도 삼배출자리로 꽂아주면

가히없는 이내몸이 그지 없이도 되었구나
가갸구규 하니 고생하던 우리님이 구관하기라 짝이 없네 (이하 생략)
(0903-1;4)

이천의 동부지역과 인접한 용인지역에서도 모내기노래로 '여기도 하나'를 부른다.

"여기도 하난데 거 거기는 몇인가/ 여기두 하나 저어 저기두 또하나(후렴)/ 앞뚜랑에 아주머님네 뒷뚜렁으로 손을 주게(후렴)/ 내길은 방인데 신발을 벗구서 들어오게(후렴)"(구1- ,p.523, 용인 원삼면)

이천의 동남부지역과 인접한 안성지역에서도 같은 양상이 확인된다.

"여기두 또 하난데 저하 저기두 또 하나/ 여기두 또 하난데 저하 저기두 또 하나/ 이 논배미다 모를 심어/ 여기두 또 하난데 저하 저기두 또 하나/ 장잎이 훨훨 영화로다/ 여기두 또 하난데 저하 저기두 또 하나"(구1-6, p.830) 5)

다음으로, "심었네 꽂었네"유형의 모내기노래는 이천시 장록동과 백사면 상용리 자료에서 살필 수 있다. 장록동의 장병근씨가 구연한 자료를 보인다.

"심었네 꽂었네/ 삼배출짜리로만 꽂았네/ 심었네 심었네/ 오륙팔 짜리 병치 말고 잘잘 심었네/ 대풍년오기를 기다리네/ 심었네 꽂었네/ 양석자리 너흑자리/ 수십절에 이은소/ 삼백폭에 오리팔/ 이내맛은 말씀말고/ 심었네 꽂었네/ 대 풍년오기를 바라네/ 청춘나비가 날아들고/ 참새 콩새가 울고 가고/ 눈물 흐르는 소쩍새/ 이내 가슴 놀리는 구나/ 심었네 꽂었네/ 삼배출짜리 만석 짜리 두어실 가치나 쏟아지네/ 아버지는 평안할새/ 우리 나라 부유하고/ 눈물이

---

5) 경기도 여주·안성·용인지역의 민요자료는 『한국구비문학대계』를 참고하였다. 출전은 이 책의 일련번호와 면수를 표시하였다.

땅에 감투가/ 평안하기를 비나이시네/ 심었네 꽃었네/ 대풍년 들기를 기다리시네/ 이내 가슴 농군일세/ 심었네 꽃었네"(1103-1;4)

백사면 상용리에서 채록된 자료도 "심었네 꽃었네"유형이다. 단지, "아리 아리랑 스리 스리랑 아라리요/ 아리랑 고개를 넘어간다"는 후렴이 구별된다.

"심어주게 심어주게/서마지기 논배미를 심어만 주게/ 아리 아리랑 스리 스리랑 아라리요/ 아리랑 고개를 넘어간다/ 심어주게 꽂아주게/ 삼배출자리로만 꽂아주게/ 아리 아리랑 스리 스리랑 아라리요/ 아리랑 고개를 넘어간다" (0104-1;3)

이 같은 가사는 여주군 자료에서도 나타나는데, 서로 인접한 지역이기 때문이다. 점동면지역에서는 모내기노래로 '어리랑 타령'부르고 있다. 대신면에서는 '아리랑'으로 부르고 있다.

"아리랑 어리랑 어러리요/어리랑 에헤요 어러리야/심어주게 심어주게 심어주게/ 이삼배출 자리로만 심어주게"(구1-2, p.433)

"아― 에 ―아라리요/ 에리랑 ― 아룽아라리요/심어주게 심어도 주게 심어를 주게/오배출 자리루만 꽂아를 주게"(구1-2, p.498)

3) 논매기노래

이천지역에서는 논매기노래로 초벌·재벌·세벌 때 각기 다르게 부른다. 일반적으로 초벌 때는 '오호 오 호이야' '오홈차 찍었네야'를, 재벌 때는 '긇았네'를, 세벌 때는 '우기기'와 '대허리'를 불렀다. 이것은 일하는 여건에 따라 노래의 분위기와 속도를 다르게 하기 위한 것이었다. 내용은 모를 잘 심어 삼배출짜리가 되게 해달라는 당부와 빨리 일하고 다른 논으로 옮기자는 독려, 농사지어 부모처자 공양하자는 것이다. 노래의 사설은 지역별로 큰 차이가 없으며, 후렴구에서 약간씩 차이를 보일 뿐이다.

	초벌매기	재벌매기	세벌매기
백사면	오호 오 호이야	궂었네	우기기, 대허리
부발읍	오호 오 호이야	궂았네	단허리
율면			
설성면	오홀로 가세아, 오호히 에헤야	궂았네	
장호원		궂았네	단허리, 대허리
마장면	오훔차 찍었네야	궂았네, 흠쳤네, 둘러라	우기기
신둔면	오훔차 찍었네야	궂았네, 흠쳤네,	
호법면	오훔차 찍었네야 , 오호 에 헤에야	궂았네	궂았네
모가면	오호 에 헤에야	궂았네	
대월면	오호 오 헤이야	궂았네	

① 초벌매기

초벌매기에는 대부분 '오호 오 호이야'가 불려지고 있으며, 일부 지역에서 '오훔차 찍었네야'가 불려지고 있다. 우선 백사면에서 채록된 '오호 오 호이야'를 보인다.

"오호 오 호이 궂았네/댕이만 슬슬 굴려라/오호 오 호이야 /오호 오 호이 궂았네/오호 오 호이야"(0104−1:1)

"오호 오 호이야/ 오늘 이 농부님네/ 오호 오 호이야/ 이논배미 다 매고서 / 다른 논배미로 자리 뜸 가봅시다 / 오호 오 호이야 / 서마지기 열배미가 반달만큼 남았구나/ 오호 오 호이야"(0108−1;1)

대월면의 다음 자료도 같은 유형이다. '오호 오 호이야'가 '오호 오이에헤에야'로 구연된 것은 지역에 따른 음운상의 차이일 뿐이다. 이 자료는 주변 상황과 노래의 빠르기를 함께 살필 수 있다는 점에서 중시된다.

(자 이번에는 자채배미로 맨다고요. 자 여러분들 이 하마루 보판에는 장정이
드시구 노약자 부인 늙은이는 두렁 밑으로 들이시오)
오호하 오이에헤 에헤야~/ 오호하 오이에헤야 에헤야
오호하 오이에헤야 에헤야/ 오~하 오오히 에헤~에야

(자 부녀들과 노약자는 두렁 밑으로 서시오. 너무 급히 매가지구 안 되갔시
유. 너무 빨라서)
오호 오이에헤 에야/ 오하 어이 에헤에야/ 오하 오히 에헤에야

(어이구 숨이 차서 큰일 났시유. 이렇게 하다가는, 좀 천천히 하자구)
오~하 오호이 에~헤~에~헤야

(참 잘도 매시오. 자 이제 맸으니, 자채논으로 들어간다구요)
에양 데에양 에헤야앙/ 나의이이히 에헤루야 매화로다아
에양 데에양 에헤야앙/ 나의이이히 에헤루야 매화로다아

(어참 잘덜 매시유. 자채논은 뒷걸음으로 매야 잘 매는거요. 너무 빨리들 매
면 안됩니다)
에양 데에양 에헤야/ 나의이이히 에헤루야 매화로다아 (1009-1;3)

 이 노래의 처음 부분에서는 '오호 오이에헤 에야'만 반복되고 있으며 사
설은 전혀 없다. 서둘러 논을 매기 때문에 사설을 붙일 여유가 없어서이다.
후반부에서 선소리꾼이 속도를 조절하며 가락을 바꾼다. '에양 데에양 에헤
야'가 그것이다.
 인근 지역인 여주에서도 초벌매기로 "오호이 에헤이야"가 불려지고 있
다. 안성 지역에서는 "에이여라 방~호"가 불려지고 있으나, 이 역시 '오호
오 호이야' 계열의 노래로 볼 수 있다. 참고로, 여주 지역의 자료를 보인다.

"오호이 에헤이야/ "오호이 에헤이야(후렴)/ 먼데 사람은 듣기나 좋게, (후렴)/가까운데 사람은 보기나 좋게, (후렴)"(구1-2, p.271)

다음으로 '오홈차 찍었네야' 계열의 자료는 대월면 도리리에서 확인할 수 있다.

"(논들 매러 갑시다) 여기 저기를 찍더래도/ 밭만 고르게 내주세요/ 여기 저 기다 훔치더래도/ 베포만 잡아다 놔두세요/ 여기 저기를 찍더래도/ 밭만 고르 게 내주세요/ 오화 훔차 찍었네야/ 여기 저기를 찍지 말고/ 고르 밭만 고르게 매주시오"(1001-1;2)

위의 두 지역은 인접해 있으며, 용인 지역 일부에서 '찍었네"를 부르고 있다는 점에서 지역 상호간의 관련이 있다고 본다. 참고로 용인지역에서 채 록된 자료를 보인다.

"오하 훔차 찍었네야/ 오하 훔차 찍었네야(후렴)/ 여보시오 농부님네, (후렴)/ 요내 말씀 들어보소, (후렴)"(구1- , p.118)

② 재벌매기

재벌매기에는 거의 전지역에서 '곯았네(곯았네,고랐네)'를 부른다. 일부 지역에서는 세벌때도 이 노래를 부르고 있다. 우선, 각 지역의 자료를 보인 다.

"굴려라 굴려라 댕이만 슬슬 굴려라/ 삼배출 짜리만 굴려라/ 곯았네 곯았네 댕이만 슬슬 굴려주게"
(0103-2;4)

"오호 곯았네 댕이만 슬슬 굴려라/이 논배미를 다하고서 어느 논자리로 갈거

냐/오호 긂았네 댕이만 슬슬 굴려라/한마지기 논배미를 어이나 다 할거나/오
호 긂았네 댕이만 슬슬 굴려라~"(0104-1;2)

신둔면의 다음 노래는 "긂았네" 계열이나, 사설과 함께 이색적이다.

"긂았네 잘 긂았네 / 여기저기도 잘 긂았네/ 베폭사이 꾹꾹눌러 긴바늘 잡어
보고/ 휘휘 둘러 앞장가면 내 일등에 담배 한 갑/ 휘휘 둘러 두벌메고 꾸정물
만 지어보세" (0712-1:18)

여주·안성·용인 지역에서도 재벌매기에는 '긂었네'를 부르고 있다. 이
유형의 자료에서 '긂었네'는 빠지고 '댕이만 슬슬(실실,설설) 굴려라'가 구
연되기도 한다. 다음에서 그 같은 사실을 확인할 수 있다.

"오호 오호 댕이만 슬슬 굴려라/ 김을 메던 부모님들 / 이내 말씀을 들어보소/
오호 오호 댕이만 슬슬 굴려라(후렴) / 이 논배미를 얼른매고 / 다른 배미로
넘어가세(후렴)/ 빨리 매고~ / 다른 배미로 넘어가세 (후렴)/ 신명이 나네 신
명이 나네 / 방아소리가 신명이 나네(후렴)/ 누구 광초 승화시에 / 해는 왜이
리 더디가나(후렴)/ 오호 오호 댕이만 슬슬 굴려라" (0503-1:1)

"오호오오네 댕이만 설설 굴려라/ 오호오오네 댕이만 설설 굴려라(후렴)/ 나
는 가네 나는 간다 너를 두고 나는 간다/ (후렴)/ 내가 가면 아주 가나 아주
간다고 잊을 손가/ (후렴)"(1003-1;6)

③ 세벌매기
이천지역은 대체로 땅이 기름지다. 따라서 세벌매기는 생략하는 곳이 많
다. 일부 지역에서만 세벌매기를 하는데, 이때 부르는 노래로 '긂었네' '우기
기' '대허리' '상사디야'가 있다. '긂었네'는 주로 재벌 때 부르는데, 호법면
에서는 세벌 때도 부려지고 있다.

"허어허어 긇었네 / 에화 설설 둘러라 긇었네 긇었네 / 에화 땅덩어리가 긇었
네"(0803-1:11)

'우기기'는 백사면 지역에서만 채록되었다. 방타타령의 "에히어라 우거라
방아로다"에서 따온 사설로 여겨진다.

"에야 데야 넘어간다 방아타령으로 넘어간다/ 에혜 에이요 우거라 방아로구
나"(0106-2;1)

"오호 오 호이 오호 오 호이야 에헤야/ 오호 오 호이 오호 오 호이야 에헤야
/ 오호 오 호이 오호 오 호이야 에헤야/ 자 우기고 달려보자/ 오호 오 호이
오호 오 호이야 에헤야/ 우거라 우겨 참 좋구나/ 오호 오 호이 오호 오 호이야
에헤야/ 누구나 달려라"(0109-2;3)

"에헤 에헤 우거라 방아로다/여주이천의 찹쌀방아 /아침방아 저녁방아/방아
중엔 내방아일세/에헤 에헤 우거라 방아로다/어느 조선의 찹쌀방아/어느댁
방아를 찧느냐/에헤 에헤 우거라 방아로다/찹쌀 방아 멥쌀 방아 /방아하면은
내 방아인데/에헤 에헤 우거라 방아로다/여주 이천의 자채방아/에헤 에헤 우
거라 방아로다/여주 이천 지구중 백사면의 상용리/에헤 에헤 우거라 방아로
다."(0104-1;5)

'대허리'는 다른 지역에서는 '단허리'라고 하는데 후렴에 특징이 있다. 가
락은 대체로 단조롭고 느리나 끝날 무렵에는 빨라지는 것이 일반적이다. 이
천 동북부 지역에서 살필 수 있는 특징적인 노래이다. 이천의 남단인 율면에
서는 채록되지 않았다.

"어얼싸 대허리야/이 방아가 뉘 방아냐/이 방아가 회방아다/회방아는 내방아
로구나/어얼싸 대허리야/여주 이천 자체 방아/누가 얼렁 어쨌나/어얼싸 대허

리야/여주 이천 자체 방아, 자체방아/어얼싸 대허리야"(0104-1;6)

여주 지역에서는 "단호리"가 불려진다. 안성 지역에서는 '어하슬슬(실실) 대호리야' 처럼 '대호리'를 부른다. 참고로 여주 지역의 자료를 보인다.

"어화 월선 단호리야/ 어화 월선 단호리야(후렴)/카나 농부야 말들어라(후렴)/ 서마지기 논배미가 반달만큼 남았네, (후렴)" (구1-2, p.278)

용인 지역에서는 재벌·세벌 때 '상사소리' '홈췄네' '대허리' '찍었네' '골 었네'를 두루 부른다. '둘레소리'는 세벌매기 때만 부른다. 참고로 '대허리' '둘레소리'의 예를 보인다.

"어헐싸 대허리야/ 어흠차 대허리야(후렴)/ 대허리하는 농군네들, (후렴)/ 이 논배미 대허리하세, (후렴)"(구1- , p.522)

"에헤이나 둘레요 /오호이 호오 둘레요/ 에헤이나 둘레요/ 에헤이나 둘레요 (후렴)/ 여보시오 농부들아, (후렴)/ 요내 말쌈을 들어보소, (후렴)"(구1- , p.126)

모가면 송곡리에서 채록된 다음 자료는 다른 논매기노래와 구별된다. '어 헐라 디야'를 반복하고 있는데 "얼럴러 상사듸야"투의 '상사소리'를 기저로 변이된 양상이다.

"어하디야 어헐라디야/ 여보시오 농부님들 / 이네 말을 들어보소/ 어헐라디 야/ 삼각산 나린 줄기/ 비봉 땅에다 절을 짓고/ 모시어라 모시어라/ 만불지성 을 모시어라/ 동자야 공양미 올려라/ 염불 공불 말은 가자고 울고/ 님은 날 잡고 놓지 않네/ 저 님아 날 잡지 말고/ 지는 저 해를 잡아다오" (0906-2:13)

인접지역인 여주 지역에서 "어럴럴 상사듸야"가 불려지고 있다는 점에서, 지역적인 영향으로 보인다.

"어럴럴 상사듸야/ 어럴럴 상사듸야(후렴)/ 상사부사는 동부사로구나, (후렴)/ 간다 간다 나돌아간다, (후렴)"(구1-2 ,p.146)

"얼럴럴 상사디야/ 얼럴럴 상사디야(후렴)/ 여보시오 농부들아, (후렴)/ 요내 말쌈을 들어보소"(구1- , p.108)

논매기노래의 핵심은 사설의 내용보다는 일하는 여건에 따라 달라지는 노래의 분위기와 가락에 있다. 초벌·재벌·세벌 때 각기 다르게 부르는 것도 그 때문이다. 그런데 신두면 마교리에서 채록된 다음 자료는 사설이나 후렴 모두 특징적이다.

" 논을 매어 봅시다 /올가뎅이냐 달가뎅이냐 / 올가뎅이냐 달가뎅이냐 / 이간뎅이야 산간뎅이다 / 오호히이다 이간다/ 일등가면 담배 한 갑/ 이등가면 술 한 잔 / 너두 매서 나도 메고/ 부지런히 메이 보세요"(0712-1:13)

후렴처럼 불려진 "올가뎅이냐 달가뎅이냐 "는 다른 지역에서는 전혀 채록되지 않았다. 매우 경쾌한 리듬으로 이색적이다. 그리고 "이간뎅이야 산간뎅이다"로 답하는 부분과 "오호히이다 이간다"라는 사설도 관심을 끈다.

4) 밭농사요

이천지역은 지리적 여건상 밭농사가 많지 않다. 거의 모든 지역이 논농사 위주이다. 따라서 밭농사요는 매우 희귀하다. 밭갈이 1편, 밭매기 2편이 채록되었을 뿐이다. 우선 설성면의 최관영(80세)씨가 구연한 자료를 보인다.

"이여 어여 어디여 어디여/마라 마라(소를 모는 소리)/ 바우돌에 발도 다치지 말고/ 암소는 기고 말아소는 우겨주오/ 슬슬 넘고 슬슬 넘고/ 이랴 이랴 어디야 댕겨/ 어디여 어디여 마라 마/ 암소야 이겨~ "(0309-1;10)

밭갈이노래는 논갈이노래와 크게 다르지 않다. "이여 어여 어디여 어디여"라는 소몰이 사설이 기저로 구성되며, 여기에다 주변 여건과 농부의 심정이 첨가되어 나타난다. 예를 들면, "바우돌에 발도 다치지 말고"와 같은 사설은 논갈이에서는 필요 없는 부분이다. 밭의 여건상 즉흥적으로 구연 된 것이다. 밭매기노래는 몇 명이 밭을 매느냐에 따라 양상이 달라진다. 여럿이 밭을 맬 경우는 다음과 같이 선후창으로 불려진다.6)

"아리랑 아리랑 아라리아/아리랑 아리랑 고개로 넘어간다(후렴)/ 날가라네 날가라네 날가라네/ 명지 질쌈을 못한다고 날가라네/ (후렴)/ 잔디밭에 속잎 나고 노고지리 쉰길(?) 띠고/ 건너 산에 아지랑이 아질아질 어찌고/ 콩밭의 쟁기는 꼴꼴 푸드득 우르릉 우는데/ 보령첨지 돈벌러 가신 낭군 언제나 오나/ (후렴)/ 홍두깨 방망이 두루르 말아 쥐고/ 경기도 포천 가신 낭군 돈이나 벌어야 오지/ 공동묘지에 가신 낭군은 어느 시절에 오나/ 강원도 금강산 일만 이천봉 팔만구암자/ 법당안 불공을 말고 돈 없는 무산자 괄세를 말아/ (후렴)"(0304-1:3)

이 자료는 아리랑의 사설이 후렴으로 불려졌다. 같은 후렴이라도 논매기에서는 다소 빠르게 부르는데, 밭갈기에서는 느린 가락으로 부른다. 밭갈이는 좀 힘들고, 부녀자들이 주로 일에 참여하기 때문이다. 이천시 장록동에서 채록된 다음 자료는 부부가 함께 밭을 매면서 부른 노래이다.

---

6) 이 자료는 최관용(설성면 제요리)씨가 56세 때 구연한 자료로, 1978년도에 인천교대조사단에서 채록한 것이다.

"금이로다 이내가슴 답답하나/ 다시는 맘을 불리리/ 부부동반 밭을 매니/ 속상한 일도 많으나/ 당신임과 부부동반 밭을 매니/ 신이 나네"(1103-2;6)

처음 부분의 사설이 미진한 듯한데, 길게 한숨 쉬듯 내는 소리와 함께 부부가 밭을 매면서 평소의 속상한 일을 함께 풀어내는 사설이 의미 심장하다.

(2) 벌채노동요

벌채노동요는 나무하러 가면서 부르는 지게동발이나, 나무할 때 노래 등 18편이 채록되었다. 농업노동요에 비해 매우 빈약한 편이다. 이천이 논농사 위주의 지역이기 때문이다.

지게동발은 나무를 하러 가면서 지게 목발을 두드리며 부르는 노래이다. 사설은 아리랑 타령과 유사하다. 다음 자료처럼 아예 아리랑타령이 불려지기도 한다.

"아리랑 아리랑 아라리요/ 아리랑 고개로 넘어간다/ 나를 버리고 가시는 님은 /십리도 못 가서 발병난다"(0103-2;3)

"아리랑 아리랑 아라리요/ 아리랑 고개루 넘어간다 / 나를 버리구 가시는 님은/ 십리두 못가서 발병난다/ 아리랑 아리랑 아라리요/ 아리랑 고개루 넘어간다/ 청천 하늘엔 별두 많구/ 우리집 살림살인 말썽두 많네/ 아리랑 아리랑 아라리요/ 아리랑 고개루 넘어간다"(0411-1:3)

지게동발은 탄식과 자위적인 내용이 주조를 이루고 있다. 개인적으로 불려진다는 특성에서 기인한 결과라 하겠다. 사설의 기저는 역시 아리랑타령이다.

"아리랑 아리랑 아라리요/ 아리랑 고개로 나를 넘겨주소/ 아서라 말어라 그리마라/ 사람의 괄세를 당하고/ 너 잘살아라 너 잘살아라 너 잘살아라/ 늙은 부모 병들어 놓고/ 어린 자식 잠재워 놓고/ 야반도주 해간 년아/ 너 잘살아라 너 잘살아라/ 아리랑 아리랑 아라리요/ 아리랑 고개 고개로 나를 넘겨주소"(0109-2;5)

"아리랑 아리랑 아라리요/ 아리랑 고개 고개루 넘어를 가세/ 여보소 동네친구 낭구지게 지구 나오게/ 나하구 같이 저산으로 낭구를 가세/ 낭구를 못하면은 니가 하면은 내가 하구/ 내가 하면은 너를 해 주께/ 저기 저산으로 같이 낭구를 같이 가자/ 나오너라 친구님 나오너라/ 저산으로 나 혼자 어떻게 가느냐 / 어서 나오너라 지게지구 나오너라/ 같이나 저산 넘어로 같이 가자 / 아리랑 아리랑 아라리요/ 아리랑 고개 고개루 나를 넹겨주게"(0804-1:5)

"아리랑 아리랑 아라리요 아라리가 났구나/아리랑 고개 고개로 날만 넘겨주게/어데 어떤 사람은 고대광실 높은 집에/ 네귀에 풍경 달아 동남풍이 건듯 불면/ 풍경소리 댕그렁하고 호의호식하고 잘사는데/ 이놈의 팔자는 왜 이 지경인가/ 아리랑 아리랑 아라리요 얼씨구 절씨구/ 행주치마 울치고 담치고 분홍치마 거듭치고/ 열무김치 초친듯이 살짝 돌아가더니/ 이천 팔십리 왜 못가고서 내 집엘 또 들어 왔나/ 아리랑 아리랑 아라리가 났구나/ 정선읍에 물레방아 사구는 삼십륙/ 삼십륙 바퀴는 물만 안고 뱅뱅 돌건마는/ 나무지게 진 이 사람은 누굴 안고 도나/ 우리네 서방님은 잘났든지 못났든지/ 안팎 곱사등이 조막손이 곰배팔이/ 장체다리 됫박이마 해가지고/ 이천장으로 품을 팔러 갔는데/ 어느 시대 돈을 벌어 가난을 면해보나"(0305-2:3)

다른 지역에서 채록된 자료는 대부분 아리랑타령이나 어랑타령과 유사한데 신둔면 지석리에서 채록된 다음 자료는 그렇지 않다. "아리랑 아리랑 아라리요" 대신 "가세 가세"가 기저를 이룬다.

"가세 가세 올러가세/ 앞산으로 올러가세/ 한가지 두가지 따다보니/ 역가지

한가지가 늘어졌네/ 이가지를 나르다가아/ 한단 두단 묶어놓고/ 지게끈을 느린후에/ 칭칭으로다 가다듬어/ 양어깨다 걸머지고/ 이산 굽이를 넘어와서/ 집 근처를 다가오니/ 어느 누가 반겨할까/ 부모님이 반겨할까/ 처가 술이나 반겨할까/ 한걸음에 들어가니/ 바깥에나 들어서니/ 주말상을 차려놓고/ 뜨끈 밥에도 먹으니/ 앞산대가 높어지니/ 세상일이 고만일세" (0703-1:3)

"가세 가세 가세 가세 어서가세 / 세제골 나무하러 올러가세 / 자네도 한짐 나도 한짐 같이 가요/ 이골 저골 타고 댕겨 놀다오세/ 이 낭구 짐 한짐을 저다가 놔가 / 안방에 곡에다 불을 놓아 / 맛있는 밥을 다 지어달랠까 / 인세국 앉아서 즐겁게 먹세" (0703-1:6)

이밖에 나무하러 가면서 부르지 않고 다른 여건에서 불렀다면 이별가, 연정가, 한탄가 등으로 분류될 자료들도 있다.

"간데 족족 정들여 놓고 / 이별이 잦아 못살겠네 / 이별별자를 누가 냈나/ 어와 나와는 웬수로다/ 이별별자를 누가 냈는지 / 당신과 나와는 웬수로다/ 이팔청춘 늙은이들 …(생략됨)…/ 이팔청춘 젊은이들아 / 한숨을 쉬며 놀아보자"(0406-1;7)

"세상을 한탄을 말고 / 금전 없다고 비관을 마라 / 일천석 실은 배가/ 하루 아침에 파산되고 / 열흘 붉은 꽃 없건마는 / 십년세도가 없는데/ 사람에 괄세를 그리 말라"(0406-1;9)

"뒷동산에는 봄춘자요 호/ 앞동산에는 푸를청자/ 가지가지 꽃화자여/ 굽이굽이는 내천자라/ 동자야 술 가득 부어라/ 마실음자가 얼간주라"(0609-1:5)

신둔면 장동리에서 채록된 다음 노래는 사설이 "말잇기놀이"와 같이 구연되어 이채롭다.

"낭구꾼아 나무가자/ 배가 아파서 못가겠네/무슨 배냐 자라배다/무슨 자라
읍자라/ 무슨 읍 천지읍/ 무슨 천지 다홍천지/ 무슨 다홍 꼭지다홍/ 무슨 꼭지
선황꼭지/무슨 선황 각선황/ 무슨 선황 갈 선황/ 무슨 갈 칙갈/ 무슨 칙 방아
칙/무슨 방아 물방아 /… (중략)… / 무슨 꽃 함박꽃/ 무슨 함박 이남박/ 무슨
한강 때한강/ 무슨 때 구리때/ 무슨 구리 말구리/ 무슨 말 청사말/ 무슨 청사
다홍청사"(0704−1:18)

이 노래를 살펴보면 "배가 아파서"로 시작하여 "무슨 배"로 이어지며 계
속해서 자라−읍−천지−다홍−꼭지−선황−갈−칙−방아− 함박−이남−한강−때−구리−
말−청사−다홍으로 이어지고 있다.

(3) 잡역노동요

1) 땅다지기노래

잡역노동요인 땅다지기 노래는 집터를 닦을 때 부르는 노동요이다. 터주
신앙의 제의적 요소와 노동 행위에 수반되는 노동요로서의 성격을 함께 지
니고 있다. 제의요로 분류되는 달구질노래의 사설과 혼용되어 불려지는 것
도 그 때문이다. 집터나 묘터를 다진다는 노동 행위의 유사성도 밀접한 관계
를 갖게한다. 두 노래는 사설은 같더라도 후렴구는 반드시 다르게 부른다.
예를 들면, 땅다지기노래의 후렴은 "에이허라 지경이여"으로, 달구질노래는
"에헤리 달고(달공)"으로 불려진다.

땅다지기 노래는 일반적으로 택지 조성하게 된 연원을 풍수지리와 관련
하여 장황하게 사설을 늘어놓은 다음, 그 터에 집을 지으면 발복하여 효자
열녀를 낳고 부귀 영화를 누리게 된다는 축복적인 내용의 사설로써 마무리
한다. 그리고, "에헤야 지경이요" "에야 헤리 지경이요"와 같은 여음과 후
렴의 반복 구사에 의한 조흥적 요소가 다른 노동요보다 비중 있게 구연된다.
이는 땅다지기 노동의 본질로 보아 자연스러운 양상이다.

땅다지기 노래는 발복지의 연원과 내력, 점지, 발복을 위한 축원 등 세 부분으로 구성되어 있다. 그러나 최근 현장에서 채록된 자료들은 대부분 그 일부에 해당한다. 집터를 다지는 노동의 형태가 이미 오래 전에 변화하였고, 직접 그 일에 참여했던 이들이 거의 생존해 있지 않기 때문이다. 노래의 성격상 통속민요로 불려질 수 없다는 사실도 크게 기인한다. 땅다지기노래는 이천지역에서도 거의 사라진 실정이다. 전지역에서 27편이 채록되었을 뿐이며, 최근에 조사한 모가면·대월면에서는 채록되지 않았다.

이천지역에서 채록된 자료를 정리하면 택지를 정하게 된 연원을 설명하는 풍수지리의 사설이 주류를 이룬다. 구체적인 사례로 "에헤라 지경이요/ 에헤라 지경이요"이란 여음과 후렴을 반복하면서 "산지조정은 곤륜산이요/ 수지조정은 황하수로다"로 시작하는 사설이 거의 전형적으로 구연되고 있다.

> "산지조종은 곤륜산이요/ 수지조종은 황하수로다/ 곤륜산 낙막이 뚝 떨어져서/ 백두산이 삼겨 있어/ 백두산 상상봉에/ 천지라는 못이 생겼는데/ 그 물줄기가 흘러 내려/ 압록강이 되어 있고/ 또 한 줄기는 흘러 내려/ 두만강이 되었구나/ 평안도의 묘향산은/ 대동강이 둘러 있고/ 황해도 구월산은/ 예성강이 둘러 있고/ 강원도 금강산은/ 일만 이천봉 서서 있고/ 경상도 태백산은/ 낙동강이 둘러 있고/ 전라도 지리산은/ 섬진강이 둘러 있고/ 충청도 계룡산은/ 공주 금강 둘러 있고/ 경기도로 올라오니/ 수락산이 떨어져서/ 도봉이 생겨 있고/ 도봉이 떨어져서/ 종암산이 생겨 있고/ 왕십리는 청룡이요/ 만리재가 백호로다/ 한강이 조수가 되고/ 동작이 수구를 막아/ 천구금탕 되었으니/ 억만 장안이 이 아니냐/ 삼각산 낙막이 뚝 떨어져서/ 남한산성 생겨 있고/ 그 밑으로 내려오니/ 이천 북악산 생겨있고/ 그 밑으로 내려오면/ 설성산이 생겼는데/ 설성산 낙막이 뚝 떨어져서/ 행죽리가 생겼구나/ 행죽리 흩어지니/ 설성학교 터전일세"(0305-2:1)

이처럼 곤륜산과 황하수의 정기를 이어 받아 택지를 조성하고 있다는 유형의 사설은 율면(0208-4:4), 설성면(0305-1:3), 마장면(0410-1:6, 0411-1:4, 0412-1:4) 자료에서도 살필 수 있다. 그리고, 달구질노래에서도 그대로 구연되고 있음을 확인할 수 있다.7)

부발읍에서 채록된 다음 자료도 유사한 양상이다. 단지 발복의 근원지를 경상도 안동땅 제비원에 두고 있다는 점이 다를 뿐이다.

"에여라 지경이요/ 에허라 지경이요/ 번쩍 들었다 콰쾅쾅 놓고/ 여보나시오 여러분네들/ 이내말좀 들어보자/ 이 터 잡을 때 누가 잡나/ 일심을 받어 받어 하여보자/ 이 터들 다 명당이로다/ 여보나시오 여러분네들/ 이문 낼 적에 어디로 내나/ 서쪽으로다가 내어볼까/ 경상도 안동땅에/ 제비원에 솔씨 받어/ 소평대평 던졌더니/ 소부동이 되었구나/ 대부동이 되었네/ 이 집터를 잡을적에/ 도선대사가 잡었나/ 서산대사가 잡었느냐/ 에허라 지경이요"(0511-1:20)

이 자료 가운데 "경상도 안동땅에/ 제비원에 솔씨를 받아~"등의 사설도 달구질노래에서 쉽게 살필 수 있다.8)

다음으로, 풍수지리의 술수를 구체적으로 설명하는 사설로 구성된 노래도 있다. '쇠'를 이용하여 집터의 방향을 점지하는 부분에 해당한다.

"이 집터를 마련할제/ 에헤라 지경이요/ 자좌우향 쇠를 놓고/ 에헤라 지경이요/ 양지쪽에 안채를 놓아/ 에헤라 지경이요"(0412-1:4)

"이 집터를 다져가세/ 세월 상황세를 놓고/ 양지쪽에 안처를 놓아/ 높을 산에 집을 짓나"(0502-1:13)

---

7) cf., 홍순석, 『이천의 옛노래』(민속원, 2002.12). 달구질노래 0201-1:4(282면), 0204-1:4(288면), 0305-3:5(296면), 0410-1:5(307면), 0610-1:2(322면), 0712-1:2(337면), 0803-2:7(339면), 1001-4:3(345면).

8) cf., 위의 책, 달구질노래 0201-2:2(285면).

다음 자료는 점지(占地)의 과정이 매우 구체적으로 설명되어 있다. 구연자가 풍수지리에도 능통하였음을 가늠할 수 있다. 각 5방(五方)의 형국에 따라 집·담·우물·서당의 터를 정하고, 집주인의 백세장수와 자손만대의 영화를 축원하는 것으로 마무리하였다.

> "여봅소 역군님네/ 이내 말씀 들어를 보소/ 동방에 청학이 묻혔으니/ 청학이 머리를 다칠세라/ 가만가만 감어 주게/ 남방에 적학이 묻혔으니/ 적학의 머리를 다칠세라/ 가만가만 감어를 주게/ 서방에 백학이 묻혔으니/ 백학의 머리를 다칠세라/ 가만가만 감어를 주게/ 북방에 흑학이 묻혔으니/ 흑학의 머리를 다칠세라/ 가만가만 감어를 주게/ 중앙에 황학이 묻혔으니/ 황학의 머리를 다칠세라/ 가만가만 감어를 주게/ 이 터전에 집을 질제/ 팔층와가 양옥으로/ 덩그렇게 지어 놓고/ 팔괴놓아 윈담을 쌓고/ 청룡방에 우물을 파고/ 복덕방에 서당을 짓고/ 이 다음 사ㅡㄹ 적에/ 어떤 분이 살던지/ 백세 장수 누릴 것이요/자손만대 영화로세"(0305-2:2)

다음 자료들은 발복을 축원하는 사설이 핵심을 이루고 있다.[9] 앞의 자료들은 풍수지리에 식견이 있는 자가 아니라면 구연이 불가능하다. 반면, 이들 자료는 일반인들도 쉽게 구연할 수 있다. 대표적인 예를 몇 가지만 정리해 보인다.

> "이 집터가 누구집이런가/ 경기도라 이천땅에/ 설성면에 수산리라/ 동래정씨 계주댁에/ 명당일레 명당일레/ 이 집터에 집을 지면/ 아들 나면 효자동이/ 딸을 나면 열부로다/ 송아지를 나면 암소요/ 강아지를 나면 복술이라/ 닭을 치면 봉황이 되고/ 곡식뿌려 수확하면/ 천석 만록 당연하네/ 자좌우향 쇠를 놓아/ 명당터를 닦을지니/ 삼년 안에 발복하여/ 운수대통 할것일세"(0311-1:6)

---

9) *cf.*, 위의 책, 달구질노래 0310-2:7(303면), 0712-1:2(338면).

"이 집 진지 삼년만에/ 아들을 낳으면 효자를 낳고/ 딸을 낳으면 열녀를 낳고/ 말을 빌면 낙타가 되고/ 개를 맥이면 네 눈백이/ 찹쌀 밑에 곤두라 졌네/ 여보 시오 덩보님네/ 이집 짓고 삼년만에/ 부자 장자 아니 되면/ 앞산 고만 노적봉 이요/ 뒷산에는 노적봉이라/ 앞뜰 갈제 냇물 건너/ 농사지면 풍년일세" (1001-3:4)

"이 집터가 뉘집인가/ 청주한씨 명문중에/ 아무개댁 집아넌가/ 이 집짓고 삼 년안에 / 터를 매기면 갑부되고/ 아들 나면 장군동이/ 딸을 나면 열녀둥이/ 개를 먹이면 청삽살이/ 어기여차 지경이요/ 소를 먹이면 억대우 되고/ 어기여 차 지경이요/ 말을 먹이면 용마되고"(0708-1:3)

위의 자료에서 보듯이 축원은 주로 효자와 열녀를 낳으리라는 것과 개・ 소・말 따위의 가축들도 크게 되리라는 것, 그리고, 부귀영화를 누리게 되리 라는 내용이다. 이러한 축원의 내용은 땅다지기 노래가 의식요의 성격도 지 니고 있음을 단적으로 말해 준다. 물론 다음과 같이 노동 현장의 여건에 맞 춰 노동요로서 구연된 것들도 적지 않다.

"여기저기 놓더래두/ 딱딱해지게 다져주게/ 높은데는 쾅쾅 놓고/ 얕은데는 살살 놓아/ 평지가 되도록 다지실 제/ 족제비 어디 다치리다/ 가만 가만히 다 져주오/ 저기 저기 다지더라도/ 고만 저만 다져보게"(0602-1:23)

"질근질근 다져라 / 문두깨비 체할라/ 살금살금 다져라/ 이댁에서 지경닿네 / 김씨네서 지경닿네/ 문두깨비 체할라/ 살금살금 다져라"(0102-2:1)

"어허라 영차 지경이라/ 번쩍 들었다 쾌쾅쾅 놓자/ 한 번 놓으면 한 자가 들 어간다/ 어허라 영~ 지경이라"(0809-2:7)

"이집 저집 다져봐도/ 이집 터를 다질 적에/ 어느 집을 다져놓고/ 이집 터가 부자터냐/ 한 테미에 복저리터를/ 다진다고 또 다지어/ 얼른 들어 쿵쾅 닫고/ 덜어간다 덜어간다/ 다지면서 돌아간다/ 어느 길을 물어 닫고/ 열두 대문 열고 가서/ 이 자리가 복저리터냐/ 헌 손 바른손 다져닫고/ 어서 빨리 들었다 놓게/ 이집 저집 다질적에/ 다진 것은 또 다지고/ 이집 저집 대감님전/ 이 집을 다져 집을 짓고/ 어서 빨리 부자 되서/ 대감님요 대감님요/ 대주대감 불러 딜여/ 백년 집을 짓게 하소/ 이제 고만 쉽시다"(0608-1:6)

위의 자료들은 땅다지기 노래가 노동요임을 분명하게 해준다. 터주신앙의 제의적 요소가 일체 배제되어 있다. 단지 땅을 다지는 노동의 현장에서 부른 선후창의 노래일 뿐이다. 본래 땅다지기 노래의 발상이 노동을 전제하였음을 시사한다. 사설이 혼용되고 있는 달구질노래와 달리 분류되는 까닭도 여기에 있다.

4. 이천 지역 노동요의 형태적 특징

이천지역의 노동요 역시 형태적인 면에 있어서는 다른 지역과 별다른 차이를 보이지 않는다. 이천지역 노동요의 형태적 특징을 개괄하면 다음과 같다. 우선, 모내기노래, 논매기노래와 같은 집단노동요는 한 사람이 선창하면 다른 여러 사람이 여음을 따라 부르는 선후창의 형식으로 구연되고 있다. 이에 반해 밭갈기, 지게동발 같은 노래는 독창의 형식이다. 사설의 형식은 1음보는 3내지 4음이나 4음이 주종을 이루고 있다. 일행은 3음보 내지 4음보가 주류를 이루고 있다. 그 외에도 3·3·4의 3음보행도 있어 주목을 끈다. 대체로 모내기노래를 비롯하여 논매기노래·땅다지기노래 등의 집단적 노동요는 정형성이 강하고, 그 외의 개인적 노동요는 비교적 자유롭게 구연된다. 이천지역 노동요의 문장 형식은 3내지 4음보의 행이 무한히 연첩하는 '나열법에 의한 연장체'가 일반적 특징으로 나타나 있다. 음수율은 3·3,

3 · 4, 4 · 4, 4 · 5, 4 · 6, 5 · 3, 5 · 4, 5 · 5, 5 · 6, 6 · 4, 6 · 5, 7 · 5 등 다양하게 나타나고 있으나, 역시 기본율은 4 · 4조이다. 표현적 특징은 대체로 지역에서 보통 쓰이는 일상어의 상투적 표현이 쓰이고 있다.

주지하다시피, 노동요의 형태적 특징 가운데 변별적인 요소는 후렴에서 살필 수 있다. 이는 조흥적, 조율적인 역할을 할뿐만 아니라, 힘든 노동의 피로를 달래주며, 서로 협동심을 불러일으키는 하나의 끈과 같은 역할을 한다. 후렴구는 각 지역마다 다르게 나타나는데, 이천지역에서 조사된 후렴구를 정리해 보이면 다음과 같다.

① 모내기노래

이천지역 모내기노래의 후렴구는 "여하 여기도 하난데 저하 저기도 또한나"가 전형으로 보인다. 전지역에서 거의 같은 후렴구가 채록되었다. "여어 저기두 하나 저어 저기두 또하나" "야 여기도 또하나 저하 저기두 또하나" 등으로 약간씩 차이를 보이고 있는 것은 구연자의 발음상 차이에 지나지 않는다. 인근 지역인 여주·용인·안성 등에서도 모내기노래의 후렴은 거의 같이 나타난다. 구체적인 예로, 안성지역 모내기 노래의 후렴은 "여기두 또 하난데 저하 저기두 또 하나"(구1-6, p.830) "여~기두 어허 하~나 저기두 또 하나"(구1-6, p.602)로 나타난다. 이 같은 후렴은 적어도 경기 동남부 지역의 공통적인 현상이 아닌가 한다. 이천지역에서 채록된 자료 가운데, "오하 얼른 가-세아" "올로로 상사데야" "오 온다 에헤 생우야"가 후렴으로 구연된 것은 이례적이다.

"잘도 한다 잘도 한다/오하 얼른 가-세아/ 우리 농군들 잘도하네/ 오하 얼른 가-세아/ 사람은 많아도 소리는 작다/ 오하 얼른 가-세아(이하 생략)" (0203-3;1)

"여기 저기 꽂더라도 삼배출짜리만 꽂아주오/ 올로로 상사데야/ 임은 가고

이별 주고 꽃들은 한창인데/올로로 상사데야/ 산천초목은 젊어지고 우리네
인생은 늙어만가니/올로로 상사데야/임은 가고 봄이 오니 임의 생각이 절로
난다/올로로 상사데야"(0206-2;5)

"오온다 에혜 생우야/ 오 온다 예혜 생우야/ 이 논배미를 얼른 심구/ 장구배
미로 넘어가세"(0911-2;2)

② 논매기노래

이천 지방에서는 논매기노래를 초벌·재벌·세벌 때 각기 다르게 불렀
다. 신둔면·모가면·대월면 등 일부지역에서는 세벌매기를 하지 않는다.
대체로 이천지역 논매기 노래의 후렴은 초벌 때는 "오호아 에헤이 오호오
헤이야" "오~ 올홀롤 상사데야" "어하 올럴러 가세야" 세 가지 형태로 구
연되고 있다. 백사면, 율면, 설성면, 대월면 등 대부분의 지역에서 "오호아
에헤이 오호오 헤이야"가 구연되고 있다. 이천지역 초벌매기 후렴의 전형으
로 생각된다. 신둔면에서 다소 변이된 후렴이 구연되고 있으나, 같은 유형으
로볼 수 있다.

"오호아 오힐레헤에 호리야"(0707-3;1)
"오하 오일레헤야 오하 오일레헤야"(0708-1;5)
"오하 오호레헤이 호야"(0713-1;4)

율면, 설성면에서는 "오~ 올홀롤 상사데야" "어하 올럴러 가세야"가 구
연되고 있다.

"오하 오올럴 고고세야 오하 오올럴 고고세야"(0206-1;2)
"오하 얼른 가아세아 오하 얼른 가아세아"(0203-3;2)
"오하 오울러 가세 오하 오울러 가세"(0303-1;1)
"오하 올러 가아세야 오하 올러 가아세야"(0306-2;2)

"호롤로 상사디야 호롤로 상사디야"(0210-1;2)
"오 올홀롤 상사데야 오 올홀롤 상사데야"(0204-1;3)
"에헤야 데헤야 얼럴럴 상사디야"(0308-1;2)
"오하 얼럴러 상사디야 오하 얼럴러 상사디야"(0311-1;2)

장호원읍에서는 다른 지역에서 세벌매기에 불려지는 "오홀싸 대허리야
오홀싸 대허리야"(0612-1 : 8)가 초벌매기에 불려지고 있어 이채롭다. 마
장면에서는 이례적으로 "오흠차 찍었네"가 구연되고 있다. 인접한 용인지
역의 영향을 받은 때문으로 보인다.

"오호 오흠차 찍었네야"(0410-1 : 1)
"오흠차 찍었네야 오흠차 찍었네야"(0411-1 : 1, 0412-1 : 1)

설성면 대죽리에서 "어야 뎅이야 어야 뎅이야"(0312-1 : 2)가 구연된 것
은 특이한 사례이다.
재벌매기노래의 후렴은 "오호 골았네 뎅이만 슬슬 굴려라"가 전형적으로
쓰이고 있다. "긇었네 긇었네 동이만 슬슬 굴려라"(1103-2 : 5)처럼 약간
변이되어 구연되고 있으나, 구연자 개인의 차이에 지나지 않는다.
세벌매기는 일부 지역에서는 행해지지 않으나, 백사면, 율면, 설성면에서
채록된 자료를 보면, "어얼싸 대허리야"가 기저를 이룬다. 백사면에서는
"에헤 에헤 우겨라 방아로다"(0104-1 : 5)가 이례적으로 불려지고 있다.

"어얼싸 대허리야 어얼싸 대허리야"(0304-1;2, 0104-1;6)
"어허 어헐싸 대허리야"(0601-1;3)
"어허얼싸 대허리야 어허얼싸 대허리야"(0209-1;2)
"어헐싼 대호리야 어헐싼 대호리야"(0305-3;2)
"에헤얼씬 대허리야 에헤얼씬 대허리야"(0306-1;4)
"오—허 오울싼 대허리야"(0305-1;1)

위의 자료에서 살폈듯이 이천지역 논매기노래의 후렴구는 대개 "오호 오호이야"나 "오호 곯았네 뎅이만 슬슬 굴려라", "에헤 우겨라 방아로다", "어얼싸 대허리야" 등으로 집약된다. 인접한 타지역의 경우를 살펴보면, 안성 지역에서는 "에이여라 방~호"(구1-6, p.551), "얼럴럴 상사디야"(구1-6, p.832), "에헤 고뤘네 어하 슬슬 둘러라"(구1-6, p.603), "어화칭칭 고뤘네 어화칭칭 고뤘네"(구1-6, p.837), "혜에이 에헤~야아"(구1-6, p.404), "어하 에일러고 하세"(구1-6, p.605), "어하 슬슬(실실) 대호리아"(구1-6, p.565)라 한다. 용인 지역에서는 "어흠차 찍었네"(구1- , p.518), "어흠차 대허리야"(구1- , p.522)라 한다. 여주 지역에서는 "오호이 에헤이야"(구1-2, p.271), "어럴럴 상사듸야(구1-2, p.146), "어- 호 곯았네 뎅이만 슬슬 굴려라"(구1-2, p.398), "골 골 곯았네 댕이만 슬슬 굴려라"(구1-2, p.398), "어화 월선 단호리야"(구1-2, p.278) 라고 한다. 이천의 백사면·율면과 흡사하다. 여주 지역이 인접해 있기 때문에 서로 영향을 끼친 때문이라 할 수 있다.

	초벌매기	재벌매기	세벌매기
이천	오호아 에헤이 오호오 헤이야 오허야 오호 오헤이야 오호아 오~ 올로로 상사데야 어하 올럴러 가세야 오흠차 찍었네야	오호 곯았네 뎅이만 슬슬 굴려라 흠쳤네, 둘러라	오하 얼씬 대허리야 에헤 우겨라 방아로다 단허리,
여주	오호이 에헤이야 어럴럴 상사듸야	어 호 곯았네 뎅이만 슬슬 굴려라 골 골 곯았네 뎅이만 슬슬 굴려라	어화 월선 단호리야
안성	에이여라 방~호 얼럴럴 상사디야	에헤 고뤘네 어하 슬슬 둘러라 어화칭칭 고뤘네 어화칭칭 고뤘네	혜에이 에헤~야아 어하 에일러고 하세 어하슬슬(실실)대호리아
용인	오흠차 찍었네야		어흠차 대허리야

이천지역 논매기노래에서 한 노래에 후렴이 두 가지 형태로 구연되어 전체적인 분위기를 바꿔 가는 양상도 특이하다. 일하는 여건에 따라 노래의

분위기와 속도를 다르게 하기 위한 것이다. 논매기노래의 내용을 살피면서 예시한 대월면 대대리의 자료(1009-1;3)가 그 대표적인 사례이다. 이 노래의 처음 부분에서는 '오호 오이에헤 에야'만 반복되고 있으며 사설은 전혀 없다. 서둘러 논을 매기 때문에 사설을 붙일 여유가 없어서이다. 후반부에서 선소리꾼이 속도를 조절하며 가락을 바꾼다. '에양 데에양 에헤야'가 그것이다.

③ 땅다지기노래

땅다지기노래의 후렴구는 "에헤라 지경이요"가 일반적이다. 이천지역에서도 "에야 헤리 지경이요"(백사,대월면), "에헤라 지경이요"(율면), "에헤야 지경이여"(부발읍·대월면), "에라 회-리 지경이야하"(마장면) 처럼 거의 비슷한 양상을 보이고 있다.

  "에여라 지경이요 에여라 지경이요"(0502-1:13)
  "에헤라 지경이요/ 에헤라 지경이요"(0412-1:4)
  "에이허라 지경이호/ 에이허라 지경이호"(0411-2:3)
  "에헤리 지경요/ 에헤리 지경이요"(1001-3:4)
  "에헤야 지경이요/ 에헤야 지경이요"(0102-2:1)

설성면, 장호원에서는 다음에서 보듯이 "지경이야" 대신 "지점이요"로 후렴을 붙이고 있다.

  "에이에라 지점이요/ 에이에라 지점이요"(0305-2:2)
  "에이헤라 지점이호/ 에이헤라 지점이호"(0311-1:6)
  "에헤리 지점이요/ 에헤리 지점이요"(0604-1:4)
  "에헤 지저미호/ 에헤 지저미호"(0608-1:6)
  "야 헤리 지제미요/ 야 헤리 지제미요"(0609-1:4)
  "에헤리 지저미호/ 에헤리 지저미호"(0602-1:23)

이밖에 "어허라 영차 지경이라"(호법면), "오하 얼럴레 지경이우"(호법면)로 후렴을 붙인 경우도 있으나, 일반적인 사례는 아니다.

"오하 얼럴레 지경이우/ 오하 얼럴레 지경이우"(0809-2:11)
"어기여차 지경이요 / 어기여차 지경이요"(0708-1:3)
"어허라 영차 지경이라/ 어허라 영~ 지경이라"(0809-2:7)

참고로, 인근지역인 여주에서는 "에히 여라하 지접이호"(구1-2, p.440)가, 용인에서는 "어기여라 지경이요"(구1- , p.109) "에헤 에여라 지경이오"(구1- , p.136), "에이어라 지경이요"(1- ,p.260), 안성에서는 "어-지접이요"(구1-6, p.400) "에이야라 지경이요호"(구1-6, p.552) "어기여차 지경이요"(구1-6, p.840)로 구연되고 있다.

신둔면 수하리에서는 "어기여차 디졌노"로 구연되고 있는데, 이 같은 후렴은 인근지역에서도 확인되지 않았다. 그만큼 이색적인 자료이다.

"어기여차 디졌노/ 어기여차 디졌노/ (처음 부분 생략됨)/ 말을 먹이면 용마이구/ 어기여차 디졌노/ 개를 먹이면 네눈박이 청삽살이/ 어기여차 디졌노/ 앞마당에 곤드러졌네/ 어기여차 디졌노/ 소를 먹이면 억대우가 되구/ 어기여차 디졌노/ 말을 먹이면 용마우 되구/ 어기여차 디졌노"(0707-2;4)

5. 맺음말

이천은 예로부터 이름난 쌀 생산지이다. 따라서 논농사에 관련한 민요자료가 풍부하다. 모내기노래·논매기노래 외에 다른 지역에서 채록되지 않은 논물대기·논갈기·모찌기 노래도 채록되었다. 이천지역 노동요가 관심을 끄는 것은 이 때문이다. 본고에서 다룬 바를 정리해 보이면 다음과 같다.

이천지역의 모내기노래는 "여기도 하나 저기도 또 하나"와 "심었네 꽂었네" 두 유형으로 구분된다. 일반적으로 풍년의 기원과 충효를 기저로 하고 있는데, 이천지역에서는 여기에다 이천 자채쌀에 대한 자긍심이 첨가되어 나타난다.

논매기노래는 초벌·재벌·세벌 때 각기 다르게 부른다. 일반적으로 초벌 때는 '오호 오 호이야' '오홈차 찍었네야'를, 재벌 때는 '꿇았네'를, 세벌 때는 '우기기'와 '대허리'를 부른다. 이것은 일하는 여건에 따라 노래의 분위기와 속도를 다르게 하기 위한 것이다. 인근지역인 여주·안성·용인에서 채록된 자료와 밀접한 관련을 갖는다.

논농사에 비해 밭농사에 관련한 자료는 빈약한 편이다. 밭갈이노래는 논갈이노래와 크게 다르지 않다. "이여 어여 어디여 어디여"라는 소몰이 사설이 기저로 구성되며, 주변 여건과 농부의 심정이 첨가되어 나타난다. 밭매기노래는 몇 명이 밭을 매느냐에 따라 양상이 달라진다. 여럿이 밭을 맬 경우는 선후창으로 불려진다. 혼자 매는 경우에는 한탄가·연정가의 사설이 주조를 이룬다.

벌채노동요인 지게동발은 탄식과 자위적인 내용이 주조를 이루고 있다. 사설의 기저는 역시 아리랑타령이다. 다른 여건에서 불렀다면 이별가·연정가·한탄가 등으로 분류될 자료들도 있다. 신둔면의 자료 가운데 "말잇기놀이"처럼 구연된 것이 있는데, 매우 이채롭다.

잡역노동요인 땅다지기 노래는 터주신앙의 제의적 요소와 노동 행위에 수반되는 노동요로서의 성격이 뚜렷하게 나타난다. 의식요로 분류되는 달구질노래의 사설과 혼용되는 것도 그 때문이다. 땅다지기 노래는 일반적으로 발복지의 연원과 내력·점지·축원 등 세 부분으로 구성되었다. 그런데 실제 최근에 채록된 자료들은 그 일부에 해당한다. 터를 다지는 노동의 형태가 이미 오래 전에 변화한 때문이다. 이천지역의 땅다지기 노래는 발복지의 연원을 설명하는 사설이 주류를 이룬다.

이천지역의 노동요 역시 가창형식이나 율격 등 형태적인 면에 있어서는 다른 지역과 별다른 차이가 없다. 형태적 특징 가운데 변별적인 요소는 후렴에서 살필 수 있다.

이천지역 모내기노래의 후렴구는 "여하 여기도 하난데 저하 저기도 또하나"가 전형으로 보인다. 이 같은 후렴은 적어도 경기 동남부지역의 공통적인 현상이 아닌가 한다. 이천지역에서 채록된 자료 가운데, "오하 얼른 가─세아" "오 온다 에헤 생우야"가 후렴으로 구연된 것은 이례적이다.

논매기노래의 후렴구는 대개 "오호 오 호이야"나 "오호 곯았네 뎅이만 슬슬 굴려라", "에헤 우겨라 방아로다", "어얼싸 대허리야" 등으로 집약된다. 지역별로 인접 지역인 여주 · 안성 · 용인지역의 후렴과 유사하게 나타난다. 논매기노래의 후렴에서 인접지역과 상호 영향을 끼쳤음을 쉽게 확인할 수 있다.

땅다지기노래의 후렴구는 "에헤라 지경이요"가 일반적이다. 일부지역에서 "지경이야" 대신 "지점이요"로 붙이는 사례도 있다. "어기여차 디졌노"(신둔면), "어허라 영차 지경이라"(호법면), "오하 얼럴레 지경이우"(호법면)로 후렴을 붙인 경우도 있는데, 이는 구연 당시의 상황이나 구연자의 개성에 따른 변화일 뿐이다.

끝으로, 본고는 이천지역의 노동요 일부를 제한적으로 다룬 것이다. 경기 동남부지역인 여주 · 안성 · 용인의 자료를 대비해서 특징적인 면을 부각하려 하였다. 이들 지역을 한 문화권으로 설정하여 다각도로 살피려는 것이 궁극의 목표이다. 앞으로 추진될 의식요의 대비적 고찰과, 민속신앙 · 전설 · 지명유래 등의 분석을 통해 본고의 논지가 더욱 공고화되리라 본다.

이천지역 민요조사 연구(2)

－ 의식요(儀式謠)를 중심으로 －

1. 머리말

　급변하는 여건 속에서도 민요의 현장 조사와 연구는 꾸준히 이어져 왔다. 노동 형태의 변화에 따라 더 이상 현장에서 구연되지 않던 노동요가 다시 복원되고 재현되고 있음을 심심찮게 볼 수 있다. 일부 지역에서는 민요보존회를 구성하여 전수하고 있다. 비록 비기능요처럼 구연되고 있지만, 명맥을 이으려는 노력은 가상하다. 이에 비해 의식요(儀式謠)는 그 범주는 감소하였지만 현장에서 예전의 기능대로 구연되고 있다. 장례의식요는 오히려 전문화, 직업화되었다.

　본고에서는 이천지역의 의식요를 대상으로 분석하고자 한다. 이천지역 노동요에 대한 연구에 이은 2차 작업인 셈이다. 이 역시 필자가 엮은『이천의 옛노래』를 간행하면서 얻어진 성과물이다. 그 동안 채록된 민요는 각 지역의 보고서에 수록되어 있으며, 각 지역별 민요의 특징에 대해선 별도의 논문으로 발표한 바 있다.[1] 따라서 여기서는 이천 지역 의식요의 특징을 인근지역과 대비하여 분석하는 데 중점을 두고자 한다.

2. 자료의 분포 양상

이천지역에서 채록되어 정리된 의식요는 <표 1>에서 보듯이 240편이다.[2] 이 가운데 장례의식요가 거의 전부를 차지한다.

<표 1> 이천지역 의식요 자료 현황

분류	자료명	소계
세시의식요	달거리(3), 성주풀이(2), 태평성대(1), 홍수풀이(1), 농사풀이(1),	8
	고사반(8), 우물고사(2), 장승고사(1), 마당굿(1), 터주굿(1), 부엌굿(1), 대청굿(1),	15
장례의식요	상여노래(102), 재도듬노래(2), 달구질노래(90),	194
신앙의식요	회심곡(18), 공덕가(3), 염불가(2),	23

이 같은 현상이 나타나는데는 몇 가지 이유가 있다. 우선 지역민의 생활 양상의 변화가 주된 원인이다. 세시의식요는 세시의 변화에 따라 행해지던 의식요이다. 예전에는 24절기에 따른 세시풍속이 생활양상에서 직접 살필 수 있었다. 그러나 지금은 정월 명절이나 추석을 제외하곤 세시풍속이 거의 사라진 상태이다. 개인신앙의 변화에 따라 세시(歲時)마다 행해지던 의식 (儀式)도 변해졌거나, 아예 사라졌다. 생활수단이 변화한 것도 이유가 된다.

---

1) 각 지역별 민요 자료와 논문은 참고문헌을 참조할 것.
2) 이 가운데 『이천의 옛노래』에 게재된 자료는 184편이다. 다른 자료에서는 변동이 없으나, 상여노래, 달구질노래에서 차이를 보인다. 자료집 편찬시 유사한 자료는 게 재하지 않았기 때문이다. 여기서는 자료의 분포양상을 살피기 위한 것으로, 보고서 의 자료편수를 기준으로 하였다.

구체적인 예로, 우물이 상수도 이용으로 사라짐에 따라 우물고사가 소멸된 것은 당연한 결과이다. 가옥의 형태가 변화하면서 집안에서 이루어졌던 여러 의식이 사라졌으며, 이에 따라 마당굿, 부엌굿, 대청굿 등에서 구연된 의식요가 소멸되고 있다. 이러한 여건 속에서 유독 장례의식요는 지속적으로 계승되고 있다. 우리의 관습 속에 장례의식은 아직도 중요한 의례로 남아 있기 때문이다. 평생의례 가운데 장례의식은 대체로 전래의 의식을 지키고 있다. 상여노래 전문인이라 할 수 있는 선소리꾼이 전문 직업화된 것도 장례의식요가 존속되는 원인 가운데 하나이다.

다음으로, 이천지역에서 채록된 의식요의 지역별 분포양상을 정리해 보이면 다음과 같다.

〈표 2〉 이천지역 의식요자료 지역별 현황

		백사면 12	율면 30	설성면 34	마장면 18	부발읍 20	장호원 28	신둔면 21	호법면 19	모가면 27	대월면 31	소계 240
세시의식요	가정의식요		1							2	5	8
	마을의식요	1	4		1				1		8	15
장례의식요	상여노래	5	11	16	9	9	12	9	10	15	6	102
	재도듬노래		2									2
	달구질노래	4	9	18	6	5	12	11	8	5	12	90
신앙의식요	공덕가							2	1			3
	염불	2										2
	회심곡		3		2	6	2			5		18

세시의식요 가운데 가정의식요라 할 수 있는 성주풀이·달거리·액풀이 등은 별반 채록되지 않았다. 이미 가정에서의 신앙의식이 변모한 때문이다. 대월면에서 채록된 5편의 자료도 거북놀이의 연희과정에서 구연되고 있는 자료이다. 마을의식요로 구분되는 고사반은 비교적 고르게 이천지역 전반에 걸쳐 분포되어 있다. 율면·대월면에서 비중 있는 자료가 채록되었다. 고사

반은 각 마을에서 농악을 이끄는 상쇠나 이름난 소리꾼에 의해서 구전되고
있다. 대표적인 소리꾼을 들어보면, 박찬종(62세, 남, 백사면 내촌리), 유인
준(77세, 남, 율면 고당리). 황걸준(80세, 남, 율면 오성리), 이대복(74세, 남,
마장면 장암리), 정혁수(83세, 남, 호법면 매곡리), 김주선(73세, 남, 대월면
부필리), 최규식(85세, 남, 대월면 대대리), 장병근(75세, 남, 이천시 장록
동), 장복희(78세, 여, 율면 오성리) 등을 들 수 있다.3)

　장례의식요는 <표 2>에서 보듯이 의식요의 거의 전부를 차지한다. 주류
를 이루는 상여노래는 각 지역마다 고르게 분포되어 있다. 율면·설성면·
장호원읍·모가면·대월면에서는 많은 자료가 채록되었다. 이들 지역에서
는 별도로 곳집(상여집)을 두고 있으며, 다른 마을에서 선소리꾼을 초빙하
는 것을 못마땅해할 정도였다. 이에 반해, 백사면·마장면·부발읍 지역은
선소리꾼이 빈약한 편이며, 채록된 사설도 별다른 특징이 없다.

　신앙의식요는 회심곡·제석거리·염불가·공덕가 등이 채록되었으며,
역시 회심곡이 주류를 이루고 있다. 이천지역에서도 이미 대중화된 회심가
의 사설을 그대로 구연하고 있다. 회심곡은 일반적으로 상여소리·달구질
노래·고사반 등 의식요의 사설로도 쓰인다. 구체적인 사례로 신둔면 수남
리에서 상여노래의 사설로 전하는 '족보'는 바로 회심곡의 내용이다. 회심곡
은 율면·부발읍·모가면에서 주로 채록되었다.

3. 이천 지역 의식요의 내용 분석

(1) 세시의식요

　이천지역의 세시의식요로 달거리·성주풀이·태평성대·홍수풀이·농
사풀이·고사반·우물고사·장승고사·마당굿·터주굿·부엌굿·대청굿

---

3) 이들 소리꾼의 인적사항은 조사당시의 상황임을 밝혀둔다.

거리 등이 채록되었다. 이 노래들은 본래 가정이나 마을에서 행해지던 민속신앙의 한 형태로 불려지던 의식요였으나, 지금은 주로 이천의 대표적 민속놀이인 거북놀이의 연희과정에서 불려진다. 참고로 거북놀이는 길놀이-장승굿-우물굿-마을판굿-문굿-터주굿-조왕굿-대청굿-마당놀이로 구성되어 있다.4) 필자가 조사한 바로는 대월면에서 이춘도씨가 구연한 사설을 김문섭·최규식씨 등이 전수하여 현재에 이르고 있다. 최규식씨(85세, 남)가 구연한 사설을 정리해 보인다.5)

(장승고사)

"장승님께 고사하나이다/ 천하대장군 지하여장군/ 우통광난이 불안한 장승이요/ 호봉팔현 가급천명이라"(1009-2:1)

(우물고사)

"동방천제 용왕님/ 남방적제 용왕님/ 서방백제 용왕님/ 북방흑제 용왕님/ 사해 용왕님이/ 칠년대한 가물에도/ 물이나 철철 나게 해주오/ 이 샘물을 먹으면/ 만인간이 수명장수 하나이다./ 뚫어주오 뚫어주오/ 샘구멍 뚫어라/ 물주시오 물주시오/ 사해 물주시오"(1009-2:2)

(마당굿)

"들어가오 들어가오/ 만인간 들어가오/ 문 여시오 문 여시오/ 수명장수 들어가오"(1009-2:3)

(터주굿)

"지토지신 오방관신 선고한바/ 이댁 규중자녀 한번 거나리고/ 안가태평 소원

---

4) 이천지역 거북놀이에 대한 구체적인 내용은 『이천시 대월면 문화유적 민속조사보고서』(강남대 인문과연구소, 이천문화원, 2002. pp.355-365)에 있다.
5) 해당 자료의 출전표기는 『이천의 옛노래』에 제시한 자료의 일련번호만 기록함을 밝혀둔다.

성취 비나이다." (1009-2:4)

（부엌굿）

"농자는 천하지대본이라/ 일년은 열두달/ 나날은 삼백육십여일/ 큰솥은 밥솥이요/ 작은 솥은 국솥이요/ 큰솥에 불을 때면/ 밥이 그뜩 수북하고/ 또 작은솥에 불을 때면/ 국이 출렁 넘실대고/ 이 가정에 거북이 놀고가니/ 부귀공명하고 크게 한번/ 태평성대가 비치실 것입니다." (1009-2:5)

（대청굿）

"고사 고사 고사로다/ 이세 태평 후세로다/ 만복을 점지할 때 국태민안/ 시화연풍 범유자 돌아든다/ 연년이도 돌아들때/ 이씨 한양 등극시에/ 삼각산천 기봉되고/ 학을 눌러라 대궐짓고/ 대궐 앞에는 육조로다/ 육조 앞에는 오형문 혜각사/ 각도 각읍 마련할 때/ 왕십리 청룡되고 동구재 백호로다/ 한강수는 조수가 되고/ 동적강수가 멀리 인왕산천/ 나린 줄기는 북으로 고였으니/ 여천지는 무궁되고 / 우리나라 금상님은/ 태평성대가 장안되고/ 은하는 금요 차일에 사바 세계로다. …(중략)…
집으로 들어가자/ 바깥 마당에 벼락살/ 안마당엔 비천살/ 마구간엔 우마대살/ 장독간엔 고두대살/ 부엌 한 칸 들어가자/ 부엌으로 들어서니/ 판만하고 대장군살/ 마루대청 올라서니/ 마루대청에는 성주님살/ 안방으로 들어서자/ 아래 윗방 지석님살/ 횃대 밑엔 능마대살/ 햇때 끝에 삼신살/ 이살저살 휘몰아다/ 금일 고사반에 도액을 하니/ 만사는 대길이요" (1009-2:6)

대청굿거리에서는 각 단락마다 "글란 그리도 하려니와"라는 사설을 구연한 다음 호구역살·농사풀이·홍수풀이·액풀이 등으로 이어진다. 이들 자료는 매우 긴 사설로 구성되어 있다. 홍수풀이는 다음에서 보듯이 마을 구석구석에서 집 안채에 이르는 곳곳에 드는 액을 풀어내는 고사반이다.

"작년같은 험한 세월/ 꿈결같이 다 보내고/ 금년 새해에 접어들어/ 홍수대살을 풀고 가자/ 모랭이 모랭이 서낭살/ 돌무더기는 서낭살/ 고개 고개도 서낭살/ 바깥마당에 벼락살 / 대문간에는 수문장살/ 안마당에는 해룡살/ 원근 도중에 이별살/ 내외간에도 이별살 / 산으로 오르면 산신살/ 물에 들면 용왕살/ 마굿간에는 우마다살/ 장독간에 고무대살 / 부엌에는 대장간살/ 마루대청 성주살/ 아래윗방 지석살/ 횃대 밑에 능마대살/ 횃대 끝에 삼신살/ 이살 저살 휘몰아다/ 금일 고사반에 도액을 하니/ 만사는 대길이요."(1000-2:2)

홍수풀이가 공간의 이동에 따라 전개되고 있는데 반해, 달거리는 시간의 이동에 따라 전개되고 있다는 점에서 주목할 필요가 있다. 달거리라는 제목에서 시사하듯이 이 고사반은 정월에서 다음해 정월 열나흘에 드는 액을 일일이 열거하고, 이 액을 푸는 방편을 제시하고 있다. 이천지역에서 조사된 고사반의 대부분이 이 유형이다.

"달거리가 이댁 가정에 세다하니/ 달거리를 풀고 가자/ 정칠월 이팔월 삼구월 사시월/ 오동지 육섣달인데/ 이 가문에 묻은 정을/ 다 풀어 점지하자 / 정월에 드는 액은/ 이월 영등 막아주고/ 이월에 드는 액은/ 삼월이라 삼짓날/ 제비 맹맥이로 막아주고/ 삼월에 드는 액은 / 사월 초파일 석가여래/ 관등놀이로 막아내고/…(중략)… 시월에 드는 액은/ 동지달이라 동지날/ 동지팥죽을 정히 쑤어/ 양손에 죽퍼들고 / 중문 대문 드나들며/ 이리 저리 끼얹으니/ 오는 잡귀 가는 잡귀/ 뜨거운 팥죽 뒤집어쓰고/ 앗다 뜨겁다 도망가자 / 동지달에 드는 액은/ 섣달의 그믐날/ 흰떡가래로 막아주고/ 섣달에 드는 액은/ 내년 정월 열나흗날/ 오곡밥을 정히 지어/ 방망이 맞은 북어대가리/ 백지 한장에 둘둘 말아/ 막걸리 한잔 끼얹은 채로/ 원강에 소멸하니/ 만사가 대길이요/ 백사가 여일하고/ 마음가짐 잡순대로/ 소원성취 발원이라"(1000-2:4)

성주풀이는 가신(家神)의 대표인 성주신(城主神)에게 비는 고사반의 일종이다.[6] 모가면의 성주풀이[7]는 89세의 할머니가 구연한 자료인데, 무속인들이 성주굿을 하면서 부르던 사설과 거의 일치한다. 성주풀이의 전형이라 할 수 있다.

> "성주군행이 어딘가/경상도 안동땅/ 제비원이 거길러라/제비원 들어가/ 솔씨 밀말을 받아다가/양로집평 용문산에/ 태편소편 던졌더니/그 나무가 자라날제/ 우쩔우쩔 자라더냐/대불산이 되었네/ 소불산이 되었네/저나무 점점 자라나/ 대부동이 되었구나/소부동이 되었구나/ 저나무가 점점 자라나/대궐안 대들보 감이 되었으니/ 주인댁 구중부수/ 옥도끼 갈아매고/ 금도끼도 갈아매고/서른 세명 적군들을/ 모두다 모아가지고/태산에 올라 태목낸다/ 소산에 올라 소목 낸다/운문산 칡을 끊어/ 아래위를 질끈매어/양구양천 흐르는 물에/ 둥기덩기 실어내리니/주인대주 기둥봐라/ 그 나무를 우접지겁 실어다가/어떤 집위를 들여놓나/ 이지위 김지위/안중철 김중철을 들여놓고/ 잣나무는 잣다듬고/굽 은 나무 굽다듬에/ 양짓장 나무는/ 악철이 베구고/ 뒷장 나무는/너무 못쓰겠 네/ 나무 나무 나무로다/ 십리밖에 우리나무/ 우리밖에 십리나무/ 갖은 나무 를 다 베어서/슬긍쓸쩍 잘러다가(이하 생략)"(0907-2:3)

율면 고당리의 유인준씨(77세, 남)가 구연한 자료(고당리1:15), 북두2리 송경수씨(77세, 남)가 구연해준 자료(북두2리 1;1)도 내용면에서는 이와 크 게 다르지 않다. 송경수씨의 성주풀이는 중간중간 여음으로 "올로로 상사데 야"를 반복하고 있다는 점이 이색적이다.

마을의식요로 구분되는 고사반은 이천시 거의 전지역에서 채록될 정도로 널리 분포되어 있다. 이 자료는 지신밟기·길놀이·서낭제·성주·터주 등 민속신앙과 결부되어 전승되며, 주로 무속인이나 선소리꾼, 상쇠와 같은 특 정인에 의해서 구연된다. 제수를 간단하게 차려놓고 꽹가리를 치면서 구연

---

6) 성주풀이에 대해선, 임재해의 『안동문화와 성주신앙』(안동시, 2002)에 구체적으로 소개되어 있다.
7) 이 자료는 끝내 이름을 밝히지 않은 89세의 할머니가 구연한 것인데, 할머니는 무속 인이 아니셨으나 의문이 갈 정도로 성주풀이를 자연스럽게 구연하셨다.

한다. 사설이 다양하고 매우 길다. 대표적인 사례로, 호법면 정혁수씨가 구연한 고사반(0803-2:8)은 250구의 장편이다. 각 단락이 바뀔 때마다 "아-하~헤~에헤~홈이로구나"의 여음이 사용되고 있다. 단천리 유재은 할아버지의 사설도 이를 복사한 것이다. 장록동에서 채록한 장병근씨의 고사반을 정리해 보인다.

> "농사를 잘 지었으니/ 여러신네 여러군 제 말씀을 들어주시오/ 금년도에 대풍들어 일부열집 천금하여/ 동부 흐흥 부천이요/ 쌀 한 톨에 금연실이 진짜로다. 진짜로다/ 만고뱅이 피어나서 이 고사를 잡수시면/ 한 잔술에 눈물나고 두 잔술에 눈물 흘러/ 삼자 삼년에 이후 가서/ 내내년에 풍년 들길 희료님께 비나이다./ 희료님전 이루시니 / 부처님전 상사올리니 대풍년 계절오네./ 이내말씀 들으시오. 대풍년 들어 / 우리가족 일편단심 편안하게 살게 해주오. / 대동천년 일진일은 부명 삼사 상인하여 / 이내 부락 부귀 되어 / 백년천년 잘살기를 비나이다. 비나이다. / 천하일 대장군이여 / 부인의 지하장 여장군이여 / 이내말씀 다시 하니 / 아무 병폐 무방 근사 무방 / 천지 대지 하여 주시기를 / 비나이다. 비나이다."(1103-2:2)

고사반에서 가장 일반적으로 구전되고 있는 것은 우물고사반이다. 이천 지역에서는 쇠(꽹가리)를 칠줄 아는 사람이면 대부분 우물고사반을 구연하고 있음을 확인하였다. 우물고사반의 일반적인 양상은 "뚫어주오 뚫어주오/ 샘구멍 뚫어주오/ 물 주시오 물 주시오/ 사해바다 물 주시오"이다. 길놀이에서 행해지는 우물고사반에서는 이 소리를 상쇠나 풍물패 모두 합창하면서 여러 차례 반복한다. 다음에 소개한 마장면 이대복씨(74세, 남)의 우물고사반은 이런 유형의 사설과는 색다르다.

> "이 댁의 김씨가 대주가 들어 왔으니/ 첫째는 우물에 가서 용왕님 할아버지께 빌어야겠다. / 용왕님 할아버지 이 댁에 김씨가 대주인인 댁이죠/ 시시때때로 물을 주려 먹게시리 하지 말고/ 그저 담가 심신하고 목욕하고 잡숫고/

허망하게시리 잘하십시요"(0405-1:1)

이대복씨의 우물고사반이 이천의 거북놀이에서 재현하고 있는 자료와 구별되는 점은 지역적인 차이라기보다는, 개인적인 특성에 기인한 것으로 보인다.

(2) 장례의식요

장례의식요인 상여노래·달구질노래는 이천 전지역에 걸쳐 분포되어 있다. 노동요가 점차 소실되고 있음에 비해, 장례의식요는 비록 소수이나 일부러 배워서 구연하는 사람들도 있을 정도이다. 소위 족보라는 사설집을 베껴서 전해오는 마을도 있다. 신둔면 수남리, 설성면의 자료가 그렇다. 그렇지 않은 경우는 대부분 회심곡의 사설을 암송해서 구연한다. 내용은 인생무상·충효·불교적 내세관 등이 주제를 이루고 있다.

1) 상여노래

장례의식요의 주종이라 할 수 있는 상여노래는 일반적으로 고인의 죽음을 슬퍼하며, 넋을 위로하고, 저승까지 무사히 가게 해달라는 기원을 내포하고 있다. 그리고, 구비전승되는 과정에서 유(儒)·불(佛)·선(仙)·무(巫)의 사상이 융즉되어 전개된다. 상여노래에 충효·내세관·무속신앙 등이 주조를 이루는 것은 그 때문이다. 이천지역에서 채록된 자료도 예외는 아니다.

이천지역에서는 회심곡형의 상여 노래[8]가 전형으로 구전되고 있다. 구체적인 예로 부발읍의 자료를 보인다.

---

8) 대부분의 상여소리는 회심곡의 일부가 삽입되었을 정도로 회심곡의 습한 양상이 뚜렷하다. 이를 회심곡형 상여소리라 하는데, 허두-탄생-성장-노쇠-득병-치병-사자내습-신세자탄-임종-사자압송-저승-죄인국문-권선 등의 내용을 전개된다. (cf., 류종목, 『한국민요의 현상과 본질』, pp.84-85)

"오호 오호야 오거리 넘차 오호야/ 이제가면 언제오나/ 명년 춘삼월 꽃이피
니/ 오호 오호야 오거리 넘차 오호야(후렴)/ 간다 간다 나는 간다 / 극락세계
로 나는 간다 (후렴)/ 명사십리 해당화야 / 꽃진다 잎진다 서러워마라 (후렴)/
산을 넘고 강을 건너 / 북망산에 찾아서 나는 간다 (후렴)/ 일척 사랑 못잊느
냐 /산수금강 찾아가니 (후렴)/ 너희들도 알던 테지/ 인생 젊은날 뛰어가리라
(후렴)"(0502-1:11)

설성면 장능2리에서는 소위 '족보'라는 상여노래 사설집이 전해오는데,
오성철씨(56세, 남)댁에서 조사된 자료를 보이면 다음과 같다.

"오호아 어하 어이나 갈까 어하/ 오호아 어하 어이나 갈까 어하 (후렴)
천지지간 만물지중에 사람밖에 또있느냐/ 이세상에 나온사람 뉘덕으로 나왔
느냐
아버님전 뼈를빌고 어머님전 살을빌어/ 칠성님전 명을받고 제석님전 복을빌
어…(중략)…
어제오늘 성튼몸이 저녁나절 병이들어/ 부르나니 어머니요 찾느니 냉수로
다…(중략)…
자채미쌀을 쓸고쓸어 명산대천을 찾아가서/ 상탕에 메를짓고 중탕에 목욕하
고
하탕에 수족씻고 소지삼장 올릴적에/ 비나이다 비나이다 옥황상제께 비나이
다
칠성님전에 발원하고 제석님전에 공날한들/ 어느부처 이름있어 감흥이나 할
까보냐
제1에는 진광대왕/ 제2에는 초관대왕/ 제3에는 도시대왕/ 제4에는 오관대왕/
제5에는 육관대왕/
제6에는 염라대왕/ 제7에는 번성대왕/ 제8에는 금릉대왕/ 제9에는 보광대왕/
제10에는 영릉대왕/
열시왕위는 불린사자 일직사자 월직사자/ 실락같은 가는몸에 태산같은 병이
들어

약탕관을 벌려놓고 부모처자 둘러앉아/ 지성구호 극진한들 죽을명을 살릴손가
동기일신 많다한들 어느동기가 동행하며/ 일가친척 많다한들 어느일가가 대
신가며
친구벗님 많다한들 어느친구가 대신가리…(하략)…" (0302-2:1)

위의 자료는 회심곡 사설집과 별반 차이가 없는 정도이다. 신둔면 용면리
의 상여노래는 전주이씨 상가의 장례 때 직접 현장에서 채록한 것이다. 선소
리는 김창봉(63세,남) 박용묵(48세,남)이 구연하였다. 발인 전에 상두꾼들
이 호흡을 맞추기 위해 후렴구를 반복하는데 이 지역에서는 "오허아 오호아
오허리 넘차 오호아"가 후렴으로 불려졌다. 이어지는 선소리의 사설은 "늙
어 가시는 곤방님네/ 이네 할 말을 들어보소"로 이끌어진다. 내용은 회심곡
형의 일반적 유형과 차이가 없다. 몇 구절만 인용해 보인다.

"이 이 세상 만물 중에 / 이 사람 밖에는 또 있는가 / 이런 세상에 태어날
때/ 아버님 뜻으로 태어났나/ 아버님전 복을 빌고/ 어머님전 살을 빌어/ 이
내몸이 늙어 병을 받고/ 이내 일신은 태어를 나서/ 간다 소리는 노래나 불러/
부모 은공을 들어보자고/ 신랑까치도 구슬피 우네/ 풍수 부풍 제를 나니 / 석
양을 찾아서 경희가 가니/ 경을 찾아 일공을 하니/ 무당을 찾아서 굿이나 하
니/ 굿덕이나 입을 손가/ 이네 일신 한번 가면/ 니나 나나 노지나 기나/ 불쌍
하구나 가련한 인생/ 이제 가면 언제오나"(0710-1:1)

모가면 두미리에서 채록한 상여노래는 일반가락과 긴소리·느린소리·
빠른소리 등 다양한 가락이 구연되고 있어 주목을 끈다.

(일반가락)

"우~후~후~과 어이나 가리나 어허/ 인제 가면은 언제 오나/ 머나먼 황천
길을/ 어~허~허~하~어이나 가리나 허~하~/ 일가나 친척이 많다더니/

어느 일가 대신가랴 / 북망산천이 좋다더니/ 어느 누가 같이 가랴 / 알뜰살뜰
이 모은 세상/ 오늘날로 하직하리 / 어니 가라고 어이 가나/ 초루 같으니 우리
네 인생 / 한번 가면은 못 오는데/ 어이하랴 어이하랴 못 가겄네 못 가겄네/
인제 가면은 언제 오나 원통하구도 불쌍하다 / 우리네 인생 한번 가면/ 또
다시 한번 못 오련만 / 원통하구도 가련하다/ 우리네 인생이 불쌍하다/ 어야
데니 오늘이라/ 한번 여차나 가는 인생 / 또 다시 못 오련만/ 원통하구 가련하
다"(0901-4:1)

(긴소리)

"오호~오호~호히 호호히야 헤헤야/ 인생 일장 춘몽인데 아니나 놀지는 못
하는데/ 호호~호호~ 호히 호호히 호호히(후렴) / 한번 여차 죽어지면 봄이
나 돋나 싹이나 돋나/ 인생 여차 한번가면 / 한번 여차 죽은 인생 불쌍하구
가련하다/ 우리네 인생 한번 가면/ 하루 같으니 우리네 인생 한번 여차나 가
는구나 / 어머님전 뼈를 빌어 아버님전 살을 빌제/ 한번 가는 우리네 인생 /
열두달 중에 너두 가구 나도 간다/ 어머님이 가신 뒤에 나두 갈까 어이가
랴"(0901-4:3)

(느린소리)

"오호 호호하 어이나 가리나 호호하/ 하느님전 뼈를 빌어/ 아버님전 살을 빌
제/ 어느 인생이 가련허나 / 호호 호호하 어아니 가리나 호호하(후렴)/ 황수
십리 해동한데/ 꽃이나 진다고 설워마라/ 명년 삼월이 돌아오면 / 호호 호호
하 어이나 가리나 호호하(후렴)/ 명년 삼월이 돌아오면/ 꽃은 피어 만발할
제/ 잎은 피어 청산되고"(0901-4:4)

(빠른소리)

"오홍 오홍 어헝 어헝 어하어하 어헝 어하 어헝 어하"(0901-4;5)

위의 상여노래 역시 회심곡형이다. 내용면에서는 별다른 특징이 없으나. 다

양한 가락에 따라 후렴이 달라지고, 사설의 자수율도 변화한다는 점이다.

2) 재도듬노래

재도듬노래는 율면 산성리와 총곡리에서 2편 채록되었는데, 산성리 권상 균씨(58세,남)의 노래(0207-1:2)는 상여노래와 다를 것이 없다. 총곡리 김 홍섭씨(65세,남)의 다음 노래가 주목을 끈다.

"마뜰 마뜰 나무아미타불/ 명사십리 해동화야/ 꽃이진다 서러워마라/ 마뜰 마뜰 나무아미타불/ 우리 인생 태어나서/ 원수 백발 되려는가/ 마뜰 마뜰 나 무아미타불"(0210-1:3)

이 노래는 상여노래의 일반적인 사설에다가 "마뜰 마뜰 나무아미타불"과 같은 염불을 후렴으로 후창하고 있다는 점이 이색적이다.9)

3) 달구질노래

달구질노래의 사설은 땅다지기노래와 혼용되어 불려지기도 한다. 노동의 형태가 유사한 때문이다. 일반적으로 풍수지리가형의 사설에 달구질노래는 "에야 회리 달고(달공)"를, 땅다지기노래는 "에이어라 지점이여"를 후렴으로 받고 있다는 차이가 있는 정도이다.

이천지역에서 조사된 달구질노래는 회심곡형과 풍수지리가형, 그리고 이 두 유형의 복합형으로 구분된다. 부발읍 · 모가면의 달구질노래는 다음에서 보듯이 회심곡형이다.

"세상에 천지만물 중에 / 사람밖에야 더 어디있나/ 야~ 해리 달구(후렴)/ 여 보시오 시주님네 / 요네야 말씀을 들어보세/ 명사야 십리야 해당화야(후렴)/

---

9) 이러한 유형의 후렴을 유종목은 '불명호성(佛名號性) 후렴'이라고 지칭하였다. (유 종목, 『한국민요의 현상과 본질』, 민속원, 1998, p.199 참조)

꽃이나 진다고 서러워마라(후렴)/ 명년 춘삼월 돌아나 오면(후렴)/ 너는야 또 다시 피련만은(후렴)/ 우리야 인생 한번 가면(후렴)/ 또 다시 오기는 어려웁 도다(후렴)/ 야~ 해리 달구/ (후렴)" (0504-1:2)

"에라나 회리 달구(후렴)/ 어로 갔든 우리네 인생/ 한번 가면은 못 오는데/ 먼데 사람 보기나 좋게/ 곁에 사람 듣기나 좋게/ 에라나 회리 달구(후렴)/머 나면 황천길을/ 나 혼자서 어이가랴/ 명사나 십리 해당한데/ 꽃이나 진다고 설워마라/ 에라나 회리 달구(후렴)/ 명년 삼월이 돌아오면/ 잎은 피어 청산이 고/ 꽃은 피어 만발할 제/ 우리네 인생 한번가네/ 에라나 회리 달구(후렴) /서 로 같으네 우리네 인생/ 한번 가면은 못 오련만…(하략)…" (0901-4;2)

대월면의 달구질노래는 '회방아'라는 명칭으로 불려지기도 한다. 다른 지역의 소리와 구별될 정도로 원숙하였으며, 사설 역시 원형에 가깝다. 땅다지기노래 처럼 전국 명산의 지맥을 두루 열거하며, 매장지의 형국을 말하고, 발복지임을 기원하는 풍수지리가형이다. 사설이 장편이므로 처음 몇 구만 소개한다.

"여보시오 나 (호상 상이네야)/ 에헤라~ 에헤야~ 달고오(후렴) / 이내아 말 씀을 들어를 보시오/ 경상도 안동땅 제비연에 돌아든다/ 제비연 풍악을 걸식 을 받아서/ 소평태평에 달지어 났으니/ 밤을 새면은 찬이슬 바뀌어/ 낮을 새 면은 태양을 받아서/…(하략)…" (0901-4;2)

율면 고당리의 달구질노래는 복합형이라 할 수 있다. 이 지역의 달구질노 래는 '정승달구질'이라 해서 명칭 자체를 차별화하고 있다. 구연자(박영하, 이근영)에 의하면 고당리의 달구지노래는 연원이 있다. 안동 김씨가 세도정 치를 행하던 시기에 김병기의 조부인 효정공 김영근의 장례를 모시면서 전국에서 가장 명성이 높은 선소리꾼을 뽑아다가 치뤘다고 한다. 이때 그 선소리꾼으로부터 전수하였는데, 이후로는 고당리 소리꾼들의 전유물이 되다시

피 하였다. 정승달구지라는 명칭도 이로 인해 생긴 것이다. 지금도 고당리 주민들은 자긍심을 갖고 농한기에는 마을회관에 모여서 이 노래를 연습하고 있다. 이 자료는 7개 후렴의 변화가 전체 분위기를 잘 살리고 있어 높이 평가할 만하다. 내용의 전개 역시 체계적이다. 정리해 보면 ① 노쇠, 신세자탄 ② 인생허무 ③ 산수 열거 ④ 망자와의 이별 ⑤ 탄생, 성장, 득병(得病) ⑥ 권선(勸善) ⑦ 새야 새야 파랑새야로 구성되어 있다. 맨 마지막 부분에 "새야 새야 파랑새야"를 부르는 것은 다른 지역에서 살필 수 없는 특이한 경우이다. 망인의 가족 친지를 위로하려는 배려에서 즉흥적으로 마련된 것으로 보인다. 이 부분에서는 선후창의 가락도 경쾌하며, 달구질꾼의 발도 분주해진다.

달구질노래는 상여노래나 땅다지기노래의 사설이 혼용되는 사례가 많다. 같은 선소리꾼이 상여노래나 달구질노래를 부르기 때문이다. 신둔면 용면리의 달구질노래는 처음 시작 때는 달고질하는 이들이 발을 맞추기 위해 "에라 헤리 달고 고시레/ 고시레 고시레 고시레/ 에라 헤리 달고 고시레 에라 헤리 달고"라는 선소리와 후렴을 여러 차례 반복한다. 달구질노래의 일반적인 후렴구인 "에라 헤리 달고" 그대로 사용되고 있으면서, 중간에 "고시레"라는 말이 삽입된 것이 특색이다. 다음에 이어지는 사설은 상여노래에서 구연된 것이 중복된다. 몇 구절만 인용해 보인다.

"늙어 하시는 곤방님네 / 이네 할 말을 들어보소 / 이 이 세상 만물 중에 / 이 사람 밖에는 또 있는가/ 이런 세상에 태어날 때 / 아버님 뜻으로 태어났나 / 아버님전 복을 빌고 / 어머님도 살을 빌어 ~ " (0710-1:2)

회심곡을 소재로 한 사설이 구연되다가 어느 시점에서는 선소리꾼의 " 달고 하시는 곤방님네 / 이제는 소리는 그만하고/ 방을 방을 해봅시다 "라는 지시에 따라 후렴이 바뀐다. 템포도 빨라진다. 다시 발을 맞추기 위해 선소리꾼이나 달구질하는 사람들이 처음에 한 것처럼 다음 구절을 반복한다.

"오호 오호에 헤헤헤야 오호야 / 오호 오호에 헤헤헤야 오호야 / 오호 오호에 오호 오호 오호야"(0710-1:2)

이후 사설도 분위가 바뀐다. 후렴은 "오호 오호에 오호 오호 오호야"가 반복된다. 한참동안 이 같은 소리를 하다가 다시 맨 처음에 하던 소리로 돌아간다. 후렴도 "에라 헤리 달고"가 된다. 후반부에서는 터다질 때 부르는 땅다지기노래로 전환되는데, "외로운 이 산속에 /에라 헤리 달고 / 천년 만파 집을 짓네/ 에라 헤리 달고"가 그것이다. 용면리의 상여노래나 달구질노래의 특징은 선소리꾼의 사설 서두에 " 늙어 가시는 곤방님네 / 이네 할 말을 들어보소"가 상투적으로 반복되며, 선소리와 후렴구 사이에 "고시레"가 반복적으로 삽입된다는 점이다.

호법면 유산리의 달구질노래는 일반가락과 잦은가락으로 구분해 구연하는데, 이때 가락에 따라 내용과 후렴도 달라진다. 일반가락의 경우에는 풍수지리가형으로 시작된다.

"에야하에 헤리 달공(처음 메기는 소리)/ 에야하에 헤리 달공(후렴)/ 여보시요 호 군방님네들/ 이내 한마디 잘들어 봅시다/ 경기도 하고도 이천시에는(후렴)/ 소양산 줄기가 불끈도 솟으니/ 복해천이 둘러섰으니/이 고장에다가 명기를 받어/ 어젯밤에는 내집이었건만/ 오늘날에는 산천이 내집인가/ 오니야 온 줄을 누가나 아나/ 아들딸 많다고 믿겠던 마는/ 살어서 인생이지/ 가며는 그만이여"(0806-1;3)

잦은가락의 경우에는 즉흥적인 사설로 구성되었는데, 다음은 마지막 부분에 해당한다.

"오호 오호 오호이 오호 오야 에헤야(처음 메기는 소리)/ 오호 오호 오호이 오호 오야 에헤야(후렴)/ 이왕에 망자는 갔을 망정/ 살은 자손들 영화를 누립시다/ 천년이 지나고 만년 가도/ 자손들 영화나 잘살게 해주죠"(0806-1;3)

일반가락의 달구질노래에선 후렴이 "에야하에 헤리 달공"이었는데, 잦은 가락에선 "오호 오호 오호이 오호 오야"로 바뀌고 있음도 주목된다.

(3) 신앙의식요

신앙의식요의 주류인 회심가는 이천지역에서도 대중화된 회심곡의 사설을 그대로 구연하고 있다. 회심곡은 일반적으로 상여소리·달구질노래나 고사반 등 의식요의 사설로 쓰인다. 부발읍의 다음자료는 회심곡의 전형적인 양상이다.

> "세상천지 만물들중 / 사람밖에 또 있느냐 / 여보시오 시주님네 / 이네 말씀 들어보소 /…(중략)…
> 심장일절 공양한들/ 어느 성현의 가문이냐 / 제일절에 (?) / 제이절에 천황대왕/ 제삼절에 태산대왕/ 제사절에 오관대왕 / 오절에 염라대왕 / 제육절에 변성대왕/ 제칠절에 평등대왕/ 제팔절에 태왕대왕 / 제구절에 도시대왕 / 제십절에 전명대왕/ 열시왕에 불린 사자 / 일칙사자 월칙사자 / 한 손에는 철봉 들고 / 또 한 손에는 창검들고 / 활등같이 굽은 길로 / 살때같이 달려와 / 다듬 문을 박차고 / 내성같이 소리치며/ 팔뚝같이 쇠사슬로 / 결박하며 끌어내니 / 혼비백산 나 죽는다" (0506-2:3)

율면 오성1리 황걸준씨(80세,남)가 구연해준 자료는 사설이 매우 이질적이다. 구연자 자신이 다른 회심곡은 불경에 있는 것을 그대로 모방한 것이어서 싫기에 새로 지었다고 한다.

> "생기나니 백발이요 / 놀면할손 죽음이다 / 천황 지황 인황후에 / 요순임금 성덕없어 봉하시어 / 장하도다 진시황은 / 만리장성을 굳게 쌓고 / 아방궁에 높이 앉아 / 치목지소하고 / 궁신지지 쇄락하여 / 장생불사를 하잤더니 / 여사 간에 고혼되고 / 열나라 화택 편직이 / 양명몰라 죽었으며 / 대국부사 석숭이

가 / 돈이 없어서 죽었는가 / 초로같은 우리 인생 / 말을 하면 무엇하리 / 이몸이 늙기전에 / 먹고 쓰고 놀아보세 / 한번 낳자 죽어지면 / 움이 날까 싹이 나나 / 살어 생전에 / 돈도 쓰고 놀아보세"(0208-5:2)

이 노래는 의식요의 주된 요소라 할 수 있는 '탄로' '득병' '인생허무' 등을 노래하면서 종당에는 "살어 생전에 돈도 쓰고 놀아보세"하며 현세에서의 삶을 즐겁게 살아야함을 강조하였다.

마장면 관2리 한언례(80세,여) 할머니께서 구연해 준 회심곡의 사설도 매우 이질적인 자료이다.

"가련하다 세상사람 난 사람은 다 죽는다/ 고천하에 많은 사람 백년전에 모다 죽네/ 이렇다시 헛된세상 경멸할 것 무엇인고/ 죽을 곳에 가는자가 희락영복 당할 쏘냐/ 살고 죽기 상합하여 서로 어찌 못하나니/ 예로부터 지금까지 죽지 않는자 하나없네/ 예수성모 죽으셨네 우리 어찌 면할쏘냐…(중략)… 아마도 우리낙도/ 천당밖에 다시 얻네/ 길경이 충만하다/ 무세를 지내도록/영원장생 무정리라"(0403-1:1)

위의 자료는 불교적 색채가 짙은 회심곡의 가사를 기독교 신앙의 양상으로 개사하여 구연한 것이다. 전통민요에 기독교적 신앙이 수용된 양상을 살필 수 있는 좋은 자료이다.

공덕가는 장호원 3리의 이상호씨(48세,남)에 의해 구연된 2편이 있다. 대표적인 사례 1편만 들어본다.

"조상문전에 당도하/ 재판관이 문서잡고/ 문서하며 묻는 말이/ 너 인간에 태어날 때/ 무슨 공덕을 하였느냐/ 배고픈 사람 밥을 주어/ 치사공덕 하였느냐 / 목마른 사람 물 떠다 줘서/ 급수공덕 하였느냐 / 돈 없는 사람 돈 빌려줘서/ 금전 공덕 하였느냐/ 높은 산에는 불당 지어/ 중생공덕 하였느냐/ 높은 강에는 다리를 놓아/ 월척공덕을 하였는가"(0606-1:5)

위의 공덕가는 염라대왕 앞에서 망자를 국문하는 형태로 전개되고 있다. 살아 생전에 공덕을 쌓아야함을 강조하는 내용이다. 본래 불가에서 염송되던 공덕가를 일반화하여 선행을 독려하는 양상으로 나타나고 있어 주목된다.

4. 이천 지역 의식요의 형식 및 기교 분석

이천지역의 의식요 역시 형태적인 면에 있어서는 다른 지역과 별다른 차이를 보이지 않는다. 이천지역 의식요의 형태적 특징을 개괄하면 다음과 같다. 우선, 세식의식요는 상쇠 한 사람이 사설조로 구연하기 때문에 후렴이 없다. 사설의 형식은 1음보는 3내지 4음이나 4음이 주종을 이루고 있다. 일행은 3음보 내지 4음보가 주류를 이루고 있다. 그 외에도 3 · 3 · 4의 3음보행이 있어 주목을 끈다. 대체로 장례의식요는 집단적 노동요의 요소가 내재있어 정형성이 강하고, 선후창의 형식으로 구연된다. 그 외의 개인적 의식요는 비교적 자유롭게 구연된다. 이천지역 의식요의 문장 형식은 3내지 4음보의 행이 무한히 연첩하는 '나열법에 의한 연장체'가 일반적 특징으로 나타나 있다. 특히 장례의식요의 경우 그렇다. 음수율은 3 · 3, 3 · 4, 4 · 4, 4 · 5, 4 · 6, 5 · 3, 5 · 4, 5 · 5, 5 · 6, 6 · 4, 6 · 5, 7 · 5 등 다양하게 나타나고 있으나, 역시 기본율은 4 · 4조이다. 일반적으로 4음보격은 3음보격보다 장중한 느낌을 주므로 상례와 같은 엄숙한 의식의 경우에 어울리는 음보격이라 할 수 있다.[10]

이천지역 의식요에서 구사된 언어는 대체로 지역에서 쓰이는 일상어의 상투적 표현이다.

주지하다시피, 민요의 형태적 특징 가운데 변별적인 요소는 후렴에서 살

---

10) *cf.*, 류상목, 『한국민요의 현상과 본질』, p.82.

필 수 있다. 후렴구는 각 지역마다 다르게 나타나는데, 이천지역에서 조사된 의식요의 후렴구를 정리해 보이면 다음과 같다.

(1) 재도듬노래

재도듬노래는 율면 총곡리에서만 확인되었는데 "마폴 마폴 나무아미타불"(0210-1:3)이란 후렴으로 구성되어 있다.

(2) 상여노래

상여노래의 후렴구[11]는 지형이나 상여꾼의 발걸음에 따라 변화를 보이는 것이 특징이다. 처음 상가(喪家)에서 발인해서 나갈 때는 상여꾼의 발걸음을 맞추기 위해 다소 느린 가락과 후렴 "어하 어하 (오하 오하)" 등으로 시작한다. 일정한 보조를 갖추면 여건에 따라 다음과 같은 후렴으로 받는다. 평지에서의 후렴구는 "오호 오호하 어이나 가리 오호"이다. 빨리 갈 때는 "오호 오호 오호 오호"로 받는다. 다소 차이가 있는 것은 구연자의 발음상 차이일 뿐이다. 이천지역에서 채록된 상여노래의 후렴구를 정리해 보이면 다음과 같다.

① 발인할 때 소리(느린 소리)
느린소리는 발인하기 전 상여꾼들이 호흡을 맞추기 위해 부르는 가락이다. 앞으로 나아가지 않고 제자리에서 발을 맞추면서 부른다. 대부분 지역에서 선소리 없이 후렴인 "오호 호호하 어이나 가리나 오호아" 또는 "오허(오하)"를 반복하는데, 설성면 일부지역에서 "나무 나무 나무아미타불"(신필1리,장천3리) 소리로 호흡을 맞추고 있어 주목을 끈다.

---

11) 상여노래의 후렴에 대하여는 유종목이 「상여소리 후렴의 변이양상」에서 구체적으로 분석한 바 있다. (cf., 『한국민요의 현상과 본질』, pp. 200-229)

② 평지에서의 소리

평지에서의 보통 소리는 상여노래의 핵심이다. 사설이 회심가류의 내용으로 일률적인데 비해 후렴은 지역마다 차이가 있다. 이천지역에서의 보통 소리는 다음에서 보듯이 "오호 오호이" "어이나 가리(갈까)" "어거리 넘차" 세 유형으로 구분된다.

　　"어허어 어하 에헤이 어허아" (0201—1:8)
　　"오호오 호호이 오호 호이야 오호야" (0609—1:7)
　　"오호 오호이 오호오호야 에헤야" (0804—1:3)
　　"호호~호호~ 호히 호호히 호호히" (0901—4;3)

　　"어허 어허나 가리 어허아" (0910—6;2)
　　"오호 오호하 어이나 가리 오호하" (0510—1:8)
　　"오호오 호호하 어이나 가리 오호" (0610—1:1)

　　"어허어 어하 어이나 갈까 어허" (0201—2;1)
　　"오-하 오호아 어이나 갈까 오호아" (0306—1:5)
　　"오호 오호야 어이나 갈까 오호" (0504—1:1)
　　"오호오 호오하 어이나 갈까 오호" (0612—1:5)
　　"어허 어허 어하 어히나 갈까 어하" (0908—3;3)

　　"오호 오호 오호야 어거리 넘차 오호야" (0506—2:4)
　　"어허 어하 어하 넘차 오호" (0602—1:19)
　　"어하 하 어거리 넘차 오호아" (0904—2;4)
　　"오호아 어거리 넘차 오호아" (0803—3:4)

모가면 진가리의 자료 가운데서 "에헤 에이 뎅이나 갈까 닐리리야" (0911—2;4)라는 후렴이 채록되었으나, 지역적인 특징이라기보다는 구연자 개인의 차이에 연유한 것이다.

③ 빠르게 걸을 때 소리

빠른 소리는 시간적 여유가 없을 때 상두꾼들이 빠른 걸음으로 가면서 부르는 가락이다. 선소리꾼이나 상두꾼 모두 "어허 어허(오허 오하)" "오홍 오홍" "에헤이 에헤" 등을 반복한다.

"어허 어허"(0904-4;2)
"오호오 오호"(0201-2;1)
"오호 오하 오호 오하"(0302-1;5)
"오호 오호야"(0503-1:2)
"오호 오하"(0602-1:19)
"오호 오호"(0603-1:1) (0910-6;3) (0806-1:2)

"오홍 오홍 오홍 오홍"(0204-1:5) (0901-4;5)

"에헤 에헤 에헤 어이나 갈까 에헤이"(0303-1;1)
"에헤헤 에헤헤 에헤헤 에헤헤"(0303-1;5)
"에헤이 에헤"(0605-1:6)

④ 산에 오를 때 소리

"오오 오오하 에헤야 오호"(0210-1:4)

상여노래의 후렴이 한 가지로만 구연되는 것은 아니다. 신둔면 마교리·소정리·도암리·수남리 등에서 채록된 상여노래의 후렴구는 모두 2가지 이상이 사용되었는데, 전반부에서는 "오호아 오하 어거리 넘차 오호아"의 형태로, 후반부에서는 "오호 오호 오호야 오허야" 식의 후렴이 사용되었다.

장호원읍 대서리에서도 "어허어 어허하 에헤이 오오호" "어허어 어허하 어이나 갈까 어허" 두 가지의 후렴구가 쓰였다. 신둔면 수남리(수남1:1)의 상여노래는 다음에서 보듯이 4가지의 후렴구가 사용되었다.

  ㉠ 오호 오하 오거리 넘차 오호아
  ㉡ 오오호아(오오호아) 허허(허허) 허허
  ㉢ (허허) 우우 우아(우우 우아)
  ㉣ 허허(허허) 허허(허허) 어허 우하(어허 우하)

  신둔면 용면리의 현장에서 직접 채록된 상여노래(0710-1:1)는 다음과 같은 6가지의 후렴이 사용되어 주목된다.[12]

  ㉠ 오허아 오호아 오허리 넘차 오호아
  ㉡ 오허 오허 오허야 오허야
  ㉢ 오허 오허 오호 오호 오호 오호
  ㉣ 오호 오호에 헤헤헤야 오호야
  ㉤ 어허 어허오 어이 네 오하
  ㉥ 어허 어허오 어이 갈까 어허야

  이상에서 살핀 이천지역 상여노래의 후렴을 도표로 정리해 보이면 다음과 같다.

---

12) 호법면 후안리의 장례 현장에서 채록된 상여노래(0809-2:14)도 6가지의 후렴이 사용되었으며, 순차적으로 4차례나 반복되었다.

<표 2> 이천지역 상여노래 후렴의 비교

	발인할 때	평지에서	빨리갈때
설성면	나무 나무 나무아미타불	오호 오호아 어이나 갈까 오호아	
마장면 부발읍 호법면 신둔면 모가면	어하 어하 (오하 오하)	오호아 어거리 넘차 오호아	오호 오호 오호 오호
장호원읍 모가면 대월면		어허 어허나 가리 어허아	

참고로, 여주지역에서는 발인할 때는 "나무 나무 나무아미타불"과 같은 염불로 시작하며, 평시에는 "오호히 오호 오호"를, 빨리 갈 때는 "오호 오호", 산에 도착해서는 "오호이 오하 어이나 갈까 에호"[13]를 부른다.

    "오호 오호 에헤이 유후" (구1-2, 387)
    "오호- 오호" (구1-2, 442, 499)
    "에헤이 - 에호"(구1-2, 442)
    "오-호 오-하 어이나 갈가 에-호"(구1-2, 387)
    "오호이- 오하- 어이나 갈가 에-호"(구1-2, 442)
    "나무 나무 나무아미타불"(구1-2, 442)
    "타불타불 나무아미타불"(구1-2, 499)

안성지역에서는 "어허어허 어허"(구1-6,850) "해해 어허"(구1-6,850) "어하어하 어이나가리요"(구1-6,850)이 불려지며, 용인지역에서는 "어화 넝차 어화"(향두가, 30) "에호오 호오"(구1- , 141) "어하 어하하 넘어리 넘차 너혜"(구1- , 564)가 불려진다.

---

13) 한국정신문화연구원, 『한국구비문학대계』(여주군)1-2권, 442면. * 이하『한국구비문학대계』소재 자료는 (구1,1-2 442)와 같이 권수와 면수만 표기함.

(3) 달구질노래

달구질노래의 후렴은 일반적으로 "에라 에헤리 달고" "에라 에헤리 달공"으로 불려진다. 이천의 대부분 지역에서 마찬가지 양상을 보인다. 이천지역 달구질노래의 후렴을 구체적으로 살펴보면 다음과 같다.

백사면의 후렴구는 "에야 헤리 달고"가 기본이다. 현방리의 "에이 에헤이야 어허야 방아로다" 송말리의 "에야 어하 어허리 넝차 어하 달고" 등은 이색적이다.

율면에서도 달구질노래의 후렴구는 일반적으로 "에헤이 달구" "에헤리 달공"으로 불려진다. 그러나 고당리의 정승달구질노래 만큼은 매우 이색적이다. 이 달구질노래의 특색은 받는 소리에 있다. 보통 달구질노래는 "에히리 달구"식의 한 가지 소리로 이루어졌는데 비해, 고당리의 정승달구지노래는 7가지 소리로 구성되었다. 그리고 가락이 바뀔 때마다 몸동작도 달라진다. 처음 시작할 때의 소리는 "에헤헤이- 에헤헤이 오호호하-"이다. 이어서 선소리가 메겨지고, 다시 같은 소리로 받는다. 그리고 가락을 바꿀 때는 "○○소리도 그 만큼 하고 다음소리로 넘어를 가세" 하며 선소리꾼이 예시한다. 이때 받는 사람은 바꾸기 전의 소리로 받는다. 선소리꾼이 바뀌어지는 소리를 선창하면 받는 사람들이 다시 반복하면서 바뀌어간다. 한 부분만 전재해 보인다.

술 잘 먹는 이태백이도	에헤허라 달고-
죽어지니 허사로세	에헤허라 달고-
달고 소리도 그만 하고	에헤허라 달고-
또 다른 소리로 넘어를 가세	에헤허라 달고-
오호오호 오햐호하	오호오호 오햐호하
산제조적은 곤륜산이요	오호오호 오햐호하
우리 조적은 황하수라	오호오호 오햐호하 (0201-1;4)

이런 식으로 가락을 바꿔서 하다가 "새야 새야 파랑새야 녹두밭에 앉지마라"는 새타령으로 선소리를 마무리한다. 각 후렴마다 명칭을 붙였는데, 정리해 보이면 다음과 같다.[14]

　　㉠ 에헤소리; "에헤에에 에헤에 어하아" (에헤헤이- 에헤헤이 오호호하-)
　　㉡ 달고소리; "에허라 달구 에허라 달구" (에헤허라 달고- 에헤허라 달고-)
　　㉢ 오호소리; "에헤에 호야 호하" (오호오호 오햐호하)
　　㉣ 얼럴럴소리; "얼럴러 상사데야" (에럴럴 상사디야)
　　㉤ 어화소리; "어허어 어허아 에헤이 오호" (오호오호호 오호하 에에이 어오
　　　　　허하)
　　㉥ 닐리리소리; "닐리리 호아 호야" (닐리리 어화어화)
　　㉦ 오호야 소리; "어허야 호야 호야(오호야 어허야 허야)

이처럼 7차례에 걸쳐 선소리꾼의 인도에 따라 후렴을 바꿔가면서 노래하다가 마지막은 "오호오 오오오　오호오 오오오"(훠히이이- -)하며 손을 뗀다.

장호원에서의 후렴은 "에헤리 달고"가 기본이다. 노탑2리(1:20), 와현1리(1:8), 풍계1리(1:2)에서는 "에라 헤리 달고" "오호오 오호이 오호 호이야 오호야" 두 유형의 후렴이 쓰였다. 장호원 오남 1리에서는 이외에 "쾌지나 칭칭 나네"라는 후렴이 쓰였는데, 이 후렴은 호상(好喪) 때만 쓴다. 최국현 씨에 의하면 일반적으로는 "에야 호리 달고"를 하고, 호상일 때는 "오호 오호이 오호 호이야 오호야"와 팔도를 유람하는 사설에 "쾌지나 칭칭 나네"로 마무리를 한다고 한다. 또한 대서리 상가에서 채록한 달구질노래는 시작부분에서 후렴을 "고시레"로 두 번을 받은 후에 "에야 호리 달고"로 후렴을

---

14) 이 자료는 고당 1리의 장지(葬地)에서 최병환 씨가 실제로 선소리를 메기고 주민들이 받은 소리의 후렴구이다. 괄호안의 후렴은 고당1리 마을회관에서 박영하씨 등이 구연한 자료(고당리1:4)이다.

받은 것이 특이했다.

신둔면 용면리에서 채록된 달구질노래(0710-1:2)는 다음에서 보듯이 다양한 후렴구가 구연되었다.

에라 헤리 달고 고시레(고시레 고시레 고시레)
에라 헤리 달고 고시레 에라 헤리 달고

오호 오호에 헤헤헤야 오호야
오호 오호에 헤헤헤야 오호야
오호 오호에 오호 오호 오호야
에라 헤리 달고 고시레 / 에라 헤리 달고

오호 오호에 헤헤헤야 오호야
오호 오호에 헤헤헤야 오호야
오호 오호에 오호 오호 오호야

이밖에 다른 지역에서는 일반적으로 "에야 헤리 달고(에헤리 달공)" "오호 오호이 오호야 오호야" 두 가지의 후렴구가 함께 쓰이고 있다.

<표 3> 이천지역 달구질노래 후렴의 비교

	전 반 부		후 반 부
설성면	"에야 헤리 달고"	"에헤리 달공"	"오호 오호이 오호야 오호야"
마장면	"에라 헤리 달구"		"오호오 오호이 오호 호이야 오호야"
부발읍	"에헤리 달구"	"에헤리 달공"	"오호 오호 오호야 오호야"
호법면	"오호 호이 달구"	"에헤리 달공"	"오호호 호야 에헤이야"
모가면	"에라 에리 달구"	"에야 헤리 달공"	
신둔면	"에야 헤이리 달구"	"에야 에헤리 달공"	"오오오 오호오 오호오야"
장호원	"에헤리 달고"		"오호오 오호이 오호 호이야 오호야"
백사면	"에야 헤리 달고"		"에이 에헤이야 어허야 방아로다"

참고로, 여주지역에서는 "에야 호리 달고오"(구1-2, 392, 가남면)가 주류를 이루며, 달구질꾼이 작대기를 꽂고 흔든 뒤 발로 닫는 동작을 할 때 부르는 '외발지기' 소리는 "오호 오호이 오호야 호호야"(구1-2, 392, 가남면) "에헤야 에헤야"(구1-2, 451 점동면)를 부른다. 용인지역에서는 "에헤 에이리 달고오"(구1- , 146)가 주류를 이룬다. 안성지역에서는 "에이여라 달공"(구1-6, 555, 원곡면), "에헤이리 달고"(구1-6, 856, 이죽면)로 구연되고 있다.

5. 맺음말

이상에서 살폈듯이 이천지역에서 조사된 의식요는 장례의식요가 거의 전부를 차지한다. 이 같은 현상은 이천지역에서만 나타나는 현상이 아니다. 세식의식요의 대다수가 제의적(祭儀的) 요소는 쇠퇴하고 연희적 요소가 부각되면서 연희요(演戲謠)로 구연된다. 이러한 여건 속에서 유독 장례의식요는 지속적으로 계승되고 있다. 우리의 관습 속에 장례의식은 아직도 중요한 의례로 남아 있기 때문이다.

일반적으로 의식요는 그 지역의 대표적인 소리꾼에 의해 구연되고 전승된다. 일부 종교적 색채가 짙은 신앙의식요를 제외한 세시의식요, 장례의식요는 이들의 전유물이라 할 수 있다. 이천지역에서 그 같은 역할을 주도하는 소리꾼은 박찬종·유인준·황인영·황걸준·이대복·정혁수·김주선·이춘도·김문섭·김병전·최규식·장병근씨 등이다. 이 분들은 의식요의 전 분야를 구연할 수 있는 능력을 지니고 있다.

이천지역에서 채록된 194편의 장례의식요 가운데, 율면 고당리·신둔면 용면리·호법면 후안리와 매곡리의 장례의식요는 장례 현장에서 직접 채록한 자료이다. 그만큼 현장감이 뛰어나며, 지역의 특성을 잘 나타내고 있다.

상여노래는 여건에 따라 가락과 내용이 가변적이다. 가령, 발인전에는 사설이 없이 선후창 모두 "나무아미타불"과 "오허 오하"를 반복하며, 평지에서는 일반가락과 긴소리로, 산에 오를 때는 느린소리로, 시간이 급해 빨리갈 때는 빠른소리로 구연한다. 보통 상여소리는 평지에서의 소리를 말한다. 이 상여소리의 내용은 회심곡의 사설을 기본으로 한다. 여기에 풍수지리가나 이별가 등의 사설을 부연하는 정도이다. 여건에 따라 즉흥적인 사설을 가미하는 경우도 적지 않은데, 이천지역에서 채록된 자료는 거의 고정형이다. 상여 행렬의 소요시간에 따라 구연하는 단락의 차이가 있을 뿐이다.

이천지역의 장례의식요에서 가장 특징적인 자료는 달구질노래이다. 상여노래가 일반적인데 비해, 달구질노래는 지역적 특성이 뚜렷하다. 특히 율면 고당리의 정승달구질노래는 이 방면의 주요한 자료이다. 7개 단락으로 구성된 사설과 후렴의 변화 양상은 타지역에서 살필 수 없는 것들이다. 이천지역 의식요의 형식적 특징은 장례의식요의 후렴에서 분명하게 드러난다. 상여소리에서 나타난 후렴을 정리해 보면, '오호(어허)' '넘차' '어이나 가리' 와 같은 고유형과 본사의 일부가 "마불 마불" 또는 "나무아미타불"과 같은 불명호(佛名號)에서 온 유형으로 구분할 수 있다. 구체적으로, 설성면에서는 "나무 나무 나무아미타불"로 시작되는데 특이한 경우이다. 평지를 갈 때는 지역마다 약간 차이가 있다. 가령, "어허 어하 어거리 넝차 내하"(백사면) "어허어 어하 에헤이 어허아"(율면) "오호 오호아 어이나 갈까 오호"(설성면), "오호 오호 어거리 넘차 오호야"(마장면), "오호 오호 어거리 넘차 오호야"(부발읍), "오호 오호이 어이나 가리 오호"(장호원읍・대월면), "오호 오호 어거리 넘차 오호야"(신둔면) 등으로 구연된다. 같은 노래에서 "오호아 어거리 넘차 오호아" "어허 어허나 가리 어허아"(호법면・모가면・대월면)가 함께 구연된 사례도 있다. 빨리 갈 때는 일반적으로 "오호 오호 오호 오호"로 받는다. 다소 차이가 있는 것은 구연자의 발음상 차이일 뿐이다.

이천지역 달구질노래는 선소리꾼의 인도에 따라 "에헤리 달고(에헤리 달구)"로 후렴이 불려지다가 달구질을 마무리할 때는 "오호 오호이 오호 호이야 오호야"를 부른다. 그리고, 마지막에 "휘히이이----↗"하며 손을 떼는 것이 일반적인 양상이다. 장호원에서는 호상(好喪)일 경우, "쾌지나 칭칭 나네"라는 후렴이 쓰였는데, 이 같은 점도 특징적이다.

끝으로, 이천지역의 의식요는 경기 동부지역과 남부지역을 대표한다고 과언이 아니다. 주변 지역인 광주·여주·용인·안성지역의 의식요와 유사한 점도 적지 않으나, 이들 지역보다 지역적 특성이 뚜렷하게 나타난다고 할 수 있다.

참고문헌

1. 자료

경기도박물관,『경기민속지』(1권, 1998). (2권, 1999), (3권, 2000). (4권, 2001).
강남대 인문과학연구소·이천시문화원 공편,『이천시 문화유적·민속조보고서』.
　　백사면(96.12), 율면(97.5), 설성면(97.12), 마장면(98.12), 부발읍(98.12), 장호원(99.4), 신둔면(00.5), 호법면(01.4), 모가면(02.4), 대월면(02.12).

2. 논저

하주성,『이천의 민속 '거북놀이'』(향토문화조사보고서 1집), 이천문화원, 1985.
박광준,『이천지역 민요조사연구』, 강남대 대학원 석사논문, 1997.
유종목,『한국민요의 현상과 본질』, 민속원, 1998.
임재해,『안동문화와 성주신앙』, 안동시, 2003.
홍순석,『이천의 옛노래』, 민속원, 2003.
이인수, 利川 紫彩와 農謠,『기전문화』2집, 기전향토문화연구소, 1987.
김순제, 경기도 이천지방 일노래의 음악적 분석,『기전문화연구』15집, 인천교육대학, 1986.

정동화, 이천지방의 민요고, 『기전문화연구』 9집, 인천교육대학, 1978.

홍순석, 용인지방 민요의 개관, 『용인향토문화연구』 2집, 용인향토문화연구회, 1992.

이천시 백사면 민요조사연구, 『논문집』 28집, 강남대출판부, 1997.

이천시 율면 민요조사 연구, 『인문과학연구』 4집, 강남대 인문과학연구소, 1997.

이천시 마장면 민요조사 연구, 『인문과학연구』 5집, 강남대 인문과학연구소, 1998.

이천시 부발읍 민요조사 연구, 『국문학논집』 16집, 단대 국문과, 1998.

이천시 신둔면지역 민요의 특징, 『민속학연구』 9호, 국립민속박물관, 2000.

이천시 호법면지역 민요의 특징, 『인문과학연구』 10호, 강남대 인문과학연구소, 2001.

이천시 모가면지역 민요의 특징, 『국문학논집』 20집, 단대 국문학과, 2002.

이천시 대월면지역 민요의 특징, 『인문과학연구』 11호, 강남대 인문과학연구소, 2002.

이천시 민요 조사연구(1), 『비교민속학』 24호, 비교민속학회, 2003.